BRUCE KIRKBY

Über den Wolken ist der Himmel immer blau

Die berührende Reise einer Familie ins Herz des Himalaja – und zu sich selbst

AUS DEM ENGLISCHEN VON ANGELICA BAHLKE

Für die Novizen des Karsha Gompa,
Lama Wangyal,
und vor allem
für Pitter, Big B und Tiny T.

INHALT

3 Nichts ist für immer, nur Himmel und Erde

4 Vergänglichkeit

PROLOG

Aufmerksamkeit ist die seltenste und reinste Form der Großzügigkeit ...

SIMONE WEIL,
BRIEF AN JOË BOUSQUET, 13. APRIL 1942

Himachal Pradesh
Nordindien

In rumpelnden Zügen durchquerten wir die nordindische Ebene in Richtung Westen. Die erbarmungslose Sommerhitze hatte sich auf das Land herabgesenkt, und unsere Tage verschwammen zu einer Melange aus Staub, eng aneinander gepressten Körpern, fettigem Curry und Kinderbüchern.

„Stinkt ein bisschen", stöhnten unsere Söhne, als der durchdringende Geruch von Schweiß und Urin mit der steigenden Temperatur immer stärker wurde.

Also gaben wir unsere Sitzplätze auf und entschieden uns, die Fahrt lieber stehend vor den offenen Waggontüren zu verbringen. Seite an Seite stemmten wir uns gegen den Wind und beobachteten die an uns vorbeifliegende Landschaft: Straßen, auf denen es vor Menschen nur so wimmelte, Ziegelsteinfabriken, Reisfelder, Wasserbüffel, Reiher, die sich in die Luft schwangen. Nachmittags, wenn die letzten glühenden Sonnenstrahlen gerade vom Himmel verschwanden, entdeckte ich dunkle Wolken, die sich am Horizont sammelten – Tag für Tag rückten sie etwas näher, ganz so, als eilten sie uns entgegen.

Doch erst, als wir die Gebirgsausläufer erreicht hatten, erlöschte die Glut. Wir befanden uns eingepfercht in einem klapprigen Bus, der hüpfend die steilen, vom Steinschlag vernarbten Gebirgsstraßen erklomm, als eine Welle kühler Luft über uns hereinbrach. Einen Moment später hämmerten schwere Regentropfen auf das Dach des Busses ein. Unsere Jungs pressten ihre Gesichter an die beschlagenen Fensterscheiben und beobachteten, wie die umliegenden Berghänge hinter dem silbernen Vorhang des Monsuns verschwanden. Die Bauern auf den Terrassenfeldern flüchteten sich unter Eichen und Kastanien, als seien sie Regenschirme, und entlang der Straßengräben beugten sich die mannshohen Hanfstauden unter dieser Sintflut.

In der früheren britischen Bergstation Manali wurden hastig Schutzplanen über die Marktstände geworfen. Hupen schrillten, Hunde bellten und Touristen in neonfarbenen Jacken flitzten zwischen Trekkingagenturen, deutschen Bäckereien und Internetcafés die Pflastersteingassen hinunter. Blickte man nach oben, wurde die Sicht auf das Weltuntergangsszenario am Himmel von einem dschungelartigen Wald aus handgemalten Schildern, Satellitenschüsseln und verknäuelten Stromkabeln versperrt. Lange bevor dieses tiefe Tal zu einem Paradies für Kiffer erkoren wurde, war es unter Hindus als Kulantapith bekannt – „das Ende der bewohnbaren Welt“.

Das war es jetzt sicher nicht mehr.

Gegen Erschöpfung und Erkältung ankämpfend, fand unsere vierköpfige Familie Unterschlupf in einer Steinhütte, die sich zwischen den verwinkelten Tempeln und niedrigen Verschlägen der Altstadt versteckte, wo Obstgärten den Blick auf nebelverhangene und von Zedern bedeckte Berghänge freigaben. Dicht an dicht lagen wir in dem einzigen kleinen Bett und lasen uns das Kinderbuch „Die Berenstain-Bären schauen zu viel Fernsehen“ vor. Danach war „Mein allerschönstes Reisebuch“ von Richard Scarry an der Reihe. Dann Bill Peets „Die Welt der Wumps“. Durch das offene Fenster sahen wir, wie der Regen immer stärker wurde.

Noch lange nachdem unsere Söhne eingeschlummert waren, arbeiteten meine Frau und ich im Licht einer nackten Glühbirne. Gewissenhaft teilten wir das Wirrwarr aus Ausrüstung und Proviant auf zwei Haufen auf. Den größeren der beiden – bestehend aus Dingen, von denen wir einmal gedacht hatten, sie zu brauchen – beschlossen wir zurückzulassen. Der kleinere Haufen bestand aus dem Notwendigsten: aus allem, was man brauchte, um drei Monate zwischen den höchsten Gipfeln der Welt zu überleben.

Am nächsten Tag sollte uns ein Kleinbus über himmelhohe Pässe in den Norden bringen, zum Anfangspunkt eines unmarkierten Wanderwegs. Von dort aus wollten wir zu Fuß weitergehen, den Rücken der großen Himalaja-Gebirgskette überqueren und in diesen Strudel aus Gipfeln und umkämpften Grenzen eintauchen, in dem China, Pakistan und Indien aufeinandertreffen. Unser Ziel war Karsha Gompa, ein tausend Jahre altes buddhistisches Kloster, das oberhalb des Zusammenflusses zweier großer Flüsse wie eine Muschel am Fels klebt – bis zum Winter sollte es unser Zuhause sein.

Im angrenzenden Zimmer, die Tür stand leicht offen, schliefen beide Kinder im Wind eines Ventilators tief und fest. Ihre Wangen waren gerötet, die Laken beiseitegestrampelt. Bodi, kastanienbraunes Haar, knochig und schlaksig wie ein Karibu, war sieben Jahre alt. Ein nachdenklicher und ziemlich schlauer Junge, der im Umgang mit Fremden eher zögerlich war und feste Abläufe brauchte. Der dreijährige Taj war das Gegenstück zu Bodi – er hatte blondes Haar, war immer guter Dinge und lachte viel. Schon als Baby war er anderen gegenüber leicht zugänglich gewesen.

Während ich unsere schlafenden Kinder so betrachtete – offene Münder, getrocknete Spucke auf den Wangen, in ihrer Art vollkommen, voller Vertrauen, zerbrechlich –, legte sich für einen Moment ein Schatten über mich. Nach dem morgigen Tag gäbe es keinen Weg mehr zurück. *Welche Gefahren erwarten uns? Ist diese Reise wirklich das Beste für sie? Oder will ich mir hier selbst etwas beweisen?* Ich sah Christine an, sagte aber nichts. Ich wusste, dass auch sie sich Sorgen machte, auf ihre Art.

In schweißnassem Trägershirt und mit verstrubbeltem, blondem Haar versuchte meine Frau gerade, Zahnbürsten, Feuchttücher und Hotelshampoofläschchen in einen widerspenstigen Packbeutel zu quetschen. Sie spürte mein Zögern und zeigte auf das Durcheinander an Filmausrüstung zu meinen Füßen.

„Ich glaube nicht, dass du das Zeug wirklich brauchst. Wir haben sowieso schon zu viel dabei. Und einen Film zu drehen, das lenkt dich nur noch mehr ab."

„Ja, ja, ich weiß, aber …"

Ich wollte das Filmprojekt jetzt nicht aufgeben. Immerhin hatte ich schon Tausende von Dollars in die neue Ausrüstung gesteckt: Schwebestativ, Kameraschienen und kabellose Mikrofone. Und nachdem ich gelernt hatte, damit umzugehen, hatte ich alles mit großem Aufwand nach Manali befördern lassen, in der Absicht, einen Dokumentarfilm über unsere Zeit im Kloster zu drehen.

Stur versuchte ich, ein sperriges Stativ in einen übervollen Seesack zu zwängen, jedoch ohne Erfolg.

„Im Ernst, du solltest es wieder nach Hause schicken", sagte Christine. Und mit einem Seufzer fügte sie hinzu: „Langsam habe ich die Nase wirklich voll von diesen Kameras."

„Diesmal wird es anders sein", versprach ich. „Nur ich filme."

Ich sagte das zwar, wusste aber gleichzeitig, dass ich ihr schon genug abverlangt hatte.

Ein Team vom Travel Channel, einem amerikanischen Reisefernsehsender, hatte uns von dem Tag an begleitet, an dem wir unser Zuhause in Kanada vor zwölf Wochen verlassen hatten, und von morgens bis abends gefilmt. Daraus entstand dann die Serie „Big Crazy Family Adventure". Vor allem waren es junge Leute in den Zwanzigern mit Tattoos und Nasenringen, die flachkrempige Baseballmützen und Skaterschuhe trugen. Mein Ego hatte mich dem Fernsehprojekt noch in letzter Minute zustimmen lassen. Ich betrachtete es als Chance, mein freiberufliches Schreiben und meine Karriere als Fotograf voranzubringen – und außerdem konnten davon die Rechnungen während unserer sechsmonatigen Abwesenheit bezahlt werden. Von Natur aus introvertiert, war Christine von dieser Idee von Anfang an nur mäßig begeistert gewesen. Ihre größte Sorge war, welche Auswirkungen es auf unsere Kinder haben könnte.

Doch das Ende der Filmerei war ohnehin längst in Sicht. Am nächsten Tag würde der Großteil unserer Entourage zurück nach Los Angeles fliegen. Nur ein kleines TV-Team würde uns zu Fuß durch den Himalaja begleiten. Und auch sie sollten uns dann nach dem Erreichen des Klosters in Ruhe lassen.

„Es ist deine Entscheidung", sagte Christine schließlich achselzuckend. „Aber ich finde, du solltest das mit dem Filmen sein lassen und dich stattdessen auf unsere Jungs konzentrieren."

Ein halbes Jahr zuvor hatte ich an einem stillen Dezembermorgen zwischen Bodi und Taj auf der anderen Seite dieser Welt an unserem Küchentisch in Kimberley, British Columbia, gesessen. Vor uns ein Chaos aus Packungen mit Frühstücksflocken und eine leere Milchkanne. Im Holzofen fraß sich prasselnd ein Feuer voran, und das Haus wurde unter dem Knacken und Ächzen der Holzscheite allmählich wärmer. Oben lag Christine noch im Bett, erschöpft und mit müden Augen – eine überlastete Mutter, die sich nach dieser seltenen Atempause gesehnt hatte. Draußen fielen schmetterlingsflügelgroße Schneeflocken in Spiralen aus einem dunklen Himmel.

Abwesend schob ich mir einen Löffel Müsli nach dem anderen in den Mund und checkte dabei meinen Facebook-Account – mein Handy warf ein unheimliches blaues Licht auf die Jungen. Natürlich war alles, was über den Bildschirm flimmerte, banal und ohne tieferen Sinn. Trotzdem stöberte ich weiter, angetrieben von dem gleichen Drang, der den Strandgutsammler zum Meer oder den Goldwäscher zum Fluss treibt: Es war die Hoffnung, irgendwo unter all dem Müll könne ein Schatz verborgen liegen.

„Dad!", schrie Bodi und riss mich aus meiner Trance. „Hast du überhaupt gehört, was ich grad gesagt hab?"

„Bo-Bee!", stieß jetzt der kleine Taj aus, riss dabei seinen Gummilöffel in die Höhe und verteilte Frühstücks-Cheerios über seinem Plüschpyjama – ein Ausdruck der grenzenlosen Liebe für seinen älteren Bruder, der ihn zunehmend ignorierte.

Ich legte das Handy zu Seite, schob eine Strähne von Bodis Haar hinter sein Ohr und küsste seine seidige Wange. „Erzähl es mir nochmal“, flüsterte ich.

Akribisch sagte Bodi die Entfernungen zu jedem Planeten in unserem Sonnensystem auf. Die Zahlen waren mit großer Sicherheit korrekt, da Bodi es immer ganz genau nimmt, doch während ich ihm zuhörte, wurde mir etwas anderes bewusst: Tatsächlich hatte ich kein Wort von dem gehört, was er zuvor gesagt hatte. Und das, obwohl er direkt neben mir saß und mit zum Wertvollsten zählte, was es in meinem Leben gab.

Es war verstörend, wie häufig ich in meinem Leben nur so dahinzutreiben schien, ohne direkte Verbindung zu meinem Bewusstsein. Oft verlor ich in Gesprächen den Faden. Nicht selten passierte es, dass ich irgendwohin fuhr und mich später kaum an den Weg erinnerte. Im Supermarkt lief ich unsicher durch die Gänge: Ich wusste nicht mehr, was ich eigentlich brauchte. Ich hatte sogar die Fähigkeit verloren, mehrere Buchseiten hintereinander zu lesen, ohne zwischendurch etwas zu googeln. Mein Hirn schien unersättlich zu sein, doch seine Fähigkeit, sich zu konzentrieren und mit Ruhe über etwas nachzudenken, war dahin. Ich hatte das Gefühl, nie von etwas wirklich gefesselt zu sein, so als sei meine Aufmerksamkeit immer aufgespalten.

Und das war noch schlimmer geworden, nachdem ich mir ein iPhone gekauft hatte. Denn anstatt im Morgengrauen meine Frau zu umarmen, griff ich nun auf den Nachttisch. In der Zurückgezogenheit des Badezimmers verbrachte ich unverhältnismäßig viel Zeit damit, ungestört durch Twitter-Nachrichten zu scrollen, während sich ein Großteil meiner Arbeitstage in E-Mails und Internetstreifzügen verlor. Auf dem Spielplatz vertrieb ich mir in Gesellschaft von anderen, ebenso abgelenkten Eltern die Zeit mit Instagram, während meine Söhne verzweifelt in den Schaukeln baumelten.

Dazu kam, dass sowohl Christine als auch ich uns seit der Geburt unserer Kinder sozial immer mehr zurückgezogen hatten. Zwischen schlaflosen Nächten, laufenden Nasen, E-Mails, Geschäftsreisen, Kreditabzahlungen und all den anderen kleinen, kaum wahrnehmbaren Angriffen der Moderne auf unser Leben fühlte es sich so an, als zöge uns etwas unaufhörlich unter Wasser. Und obwohl unsere Ehe an sich nicht

Gefahr lief zu scheitern, befanden wir uns auch nicht immer in ruhigem Fahrwasser. Wir stritten, machten eine Paartherapie und stritten dann sogar noch mehr.

„Wie wir unsere Tage verbringen, so verbringen wir natürlich auch unser Leben", lautet ein bekanntes Zitat von Annie Dillard. Und obwohl mir unsere Situation Sorgen bereitete, war diese moderne Malaise sicher nichts Außergewöhnliches. Eher unvermeidlich, würden manche sagen. Außerdem hatten wir noch konkretere Sorgen.

Drei Jahre zuvor, an einem stürmischen Novembernachmittag, hatten Christine und ich Bodi zu einem Zentrum für Kindesentwicklung in einer der Nachbarstädte gebracht. Dort, in einem Keller mit Betonwänden, beobachteten wir durch eine schallisolierte Glasscheibe hindurch, wie unser Sohn zahlreiche Tests über sich ergehen ließ.

Später versammelte sich ein Team aus wortkargen Spezialisten um uns und teilte uns die nebulöse Diagnose einer „nicht näher bezeichneten, tiefgreifenden Entwicklungsstörung" mit. Ich bräuchte sicher Jahre, um die volle Tragweite dieser Störung zu begreifen, aber eines war schnell klar: Bodi nahm die Welt anders wahr als die meisten Menschen.

In den darauffolgenden Jahren probierten Christine und ich alles Mögliche aus, um ihm zu helfen, unter anderem ein Coaching für soziale Kompetenz, Verhaltenstherapie, Logopädie, Gesprächstherapie und Ergotherapie. Wie alle Eltern wollten wir für unseren Sohn alles tun, was in unserer Macht stand, damit er das beste ihm mögliche Leben führen konnte. Aber trotz unserer Bemühungen ließ mich das unbestimmte Gefühl, dass wir an Boden verloren, fast verzweifeln.

Allerdings begriff ich erst an diesem ruhigen Wintermorgen, als Bodi mich anschrie und Taj seine Cheerios über den Tisch verteilte, wie schnell die Jahre an uns vorüberflogen und die beiden älter wurden. So viele Gelegenheiten schienen mir schon verloren zu sein, und ich musste anerkennen, dass mein eigener Mangel an Aufmerksamkeit dabei eine große Rolle spielte.

Und mir wurde klar: Wenn auch nur die geringste Hoffnung bestand, eine tiefe Bindung zu meinem älteren Sohn aufzubauen, die rätselhaften Botschaften, die er von sich gab, zu verstehen und all das Schöne, was in ihnen verborgen lag, zu entdecken, dann musste ich, verdammt noch mal, präsenter sein.

Also sollte sich etwas ändern.

Jahrelang hatten Christine und ich mit der Idee gespielt, mit unseren Kindern in einem buddhistischen Kloster im Himalaja zu leben – an einem Ort, an dem uns die Fangarme der Moderne nicht erreichen konnten. Allerdings war es immer Fantasterei geblieben, etwas, was wenn, dann vielleicht *irgendwann* geschehen würde. Doch an jenem Morgen im tiefsten Winter, während Schmetterlingsflügel gegen dunkle Fenster flatterten, spürte ich, dass dieses *Irgendwann* gekommen war.

Christine – wirklich eine wunderbare Frau – brauchte kaum überzeugt zu werden. Einmal hatte sie fast einen ganzen Winter im Keller der Gemeindebibliothek von Calgary damit verbracht, die komplexen Rituale und die Ikonografie des tibetischen Buddhismus zu studieren. Seit damals hatte sie den Wunsch, diese alten Traditionen hautnah zu erleben. Innerhalb weniger Tage begannen unsere Pläne Form anzunehmen.

Unsere Freunde und unsere Familien fanden, dass wir zu weit gingen. Zwei kleine Kinder um die halbe Welt zu schleppen, um dann unter unsicheren (und ganz bestimmt primitiven) Bedingungen zu leben, und das nur, weil wir die vage Hoffnung hatten, dass es uns allen guttun würde?

Warum taten wir nicht etwas, was ein bisschen *normaler* war? Eine Kreuzfahrt vielleicht? Ein paar Wochen in einem mexikanischen All-inclusive-Hotel? Wenn wir auf der Suche nach Abenteuer seien, wie wäre es mit einem Monat in Costa Rica, wo wir uns auf komfortable und ungefährliche Weise erholen könnten? Ich gebe zu, ich konnte sie verstehen.

Wir haben unsere Reise allerdings niemals als Flucht verstanden. Genauso wenig waren wir auf der Suche nach Erleuchtung. Wir machten unsere Pläne instinktiv, aus einer Art Selbsterhaltungstrieb heraus. Es fühlte sich an, als wären wir in die Tiefen des Ozeans geraten und als bliebe uns nichts anderes übrig, als mit ganzer Kraft zu einem fernen, schummrigen Licht zu schwimmen, von dem wir hofften, dass es die Oberfläche war.

Es war kurz nach Mitternacht, als Christine endlich das Licht der Glühbirne in unserer Hütte in Manali ausschaltete und wir gemeinsam unter die dünnen Laken des harten Bettes krochen. Ich hielt sie noch eine Weile im Arm, bevor die hohe Luftfeuchtigkeit und die Hitze uns auseinandertrieben. In der Stille, die nun folgte, hörte man den Wind gegen die Fensterscheiben schlagen. Ein Gecko flitzte über die verkohlten Holzscheite. Mich übermannte ein unruhiger Schlaf. Ich hatte ständig das Gefühl, mich im freien Fall zu befinden. Irgendwann in der Nacht schrie Bodi in der Dunkelheit und Christine sprang auf, um ihn zu trösten.

Zwei Seesäcke standen neben der Tür des Häuschens. Hineingestopft hatten wir etwas warme Kleidung, ein Zelt, Schlafsäcke, Stirnlampen, Kulturbeutel, ein Erste-Hilfe-Set, zwei kleine Packsäcke voller Lego, zwei Kinderrückentragen, eine Tasche mit Schulsachen, eine Handvoll Bücher, eine kleine Kamera und unsere Tagebücher.

Alles andere ließen wir zurück.

7

In den Untiefen

Wenn wir die Geschenke der modernen Technologie mit offenen Armen annehmen, dann versäumen wir meist zu fragen, was sie im Gegenzug verlangt – die subtilen, kaum wahrnehmbaren Zahlungen, die wir für ihre herrlichen Dienste leisten.

MICHAEL HARRIS,
„THE END OF ABSENCE"

LEINEN LOS

Kimberley
British Columbia

Wie ein Tiger, der sich an seine Beute anpirscht, schlich sich der dreijährige Taj vor Sonnenaufgang in unser Schlafzimmer. Lautlos bewegte er sich über den sonst knarzenden Boden. Dann setzte er zum Sprung an. Christines Schrei weckte Bodi auf, der daraufhin mucksmäuschenstill an der Tür erschien.

„Können wir unsere Fernsehzeit haben?", bat er dringlich, und bezog sich dabei auf das 30-Minuten-Kontingent der beiden.

„Bi-itte!", flehte Taj.

„Ihr wisst aber, das ist das letzte Mal, oder?", fragte Christine. „Wir brechen in ein paar Stunden auf. Und ich will nichts hören, wenn es nachher Zeit ist, den Fernseher auszuschalten."

„Okay, Mom. Danke."

Christine schaltete den Fernseher ein, und die beiden machten es sich in unserem Bett bequem – zwischen ihnen erhob sich eine Art Gebirge aus Bettdecken, denn Bodi konnte Tajs Gezappel nur schwer ertragen. Als ich nach unten lief, um Kaffee zu machen, wurde mir klar, dass keiner der beiden eine Vorstellung von dem hatte, was vor uns lag. Wie auch?

Natürlich hatten Christine und ich die bevorstehende Reise mit ihnen besprochen, aber die zeitlichen und räumlichen Dimensionen lagen jenseits ihrer Vorstellungskraft. In den kommenden Monaten würden wir beide ihre einzige Orientierung sein.

Kurze Zeit später tauchte das Fernsehteam auf, mit Kaffee aus Pappbechern bewaffnet und frustriert, dass sie verpasst hatten, wie wir aufgestanden waren. Gemeinsam mit den ersten Rotkehlchen des Frühlings waren sie vor drei Tagen in Kimberley gelandet. Ihr Flug aus Los Angeles fiel mit dem Einsetzen der Schneeschmelze in den nahen Purcell Mountains zusammen. Sie waren jung und enthusiastisch – und zertrampelten die violetten Krokusse hinter unserem Haus, während sie rauchten und Wasser aus Plastikflaschen tranken. Die meisten hatte diese Reise nach Kanada zum ersten Mal ins Ausland geführt.

Die ganze Crew bestand aus für uns schockierend vielen Leuten – nämlich sechzehn an der Zahl: drei Kameramänner, zwei Tontechniker, vier Redakteure, zwei Produktionsassistenten, ein Datenmanager und vier, die weiß Gott was taten. Wes, ein junger Australier, war der Chef.

Obwohl er mit seinem gegelten Haar und dem schneidigen Outfit eher wie der Frontmann einer Boyband aussah, war er mir wirklich sympathisch, denn er strahlte echte Begeisterung aus.

Ich versammelte die Crewmitglieder in unserer Küche und legte jedem eine Khata um den Hals, einen traditionell buddhistischen Seidenschal, der im Himalaja bei Ankunft und Abreise überreicht wird. Die Schals hatten mir vor Jahrzehnten Sherpa-Gefährten auf dem Everest geschenkt. Damit hatten sie mir Glück und ein sicheres Vorankommen gewünscht, und in diesem Sinne gab ich sie nun weiter.

Danach wurden die schweren Kameras aufgestellt. Ein Tontechniker klebte uns schnurlose Mikrofone in die Innenseite unserer Hemden, während draußen eine Drohne wie ein riesiger Moskito von Fenster zu Fenster schwirrte.

„Tut einfach so, als ob wir nicht hier wären“, sagte Wes.

Im Ernst?

Bodi und Taj folgten diesen coolen Fernsehtypen auf Schritt und Tritt, fasziniert von ihren lässigen Mützen und ihren Chucks. Christine und ich waren zu beschäftigt, um dem Ganzen viel Aufmerksamkeit zu schenken. Wir widmeten uns schnell wieder den Listen, mit denen wir unsere Handflächen und Unterarme vollgeschrieben hatten: Es ging um unsere Ausrüstung für die Reise, die an der Hintertür unseres Zuhauses in Kimberley beginnen und uns in den Norden bis in den Polarkreis hinein, durch das subtropische Asien und schließlich hoch in den Himalaja bringen sollte.

Unsere Packstrategie war simpel. Wenn wir alles, was wir brauchten, in zwei riesige Seesäcke stopften, könnte ich beide tragen – einen auf dem Rücken und einen auf den Armen. So hätte Christine ihre Hände für die Kinder frei, und wir könnten uns durch jede Situation navigieren, die auf unserer Reise zu erwarten war: Bahnhöfe, Märkte, geschäftige Straßen und überlaufene Hostels.

Zwei Stunden später, nachdem wir die Füße der Jungs in winzige Wanderschuhe gequetscht hatten, bugsierte Christine sie zur Hintertür hinaus. Bevor ich die Tür abschloss, war meine letzte Tat, das iPhone auszuschalten und es in einer der Küchenschubladen zu versenken.

Jeder, der mir in den nächsten sechs Monaten eine E-Mail schreiben würde, bekäme diese automatische Antwort: *Im November zurück. Entschuldigen Sie die Unannehmlichkeiten.*

Unter unseren Füßen knirschte der Frost, und eine dünne Decke aus spätem Schnee bedeckte die beiden auf unseren rostigen Pick-up geschnallten Kanus. Nach einer Stunde Autofahrt erreichten wir den Oberlauf des Columbia River, wo ich aus zwei jungen Bäumchen Spieren machte, um damit die beiden Kanus zu einem stabilen Katamaran zu verbinden. Als wir die Kanus beladen und unsere Schwimmwesten angezogen hatten, brannte die junge Maisonne auf uns herunter.

„Indien, zehn Kilometer!“, verkündete Taj und reckte seinen Arm gen Himmel.

„Gibt es da unten auch Fische?“, fragte Bodi und schielte über das Dollbord, während ich versuchte, Sonnencreme auf seinen Wangen zu verteilen.

„Regenbogenforellen?“, mutmaßte Christine.

„Oh, ja!“, rief Bodi, sprang auf und schnappte sich seine Angel. „Heute Abend essen wir Regenbogenforelle.“

Wir paddelten gen Norden, dem trägen Fluss durch sumpfige Gebiete folgend. Akustisch wurden wir von dem Gesang der Rotschulterstärlinge begleitet, hier und da unterbrochen von dem knallartigen Aufklatschen eines Biberschwanzes. Die Fernsehcrew umkreiste uns in Motorbooten. Wie Hunde, die einen Park zum ersten Mal betraten, beschnupperten wir uns noch und loteten unsere Grenzen aus.

Christine wühlte in ihrer Tasche, reichte den Kindern Wasserflaschen und forderte sie zum Trinken auf. Ihren Wunsch ignorierend, nahm Bodi sein kleines Paddel und spritzte damit im Wasser herum. Taj schwang seine Angel hin und her und zog den Köder – ohne Haken – rasselnd über Bootsrumpf und Köpfe.

Nach der Mittagspause tauchten am Horizont Gewitterwolken auf und die Motorboote kamen schnell zu uns herangefahren. Kameras wurden geschultert, und eine der TV-Redakteurinnen setzte zu einem Spontaninterview an, wie es beim Fernsehen so schön heißt.

„Blitze!", stieg sie in besorgtem Ton ein. „Sind die Kinder in Gefahr?"

Ich tat mich schwer damit, ernsthaft beunruhigt zu sein – wegen einer Handvoll dunkler Wolken in der Ferne –, aber die offensichtliche Besorgnis der Redakteurin löste bei Bodi Panik aus. Christine versuchte, ihn zu beruhigen. Taj schwang seine Angel, und ich paddelte schweigend voran. Unterdessen liefen die Kameras weiter.

An diesem Abend schlugen wir unser Zelt auf einem langen Sandstrand auf, den der Fluss bei niedrigem Wasserstrand freigab. Nachdem sie uns dabei gefilmt hatten, wie wir uns über einem Feuer aus Treibholz Pasta zum Abendessen kochten, machte sich die Filmcrew mit ihren Motorbooten in Richtung eines Motels davon. In der plötzlichen Stille – nachdem sie weg waren – bauten Christine und ich das Zelt auf. Vom indigoblauen Himmel hörten wir die Sterne flüstern. Wir putzten den Jungen gerade die Zähne, als es in der Nähe aufheulte.

„Wölfe!", flüsterte Christine. „Sie segnen unsere Reise."

„Scheiße!", rief Bodi.

„Scheiße sagt man nicht, Bodi", sagte Taj, fest an Christines Bein geklammert.

Das Rudel lief nah an unserem Zelt vorbei, wie Geister glitten sie zwischen den Erlen hindurch. Das flüchtige Auftauchen eines *canis lupus* hatte ich schon immer als gutes Omen betrachtet, etwa so, wie wenn man einen herzförmigen Stein findet oder das Nordlicht sieht. Also nickte ich dankbar in Richtung der vorbeiziehenden Schatten.

Nach fünf Tagen auf dem Columbia River erreichten wir die Holzfällerstadt Golden, wo wir die Kanus einlagerten, unsere Seesäcke zur transkanadischen Bahn schleppten und einen Zug in Richtung Küste bestiegen.

In Vancouver brachte uns ein Taxi zum Industriehafen, wir reihten uns ein in eine Schlange aus 18-rädrigen Lastwagen, die Frachtcontainer transportierten. Christine schluckte, als sie den schwarzen Rumpf der „Hanjin Ottawa“ erblickte – drei Fußballfelder lang und mehr als zehn Stockwerke hoch – und trotzdem war sie nach heutigen Maßstäben recht klein. Dieses Schiff würde 5000 Container – und uns – über den Pazifik bringen.

Am anderen Ende einer beängstigend langen Gangway wartete ein kleiner Mann in hellbrauner Uniform und mit orangefarbenem Schutzhelm auf uns. Vier goldene Balken zierten seine Schulterklappen.

„Gott sei Dank sind Sie keine Schweizer“, bellte er. „Heutzutage sind es meistens Schweizer, die per Containerschiff reisen. Aber Kanadier sind nicht ganz so pingelig, oder?“

Über seine Lesebrille hinweg schaute er uns prüfend an und stellte sich als Kapitän Huth vor, bestand aber im selben Atemzug darauf, dass wir ihn stattdessen mit dem deutschen Titel „Kapitän Klugscheißer“ anreden sollten. Er hielt inne, um unseren Söhnen die Hand zu schütteln, und fügte hinzu: „Ich glaube, hier haben wir noch zwei Klugscheißer, oder?“ Dann winkte er uns mit einer knappen Willkommensgeste die Gangway hinauf.

Nur vier Mitglieder der Fernsehcrew (zwei Kameramänner, ein Tontechniker und ein Redakteur) würden uns begleiten. Wes und die anderen wollten mit dem Flugzeug über den Pazifik fliegen und uns in zwei Wochen in Busan, Südkorea, treffen.

Als wir an Bord gingen, stieß einer der Kameramänner einen Pfiff aus, um unsere Aufmerksamkeit zu erregen. Klugscheißer war außer sich. „Die einzigen Dinge, die an Bord dieses Schiffes pfeifen dürfen, sind der Wind und ich“, schimpfte er. Unter Seeleuten gilt Pfeifen als unheilvoll, denn es soll den Wind drehen, und außerdem munkelt man, es sei das Signal gewesen, mit dem die Meuterei auf der Bounty ihren

Anfang nahm. Der Kameramann versprach also, nicht mehr zu pfeifen, solange er sich auf dem Boot befand.

„Das ist kein Boot", brüllte Klugscheißer. „Es ist ein Schiff!"

Ein Aufzug brachte uns auf Ebene 6 des Überbaus, an eine Tür, auf der „Kajüte des Eigentümers" stand. Christines Augen leuchteten, als sich die Tür öffnete und eine Suite mit Teppichboden, Sofas, Holzvertäfelung und gedämpftem Licht zu sehen war.

„Einen solchen Luxus habe ich nicht erwartet", gab sie zu. „Ich dachte irgendwie immer, dass wir auf harten Pritschen schlafen würden. In einem feuchten Kielraum oder so. Voller Ratten."

Am nächsten Morgen legte die „Hanjin Ottawa" ab. Bugstrahlruder stießen den turmhohen Rumpf von der Anlegestelle ab, dann schwang sich der riesige Zehnzylindermotor des Schiffes – der eine Kleinstadt mit Strom hätte versorgen können – in einen tiefen, donnernden Rhythmus ein, der bis zu unserer Ankunft in Asien unverändert bleiben würde.

Ein paar Stunden später pflügten wir an der Stadt Victoria vorbei, und ein kleines Schnellboot legte längs der „Hanjin" an. Eine Strickleiter wurde heruntergelassen und ein Mann in Marineuniform, der Hafenlotse, tauchte neben uns auf dem Deck auf. Nachdem er unseren Söhnen zum Abschied die Haare verwuschelt hatte, schwang er sich über die Reling, kletterte ein Stück herunter und federte sich mit den Füßen am Rumpf ab, während das Schiff weiterstampfte. Schließlich sprang er mit einem Manöver, das eines James Bond würdig gewesen wäre, in das wartende Schnellboot und jagte davon.

Kurz darauf verschwand das Land hinter uns. Und es wurde kälter. Meer, Himmel, Nebel und Wellen verschmolzen ineinander, und wir tauchten in ein Kaleidoskop von Grün und Blau ein.

Zehn Jahre zuvor waren Christine und ich nach Kimberley gezogen, eine schläfrige Kleinstadt mit nur einer Ampel, im Herzen der Interior Mountains in der Provinz British Columbia, wo man noch mit Kaminholz heizt und Gefrierschränke mit Elchfleisch befüllt. Wir kauften ein heruntergekommenes Bergarbeiterhaus, fuhren einen rostigen Pick-up und sorgten nicht für das Alter vor. Geld spielte in unserem Leben keine zentrale Rolle, und ganz bestimmt waren wir nicht reich – zumindest nicht in den Augen unseres Steuerberaters.

Nachdem ich, noch ein paar Jahre zuvor, 1990 meinen Abschluss in Technischer Physik gemacht hatte, kündigte ich nach nur vier Monaten meinen Job als Datenbankprogrammierer. Es war ungleich befriedigender, Schlauchboote durch die wilden Untiefen des nahen Ottawa River zu lenken. Dass ich auf diese Weise 95 Prozent meines Einkommens einbüßte, kümmerte mich nicht.

Es folgten herrliche, sorgenfreie Sommer in der Arktis, in denen ich Kanuausflüge und Raftingtouren auf den Flüssen des hohen Nordens leitete. Im Winter paddelte ich an den Küsten der Karibik entlang, fuhr Ski in den Alpen und radelte durch Asien. Nach und nach nahmen meine Expeditionen dann immer größere Ausmaße an: Auf einem Kamel durchquerte ich die arabische Wüste, fuhr in einem Raft durch die Schlucht des Blauen Nils in Äthiopien und begleitete ein kanadisches Team auf den Everest, wobei ich dafür zuständig war, Satelliten-Updates an die Sponsoren zu senden.

Als ich beschloss, ein Buch über diese Reisen zu schreiben, schien das ein zweifelhaftes Unterfangen zu sein, da ich in der Schule nicht nur in Englisch, sondern auch im Maschinenschreiben eher schlecht gewesen war. Doch ein Verlag kaufte das Manuskript, Lektoren feilten mit mir an meinen Sätzen, Kritiker lobten das Buch, und zu meiner Überraschung wurde es tatsächlich gelesen. Ein paar Jahre später schrieb ich ein zweites. Schon bald schickten mich Zeitschriften ins Ausland. Ich begann, eine wöchentliche Reisekolumne für die Tageszeitung „The Globe and Mail" zu schreiben. Jeden Sommer kehrte ich als Guide in die Arktis zurück, ansonsten floss nur in unregelmäßigen Abständen Geld, mein Einkommen war unsicher. Selten wusste ich, woher das Geld zum Leben als Nächstes kommen würde – und es war mir, ehrlich gesagt, auch egal. Ich war glücklich.

1999 traf ich Christine in einem Fitnessstudio in Calgary, wo sie als Personal Trainer arbeitete. In einer kleinen Präriestadt, von einem Schweißer und einer Rodeo-Queen aufgezogen, war sie eine außergewöhnlich talentierte Athletin, was sie auch bei unseren ersten Dates unter Beweis stellte, indem sie mich in Grund und Boden joggte. Trotz gänzlich unterschiedlicher Kindheiten – in ihrer hatte es Schneemobilrennen, Muscle Cars, Industriebrot und Frühstücksfleisch gegeben, in meiner dagegen eine Mutter, die Alfalfasprossen auf der Fensterbank zog und einen Vater, der als Nuklearphysiker arbeitete – war es klar, dass uns beiden Erfahrungen wichtiger waren als Geld. Von Anfang an war es einfach, mit ihr zusammen zu sein.

Bevor wir uns trafen, war Christine viel gereist, als Backpackerin durch Australien, auf die Fidschi-Inseln, nach Europa und Nepal. Und obwohl sie noch nie in einem Zelt geschlafen hatte, ließ sie sich von unserem ersten Ausflug nicht abschrecken: eine 24-tägige Seekajaktour entlang der Westküste Kanadas. Es folgten immer abenteuerlichere Reisen: Wir wanderten vierzig Tage von einer Küste Islands zur anderen, ritten zwei Monate durch die mongolische Steppe (für uns beide das erste Mal auf einem Pferd), schipperten in einem Faltkajak entlang der Nordküste Borneos, erforschten die Regenwaldinseln in Myanmars Mergui-Archipel (wo man uns für kurze Zeit sogar ins Gefängnis warf) und paddelten drei Monate lang durch die mit majestätischen Eisbergen übersäten Fjorde der schroffen Ostküste Grönlands.

Viele bezeichneten es als unfair von mir, Christine auf solche Reisen mitzuschleppen.

Oder sie haben mir zu verstehen gegeben, was ich doch für ein Glückspilz sei, eine Partnerin gefunden zu haben, die meine „Urlaube“ aushielt. Dahinter steckte die ziemlich beleidigende Unterstellung, dass Christine sich niemals aus freien Stücken in die Wildnis aufgemacht hätte.

Sie ging mit einer bemerkenswerten Bescheidenheit an unsere Reisen heran. Ganz im Gegensatz zu der Angeberei und dem Gehabe, das Outdoorsportler heutzutage oft an den Tag legen, schienen unsere Touren für Christine keine große Sache zu sein. Wenn ich mitbekam, wie sie ihren Freunden von einer Reise erzählte, klang es eher so, als hätten wir im Garten gezeltet. Für mich war klar, dass sie sich aus einem ganz simplen Grund in die Wildnis wagte: Sie liebte es einfach, dort draußen zu sein.

Und dafür liebte ich sie umso mehr.

Die Vorstellung, mit unseren Söhnen in einem buddhistischen Kloster im Himalaja zu leben, hatte schon seit Jahren in unseren Köpfen herumgespukt – das war ein vager Plan, ein Luftschloss, das Christine und ich aus verschiedenen Perspektiven betrachteten.

Christine war eine von Natur aus spirituelle Frau – schon seit Langem meditierte sie und machte Yoga. Ihr Interesse reichte von Parapsychologie und Wahrsagerei über Schamanen und Auren bis hin zu den gesundheitsschädlichen Folgen eines rückläufigen Merkur – alles Konzepte, die mein wissenschaftliches Gemüt eher beunruhigten. Hermann Hesses „Siddhartha“ war in der Mittelstufe ihr Lieblingsbuch gewesen. Ihren Nachttisch zierten Kristalle und Traumfänger. Nicht selten besuchte sie Aschrams und Yoga-Schweige-Retreats. Wenn die Wochenendausgabe der Zeitung kam, blätterte sie als Erstes auf die Seite mit den Horoskopen.

Ich wiederum war schon immer ein Skeptiker gewesen, der sich reflexartig gegen alles stemmte, was Übersinnliches betraf. Meine geistige Nahrung bestand aus datenbasierten Artikeln, die von Fachkollegen geprüft worden und in wissenschaftlichen Fachzeitschriften erschienen waren. Manchmal wünschte ich mir, Christines bedingungslosen Glauben an das Unerklärliche zu teilen, da es mir ein Gefühl von Unzulänglichkeit gab, mich nicht „gehen lassen“ zu können. Aber insgeheim wusste ich, dass ich es einfach nicht verstand. Abgesehen davon, dass mich manchmal das Gefühl von etwas Göttlichem überkam, wenn ich die Wunder der Natur bestaunte, blieb ich ein überzeugter Ungläubiger.

In Sachen Spiritualität tat sich zwischen Christine und mir also ein Abgrund auf, und hin und wieder stritten wir uns auch deswegen. Ich behauptete, Wiedergeburt sei nicht einfach nur unwahrscheinlich, sondern völlig unlogisch. Im letzten Jahrhundert war die Weltbevölkerung um weitere fünf Milliarden Menschen gewachsen. Von wo sollten denn all diese neuen Seelen gekommen sein?

„Oh, Bruce. So funktioniert das nicht. Ich kann es nicht erklären, aber tief in mir drinnen weiß ich einfach, dass es wahr ist.“

Solche Diskussionen konnte man nicht gewinnen, und mit der Zeit lernten wir, die Tatsache zu akzeptieren, dass wir unterschiedlicher Ansicht waren.

Interessanterweise stand ich dem tibetischen Buddhismus jedoch schon immer offen gegenüber. Während meiner zahlreichen Reisen in den Himalaja habe ich mich in der Gesellschaft von Nepals fröhlichen und kameradschaftlichen Sherpas, den berühmten Höhenträgern und Bergsteigern dieser tibetisch-buddhistischen Volksgruppe, immer sehr geborgen gefühlt. Anstatt herumzuschreien oder zu verzweifeln, wenn auf einer Expedition etwas schieflief – was unweigerlich passierte –, lachten die Sherpas und gingen weiter. Selbst angesichts schwierigster Situationen schien ihre Lebensfreude unverwüstlich. Egal mit welchem Geheimrezept sie auch brauten, ich wollte es kennenlernen.

Die Kernlehren des Buddhismus – Toleranz, Mitgefühl, das Streben nach Nichtanhaftung, ein Bewusstsein der Vergänglichkeit aller Dinge – waren für mich im Grunde nichts anderes als gesunder Menschenverstand. Ganz unerwartet fühlte ich mich zum geistigen Oberhaupt des tibetischen Buddhismus hingezogen, dem äußerst populären vierzehnten Dalai Lama, dessen vergnügte Art mich entwaffnete und dessen grenzenloses Mitgefühl Demut in mir auslöste. In seinen Worten schwangen einfache Wahrheiten mit. „Wir brauchen keine Tempel. Wir brauchen keine komplizierte Philosophie. Unser eigenes Gehirn, unser eigenes Herz ist unser Tempel, und Freundlichkeit unsere Philosophie."

Oft träumte ich davon, dass dieser alternde Mönch für ein politisches Amt kandidieren würde – sein Programm der Liebe und des praktischen Denkens würde ich sofort unterstützen.

Christine und ich waren also gespannt darauf – jeder auf seine Art –, mehr über diese Religion zu erfahren. Oder Philosophie. Oder was auch immer – denn ob es sich beim Buddhismus um eine Religion oder eine Philosophie handelt, ist umstritten. Für beide Sichtweisen gibt es überzeugende Argumente. Beide hatten wir nicht die Absicht, kleine Buddhisten aus unseren Söhnen zu machen. Aber wir glaubten, dass es ihnen nicht schaden könne, in das einfache Leben im Kloster einzutauchen. Möglicherweise würde es ihnen sogar ausgesprochen guttun.

Trotzdem blieb die Idee, alles stehen und liegen zu lassen, um in einem buddhistischen Kloster zu leben, eher ein ferner Traum. Etwas, was wir vielleicht *irgendwann mal* machen würden.

Bis zum Tag der Cheerio-Offenbarung.

Aber wohin im Himalaja sollten wir denn gehen? Und wie, zum Teufel, wollten wir es hinbekommen, in einem Kloster wohnen zu dürfen?

Christine und mich zog es nach Bhutan, das weithin dafür bekannt ist, das Bruttonationalglück dem Bruttoinlandsprodukt vorzuziehen. Vor einigen Jahren hatte mich eine Fotoreportage in dieses Land geführt, und ich war von seinen sanftmütigen Menschen und ihren fest verankerten Traditionen ganz bezaubert gewesen. Da es sich jedoch im Süden des Himalaja befindet, trifft Bhutan die volle Breitseite des Monsuns. Mein Interesse schwand, als ich von den dichten Wäldern erfuhr, die Trekking und Erkundungstouren erschwerten. Bei Christine genügten die Geschichten über aggressive Blutegel, um sie von Bhutan abzubringen.

Als Nächstes warfen wir unser Auge auf Tibet, den Ursprungsort des Himalaja-Buddhismus. Nach der Invasion Chinas vor etwa fünfzig Jahren werden Reisen in die Region noch immer streng reguliert, und Ausländer benötigen einen von der Regierung zugewiesenen Führer, wenn sie sich außerhalb der Hauptstadt Lhasa bewegen wollen. Es war klar, dass man es uns niemals erlauben würde, ohne Einschränkungen in einem Kloster zu leben.

Wir zogen auch die lebhaften indischen Bergstädtchen Sikkim und Darjeeling sowie Tibets alte Enklaven in Nepal, Mustang und Dolpo, in Betracht, aber nichts schien richtig zu passen.

Dann schlug ein alter Freund, der seit Jahrzehnten im Himalaja Berge besteigt, Ladakh vor. Normalerweise eher wortkarg, schwärmte er in höchsten Tönen von der uralten Kultur und den warmherzigen Einwohnern.

„Was aufrichtige Freundlichkeit angeht, können Ladakher sogar den Sherpas den Rang ablaufen“, erging er sich. „Sie bekommen 9,5 von 10 Punkten. Ehrlich. Da müsst ihr hin.“

Das war ein großes Lob für ein Land und seine Leute, von denen ich fast nichts wusste.

Ladakh – oder *La dags* auf Tibetisch, was „Land der hohen Pässe“ bedeutet – befindet sich im hohen Norden Indiens, am äußersten Rande des tibetischen Hochlands, eingezwängt zwischen den umstrittenen Grenzen von Pakistan und China. Die karge, abweisende Landschaft ist von bröckelnden Bergen, unablässigem Wind und einer unbarmherzigen Sonne geprägt – eine Wüste in Höhenlage, im Regenschatten des Himalaja.

Früher einmal eine verschlafene Karawanserei an der Route quer durch Zentralasien, wurde Ladakh 1947 nach der Teilung von Indien und Pakistan für ausländische Touristen abgeriegelt und öffnete erst 1974 wieder in Teilen seine Pforten.

Zwei hastig fertiggestellte Militärstraßen brachten erste Anzeichen von Veränderung in die Region. Die erste Straße, von Osten nach Westen verlaufend, verband die ladakhische Hauptstadt Leh mit der Hauptstadt Kaschmirs, Srinagar. Sie wurde 1963 in den Fels gehauen, nachdem man entdeckt hatte, dass sich chinesische Truppen bereits zehn Jahre zuvor über die nebligen Grenzen gestohlen und unbemerkt eine Infrastruktur auf indischem Boden errichtet hatten. Ein Akt, der verdeutlichte, wie weitläufig und unbevölkert der westliche Himalaja war. In den 1980ern baute man eine zweite Straße, vom Norden in den Süden, von Leh nach Manali, damit indische Truppen und Waffen schnell zu den sensiblen Grenzen gelangen konnten.

Mit den Straßen schlich sich unvermeidlich die Moderne ein – Traditionen gingen verloren und sozialer Zusammenhalt erodierte. Am stärksten traf es die Hauptstadt Leh, die heute jedes Jahr über eine Million Touristen beherbergt.

Weite Teile von Zentral-Ladakh sind jedoch weiterhin für Coca-Cola-Stände und abgasreiche Laster unerreichbar, und als ich die Karten studierte, entdeckte ich zum ersten Mal Zanskar. Jahrhundertelang war dieses entlegene Tal – eingebettet zwischen dem Großen Himalaja und der Bergkette von Zanskar – dafür bekannt, dass es nur schwer zu erreichen war. Und noch heute lebt man dort in relativer Abgeschiedenheit.

Im Jahr 1976 wurde ein Feldweg über den Pensi-La-Pass geebnet, der dem Tal die Vorboten der Moderne und ganze Wellen neugieriger Touristen bescherte. Aber da er sich in der Nähe der pakistanischen Grenze befindet, ist der Pfad nur schwer zu erreichen und sechs Monate im Jahr vom Schnee versperrt.

Es ist die Heimat von rund 15 000 Seelen, die auf vierzig kleine Dörfer und ein Dutzend Klöster verteilt leben – eine uralte Agrargesellschaft, die Jahretausende lang fast unverändert überdauert hat.

Zufälligerweise waren Freunde aus Kimberley vor Kurzem erst von einer Trekkingtour in der Region zurückgekehrt. Da sie unterwegs von einem ungewöhnlich starken Schneesturm überrascht worden waren, hatten sie Zuflucht im Karsha Gompa gesucht, dem größten buddhistischen Kloster in Zanskar.

Gom ist das tibetische Wort für „Meditation", und *gompa* bezeichnet einen Ort der Meditation. Heutzutage benutzen Reisende diesen Begriff für jede Form von buddhistischem Kloster, allerdings versteht man darunter eigentlich eine befestigte buddhistische Klosteranlage.

Der oberste Lama des Klosters hatte die beiden aufgenommen, ihnen Kost, Logis und Unmengen an Tee angeboten, und als Gegenleistung sollten sie eine Woche lang Schnee schaufeln. Zwischen den Begriffen „Mönch" und „Lama" wird in Zanskar – und in diesem Buch – nicht unterschieden, obwohl es gewiss subtile Bedeutungsabweichungen gibt. Ein Mönch ist jemand, der religiöse Askese praktiziert, wohingegen ein Lama, der im Sanskrit *guru* heißt, ein buddhistischer Lehrer mit größeren spirituellen Errungenschaften ist.

„Oh, er fände es bestimmt großartig, wenn ihr zu Besuch kämt", versprachen unsere Freunde.

Aber da es keine Telefone oder Internet im Kloster gab, wie sollten wir anfragen?

Wir machten den Neffen des Lamas ausfindig, der in Südindien studierte, und erkundigten uns bei ihm, ob wir seinen Onkel besuchen, vielleicht für ein paar Monate bleiben und Englisch unterrichten könnten.

Wochen später erreichte uns diese kryptische Antwort: *Sehr großzügigerweise. Probleme gibt es keine.*

Und jetzt gibt es da noch die Fernsehcrew zu erklären.

Ein paar Jahre vor Bodis Geburt kehrte Christine an die Universität zurück. Sie machte zunächst einen Master in Beratungspsychologie und promovierte im Anschluss daran. Bei der Verteidigung ihrer Arbeit war sie mit Taj schwanger. Sie empfing ein paar Patienten in einer Privatpraxis, aber den Großteil ihrer Energie widmete sie unseren Kindern – eine gemeinsame Entscheidung, die ich mit ganzem Herzen unterstützte.

Das bedeutete aber auch, dass mein sporadisches Einkommen vier Münder zu stopfen hatte. Ich ging also jeder Möglichkeit nach und sagte zu allem Ja, egal, wie unqualifiziert ich sein mochte. Ich vertraute darauf, dass sich die Details später schon klären ließen.

Seit einigen Jahren stand ich in Kontakt mit einem ehrgeizigen, jungen Fernsehproduzenten, einem Australier, dem ich regelmäßig Ideen für eine Abenteuer-Fernsehserie zuspielte. Zwar schien nichts jemals richtig zu passen, aber wir blieben in Kontakt.

Kurz nachdem wir angefangen hatten, unsere Reise zu planen, rief mich Wes an. Ich fiel ihm mit meiner Entschuldigung ins Wort, dass ich für den Rest des Jahres weg sei, da ich mit meiner Familie in den Himalaja reisen und dort unter buddhistischen Mönchen in einem abgelegenen Kloster leben wolle. Ich versprach, mich sofort nach meiner Rückkehr bei ihm zu melden, um weitere Ideen zu besprechen. Eine lange Pause auf der anderen Seite folgte.

„Warte mal, *mate*. Vielleicht ist es das? Die ultimative Familienumsiedlung!"

Nachdem er die Serie schnell skizziert hatte, brachte er den Vorschlag unter Fernsehprogrammdirektoren in Los Angeles in Umlauf. Nachdem ich schon einige Fernseh-Pitches hatte scheitern sehen, hielt ich das Ganze für utopisch und kümmerte mich weiter um die Vorbereitungen: die Kinder impfen lassen, Visa beantragen, packen und nochmal leichter packen.

Eines Abends, nur wenige Monate vor unserer Abreise, klingelte zu später Stunde das Telefon. Es war Wes.

„Setz dich mal besser hin, Großer. Der Travel Channel findet die Idee super. Ich glaube, wir bekommen grünes Licht."

Vor meinen Augen tat sich ein Meer an Möglichkeiten auf. Was meiner Familie mit einer solchen Produktion zugemutet werden würde, bedachte ich dabei nicht. Christine reagierte verhalten auf die Idee. Sie befürchtete, dass das Fernsehteam genau die Ruhe, die wir suchten, zerstören würde. Ich argumentierte, dass wir immer noch alle digitalen Verbindungen kappen und unseren Zusammenhalt als Familie stärken konnten – trotz der Kameras um uns herum. Und vor allem hatte Wes versprochen, dass man uns von dem Augenblick an in Ruhe lassen würde, in dem wir das Kloster erreichten.

Letztlich war es, wie so häufig, das Geld, das den Ausschlag gab. Mit den Produktionshonoraren könnten wir während der Reise unsere Rechnungen begleichen. Also sagten wir mit einer Mischung aus Beklommenheit, Aufregung und etwas Widerwillen zu.

In der Hoffnung, eine überzogene Realityshow zu vermeiden, schlug ich vor, nur einen einzigen Kameramann einzusetzen und ihn so in unsere „Reisefamilie" zu integrieren, dass er unsere Erfahrungen auf ungeschminkte, authentische Weise einfangen könnte.

„Tut mir leid, *mate*, aber der Sender hat da eine andere Vorstellung", erklärte Wes. „Sie sind auf der Suche nach einem Kinoerlebnis. Es wird eine Fernsehcrew aus sechzehn Leuten, mindestens. Sogar Helikopter sind im Budget. Das wird episch, mein Freund. Episch!"

Zum ersten Mal beschlich mich das Gefühl, dass wir uns etwas übernommen hatten.

Die „Hanjin Ottawa" machte einen großen Bogen auf ihrer Reise über den Pazifik und hinein in den Polarkreis, sie folgte dabei den gleichen Routen, die auch Flugzeuge einschlagen: nach Norden an Alaska und der Inselkette der Aleuten vorbei, durch stahlgraues arktisches Gewässer, dann gen Süden hinunter bis zur russischen Halbinsel Kamtschatka und weiter in Richtung der geschäftigen Häfen Asiens. An Bord befanden sich zweiunddreißig Seelen: acht deutsche Offiziere, sechzehn philippinische Matrosen, vier Fernsehcrewmitglieder und wir. Wir alle sahen uns zwei Giganten gegenüber: dem unendlichen Ozean und einem Übermaß an Zeit.

Die Zeit wurde durch ein straffes Programm gezähmt.

Frühstück gab es um Punkt 7 Uhr 30, dann eine Teepause um 10 Uhr, Mittagessen um 12 Uhr, Nachmittagstee um 15 Uhr und schließlich Abendessen um 17 Uhr 30. Die Offiziere aßen europäisches Essen in der einen Messe, den Matrosen servierte man asiatisches Essen in der anderen. Wir gingen mal hierin und mal dorthin. Bodi, der großen Wert auf Pünktlichkeit legte, blühte angesichts dieses strengen Marineprotokolls geradezu auf.

Nur zu gern hätte ich den Rest des Tages damit verbracht, in einem der Deckstühle zu liegen und die wechselhaften Farben und Launen des Ozeans zu betrachten. Aber das war mit zwei Jungen, die ständig Aufmerksamkeit brauchten, nicht möglich. Also entwickelten auch wir einen strengen Tagesablauf.

Jeden Morgen nach dem Frühstück legten wir Rettungswesten an und liefen einmal das gesamte Schiff ab, eine Tour von mehr als einem Kilometer. Zwischendurch spielten wir auf dem ausladenden Bug Verstecken. Danach gingen wir in den Karaokeraum, wo die Filipinos, die gerade freihatten, Bodi ausgelassen zujubelten, während er südkoreanische Pophymnen schmetterte. Nach dem Mittagessen lasen wir den Jungen Geschichten vor. Dann, wenn die beiden in ihre Tagebücher malten, machten Christine und ich abwechselnd für eine Stunde Sport. Entweder liefen wir auf dem Schiff Runden oder gingen in den kleinen Gymnastikraum, wo es Gewichte, einen Boxsack und eine Tischtennisplatte gab.

Der Swimmingpool auf dem Schiff war leer – das Meerwasser in nördlichen Breitengraden ist unfassbar kalt –, aber die Sauna funktionierte und wir nutzten sie regelmäßig. In einem kleinen Kino gab es Videokassetten mit Filmen aus den Achtzigerjahren. Die Regale der Bibliothek bogen sich unter Wälzern über die Schifffahrt. In der Vorratskammer gab es Wein und Bier, doch sie war verschlossen und Klugscheißer besaß den einzigen Schlüssel.

Wenige Tage bevor wir aufgebrochen waren, hatten wir unser erstes Familien-iPad gekauft. Es war ein Zugeständnis an unsere Kinder, damit sie sich in den unzähligen Stunden in Zügen, Bussen und Autos die Zeit vertreiben konnten. Voller Optimismus hatten wir viele Lernspiele heruntergeladen, mit denen man Rechnen, Schreiben sowie soziale Fähigkeiten trainieren konnte. Aber innerhalb weniger Tage hatte die TV-Crew unsere Jungs mit zahlreichen anderen Möglichkeiten vertraut gemacht, die so ein Gerät zu bieten hatte: „Fruit Ninja", „Cartoon Wars" und „Pflanzen gegen Zombies". Widerstand erwies sich als zwecklos.

Die Versuchung, das Tablet auf der „Hanjin“ als eine Art Reiseberuhigungsmittel für Kinder zu nutzen und so die endlosen Stunden zu füllen, war zwar groß, aber angetrieben aus einer Mischung aus Schuldgefühlen und Prinzipienreiterei bestanden Christine und ich auch weiterhin auf der beschränkten Bildschirmzeit von dreißig Minuten pro Tag. Das hinderte unsere zwei jungen Verhandlungsführer natürlich nicht daran, uns ununterbrochen zu bearbeiten, um ein längeres Pensum herauszuschlagen. Und schon bald hatte es den Anschein, als drehte sich ihr ganzer Tag um dieses teuflische Gerät – eine Sucht, die mich unbehaglich an meine eigene Beziehung zum Smartphone denken ließ.

Nach einer Woche auf See wurde ein Schwein auf einem großen Metallstab aufgespießt, mit Zitronengras gefüllt und dann über einem Kohlebett geröstet. Die Matrosen wechselten sich dabei ab, das röstende Tier per Hand zu drehen.

„Ich freu mich schon so auf das Schwein, das wir gleich essen“, Taj klatschte in die Hände und sah zu.

An diesem Abend hingen bunte Lichter auf einem der oberen Decks und daneben die Flaggen all der an Bord der „Hanjin“ vertretenen Nationalitäten: philippinisch, polnisch, deutsch, tschechisch und kanadisch. Feierlich machte Klugscheißer den Anschnitt, dann wurde serviert. Kästen voller San-Miguel-Bier tauchten auf, und aus den Lautsprechern ertönte dumpf und blechern Housemusik. Ermutigt von den Zurufen der Schiffscrew tanzten unsere Söhne ausgelassen über das Deck.

Trotz dieser schönen Momente war ich mir jederzeit darüber im Klaren, dass wir in dieser industriellen Umgebung Eindringlinge waren. Vor dem Maschinenraum hingen Reihen von fettverschmierten Schraubenschlüsseln, so groß wie Pferdebeine. Sobald sich das Schiff nur ein bisschen neigte, ächzten die riesigen Container. Dampf zischte aus versteckten Abzügen, schwere Türen wurden zugeknallt – und unsere zarten Jungs tänzelten mittendurch.

Die Relings an Deck machten mir und Christine die größten Sorgen, denn sie waren das Einzige, was sich zwischen unseren Söhnen und dem Abgrund befand. Dafür entworfen, einen ausgewachsenen Mann vor einem Sturz über Bord zu bewahren, sah es so aus, als könnten Bodi oder

Taj leicht durch die weit auseinanderstehenden Stangen der Reling rutschen. Und in diesem Fall gäbe es kaum Überlebenschancen.

„Das darf niemals passieren", antwortete Klugscheißer, als ich ihn fragte, ob er es in seinen Jahrzehnten auf See schon einmal erlebt habe, dass jemand über Bord gegangen war.

Die „Hanjin Ottawa" sei mit einundzwanzig Knoten (achtunddreißig Kilometern pro Stunde) unterwegs, erklärte er, und brauche neun Minuten, um die Geschwindigkeit zu drosseln und umzudrehen. Dann wäre sogar ein großes Rettungsboot bereits außer Sichtweite. Eine im eiskalten Wasser des Nordpazifik treibende Person wäre für immer verloren.

Also bestanden wir darauf, dass die Kinder jedes Mal Rettungswesten anlegten, wenn sie durch die Sturmtüren zu den Außendecks gingen – nicht unbedingt, weil sie sie an der Wasseroberfläche halten würden, sondern der Greifschlaufen an ihren Kragen wegen, die Christine und ich niemals außerhalb unserer Reichweite ließen.

Nach zwölf Tagen auf See zog ein Orkan auf, und die Vulkangipfel der russischen Halbinsel Kamtschatka wurden schwankend am Horizont sichtbar. Beißender Wind peitschte die Gischt über das schwarze Wasser. Container rissen an ihren Befestigungen. Gurtschnallen protestierten lautstark. Ein Schwarm aus Sturmtauchern und Sturmschwalben suchte im Windschatten des Überbaus Zuflucht. In der Messe schwang ein Wandkalender wie eine Pendeluhr hin und her.

Am Nachmittag rief ein schriller Probealarm zum Verlassen des Schiffes auf und wir beeilten uns, um uns der Crew auf dem regengepeitschten Deck anzuschließen. Der Erste Offizier bellte zum Appell. Einunddreißig von zweiunddreißig Seelen antworteten „Aye". Nur Klugscheißer fehlte. Nach alter Seefahrtstradition blieb er auf der Brücke. Er wäre im Katastrophenfall der letzte, der das Schiff verließ – wenn überhaupt.

Dann öffnete der Erste Offizier eine orangefarbene Rettungskapsel (nicht größer als ein Ruderboot) und alle stapelten sich hinein. Bodi stieg als Erster ein und klagte bitterlich über die abgestandene Luft. Taj folgte mit großen Augen. Das Letzte, was ich sah, bevor ich mich hineinduckte, war das auf das Dach schablonierte Rufzeichen der „Hanjin“, dass sich auch als falschgeschriebene ironische Botschaft lesen ließ: DANM.

An diesem Abend tauchte Klugscheißer an unserer Kabinentür auf. Müde wies er uns an, uns in dieser Nacht quer ins Bett zu legen. „So fallen Sie nicht aus dem Bett, wenn das Schiff stark stampft.“

Als ich später in der Dunkelheit Tajs sanftem Schnarchen lauschte, während draußen der Sturm tobte, fragte ich mich, ob der Kapitän mehr wusste als wir.

Als sich der gigantische Anker der „Hanjin“ aus seiner Winde schälte, wachte ich auf. Ich warf einen Blick aus unserer Luke und sah eine vollkommen ruhige See. Nicht weit entfernt hob sich eine grasbedeckte Landspitze von dem schwarzen Gewässer ab. Grün! Nach zwei Wochen des eintönigen Blaus und Graus wirkte diese Farbe wie ein Elektroschock und erfüllte mich mit unerwarteter Freude. Leben, da war es wieder.

Ein Funkruf am späten Abend hatte den Kapitän zu einem Abstecher ins russische Nachodka veranlasst, wo Treibstoff zu stark vergünstigten Preisen zu bekommen war. Als Zollbeamte an Bord gingen, riet mir Klugscheißer, alle Wertsachen zu verstecken. Also stopfte ich einen Stapel 100-Dollar-Scheine hinter die Rohre in der Decke unserer Kajüte. (Wir hatten viertausend US-Dollar in bar dabei, mit denen wir unsere Zeit in Zanskar bestreiten wollten, einem Land fern aller Geldautomaten). Dank internationaler Seeabkommen müssen Schiffsmannschaften beim Einlaufen in einen Hafen keine Visa vorzeigen. Aber die Fernsehcrew und uns, die wir keine russischen Visa besaßen, brachte man in einem Schlepper an Land, nahm unsere Fingerabdrücke und ließ uns eine Strafe von sechshundert Dollar zahlen. Drei Tage später, mit vollem Bauch, tuckerte die Hanjin wieder zurück ins grenzenlose Blau.

An Tag siebzehn pflügten wir durch die dampfige Luft Asiens. Wir schälten uns aus unseren dicken Jacken und tauschten sie durch kurze Hosen und T-Shirts ein. Ein Reiher tauchte auf und schwang sich majestätisch in unsere Richtung. Krächzend landete er auf dem Überbau.

Wie ein außer Kontrolle geratenes Buschfeuer brannten die Lichter des modernen Korea bei Einbruch der Nacht in intensivem Orange am Horizont.

DER KLEINE PROFESSOR

Die „Hanjin Ottawa" ging nach Mitternacht in Busan, Südkorea, vor Anker. Allmählich ließ die Morgendämmerung eine Armee spinnenähnlicher Kräne in Erscheinung treten, die die Container vom Schiff pflückten und sie auf eine Reihe wartender Lkws setzten. Lichter blinkten und Sirenen heulten auf, aber keine lebendige Seele war zu sehen. Wie alle großen Häfen – früher einmal wuselnde Bienenstöcke aus Opiumhöhlen, Bordellen, Söldnern und Märkten – war auch dieser zu einer industriellen Einöde geworden, blank geputzt durch die Einführung des Containertransports.

Nachdem wir als Einzige in der Messe zum letzten Mal Eier und Würstchen gefrühstückt hatten, trafen wir an Deck auf die versammelte Mannschaft, die schon darauf wartete, sich von uns zu verabschieden. Sogar die Mechaniker hatten den Bauch des Schiffes verlassen, wo der Motor gerade auf die Überfahrt nach Shanghai vorbereitet wurde. Klugscheißer begleitete uns die Gangway herunter und nahm uns in die Arme. Seine Augen waren feucht.

Dann betraten wir Asien.

Wes und die anderen des Fernsehteams warteten am Kai auf uns, sie trugen Schutzhelme und Warnwesten. Nachdem wir uns umarmt und abgeklatscht hatten, unterzogen Christine und ich uns einer Runde Interviews vor der Kamera. Auf Drängen von Wes gaben Bodi und Taj einige kindliche Aussprüche von sich. Nach der Einwanderungskontrolle brachte uns ein Taxi zu unserer Privatunterkunft, die wir schon vor Monaten von Kanada aus organisiert hatten.

Ein Hotel oder Hostel wäre zweifellos einfacher gewesen, aber solche Unterkünfte sind zunehmend an westliche Komfortstandards angepasst. Auf Reisen suchen Christine und ich aber regelmäßig nach dem anderen, und das wollen wir auch unseren Kindern vermitteln: sich an das Fremde anzupassen, anstatt es reflexartig zu etwas Vertrautem zu verbiegen.

Aus dem Taxi heraus erhaschten wir einen Blick auf eine Welt aus Zement, Plastik und Glas, erhellt von Neonlichtern und bevölkert von Menschen, die an ihren Smartphones und Selfiesticks klebten. Reihen von gnadenlos gleichförmigen Apartmenthäusern schossen wie Pilze aus grünen Hängen. Innerhalb von nur einer Generation hatte sich Südkorea aus der Asche eines verheerenden Bürgerkrieges erhoben und zu einer Wirtschaftsmacht aufgeschwungen.

Auf den Straßen staute es sich. Ausgerechnet als wir in der Mitte einer sieben Kilometer langen Hängebrücke standen, sagte Bodi, dass er auf die Toilette müsse – sofort! Er könne keinen Moment länger warten. Christine sah mich an, zuckte mit den Schultern und reichte ihm ihre Wasserflasche. Es pieselte in die Flasche, der Geruch von Urin verteilte sich im Minivan. Unser Fahrer verzog empört das Gesicht und öffnete wortlos sein Fenster.

Eine Teenagerin mit Engelsgesicht wartete vor einem hoch aufragenden, direkt am Wasser gelegenen Apartmenthaus auf uns. Trotz der erdrückende Schwüle trug sie eine Strickjacke und Hello-Kitty-Turnschuhe.

„Hallo, Familie", gurrte Kim Na Young und verneigte sich tief.

„*Annyeong haseyo*", antwortete Taj (ermuntert von Christine), was „Hallo" bedeutete – oder wörtlich „Sind Sie friedlich?"

An Bord des Containerschiffes hatten wir den beiden die wichtigsten koreanischen Grußformeln beigebracht. Kim Na Young errötete.

Schnell und lautlos brachte ein Aufzug uns und die TV-Crew in den fünfundvierzigsten Stock, wo Kim mit ihren Eltern Sunny und Nikki lebte. Sunny war eine professionelle Windsurferin, Nikki ein Investmentbanker. Kim erklärte, dass ihr Vater heute extra für uns früher von der Arbeit gekommen sei. In einem Land, in dem die 60-Stunden-Woche noch die Norm war, wurde das nicht gern gesehen.

Nachdem wir unsere Seesäcke in einen mit Parkett ausgelegten Raum gebracht hatten, der abgesehen von Schlafmatten und Regalen voller Porzellankatzen leer war, bereitete uns unsere Gastfamilie ein traditionelles Mittagessen mit scharf angebratenem Rindfleisch, Lotuswurzeln und pikantem Kimchi zu.

Später begleiteten sie uns zum nahen Haeundae-Strand, dabei trugen alle drei bierdeckelgroße Sonnenbrillen. Es war drückend heiß. Unsere Söhne zogen sich bis auf die Unterwäsche aus, Christine und ich krempelten die Hosen hoch. Dann tollten wir inmitten einer Schar ausgelassener Einheimischer vergnügt in den aufschlagenden Wellen herum. Irgendwann glaubte ich ein Moskito zu hören, merkte dann allerdings, dass es sich dabei um eine Drohne der Fernsehcrew handelte, die nur wenige Meter über unseren Köpfen schwirrte.

Wir hatten uns an die Anwesenheit der Crew gewöhnt. Und, auch wenn sich das wahrscheinlich schlimm anhört: Von morgens bis abends gefilmt zu werden, war weniger störend als ursprünglich befürchtet. Auf gewisse Weise fühlte es sich so an, als wären wir mit einer Gruppe Studenten – und unseren Kindern – auf einem (gut dokumentierten) Roadtrip.

Sogar Bodi, den fremde Menschen leicht verunsicherten, hatte die Crew mit der Zeit akzeptiert. Aber das hieß nicht, dass er ihnen das Leben leicht machte. Ständig drehte er den Kameras seinen Rücken zu. Und wenn ein Redakteur ihn bat, einen bestimmten Satz noch mal zu wiederholen, weigerte er sich und schnaubte zurück, er habe das schon gesagt. Immer wenn der Akku des Mikrofons, das an seine Hüfte befestigt war, heiß wurde, was ständig der Fall war, riss er ihn ab und warf ihn zur Seite. Dem Tontechniker blieb nichts anderes übrig, als die tausend Dollar teure Ausrüstung so schnell wie möglich wieder vom Boden aufzuklauben. Allerdings war Bodi nicht ein einziges Mal auf die Crewmitglieder selbst wütend, vielmehr konnte ich einen bei Menschen sehr seltenen Vorzug an ihm beobachten: Bösartigkeit schien ihm völlig fremd zu sein.

Auf einem Markt voller beißender Gerüche beobachteten wir, wie Aale bei lebendigem Leib gehäutet wurden, berührten die sandpapierartige Haut von Haien und hielten glibberige Seegurken in den Händen.

Bodi und Taj probierten frittierte Mottenlarven, einen Streetfoodsnack, der nach Sportsocken müffelt und genauso schmeckt und vor allem von betrunkenen Männern geschätzt wird. Später blieb Bodi vor einer Auslage mit Perlenarmbändern stehen und fragte Christine leise, ob er ein pinkfarbenes haben könne.

„Natürlich", antwortete sie.

Allerdings hatten wir kein koreanisches Geld, und der Automat in der Nähe akzeptierte meine kanadische Bankkarte nicht. Ich probierte es an fünf weiteren Geldautomaten, jedoch ohne Erfolg. Als ich mit leeren Händen zurückkam, liefen die Tränen in Strömen über Bodis Wangen. Schließlich warf er sich schreiend und nach Atem ringend auf den Bürgersteig. Während Christine unseren aufgebrachten Sohn beruhigte, versuchte ich instinktiv, den Kameras, die uns umschwebten, die Sicht zu verstellen.

Die Situation ließ sich schnell lösen. Sunny lieh uns zweitausend Won (ungefähr zwei US-Dollar), und wir kauften das pinkfarbene Armband. Bodi rieb sich die geröteten Augen, und der Gefühlssturm legte sich. Schließlich fand ich einen Bankautomaten, der meine Karte akzeptierte und ein Bündel an Scheinen ausspuckte, das so dick wie ein Taschenbuch war. Doch während wir uns vom Feierabendtrubel in Richtung eines Restaurants mitreißen ließen, das *bulgogi*, Feuerfleisch, servierte, erwischte ich mich dabei, wie ich wieder mit der Entscheidung haderte, die Christine und ich vor einigen Monaten getroffen hatten.

An einem Abend im tiefsten Winter hatten bei Christine die Wehen eingesetzt. Unser erstes Kind ließ schon zwei Wochen auf sich warten, und die Hebamme hatte geplant, am nächsten Morgen die Geburt mithilfe eines übelriechenden Gebräus aus Rizinusöl und Zitronenverbene einzuleiten. Aber bei einer Frau aus der Prärie, die in den Sportarenen kanadischer Kleinstädte groß geworden war, reichte schon die Aufregung während der Eishockeysendung „Hockey Night in Canada".

Die ersten Wehen setzten während des letzten Drittels ein, und gegen Mitternacht war klar, dass es sich nicht um falschen Alarm handelte. Wir machten uns auf den Weg zum Krankenhaus im benachbarten Cranbrook. Während der rostige Toyota durch die Dunkelheit jagte und Schneeflocken gegen seine Windschutzscheibe flogen, fühlte es sich so an, als reisten wir mit Lichtgeschwindigkeit in eine ferne Galaxie. Auf gewisse Weise taten wir das vielleicht auch wirklich.

Achtzehn verschwommene Stunden, viele Schreie und den Einsatz all ihrer Kräfte später, wollte sich Christines Muttermund partout nicht weiter als acht Zentimeter öffnen. Irgendwann waren sich Hebamme und Entbindungsarzt dann einig: Das riesige Baby in Christines Bauch würde da nicht durchpassen.

„Sie brauchen einen Kaiserschnitt", erklärte der Arzt. „Sofort, okay?"

Christine sah mich an. Ihr muskulöser Körper war erschöpft, ihr Haar zerzaust. Sie konnte keine Entscheidungen mehr treffen. Wir hatten im Vorhinein einen „Geburtsplan" besprochen und waren uns beide einig gewesen, dass ein gesundes Baby das Wichtigste war. Die Art, wie unser Kind auf die Welt kommen würde, war nicht wichtig. Trotzdem zögerte ich. Der Arzt sah mich über seine Brillengläser hinweg an und wartete.

Ich nickte. Sofort setzte eine rege Betriebsamkeit ein. Ein Anästhesist, dessen fleischige Hände eher wie die eines Mechanikers als die eines Chirurgen aussahen, setzte Christine gekonnt eine PDA-Spritze. Dann wurde sie in einen OP geschoben, wo ihr der schockierende Anblick des Geburtsvorgangs durch ein aufgespanntes Laken erspart blieb.

Ich beobachtete, wie ein Ärzteteam Christines ausgedehnten Bauch mit Fäusten und Unterarmen bearbeitete, als drückten sie einen gigantischen Pickel aus. Eine Ewigkeit lang passierte gar nichts. Dann brach ein winziges Köpfchen hervor – dunkles Haar glitzerte im Licht, Augen starrten mich offen an. Abgesehen von dem Ticken einer Wanduhr war nichts zu hören. Dann zerriss ein lauter Schrei die Stille.

Es folgten die Schultern, und schließlich glitt der gesamte glänzende Körper wie ein Fohlen aus ihr heraus.

„Es ist ein Junge!", rief jemand. „Ein gesunder Junge."

Hinter der Abtrennung strömten Tränen aus Christines geröteten Augen.

Das erste Jahr verging in einem Nebel aus Baumwollwindeln, zarter Haut, neugierigen blauen Augen, Staunen und Liebe. Und Erschöpfung. Und Zeiten der Langeweile.

Nachbarn und Freunde hatten uns lange dazu ermutigt, Kinder zu bekommen. *Ihr werdet großartige Eltern sein. Die Freude und Liebe, die ein Kind schenkt, hat man vorher noch nicht erlebt.* Jetzt schlugen sie plötzlich andere Töne an. *Eine Nacht durchschlafen? Ein entspanntes Abendessen? Sex? Hahaha!* Manchmal fragte ich mich, ob diese Fieslinge ihr Leid nicht einfach nur mit jemandem hatten teilen wollen.

Die Geburt hatte unser Leben wie ein Erdbeben auf den Kopf gestellt. Und nach und nach erkannten Christine und ich, dass Elternschaft dem viel beworbenen Bild von weichen Decken, krähenden Babys und Einhörnern nicht ganz entsprach. Trotz dieser Herausforderungen fühlten sich diese ersten Jahre aber *normal* für uns an, und alles schien sich so zu entwickeln, wie es sollte – bis Bodi mit zweieinhalb Jahren urplötzlich begann, einerseits ein ungewöhnliches Verhalten an den Tag zu legen und andererseits außergewöhnliche Fähigkeiten zu entwickeln.

Während andere Kinder seines Alters Zeichentrickserien ansahen, arbeitete er sich durch Lego-Anleitungen im Internet und überflog schematische Skizzen für Modelle, die er nicht einmal besaß.

Manchmal saß er auch allein in einer Ecke und reihte Spielzeugzüge auf, schnurgerade ausgerichtet, und tat das immer und immer wieder. Er war ungewöhnlich geräuschempfindlich und schrie jedes Mal auf, wenn das Gefrierfach beim Öffnen quietschte. Er reagierte extrem sensibel auf Berührungen und weigerte sich, kurze Hosen oder kurzärmelige Oberteile anzuziehen. Und er bestand darauf, dass Christine jedes Schildchen aus seinen Klamotten entfernte. Je nach Wochentag trug er ein bestimmtes Shirt („mein Montagsshirt“) und weigerte sich vehement, ein anderes anzuziehen. Als Christine damit begann, seine Sandwiches in der Mitte durchzuschneiden, flehte er sie an, damit aufzuhören. Als sie nach dem Grund fragte, erklärte er schluchzend, dass er sich dann nicht entscheiden könne, welche Hälfte er zuerst essen solle.

Im örtlichen Supermarkt wusste Bodi auswendig, wie viel Gramm Zucker pro Portion in jeder einzelnen Sorte Frühstücksflocken steckten. Das hatte er sich von Christine abgeschaut, die solche Angaben penibel studierte. Als er sah, wie eine Frau gerade eine Schachtel „Kellogg's Smacks" in ihren Wagen legte, sprach der kleine Bodi sie an.

„Da drin sind siebzehn Gramm Zucker!", stieß er hervor. „Das ist nicht gut für Sie!"

Die Frau lief verwirrt davon, was unseren Sohn hysterisch machte.

„Warum hat sie es genommen, Mom? Warum?", schrie er. „Ich habe ihr doch gesagt, dass es schlecht ist."

Die kleinste Abweichung vom Gewohnten konnte einen Wutanfall auslösen: falsch angerichtete Apfelscheiben, ein nicht korrekt ins Regal einsortiertes Buch, ein spontaner Plausch mit einem Freund auf der Straße. Unsere Tage verkamen zu einem schrillen Tränenkonzert. Bodi weinte vor dem Frühstück, während des Frühstücks, auf dem Weg in den Kindergarten und wieder zurück, beim Einkaufen, während des Abendessens und beim Einschlafen. Er schluchzte sogar im Schlaf. Es waren eindringliche Schreie, die uns aus dem Bett springen ließen. Kerzengerade aufgerichtet und schweißdurchtränkt fanden wir ihn, die geballten Fäuste gegen die Dunkelheit gerichtet.

Weder Strenge noch Einfühlsamkeit schienen seinen Tränen Einhalt gebieten zu können. Seine Ausbrüche zu ignorieren, machte die Situation nur noch schlimmer, und wir fühlten uns zunehmend machtlos. In den Einkaufszentren und Supermärkten wurden Christine und ich unter den vernichtenden Blicken anderer ganz klein. *Bekommen Sie Ihr Kind mal unter Kontrolle.*

In meiner jugendlichen Unbekümmertheit hatte ich immer angenommen, dass ich einmal ein toller Vater sein würde. Witzig und weise, jemand, mit dem man Spaß haben kann und der seine Kinder selbst an den grausten aller Tage aufzuheitern versteht. Aber betrachtete man allein diese ersten Jahre, schien ich meine Fähigkeiten deutlich überschätzt zu haben.

Und das Schlimmste war, dass an Christine und mir das vage Gefühl nagte, dass Bodi sich immer mehr von uns entfernte. Wann immer wir es uns neben ihm gemütlich machten, auf dem Sofa oder im Bett, rückte er von uns ab und bestand auf einem Abstand zwischen unseren Körpern. Wenn ich mich für einen Kuss zu ihm herunterneigte, schaute er weg. Wenn ich meine Arme ausstreckte, um ihn zu umarmen, drehte er sich um und schob sich dann langsam rückwärts zu mir hin. Als wenn ihn meine Liebe zu stark blendete, um sie direkt von vorn zu ertragen.

Diese Symptome sind so klassisch – so „lehrbuchmäßig" –, dass, wer so etwas schon einmal erlebt hat, sofort Bescheid weiß. Ansonsten wirkt dieses Verhalten auf alle anderen wahrscheinlich genauso irritierend und mysteriös wie auf Christine und mich.

Von außen betrachtet, sahen wir vermutlich glücklich aus. Unser Kind war gesund, wir lebten in einer Gemeinde, in der man sich gegenseitig unterstützte, und wir waren mit einem wunderbaren Freundeskreis gesegnet. Wir trieben beide weiter Sport – beim Joggen war Bodi im Kinderwagen mit dabei und beim Skilanglauf in einer Kindertrage. Abends verfolgte Christine nach wie vor ihre akademische Karriere. Der Rundfunksender CBC hatte mir kurz zuvor die Moderation einer Abenteuerserie angeboten, außerdem schrieb ich für immer renommiertere Blätter. Alles lief bestens, hätte man meinen können.

Doch in Wahrheit verloren wir den Boden unter den Füßen. Es war eine Qual, Bodi zu gesellschaftlichen Ereignissen jeglicher Art mitzunehmen. Während die anderen Kleinkinder bei Gartengrillpartys oder Nachbarschaftstreffen in Rudeln umherrannten, klammerte sich der weinerliche Bodi an unsere Beine und wollte sofort nach Hause.

„Nie wieder", schluchzte Christine, nachdem wir auf der Geburtstagsfeier eines Nachbarn gewesen waren. „Warum rede ich mir immer ein, dass es beim nächsten Mal besser wird?"

Da uns alles soziale Miteinander allmählich zu anstrengend wurde, blieben wir lieber zu Hause, wo sich jeder Tag, den wir schon übermüdet begannen, zwischen dem Kaffee am Morgen und den immer größer werdenden Mengen Wein am Abend wie eine Ewigkeit hinzog. In dieser Zeit lagen Christine und ich uns häufig wegen Kleinigkeiten in den Haaren. Schließlich besuchten wir eine Therapie und stritten doch ständig weiter.

Unsere elterlichen Instinkte prallten aufeinander. Christines Impuls war es, unseren Sohn mit Liebe zu überhäufen, egal, wie er sich verhielt. Ich hingegen antwortete auf Bodis Ausbrüche intuitiv mit Strenge. Keiner der beiden Ansätze funktionierte, und je frustrierter wir wurden, desto eher geriet auch ich in Wut und brachte manchmal die ganze

Familie zum Weinen. Gemeinsam besuchten wir dann einen Kurs für Eltern – keine besonders romantische Art, unsere ersten Abende zu zweit seit der Geburt Bodis zu verbringen –, aber es nützte nichts.

Die ersten Jahre als Eltern sollen angeblich zu den glücklichsten Zeiten im Leben gehören, aber je tiefer wir in den Abgrund der Verzweiflung rutschten, desto größer wurde die Diskrepanz zwischen dem, was ich dachte, fühlen zu müssen, und dem, was ich tatsächlich fühlte. Schuldgefühle, Kummer und gelegentlicher Groll waren die Folge.

Ein Rettungsanker blieb uns jedoch noch. Christine und mir waren unsere gemeinsamen Ausflüge in die Wildnis immer sehr wichtig gewesen. Und nachdem Bodi zur Welt gekommen kam, machten wir damit weiter – und nahmen ihn einfach mit.

Rückblickend gebe ich zu, dass ich zumindest teilweise davon getrieben wurde, die Miesmacher eines Besseren zu belehren, ihnen zu zeigen, dass unser abenteuerlicher Lebensstil mit der Geburt der Kinder nicht einfach der Vergangenheit angehörte. Ja, Sicherheit war unsere höchste Priorität, und ja, wir schraubten unsere Ambitionen etwas herunter, aber ohne Zweifel überschritten wir die Grenzen dessen, was als „normal“ betrachtet wird.

Als Bodi gerade drei Monate alt war, bestiegen wir mit ihm die Hochgebirgsgipfel der kanadischen Bugaboos. Kurz darauf ging er mit uns einen Monat lang an der windgepeitschten Küste von Vancouver Island campen. Mit sieben Monaten fuhr er mit uns vor der Küste Argentiniens Kayak. Mit acht Monaten hüpfte er auf unseren Rücken mit, als wir durch die Torres del Paine in Südchile trekkten. Mit achtzehn Monaten hatte Bodi bereits ein Viertel seines Lebens in einem Zelt verbracht.

Wenn jemand unsere Entscheidungen in Frage stellte, ließ ich die üblichen Argumente von der Leier: Wie wertvoll frische Luft sei, wie sehr es die Abwehrkräfte stärke, mal ein bisschen Dreck zu sich zu nehmen, und wie wunderbar die Nächte unter dem Sternenhimmel seien. Der wahre Grund, warum wir diese langen, herausfordernden Reisen planten – und Bodi mitnahmen – war jedoch im Rückblick rein egoistischer Natur: Die Wildnis war unsere einzige Rettung.

Was auch immer uns anfangs dazu motiviert hatte – recht schnell wurde deutlich, dass diese Fluchten unserer Familie mehr als guttaten. Denn indem wir uns aus unserem hektischen Leben ausklinkten, konnten wir eine Verbindung zu Bodi (und zu uns) herstellen, wie sie uns zu Hause nie gelang. Auf diesen Reisen erhaschte ich wieder einen Blick auf die Frau, in die mich verliebt hatte: zuversichtlich, selbstbewusst, glücklich. Und vielleicht machte sie bei mir die gleiche Erfahrung. Am auffälligsten war aber, wie beruhigend diese Reisen auf unseren ängstlichen Sohn wirkten. Vielleicht lag es an dem einfachen täglichen Tagesablauf: mit der Sonne aufstehen, Zelte abbauen, Bewegung, Zelte aufbauen, dicht an dicht in einem Zelt schlafen – und alles wieder von vorn.

Also machten wir weiter. Mit dem Rad durch Frankreich, Wandern in Wales, im Kajak die kanadische Westküste entlang, im Kanu durch den Canyonlands-Nationalpark und mit Packziegen sogar hundertsechzig Kilometer lang durch die Uinta Mountains in Utah.

Auch die Geburt von Taj stellte für uns kein Hindernis dar. Als unser Winzling gerade erst acht Monate alt war – und Christine noch heldenhaft stillte –, flogen wir nach Georgien, kauften zwei Packpferde und trekkten sechzig Tage den Kaukasus entlang, wo wir ein Kriegsgebiet umgehen und uns von dem Joghurt, Honig und Brot ernähren mussten, das uns vorbeiziehende Hirten gaben. Vielleicht waren es die Dauer und die Herausforderungen, die diese Reise besonders nachwirken ließen. Denn noch ein Jahr nach unserer Rückkehr blickte ich meinen Jungs in die Augen und freute ich mich an einer zuvor nicht gesehenen Lebendigkeit.

Aber der Glanz solcher Tage verfliegt, und alte Gewohnheiten schleichen sich wieder ein. Ich kaufte ein iPhone. Ich richtete eine Seite auf Facebook ein. Ich begann zu twittern. Bodi schlief immer weniger und flippte immer mehr aus. Wir rutschten immer weiter ab.

In dieser Abwärtsspirale begann ich irgendwann, Bodi als „Stressbiber“ zu bezeichnen.

Dieser Begriff stammte noch aus meinen Tagen als Raftingführer, und Christine hasste ihn. Im hohen arktischen Norden kann einem der tagelang erbarmungslos wehende Wind stark zusetzen. Heftige Böen peitschen die Rafts kreuz und quer über den Fluss. Im Lager purzeln Zelte herum und Hüte werden vom Kopf gerissen. Ein Feuer zu entfachen wird zur echten Herausforderung. Sand und Dreck durchdringen jede Mahlzeit. Teller und Besteck werden von den Serviertischen gefegt. Nachts schlägt der Wind so laut gegen die Zelte, dass Schlaf unmöglich wird. Nach nur wenigen Tagen geht die ganze Mannschaft auf dem Zahnfleisch, zermürbt vom „Stressbiber".

Ganz so wie diese arktischen Winde schien Bodi, ohne es zu wollen, sogar die einfachsten Dinge zu einer Herausforderung zu machen. Abends wollte er nicht zur Ruhe kommen, er stand schon lange vor Sonnenaufgang auf und schien nur dann fest zu schlafen, wenn er wach sein sollte. Zu den Mahlzeiten nie hungrig, fing er immer gleich an vor Hunger zu weinen, wenn gerade nichts Essbares zu bekommen war. Im Winter weigerte er sich, eine Mütze zu tragen, im Sommer wehrte er sich gegen Oberteile mit kurzen Ärmeln. Die Liste lässt sich noch ewig weiterführen. Einzeln betrachtet wirken diese Sachen trivial – es scheint pingelig, sie überhaupt zu erwähnen –, doch zusammengenommen erdrückten sie uns. Und obwohl wir es nur widerwillig zugaben, etwas fühlte sich einfach nicht richtig an.

Wenn sich Christine den Ärzten anvertraute, bekam sie ausnahmslos die gleiche Antwort: „Sie sind überängstlich. Bodi geht es gut. Machen Sie sich keine Sorgen."

Jahrelang versuchten wir, diesen Ratschlag zu befolgen, und mühten uns weiter ab. Doch mit Taj hatten wir plötzlich einen neuen Maßstab. Der Kleine brachte viele Dinge in unser Leben – eine spitzbübische und sture Natur, ein ansteckendes Lachen –, aber gleichzeitig verkörperte er unverkennbar das *Neurotypische*, auch wenn wir diesen Begriff damals noch nicht kannten. Sahen wir in seine Augen, erwiderte er unseren Blick. Anstatt Körperkontakt zu vermeiden, suchte er ihn. Er sagte aus eigenem Antrieb zu Fremden „Hallo" und „Tschüss" und wand sich nicht am Boden, wenn man davon sprach, das Haus zu verlassen. Taj forderte nur einen Bruchteil der Energie ein, die wir als Eltern für Bodi aufwenden mussten. In seiner Gegenwart wurde noch deutlicher, dass es mit Bodi „anders" war.

Stark vereinnahmt von meiner Arbeit, war ich einfach – und ohne Grund – zuversichtlich, dass sich alles schon irgendwie und irgendwann ergeben würde. Aber Christine ließ sich nicht beirren und nahm die Dinge selbst in die Hand: Sie durchforstete das Internet, rief Universitätskollegen an und vertiefte sich in wissenschaftliche Abhandlungen. Nach und nach nahm eine Theorie Form an. Um ihren Verdacht zu überprüfen, glitt Christine eines Tages beim Mittagessen von ihrem Stuhl, krabbelte unter den Küchentisch und war nicht mehr zu sehen – obwohl Bodi gerade mit ihr gesprochen hatte. Als er nicht ins Stocken geriet oder sie fragte, was sie da tat, wusste sie es.

Einen Monat später fuhren wir ins benachbarte Cranbrook, wo Bodi im Zentrum für Kindesentwicklung von einem Team aus Experten getestet wurde. Später, während er mit Plastikdinosauriern spielte, riefen sie Christine und mich zu sich und bestätigten behutsam, dass Bodi an einer Autismus-Spektrum-Störung litt. Seine genaue Diagnose lautete PDD-NOS (*Pervasive developmental disorder, not otherwise specified*), eine nicht näher spezifizierte, tiefgreifende Entwicklungsstörung. Das klingt zwar beunruhigend, bündelt allerdings eine Bandbreite von Symptomen, die früher dem Asperger-Syndrom zugesprochen wurden.

Eine Flut weiterer Wörter folgte noch, aber ich erinnere mich an keines mehr.

Während wir nach Hause fuhren, war ich wie benommen. *Verdammt.* Und dann verwirrt. *Was zum Teufel ist Autismus überhaupt?* Und schließlich hoffnungsvoll. *Ich werde Bodi so sehr lieben, dass alles andere egal ist.*

Neben mir schluchzte Christine so sehr, dass ich daran zweifelte, dass sie überhaupt noch etwas sah. Noch bevor die Trauer nachlassen konnte, schaltete sie in den Schutzmodus. „Niemand darf davon erfahren“, schluchzte sie. „Niemals.“

Sie war in einer Kleinstadt aufgewachsen. Sie wusste, wie sich Gerüchte verbreiten.

Kennt man niemanden mit einer autistischen Störung in der Familie oder im Freundeskreis, dann ist es sehr wahrscheinlich, dass man genauso viel darüber weiß wie ich, als Bodi diagnostiziert wurde: nämlich fast nichts.

Grob gesagt, die Autismus-Spektrum-Störungen (ASS) umspannen eine ziemlich breite Palette an neuronalen Entwicklungsproblemen, die von nicht offensichtlichen Eigenheiten (wie einer Aversion gegen Augenkontakt oder der Tendenz zu repetitiven Verhaltensweisen) bis zu komplett nonverbalem Verhalten reichen (eingeschränkte Motorik, Sinneswahrnehmungsstörungen und selbstverletzende Verhaltensweisen wie das Anschlagen des Kopfes.)

Obwohl viele von einer modernen „Epidemie" sprechen, ist Autismus keine *Krankheit*, sondern vielmehr ein *Syndrom*, beziehungsweise eine Gruppe von Symptomen.

Während Pauschalisierungen gefährlich sind, gibt es eine Eigenschaft, die viele Menschen im Autismus-Spektrum gemein haben: die Schwierigkeit, soziale Signale zu verstehen. Tony Attwood, Autor des Standardwerks „Leben mit dem Asperger-Syndrom", verwendet diese Analogie: Stellen Sie sich einen Autofahrer vor, der Ampelsignale nicht versteht. Während er ohne Probleme allein die Straßen befahren kann, wird es für ihn verheerend, sobald andere Autos hinzukommen. Genauso läuft ein Kind, das soziale Signale – das *grüne Licht* eines Lächelns, das *Mach mal langsam* verschränkter Arme, das *Hör auf* im „Ähm" eines Lehrers – nicht versteht, Gefahr, zahlreiche Missgeschicke, Missverständnisse und letzten Endes Isolation zu erleben.

Das US-amerikanische Zentrum für Krankheitskontrolle („Center for Disease Control") schätzt, dass eines von neunundfünfzig Kindern unter einer Autimus-Spektrum-Störung leidet. ASS kommt heute doppelt so häufig vor wie noch vor sieben Jahren.

Entgegen der grassierenden Verschwörungstheorien hat diese Zunahme allerdings nichts mit der Impfung von Kindern zu tun. Vielmehr erklärt sie sich mit der Erweiterung der Diagnosekriterien (das Raster ist deutlich feiner geworden) und weitaus besseren diagnostischen Möglichkeiten (immer weniger Kinder rutschen durch das Raster).

Das alles bedeutet, dass auch jemand in Ihrem Leben mit großer Wahrscheinlichkeit an ASS leidet. Und genauso wahrscheinlich ist es, dass Sie das nicht wissen.

Alle Eltern hegen still und heimlich Wünsche für das Leben ihrer Kinder: Glück, Freiheit, einen liebevollen Partner, eine spannende und bedeutungsvolle berufliche Laufbahn.

In den Tagen nach Bodis Diagnose verwarfen Christine und ich diese Träume und überlegten zum ersten Mal, ob er bescheidenere Ziele erreichen könnte: eine Freundschaft schließen, einen Job finden und selbstständig leben. Manchmal fühlte es sich so an, als balancierte unser Leben am Rande eines Abgrunds.

Aber seltsamerweise war diese Diagnose auch eine Quelle der Hoffnung.

Denn es erklärte nicht nur unsere Probleme, sondern gab Christine und mir vor allem auch etwas, an dem wir arbeiten konnten – gemeinsam. Möglicherweise rettete die Diagnose sogar unsere Ehe. Oder sollte ich fairerweise sagen, Bodi rettete uns? Plötzlich standen wir vor der größten und verwirrendsten Herausforderung unseres Lebens.

Ein Kind im Autismus-Spektrum großzuziehen, war nicht intuitiv zu bewältigen, zumindest nicht für mich. Der Familienberater, der uns unterstützte, erklärte uns erst einmal, dass Lärm, viele Menschen und unregelmäßige Tagesabläufe Bodi in große Angst versetzten. In solch hochemotionalen Zuständen war er nicht in der Lage, angemessen auf die einfachsten Anforderungen zu reagieren. Unsere erste Aufgabe war es also, Wege zu finden, die Bodis Angst reduzierten und die Nerven beruhigten, die durch das laute Chaos und die Unsicherheit der modernen Welt unter ständiger Anspannung standen. Wir mussten etwas Gewissheit in sein Leben bringen. Dann, und nur dann, würden wir auch Fortschritte im Verhalten und in zwischenmenschlichen Beziehungen erzielen können.

Damit begann für uns auch ein Wettlauf gegen die Zeit, denn Studien lassen darauf schließen, dass früh ergriffene Maßnahmen, insbesondere vor dem fünften Lebensjahr, große Vorteile für Kinder im Spektrum haben können. Bodi war inzwischen viereinhalb.

Während ich zwar mein Bestes gab, um unserem Sohn zu helfen, wurden meine Bemühungen aber von der wilden Entschlossenheit, mit der Christine diese Herausforderung anpackte, in den Schatten gestellt. Sie verschlang Bücher, abonnierte Wissenschaftsjournale und besuchte

Konferenzen. Schnell wurde sie so zu einer Expertin in Sachen Sozialtheorie und Verhaltensmodellierung.

Sie suchte professionelle Hilfe und fuhr unseren Sohn von Termin zu Termin. Ihr Laminiergerät arbeitete pausenlos, um für jeden Abschnitt von Bodis Tag visuelle Zeitpläne vorzubereiten – kleine Bilder mit Klettband auf der Rückseite teilten sein Leben in eine Reihe von separaten und machbaren Ereignissen ein. So klebten auf einem Klettbandstreifen im Badezimmer Schilder für 1. Toilette, 2. Hände waschen, 3. Gesicht waschen und 4. Zähne putzen. Wenn Bodi vor dem Schlafengehen alle Aufgaben erledigt hatte, klebte er die Quadrate nacheinander in die Erledigt-Spalte. Wir nutzten eine Fünf-Punkte-Skala, damit er sowohl den Lärm von außen als auch Emotionen von innen besser verstehen konnte und damit umgehen lernte. Wochenlang übten wir mit Bodi, jemanden zu begrüßen und zu verabschieden.

Das grundlegende Ziel, erklärte unser Familienberater, war, Bodi wie einen Ballon aufzublasen, immer und immer wieder –seine Grenzen also sanft zu erweitern, um ihn dann wieder einen kleinen Schritt zurückgehen zu lassen. Gleichzeitig wollten wir Bodi auf eine Gesellschaft vorbereiten, die ihn mit seinen Eigenheiten wahrscheinlich verunsichern und manchmal vielleicht sogar scharf verurteilen würde. In dieser zunehmend geschäftigen und abgelenkten Welt – ich bin der Erste, der zugibt, ein Paradebeispiel unserer Gegenwart zu sein – verlangt alles, was „anders" ist, zusätzliche Aufmerksamkeit und ist somit eine potenzielle Zumutung oder ein Störfaktor. Die Folge ist, so meine Vermutung, dass wir uns am Homogenen gar nicht sattsehen können. Alles soll vorhersehbar sein, im Café, im Hotelzimmer und bei den Menschen um uns herum. Es kann die kollektiven Fähigkeiten einer Gesellschaft übersteigen, die nötige Zeit und Empathie aufzuwenden, um Differenzen zu überbrücken.

Aber in diesem Wirrwarr aus Therapiesitzungen, Selbsthilfegruppen, Behandlungen und Beratungen konnten wir unmöglich sagen, ob unsere Bemühungen Bodi geholfen haben. Alles, was wir tun konnten, war, alles zu tun.

Doch es gab etwas, was wir in den ersten Jahren nicht getan haben: nämlich Bodi seine Diagnose mitzuteilen. Unser Familienberater war der Meinung, dass er zu jung war, um zu begreifen, was damit einherging. Es sei besser zu warten, vielleicht bis zum siebten oder achten Lebensjahr.

Als unsere große Reise jedoch immer näher rückte, stellte uns die Anwesenheit der Fernsehcrew vor ein Dilemma. Sie würden sicherlich merken, dass an Bodi etwas anders war, und wir wollten, dass ein faires Bild von unserem Sohn gezeichnet wurde. Der Crew von seiner Diagnose zu erzählen, bedeutete allerdings, sie auch der Welt mitzuteilen. Mit dieser Entscheidung hatten wir schwer zu kämpfen.

Freunde und Verwandte bedrängten uns, Bodis Autismus geheim zu halten. Wir würden unserem Sohn einen Stempel verpassen, meinten sie, ihn zur Zielscheibe seiner Altersgenossen machen. Er solle selbst entscheiden, wann und wo er über seine Diagnose sprechen wolle, vielleicht zu einem späteren Zeitpunkt in seinem Leben – wenn überhaupt.

Christine und ich hatten zunächst auch so gedacht, fingen in den Jahren nach Bodis Diagnose allerdings damit an, die Sache anders zu betrachten. Dabei lag unserem Denken eine simple Überzeugung zugrunde: Wir neigen dazu, Dinge zu verheimlichen, für die wir uns schämen. Und Bodi musste sich für nichts schämen. Warum es also geheim halten?

Seitdem wir die Anzeichen eines Spektrum-Verhaltens kannten, sahen Christine und ich überall Autismus-Symptome – im Kino, auf der Eislaufbahn, in der Schule. Überall um uns herum fielen Kinder und Erwachsene durch das Raster der „Normalität". Wenn unsere Fernsehserie dabei helfen konnte, das Stigma von ASS aufzulockern, oder wenn sie zu mehr – oder sogar nur einer – Frühdiagnose führte, dann wäre es uns das wert.

Also erzählten wir Wes einen Monat vor der Abreise davon und erklärten, dass Bodi bestimmte Symptome zeige, unter anderem eine starre Denkweise, eine Vorliebe für Routinen und die Vermeidung von Augenkontakt. Ich erzählte ihm allerdings nicht von meiner Vermutung, dass eine Kameralinse für Bodi eventuell wie ein riesiges Auge aussah.

Am Tag nach dem Vorfall mit dem pinken Armband verließen wir Busan in einem Hochgeschwindigkeitszug in Richtung Seoul. Bodi saß neben mir und zeichnete detailgetreu die „Hanjin Ottawa" in sein Tagebuch. Unterdessen flog die üppige grüne Halbinsel mit einer Geschwindigkeit von dreihundert Kilometern pro Stunde an uns vorbei. Während er arbeitete, betrachtete ich liebevoll unseren Sohn, der gerne Sushi aß, dessen Lieblingsfarbe „funkelndes Lila" war, und der mich eines Tages mit Sicherheit überragen würde.

Diese Bleistiftskizze, so wie alle anderen in diesem Buch, stammt aus Bodis Tagebuch.

Mit seiner Tiefgründigkeit, seinem Schwarz-Weiß-Denken und seiner schonungslosen Ehrlichkeit veränderte Bodi meinen Blick auf die Welt – auf positive Weise. Um es mit den brillanten Worten von Mary Temple Grandin, einer führenden Expertin für Autismus, zu sagen: Er war „anders, aber nicht weniger". Mein einziger Wunsch war es, dass Christine und ich ihm dabei helfen konnten, seine Autismus-Spektrum-Diagnose nicht als Fluch, sondern eher als einen wichtigen Teil dessen zu begreifen, was ihn besonders machte.

EINE ARMEE TROJANISCHER PFERDE

Seoul tauchte vor uns auf wie ein Szenenbild aus „Blade Runner“: Neonlichter, Sirenen, Sprühregen und fünfundzwanzig Millionen Menschen.

Wir fanden Unterschlupf im Herzen der Stadt, in einem Viertel voll von historischen koreanischen Ziegeldachhäusern, *hanok* genannt, durchkreuzt von Pflastersteinwegen. Die karg eingerichteten Räume trennten Wände aus Papier. Wir schliefen auf dünnen, mit Seidenkissen überhäuften Matratzen auf dem Holzboden. Die Kinder stapelten die Kissen zu einem Berg, in den sie, trotz der Bedenken ihrer Mutter, hineinsprangen. Die Zimmerdecken, ursprünglich für Bauern des 14. Jahrhunderts entworfen, waren so niedrig, dass ich mich sogar gebückt daran stieß. Daher zogen wir es vor, draußen im Innenhof zu essen, der von Bambus beschattet wurde. Wir schlürften Nudeln und verschlangen softballgroße gelbe Melonen.

Zwei hektische Tage lang fuhren wir mit der U-Bahn kreuz und quer durch die Stadt. Wir erklommen den Seoul Tower, besuchten mit den Jungs „Lotte World“ (einen anstrengenden Indoorfreizeitpark) und besichtigten die entmilitarisierte Zone an der Grenze zu Nordkorea.

Am Morgen des dritten Tages brachte uns ein Taxi zu einem höhlenartigen Fährterminal in der benachbarten Hafenstadt Incheon. Die Stunden bis zur Abfahrt vertrieben wir uns mit Kartenspielen und Büchern. Nach und nach trudelten Trauben chinesischer Touristen ein, die mit der Beute ihrer Shoppingtour zurück nach Hause fahren wollten. Ganz begeistert von unseren blonden Kindern mit ihrer Porzellanhaut belagerten sie uns und knipsten Selfies. Bodi winkte genervt ab, aber Taj tat ihnen den Gefallen und posierte fröhlich mit einer Horde Fremder, die alle kerzengerade vor der Kamera standen.

Ich las gerade einen Reiseführer über China, als ich ihn schreien hörte. Ich sprang auf und sah, wie er sich in den Armen einer kleinen Frau mittleren Alters wand und von ihr davongetragen wurde. Christine und ich wollten eingreifen, aber da hatte sich Taj schon selbst befreit. Die Frau, die eine Designersonnenbrille und dickes Make-up trug, entschuldigte sich wortreich. Es war ihr offensichtlich sehr unangenehm. Sie erklärte, sie habe Taj lediglich mit ihrer Familie fotografieren wollen. Nichtsdestotrotz machte das die kulturellen Unterschiede auf schockierende Art deutlich. Dass ein Kanadier ein fremdes Kind hochnimmt und davonträgt, ohne zuvor die Erlaubnis der Eltern eingeholt zu haben oder danach im Gefängnis zu landen, kann man sich kaum vorstellen. Noch erstaunlicher war, dass die Frau Taj noch immer fotografieren wollte. Sie versuchte schon wieder, ihn in Richtung ihrer wartenden Familie zu ziehen. Christine verlor nun die Geduld und schickte die Frau einfach fort.

Anders als bei unserer Ankunft in Asien, als Taj die Aufmerksamkeit noch genossen hatte, die sein strohblondes Haar auf sich zog, hatte er inzwischen genug von all den unbekannten Leuten, die auch jetzt weiterhin Fotos machen wollten. Er wies sie alle zurück. Christine fühlte sich schrecklich. „Er ist so sensibel. Ich hätte merken sollen, dass es ihm zu viel wurde."

In diesem Augenblick wurden wir Zeuge einer außergewöhnlichen Metamorphose. Ganz freiwillig fing nämlich Bodi damit an, aufzuspringen und sich selbst als Fotomodell anzubieten, sobald sich Menschen näherten. Es war ihm zwar zuwider, aber er ertrug es, um seinen Bruder zu schützen.

Dann gab eine Trillerpfeife das Signal, und schon schoben sich die Touristentrauben in Richtung der Rolltreppen und bestiegen eine in die Jahre gekommene Fähre, die an das Schiff der TV-Serie „Love Boat" erinnerte. Die Teppichläufer verströmten einen leichten Schimmelgeruch, und aus den Delfinstatuen sprudelte rostrotes Wasser. Wir legten die Seesäcke in unserer engen Schlafkabine ab und begutachteten gerade das Büfett mit Meeresalgen und Congee (Reisbrei), als die Leinen geworfen wurden und das Schiff auf seine Reise über das Gelbe Meer aufbrach.

Ausgedehnte Reisen auf dem Landweg oder mit dem Schiff, wie sie früher bei Backpackern üblich waren, sind heute nicht mehr in Mode. Ich vermute, ein Grund dafür ist die Zeit, davon hat niemand je genug. Urlaube von mehr als einer Woche werden heute meist als Luxus betrachtet. Und die Vorstellung, sich unbezahlt freizunehmen oder, Gott bewahre, den Job ganz aufzugeben, nur um dann mit bescheidenem Budget die Kontinente zu bereisen, finden viele noch beunruhigender. *Wovon soll man leben? Wie den Kredit abbezahlen? Und was ist mit der Lücke im Lebenslauf?*

Einige Monate zuvor, als wir begonnen hatten, unsere Reise zum Kloster zu planen, fühlte es sich falsch an, auf der Suche nach Ruhe um den Globus zu jetten. Also schlug ich Christine vor, in den Himalaja nicht etwa zu fliegen, sondern uns ausschließlich am Boden fortzubewegen und eine lange, langsame Reise anzutreten, so wie sie früher unternommen worden waren, mit den Kindern im Schlepptau.

Anfangs teilte sie meinen Enthusiasmus nicht.

Es waren nicht die Risiken einer solchen Reise, die sie beunruhigten, sondern vielmehr der ganze Aufwand, der dahintersteckte. Wie sollten wir unsere beiden Jungen sicher um die halbe Erde führen, wenn schon eine vierstündige Fahrt zur Oma häufig in einen Marathon aus Gezänk und Tränen ausartete? Doch während wir über den Landkarten brüteten und uns mögliche Routen durch die verschiedensten Landschaften und Kulturen überlegten, reizte uns die Idee immer mehr.

Unsere Familien und Freunde hielten uns jedoch für verrückt. *Was? Warum denn? Im Ernst? Was ist mit der Schule?* Als wir Bodis Lehrer zum Thema Homeschooling befragten, lächelten sie nur und versicherten uns, dass er unterwegs mehr lernen würde als in jedem Klassenzimmer.

Die erste große Hürde bestand darin, eine Überfahrt über den Pazifik zu finden. In einer Welt, in der die Orte mit Flugzeugen verbunden sind, werden die Meere nicht mehr von Dampfern durchpflügt. Nur eine Handvoll Kreuzfahrtschiffe fährt jeden Herbst nach Asien, aber für uns passte das zeitlich nicht. Ein kleines Segelboot zu kaufen und den Pazifik eigenständig zu überqueren, trauten Christine und ich uns nicht zu, vor allem nicht mit kleinen Kindern. Die einzige Lösung war es also, an Bord der wuchtigen Frachtschiffe unterzukommen, die den Erdball umrunden.

„Sie werden kein Schiff finden, das einen Dreijährigen an Bord nimmt", behauptete der erste Frachtagent, den wir anriefen und der zu einer relativ unbekannten Organisation gehörte, die sich auf Privatüberfahrten auf Containerschiffen spezialisiert hatte. „Seeversicherungen decken Passagiere zwischen sechs und neunundsiebzig Jahren ab. Aber niemand wird Millionen von Dollars an Fracht riskieren, um Sie und Ihre Babys über den Ozean zu bringen."

Nach wochenlangem Stöbern machten wir schließlich einen deutschen Frachtführer ausfindig, dessen Versicherung auch dreijährige Kinder abdeckte, und buchten sofort vier Kojen an Bord der „Hanjin Ottawa".

Die Großmütter der Jungen (beide Großväter waren vor ihren Frauen verstorben) stellten unsere Reisepläne nicht in Frage – entweder weil sie unserem Urteil vertrauten oder weil sie inzwischen gelernt hatten, dass wir uns sowieso nicht davon abbringen ließen. Als sich die Nachricht unserer baldigen Abreise jedoch weiterverbreitete, kam es dafür von vielen anderen Seiten zu teilweise sehr heftigen Reaktionen. Meist waren es flüchtige Bekannte, die verschiedene Arten aufzählten, auf die unsere Kinder zu Tode kommen könnten: durch übertragbare Krankheiten, Verkehrsunfälle, Luftverschmutzung, Vergiftungen, Durchfall, Schlangenbisse und Huftritte von Yaks. Niemand erwähnte das große Höhenrisiko – von all den Gefahren, die mir durch den Kopf wirbelten, war diese die einzige, die mich nachts wachhielt.

Der Zug durch Tibet würde schwindelerregende 5074 Meter erklimmen, und auf der Trekkingtour nach Zanskar würden wir in noch höhere Lagen kommen. Als ich mich mit einem alteingesessenen amerikanischen Ausstatter im Himalaja in Verbindung setzte und um Unterstützung bei Genehmigungen und der Logistik bat, weigerte man sich, mir zu helfen.

„Tibet ist kein Ort für Kinder", schimpfte der Geschäftsführer. „Wir nehmen niemanden unter zwölf Jahren auf unsere Touren mit."

„Warum nicht?"

„Weil sie sich nicht akklimatisieren können. Ihre Lungen sind nicht voll ausgebildet. Haben Sie schon einmal von Peter Hackett gehört?"

Lustigerweise kannte ich Hackett sogar. Ich hatte den auf Höhenkrankheiten spezialisierten Arzt aus Telluride in den Neunzigerjahren in einem Basislager am Everest kennengelernt. Und auf meinen Schreibtisch lagen zwei medizinische Abhandlungen über die gesundheitlichen Auswirkungen von Höhenlagen auf Kinder, die er mitverfasst hatte. In keinem der beiden stand etwas über nicht ausgebildete Lungen oder die Unfähigkeit von Kindern, sich zu akklimatisieren.

Die Empfehlung, die diese ausführlichen Berichte aussprechen, kann man folgendermaßen zusammenfassen: Gehen Sie ruhig, aber machen Sie sich immer bewusst, was Sie tun, treffen Sie eher konservative Entscheidungen und haben Sie immer eine Exit-Strategie parat.

Meiner Meinung nach sollte diese Devise bei jeder Art von Risiko gelten, Kinder hin oder her.

Als China am Horizont auftauchte, gesellte sich Bodi zu mir auf das Oberdeck. Ich zog seinen kleinen warmen Körper eng an mich. Dann lieh er sich meine Kamera und fotografierte mich vor dem Hintergrund der näherkommenden Hügelhänge, die mit Apartmenthäusern übersät waren.

Es war nicht zu verkennen, dass wir gerade ein Land erreichten, das vor Kraft nur so strotzte. Wir sahen es an den großen Plastikinseln, die vor der Küste trieben, an den gläsernen Türmen, die das früher verarmte Fischerdorf Qingdao überragten, an den roten Flaggen, die auf den Dächern flatterten, und an den weitläufigen Parks, in denen es vor Joggern und Spaziergängern nur so wimmelte.

Als wir durch die stickige Einreisehalle stolperten, die voller Soldaten und Überwachungskameras war, entdeckten wir eine verdrießlich dreinschauende, von Zollbeamten umringte TV-Crew. Ein verstohlener Blick von Wes verriet mir, dass sie in Schwierigkeiten waren. Wir taten also, als würden wir sie nicht kennen, liefen schnurstracks an ihnen vorbei und stellten uns in eine Warteschlange. Irgendwann sauste ein Stempel auf unsere Reisepässe nieder – wir waren drinnen. Draußen kämpften wir uns durch die Menschenmassen, sprangen in ein schäbiges Taxi und verschmolzen mit der Zehn-Millionen-Metropole.

„Sehn wir die TV-Crew überhaupt wieder?“, fragte Taj.

Ich wusste es nicht. Christine zuckte mit den Schultern. Sie würden sicherlich wieder auftauchen, irgendwann.

Unser Taxi raste durch die engen Straßen, vorbei an dampfenden Nudelständen, Mopedschwärmen und Märkten, auf denen seltsames Gemüse verkauft wurde. In der feuchten Luft hingen die beißenden Gerüche von Fisch, Blumen und verrottendem Kompost. Asien vermittelt mir jedes Mal das Gefühl, das alles möglich ist – es gleicht dem Verliebtsein. Christine und ich waren vor zehn Jahren schon einmal in China gewesen. Wir blickten uns wissend an: Es war gut, wieder hier zu sein.

Für neun US-Dollar pro Nacht quetschten wir uns in das Familienzimmer einer Jugendherberge, eines ehemaligen Observatoriums, das auf einem sattgrünen Hügel in der Nähe des Zentrums von Qindao stand. Auf der Straße wurde frischgepresster Zuckerrohrsaft verkauft. Nachdem wir mehrere Becher davon heruntergespült hatten, schlenderten wir durch die grüne Umgebung. Taj und Bodi schauten betagten Bienenhütern dabei zu, wie sie Larven aus den Stöcken zupften. Später gesellten sich die beiden zu einer Schar einheimischer Kinder, die aus Spülmittel Seifenblasen machten und den schimmernden Kugeln nachliefen, die der warme Wind davontrug.

Ein pinkes Stück Papier wartete an der Rezeption des Hostels auf uns. Darauf stand, dass die Fernsehcrew chinesische Visa bekommen habe und auf der anderen Seite der Stadt, im nagelneuen Radisson-Hotel, logiere. Wes wollte, dass wir am Nachmittag um siebzehn Uhr für eine Runde Interviews in der Lobby vorbeikämen.

Zum Radisson würden wir im Feierabendverkehr ungefähr zwei Stunden brauchen, schätzte der Manager. Also rief ich Wes an und schlug vor, die Interviews lieber am nächsten Morgen aufzunehmen. Aber er blieb stur.

„Machst du Witze?“, stöhnte Christine, als wir noch ein Taxi bestiegen. „Diese Typen haben ganz eindeutig keine Kinder.“

Es war schon lange dunkel, als wir endlich wieder zum Hostel zurückkehrten.

Am nächsten Morgen warteten wir vor dem Hauptbahnhof auf die Crew. Taj versteckte sich vor neugierigen Fremden und Bodi bot sich wieder als Fotografenfutter an. Die geplante Abfahrt rückte näher, und ich suchte in der Menge fieberhaft nach dem Fernsehteam – vergebens. Die Zeit lief ab. Da wir nicht wussten, was wir sonst hätten tun sollen, ließen wir unsere Tickets verfallen.

Waren wir vielleicht am falschen Bahnhof? Oder zur falschen Zeit? Ohne ein Handy hatten wir keine Möglichkeit, uns mit der Crew in Verbindung zu setzen. Also saßen wir in der gleißenden Sonne auf unseren Seesäcken und warteten.

Irgendwann fuhren mehrere Taxis vor, aus denen sie herausstolperten – übermüdet, mit roten Augen und einem schrecklichen Kater. Sie waren den Versuchungen des Nachtlebens in Qingdao in die Falle gegangen: Bier, Karaoke und wer weiß was noch alles. Die Nerven lagen blank. Ein Streit entbrannte. Ein paar waren noch immer betrunken. Eine Senior-Redakteurin, die nicht stehen konnte, wurde von Wes zum Flughafen geschickt, ihren Job war sie los. Sarkastisch schlug Christine vor, lieber die Crew für die Show zu filmen, aber für diesen Witz war es eventuell noch etwas zu früh. Ein Tablett mit Erdbeer-Milchshakes von McDonald's half dabei, die Spannungen zu lösen.

Schnell waren neue Fahrscheine gekauft, und eine Stunde später brausten wir im Ruheabteil eines Hochgeschwindigkeitszuges in Richtung des achthundert Kilometer nördlich gelegenen Peking. Neben unseren Jungs saßen zwei erschöpfte Kameramänner, das lärmende iPad-Spiel „Pflanzen gegen Zombies" ließ sie jedoch nicht schlafen.

Draußen wurden die Reisfelder von Überlandleitungen, Fabriken und den Kühltürmen von Kernkraftwerken abgelöst. Man konnte klar erkennen, dass China – ähnlich wie Südkorea, allerdings in einem ganz anderen Ausmaß – in atemberaubender Geschwindigkeit einer Neugestaltung unterzogen wurde.

Als wir in den Hauptbahnhof von Peking einfuhren, verabschiedeten wir uns für diesen Tag von der Crew. Christine hatte ein Zimmer in einem traditionellen *hutong*-Gasthaus reserviert, sie hingegen machten sich auf den Weg zu einem gläsernen Hotel in der Innenstadt. Zwar war es schade, dass die TV-Crew nicht authentischer nächtigte – eine Produktionsfirma aus Los Angeles organisierte ihre Unterkünfte –, für uns bedeutete das aber jeden Abend eine willkommene Ruhepause.

Wir stopften unsere Seesäcke in den Kofferraum eines gelben Taxis und sprangen hinein. Aber es dauerte eine Weile, bis sich das Auto auch nur einen Zentimeter nach vorne bewegen konnte, da die Straße komplett blockiert war. Nirgendwo ist Chinas schnelles Wachstum so sichtbar wie auf den Straßen von Peking, wo Dauerstaus und Smog dazu geführt haben, dass Lebensraum rationiert wurde und neue Autos nach dem Losverfahren zugelassen werden.

Während unser Taxi langsam vorankroch, streckte der Fahrer – ein drolliger alter Mann, der kein Wort Englisch sprach – seine Hand aus und berührte mit besorgter Miene meine Unterarme.

„Ich glaube, er kann nicht fassen, wie behaart du bist!", kicherte Christine. Da auf seiner eigenen Haut kein einziges Haar zu sehen war, schien der Fahrer entgeistert, dass mich so ein schreckliches Schicksal ereilt hatte.

Während ich aus dem Fenster auf das Verkehrschaos und die durch Luftverschmutzung umnebelten Wolkenkratzer schaute, dachte ich das Gleiche über ihn. Die Mittagssonne war orange und warf keine Schatten. Sowohl Fußgänger als auch Fahrradfahrer trugen weiße, chirurgisch anmutende Gesichtsmasken – wie Statisten in einem Low-Budget-Horrorfilm. Wie konnten über zwanzig Millionen Menschen nur unter solch apokalyptischen Bedingungen leben?

Ich musste an ein Fernsehinterview denken, in dem eine Pekinger Studentin gefragt wurde, was ihr an Microsoft Windows am besten gefalle.

„Der Bildschirmschoner", antwortete sie.

Warum?

Weil diese Zwanzigjährige noch nie zuvor einen blauen Himmel gesehen hatte.

Nach vier Tagen in Peking sausten wir gen Westen, in das Grasland der Provinz Qinghai. Dort akklimatisierten wir uns eine Woche lang, indem wir uns bewusst immer höheren Lagen aussetzten. Dann bestiegen wir den Qinghai-Express, auch Lhasa-Bahn genannt. Das Ziel war Tibet.

Nachdem wir uns in ein enges Abteil gezwängt hatten, entdeckten die Kinder eine Nasenbrille auf jedem Schlafplatz, die Passagiere, denen die Höhenlage Probleme machte, mit Sauerstoff versorgen konnte. Die beiden legten sich sie Plastikschläuche sofort an.

„Schaut mal! Ich trinke Sauerstoff durch die Nase", sagte Bodi strahlend. Er sah wie ein Patient auf der Intensivstation aus. „Schmeckt gut."

„Ich auch", rief Taj. „Ich trinke auch Sauerstoff."

„Das macht mich ganz nervös", flüsterte Christine, als sie sich neben mich quetschte.

Ein paar Tage zuvor war Taj auf dem Rücksitz unseres Mietwagens ohnmächtig geworden, als wir einen Bergpass überquert hatten. Ob es an seiner Erkältung oder der Höhenluft gelegen hatte, war nicht klar. Nachdem wir wieder dickere Luft erreicht hatten, wurde er so ausgelassen wie zuvor. In den darauffolgenden Tagen überwachte ich mithilfe eines aus Kanada mitgenommenen Pulsoximeters – eines kleinen, in Krankenhäusern üblichen Geräts, das man an einer Fingerspitze befestigt – sorgfältig den Sauerstoffgehalt in seinem Blut. Seine Werte blieben, wie Bodis, weit über neunzig. Ein klares Zeichen dafür, dass sich die beiden gut anpassten. Der Zug würde uns zwar in noch höhere Lagen bringen, allerdings war ich mir sicher, dass Taj infolge der Druckanpassung in den Waggons und der individuell regulierbaren Sauerstoffzufuhr gut klarkommen würde.

„Rational betrachtet, weiß ich das", stimmte Christine mir zu. „Aber wenn dieser Zug erst einmal den Bahnhof verlassen hat, gibt es kein Zurück mehr."

Genau in diesem Moment machte der Waggon einen Ruck nach vorn.

Die neue Qinghai-Tibet-Bahnlinie, deren Realisierung schwindelerregende 4,2 Milliarden Dollar gekostet hatte, wurde 2006 eingeweiht. Sie ist ein Wunder moderner Ingenieurskunst: Hochgelegte Gleise führen über Permafrostgebiete, lange Tunnel bohren sich durch hohe Gebirgsketten.

Gleichzeitig ist sie ein weiterer Nagel im Sarg des freien Tibet, da die Bahnstrecke China ermöglicht, diese großflächige Provinz besser zu kontrollieren und ihre Ressourcen schneller auszubeuten. Das hinterhältigste Ziel Chinas scheint es jedoch zu sein, Tibets alte buddhistische Kultur unter den unaufhörlichen Einwanderungswellen von Han-Chinesen zu begraben.

Wie China das tibetische Volk behandelt, hat mich schon immer empört. Aber jetzt, während wir durch die UV-Schutzfenster spähten und das triste Hochland Tibets an uns vorbeiziehen sahen, wurden mir die ungemütlichen Parallelen zur Geschichte Nordamerikas bewusst, in der die eingeborenen Völker von einer Flut aus Einwanderern überrannt worden waren, die danach gierten, die Bodenschätze der Neuen Welt zu erschließen. *Warum macht mich die Situation in Tibet wütend, obwohl ich die Probleme in Kanada ignorieren kann? Vielleicht, weil es meine Kultur ist, die ihr eigenes Zuhause überschwemmt hat? Macht uns die Fahrt in diesem Zug zu Komplizen der Gräueltaten in Tibet?* Darauf gab es keine einfachen Antworten.

Die Stunden vergingen. Hin und wieder sahen wir ein zotteliges Yak das karge Land durchstreifen oder kleine Herden schlanker Gazellen. Meist fielen uns jedoch uniformierte Soldaten auf, die kerzengerade vor schmuddeligen Zelten standen und der vorbeifahrenden Lokomotive salutierten.

Am Abend, als der Zug über den 5231 Meter hohen Tanggula-Pass rumpelte, machte es Bodi und Taj so großen Spaß, durch die Waggons zu rennen, dass ihnen die chinesischen Touristen gar nicht auffielen, die taumelnd die Gänge verstopften. Einige, die man von Peking, das auf Meerespiegelhöhe liegt, direkt hierher verfrachtet hatte, mussten sich erbrechen und kollabierten.

Wir erreichten die verbotene Stadt, Lhasa, zur Mittagszeit. Innerhalb von vierundzwanzig Stunden hatten wir einen Weg hinter uns gelegt, an dem sich die wagemutigsten Entdecker jahrhundertelang die Zähne ausgebissen hatten.

Bataillone chinesischer Soldaten marschierten aufgereiht durch den neuen höhlenartigen Bahnhof. Draußen wartete hinter den Barrikaden der uns von der Regierung zugewiesene Guide, eine kleine Tibeterin. Behutsam legte sie uns die Khata um den Hals und hieß uns mit der tibetischen Grußformel „*Tashi delek*" willkommen. Dies ist eine Segen bringende Grußformel, mit der man auch Gesundheit und Glück wünscht. Sie wird oft folgendermaßen übersetzt: „Mögen alle verheißungsvollen Zeichen in diese Umgebung kommen".

Die Mittagssonne blendete uns. Wohin man auch schaute, überall ragten glänzende Bürohochhäuser empor. Die frisch betonierten Straßen führten durch einen Dschungel aus Werbetafeln, Fast-Food-Läden und Einkaufszentren. Seit meinem letzten Besuch vor zehn Jahren war die Stadt um ein Zwanzigfaches angeschwollen. In diesem elenden Gewühl gab es laut unserem Guide 224 Karaokebars, 685 Bordelle und 300 000 chinesische Soldaten.

Doch über all dem thronte noch immer der Potala-Palast – und mein Herz machte einen Sprung. Die prachtvolle Festung der Dalai Lamas umfasst um die tausend Zimmer, die etwa zehntausend Altare und zweihunderttausend Statuen beherbergen. Voller Eifer erzählte ich Christine und den Kindern von dem, was mich damals dort mit solchem Staunen erfüllt hatte. Die Schlangen von in Schafsfell gekleideten Nomaden, die Töpfe mit Yakbutter trugen, die sie dann löffelweise auf flackernde Kerzen verteilten. Die Pilger, die auf Händen und Knien zwischen religiösen Schriften wandelten, weil sie glaubten, dass das darin enthaltene Wissen auf sie niedergehen und sie mit Verdienst benetzen würde. Die verarmten Hirten, die so viele Geldscheine auf goldene Buddhastatuen warfen, dass das Geld wie Schnee herabfiel, nur um dann von chinesischen Reinigungskräften aufgefegt, in prallvolle Müllsäcke gestopft und weggetragen zu werden.

Während die Fernsehcrew in ein Marmorhotel am Rande der Stadt eincheckte, machten wir uns auf den Weg in die Altstadt, zu einem Gasthaus im Kolonialstil, ausgestattet mit Teakholz und Mahagoni. In dem von Chrysanthemen und Stockrosen beschatteten Innenhof nippten Christine und ich an einer Tasse Tee. Die Jungs lagen bäuchlings auf dem Boden und beobachteten träge Koischwärme in den flachen Teichen. Ein Flyer auf dem Tisch warb für tibetische Blindenmassagen, und Christine machte schnell einen Termin. Staub, Ruß und die intensive

UV-Strahlung auf der tibetischen Hochebene machen den Grauen Star zu einer weitverbreiteten Augenkrankheit, und diese Massageprogramme unterstützen die Betroffenen in der Region.

Innerhalb von zwanzig Minuten stand ein Blinder an unserer Tür.

Um Christine etwas Ruhe zu verschaffen, liefen die Kinder und ich mit den Pilgern mit, die durch die Pflastersteingassen strömten. Zahnlose Männer mit Cowboyhüten schlurften o-beinig an uns vorbei. Ältere Damen mit geflochtenen Zöpfen und farbenfrohen Schürzen verbeugten sich wortlos vor meinen Söhnen. Nomaden mit elektrisierenden Augen und wirrem Haar hatten mit ihren Familien den weiten Weg von der fünfhundert Kilometer entfernten Changtang-Hochebene auf sich genommen.

Manche Pilger warfen sich nach jedem dritten Schritt auf den Boden, standen dann wieder auf und nahmen drei weitere Schritte, bevor sie das Ritual wiederholten. An Händen und Knien lediglich durch einfache Holzplatten geschützt, setzten diese frommen Seelen ihren Körper ein, um eine gerade Linie auf der Erdoberfläche zu ziehen, die ihre Heimat mit den heiligen Stätten Lhasas verband. Einer der Männer hatte auf seiner Stirn eine fersengroße Schwiele, mit der er immer wieder den Boden berührte.

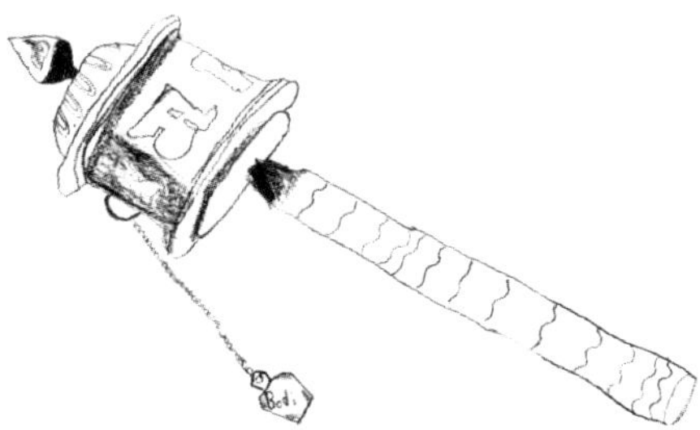

Eine Handgebetsmühle. Auf der Messingtrommel ist das Mantra Om mani padme hum eingraviert. Buddhisten glauben, dass das Drehen der Mühle die gleiche spirituelle Wirkung habe wie das Singen des Mantras.

Bodi und Taj hatten großen Spaß daran, an den Messinggebetsmühlen zu drehen, die in langen Reihen die Wände der Tempel und Schreine zierten. Nach kurzer Zeit hatte sich eine Gruppe älterer Menschen um sie versammelt. Sie strichen den Jungen über die Wangen, mich bedachten sie mit dem weltweit gebräuchlichen „Daumen hoch". Ein paar holten ihre Handys aus den Gewändern und fotografierten die beiden, die inzwischen ausgelassen unter ihnen tanzten.

Unterdessen zeichneten sich an dem dunkler werdenden Himmel Soldaten ab, die über uns auf den Dächern standen, Schlagstöcke und Gewehre fest im Griff. Wie ein erhobener Mittelfinger flatterte eine chinesische Flagge auf dem Jokhang, Lhasas heiligstem Tempel.

Wie konnten wir unseren Söhnen die Spannungen beschreiben, die hier in der Luft lagen?

Bei einer solch komplexen Geschichte war es vielleicht das Beste, im 8. Jahrhundert zu beginnen, mehr als tausend Jahre nachdem Buddha im indischen Flachland gelebt hatte, als seine Lehren gerade begannen, sich gen Norden über den Himalaja zu verbreiten. Von Bettlern und Gelehrten weitergegeben, verteilte sich die Botschaft auf der Hochebene und nahm auf ihrem Weg lokale Bräuche und Glaubenssätze in sich auf.

Daraus entwickelte sich irgendwann die farbenfrohe Tradition des tibetischen Buddhismus – bekannt als Vajrayana, oder „Pfad des Donnerkeils" –, der eine gewisse Ähnlichkeit mit den etablierteren und nüchterneren Schulen Südostasiens aufweist. Indem sie eine fantastische Welt beschrieb, in der Tigerinnen zwischen Wolken schwebten, Gurus Fußabdrücke aus Stein hinterließen und Pferde auf dem Wind ritten, zeichnete sich diese neue Lehre vielleicht vor allem durch ihre radikalen Meditationstechniken aus, die eine schnelle Erleuchtung in Aussicht stellten, möglicherweise sogar innerhalb eines einzigen Lebens.

Große Klöster entstanden, ein Viertel der männlichen Bevölkerung Tibets wurde zu Mönchen, und irgendwann machte das zurückgezogene Land seine Grenzen dicht. Nach und nach entstand eine Gesellschaft, die es so auf der Welt noch nicht gegeben hatte: ein Land, in dem die Tugenden der Nichtanhaftung, des Nichtverlangens, des materiellen Verzichts, des Mitgefühls und der transzendentalen Weisheit institutionalisiert wurden. Das geheimnisumwitterte Tibet wurde zu einem

Synonym für das verlorene Paradies. Es wurde das Shangri-La – ein abgelegenes Land der Einfachheit und des Friedens.

All das änderte sich im Jahr 1949. Nach der Gründung der Volksrepublik China vergeudete Mao Zedong nur wenig Zeit und erhob territoriale Ansprüche auf Tibet, das sich an Chinas Westgrenze schmiegte. Vierzigtausend Soldaten wurden in das abgeschiedene Reich entsandt, das zu diesem Zeitpunkt über keinen einzigen Flugplatz und über lediglich fünfzig Geschütze verfügte. Als Tibets geistiger und politischer Führer, der fünfzehn Jahre alte Dalai Lama, die Vereinten Nationen um Hilfe anrief, ignorierte man ihn. Dem kleinen Land blieb nichts anderes übrig, als sich seinem Schicksal zu fügen. Einige Jahre lang herrschte angespannte Waffenruhe.

Ein Jahrzehnt später, als sich das Gerücht einer geplanten Entführung des Dalai Lama durch die Chinesen verbreitete, gingen die aufgebrachten Tibeter auf die Straße. Chinas Antwort auf die Proteste kam schnell und heftig. Inmitten der darauffolgenden Unruhen schlich sich der junge Dalai Lama, verkleidet als Soldat, heimlich davon. Zu Fuß überquerte er den Himalaja und fand in Indien Zuflucht – dies war der Beginn einer Diaspora, die bis heute andauert.

Doch es sollte noch schlimmer kommen.

Als die chinesische Kulturrevolution über die Hochebene hereinbrach, in den Jahren 1966 bis 1976, wurden Tibets große Klöster systematisch durch Artilleriefeuer zerstört. Lediglich dreizehn der ursprünglich sechstausend Klöster kamen ungeschoren davon. Religiöse Heiligtümer wurden gestohlen. Schriften wurden verbrannt oder von Soldaten als Toilettenpapier benutzt. Nonnen wurden öffentlich dazu gezwungen, mit Mönchen Geschlechtsverkehr zu haben. Andere mussten Sterilisation, Elektroschocks und Vergewaltigung erdulden. Eltern wurden zum Applaudieren gezwungen, als man ihre Kinder exekutierte. Felder lagen brach, Hunger war die Folge. Im Laufe einer Generation verlor jeder fünfte Tibeter sein Leben – mehr als eine Million insgesamt.

Bis heute dauert dieser kulturelle Genozid an, allerdings wurden die Gewehre durch staatlich geförderte Einwanderungsprogramme ersetzt, die nun die Städte und Dörfer Tibets mit Han-Arbeitern überfluten. Es gibt Hinweise auf Soldaten, die als Mönche verkleidet Klöster infiltrieren, um den Widerstand auszumerzen. In den Schulen hängt in jeder Klasse ein Porträt Maos, sein eiserner Blick überwacht die tibetische Jugend.

Während ich meine eigenen Kinder zwischen den freudig strahlenden Pilgern tanzen sah – mit geschlossenen Augen und ausgestreckten Armen – fragte ich mich: *Sollen die beiden von dieser traurigen Geschichte erfahren? Wird es später eine Wirkung auf ihr eigenes Verhalten zu Hause haben? Oder ist es besser – jetzt, wo sie noch an Magie glauben –, dass sie sich einfach von ihren eigenen Augen und Herzen leiten lassen?*

In den kommenden Tagen würden Christine und ich ihnen zwar auch von Tibets dunkler Geschichte erzählen, aber wir konzentrierten uns vor allem auf die Wunder dieses noch immer verzauberten Reiches.

Am Nachmittag des nächsten Tages besuchten wir das Kloster Drepung am Stadtrand von Lhasa. Einst eines der größten Lehrinstitute Tibets und das Zuhause von zehntausend Mönchen, beherbergte der wuchtige Komplex nun nur noch fünfhundert Geistliche (mehr darf es dort gemäß chinesischem Dekret nicht geben). Man fühlte sich wie in einer verlassenen Filmkulisse.

Wir spazierten gerade auf den Hängen oberhalb der Tempel, als Bodi eine Höhle entdeckte. Im Inneren befand sich ein Altar, der von Schals, Wasserschalen und flackernden Kerzen übersät war. Auf dem Lehmboden lag ein schmuddeliges Kissen.

„Wofür ist das?“, fragte Bodi.

„Diese Höhle ... sehr besonderer Ort“, erklärte unser Guide. „Seit dem Altertum hochrangige Mönche hierher kommen zum Meditieren.“ Der Gründer des Klosters habe hier sieben Jahre lang gesessen, ohne ein Wort zu sagen, erzählte sie uns. Ob Bodi es ausprobieren wolle?

Zu meiner Überraschung nickte unser zappeliger Sohn und ließ sich auf dem Kissen nieder. Unser Guide hockte sich neben ihn und zeigte Bodi, wie man seine Hände zum Gebet faltete – indem man nämlich zwischen den Fingern immer etwas Platz für Buddha ließ. Ich schaute mich nach Christine um, aber sie war mit Taj auf der Suche nach einem stillen Örtchen davongehastet.

„Ruh dich jetzt einfach aus“, sagte unser Guide, „und dein Geist wird sehr sauber werden. Sehr rein.“

Bodi schloss die Augen, seine Atmung wurde sanft und gleichmäßig. Regungslos verharrte er so, es kam mir wie eine Ewigkeit vor. Zuerst dachte ich, er nehme uns auf den Arm oder ziehe eine Show für die Kameras ab, aber als die Minuten vergingen und Bodi sich nicht rührte, bekam ich das Gefühl, dass etwas Unerwartetes – oder sogar etwas Großes – geschah.

Vielleicht hätte es mich nicht überraschen sollen. Denn Bodi hatte schon sehr früh mit verblüffender Leichtigkeit Zugang zu spirituellen Dingen, vor allem dem Buddhismus, gefunden. Als ich einmal eine Buddhastatue aus Zinn aus Kambodscha mitbrachte, wo man mich als Fotojournalist hingeschickt hatte, stellte er sie neben sein Bett und begrub sie unter Opfergaben: Glasperlen, Federn, Kieselsteinen und Halsketten. Auf unseren Kanutrips bugsierte er die Stechmücken behutsam aus unserem Zelt und schluchzte, wenn er Christine oder mich dabei erwischte, wie wir heimlich einen Eindringling zerquetschten. Seine Weigerung, dem kleinsten Lebewesen Schaden zuzufügen, erinnerte mich an einen alten Dokumentarfilm, in dem tibetische Mönche vor dem Potala-Palast auf Händen und Knien mühsam Würmer aus Bewässerungsgräben einsammelten, die lokale Bauern gerade gruben.

Auch Bodis Name spielte auf eine mythische Figur im Buddhismus an, den Bodhisattva, der, nachdem er die Erleuchtung gefunden hatte, dem Nirvana entsagte und stattdessen auf die Erde zurückkehrte, um anderen auf ihrem Weg zur Erleuchtung zu helfen. (Ehrlicherweise muss ich sagen, dass ich den Namen ursprünglich als Referenz an Patrick Swayzes Rolle als freiheitsliebender Surfer in „Gefährliche Brandung“, einem Bankräuberfilm aus Hollywood, vorgeschlagen hatte. Gleichzeitig fühlte sich Christine zur Bodhisattva-Tradition hingezogen, der Name gefiel also uns beiden.)

Eine halbe Stunde später blinzelte Bodi. Langsam öffnete er seine Augen, blieb aber noch eine Weile still sitzen.

„Ich habe vergessen, wo ich war“, flüsterte er schließlich. „Es fühlte sich an, als sei ich nirgendwo gewesen.“

Dann sprang er auf und rannte zu Taj, der gerade von seinem Ausflug ins Gebüsch zurückkam, und ich versuchte, Christine zu erklären, was ich gesehen hatte.

In einen Toyota Hilux gequetscht, brachen wir am nächsten Morgen ins circa achthundert Kilometer und fünf Tage entfernte Nepal auf. Wir folgten der einsamen Asphaltschleife des „Friendship Highways", die sich über den südlichen Rand des tibetischen Hochlands schlängelte.

Nachdem wir den staubigen Außenposten Tingri erreicht hatten, kamen wir nach einem Umweg durch ein enges Tal unterhalb der Nordflanke des Mount Everest heraus, dessen wie Kristall glänzende Spitze den makellos blauen Himmel durchstieß.

Ich hatte den Berg schon einige Male von Süden aus besucht, aber der Anblick dieses Wahrzeichens überwältigte mich trotzdem – das war ein Ort, an dem so manches Kapitel der Bergsteigergeschichte geschrieben worden war. Bevor ich Vater wurde, war ich nicht besonders nah am Wasser gebaut. Doch nun stiegen mir beim geringsten Anlass die Tränen in die Augen: eine freundliche Geste, ein trauriges Lied im Radio oder sogar eine kitschige Fernsehwerbung. Auch jetzt konnte ich die Tränen nicht zurückhalten.

„Wie findest du das, Bodi?", fragte ich mit zitternder Stimme.

„Ist okay."

Okay – das war seine Standardantwort auf alles, was ich ihn fragte, und so war es zwischen uns schon zu einem Witz geworden.

„Okay? Ernsthaft? Das ist der Mount Everest! Wie müsste ein Tag für dich aussehen, damit er *gut* ist?"

„Ich müsste im Lotto gewinnen. Oder zum Präsidenten gewählt werden. Oder vielleicht heiraten. Wenn ich vorher lange Zeit auf der Suche war."

„Und was wäre ein *toller* Tag?"

„Dad! Das weißt du doch", rief er frustriert. „Wenn ich zum Mars fliegen würde, das wär ein *toller* Tag."

„Naja, das dauert lange", warf Taj ein. „Das wär nicht nur ein toller Tag, sondern auch eine tolle Nacht."

Bodi verdrehte die Augen.

Am nächsten Morgen fiel der „Friendship Highway" steil am Rande des tibetischen Hochlands ab und landete in der Sunkoshi-Schlucht. Vor uns lag die Wildnis Nepals und, dahinter, das verbrannte Flachland Indiens. Nach wenigen Kilometern wich die karge Ebene dichten Wäldern. Von oben stürzten Wasserfälle herab und hämmerten auf das Dach des Toyota ein, als wir unter ihnen vorbeifuhren.

Da wir in Grenznähe in einen Stau gerieten, verabschiedeten wir uns von unserem Fahrer und gaben ihm ein großzügiges Trinkgeld. Dann sprangen wir aus dem Auto und rannten los – auf unseren Rücken hüpften die Seesäcke und an unseren Händen stolperten die Kinder. Die Fernsehcrew konnte nur schwer Schritt halten, da sie einen Berg an eigener Ausrüstung mitschleppen musste. Wir erreichten die Grenzbrücke genau in dem Moment, als die Stahlschranken für die Nacht herabgesenkt wurden. Also schlüpften wir unter ihnen hindurch und betraten Nepal – schweißgebadet.

Ein gut gelaunter Zollbeamter stempelte die Visa in unsere Pässe und behängte uns dann mit Ringelblumenkränzen. Nur wenige Augenblicke später schoss eine Ziege unter einem Reisebus hervor, verbiss sich in den Blumenkranz um Tajs Hals und zog unseren armen Jungen fast davon.

Drei Tage verbrachten wir in dem dampfigen Kathmandu – wir schlenderten über Märkte, aßen Kuchen von deutschen Bäckereien, besuchten die Kultstätte des Bodnath-Stupa (ein massiver buddhistischer Schrein, verziert mit allsehenden Augen) und später ein örtliches Waisenhaus, wo unsere Söhne an einem Barfuß-Fußballspiel teilnahmen und sich beide hartnäckige Warzen einfingen.

Dann ging es weiter, Richtung Indien.

Zweiundfünfzig Tage nach unserer Abreise aus Kanada und 16 000 Kilometer später überquerten wir unsere letzte Grenze – wir betraten Indien in der Nähe von Lumbini, dem Geburtsort Buddhas.

Trotz fieberhafter Bemühungen waren der Fernsehcrew keine Arbeitsvisa ausgestellt worden. Somit sahen sie sich gezwungen, zurück nach Kathmandu zu reisen. Nur Wes und ein Kameramann schafften es, sich über die Grenze zu schleichen. Eine Ersatzcrew aus indischen

Kameraleuten wurde organisiert, und die gut gelaunten Männer warteten weitab von der Grenze unter einem Mangobaum auf uns.

Wir mieteten zwei Autos – Wes und sein Kameramann quetschten sich bei uns mit hinein, die indische Filmcrew stieg in einen separaten Wagen – und folgten den Schotterpisten durch friedliche Dörfer, vorbei an Lehmziegelhäusern und Schatten spendenden Banyanbäumen. In der staubigen Luft lag ein Geruch von Kohle, Petroleum und Dung.

In Prayagraj bestiegen wir ein gebrechlich aussehendes Holzboot und fuhren den Ganges in Richtung der historischen Stadt Varanasi hinunter. Das war eine Reise von hundertfünfzig Kilometern, die zwei Tage dauerte. Während sich die Jungs auf dem mit Kissen ausgestatteten Deck oberhalb der Brücke eine Kissenschlacht lieferten, glitt das Boot an ausgemergeltem Vieh und weißen Reihern vorbei, an gleißenden Fischern, die auf ihren schmalen Booten durch das Wasser stakten, und an zarten Kochfeuern auf den Sandbanken. Eine ausgelassene Symphonie von Fröschen und Grillen verabschiedete die flammende Sonne.

Leider stanken unsere provisorischen Schlafkojen in dem engen Kielraum nach Diesel, und überall waren Stechmücken. Es war drückend heiß, das Thermometer neben dem Bett zeigte achtunddreißig Grad. Es wurde die ungemütlichste Nacht auf unserer Reise – vielleicht sogar die ungemütlichste Nacht meines ganzen Lebens.

Die Kinder schliefen wenig und wachten noch vor Sonnenaufgang schweißnass und mit roten Wangen auf. Auch Wes sah mitgenommen aus. Die indische Kameracrew allerdings, die an Deck geschlafen hatte, ganz ohne Laken, die sie vor Insekten hätten schützen können, schien die Nacht unbeschadet überstanden zu haben.

Als wir Varanasi erreichten, wurden die Temperaturen unerträglich. Wir warfen unsere Seesäcke in ein Tuk-Tuk, eine Autorikscha auf drei Rädern, verhandelten den Preis und düsten dann in Richtung eines klimatisierten Gästehauses los, das Christine im Voraus gebucht hatte.

Aber anstatt uns zum Gästehaus zu bringen, fuhr uns der Tuk-Tuk-Fahrer mitten in ein Labyrinth aus engen Gassen, hielt dann holpernd an und verlangte mehr Geld. Erschöpft, schweißgebadet und mit dem verzweifelten Wunsch, die Kinder in einen kühlen Raum zu bringen, verlor ich die Beherrschung – das passiert zwar früher oder später auf einer langen Reise, aber vor den Jungen war es nichts, worauf ich stolz sein konnte. Ich riss die Seesäcke aus dem Tuk-Tuk und kämpfte mich zu Fuß durch die überfüllten Straßen, ohne Rücksicht auf entgegenkommende Menschen.

Christine rannte hinter mir her, an ihren Händen die weinenden Kinder. „Kirkby! Ich weiß, das ist alles blöd, aber du musst dich zusammenreißen. Bitte, lass uns keine schlechten Vorbilder sein."

Sie hatte recht, und ihre Geduld wirkte entwaffnend. Beide wollten wir unseren Söhnen vermitteln, dass das Reisen, wie auch das Leben, unendliche viele Herausforderungen parat hält – und dass die Art und Weise, wie wir darauf reagieren, uns zu dem macht, wer wir sind.

Aber als sie später entdeckte, dass die Klimaanlage in unserem Gästehaus, das wir dann über einige Umwege schließlich doch erreicht hatten, defekt war, bekam selbst Christine fast einen Nervenzusammenbruch. In unserer Verzweiflung drängten wir uns alle vier gleichzeitig in die kleine Dusche, sodass unsere Schultern und Hinterteile gegen die schimmeligen Kacheln drückten. Eine Gruppe von Affen, die in einem Würgefeigenbaum hockten, schaute uns neugierig durch das Fenster zu. Später ließen wir uns von riesigen Mengen Mangoeis, serviert auf einer luftigen Dachterrasse, wieder aufmuntern. Dann gingen wir auf Entdeckungstour.

Varanasi gilt unter den Hindus als weltweit bester Ort für eine Feuerbestattung. Viele schluchzende Männer zogen Leichen auf selbstgemachten Tragen durch die schmalen Straßen. Ein Taxi, das eine Leiche auf seinem Dach transportierte, fuhr ganz nah an uns vorbei. Der Gestank von verkohltem Fleisch war überall zu riechen.

Bei einem Scheiterhaufen blieben wir stehen und schauten zu, wie eine in ein Leinentuch gehüllte Leiche vom Feuer verschlungen wurde. Irgendwann riss die Schädeldecke auf und dampfende, pinke Gehirnmasse tropfte auf den Boden. Ich schob die Kinder instinktiv zum Weitergehen an. Aber sie ließen sich nicht hetzen.

„Was ist denn?", fragte Bodi. „Jeder stirbt. Danach kommt man in den Himmel. Dann kommt man wieder."

Ich warf einen Blick auf Christine, sie grinste. Sie hatte die beiden wohl Ideen ausgesetzt, die von meinen abwichen.

„Ich werde als Honigdachs zurückkommen", erklärte Taj.

„Ach Taj, da kannst du nicht sicher sein", erwiderte Bodi genervt. „Das entscheidest du nicht."

„Doch, das entscheide ich", insistierte Taj.

Bei sengender Hitze, beißendem Rauch und unter den gelegentlichen Schubsern von mit Lendentüchern bekleideten Männern, die Holzscheite von einem Kahn luden, stritten sich die beiden Jungen über Reinkarnation, bis sie ganz rot wurden und Tränen flossen.

Irgendwann gab Bodi nach, aber nur etwas.

„Also, wenn ich es entscheiden kann, was ich nicht glaube, dann möchte ich als Mensch zurückkommen. Oder als Kolibri."

Zweieinhalbtausend Jahre zuvor – nur neun Kilometer von dem Flussufer entfernt, an dem wir gerade standen – hatte ein ausgemergelter Mann fünf Schüler um sich versammelt und eine Predigt gehalten, die die Welt verändert hatte.

Siddhartha Gautama wurde ungefähr im 5. Jahrhundert vor Christus als Sohn eines Fürsten geboren, in einer Zeit, in der das Eisen Vorderindien eroberte und noch Elefanten für den Transport eingesetzt wurden. Nachdem er eine ausschweifende Jugend am Hof seines Vaters verbracht hatte, sagte sich Siddharta im Alter von neunundzwanzig Jahren von seinem privilegierten Leben los und beschloss, das indische Flachland als Bettelmönch zu bewandern und Mystiker und Yogis um spirituelle Führung zu bitten.

Doch sechs Jahre der strengen Askese führten ihn nicht zu der erhofften Erkenntnis, und schließlich verließ Siddhartha, dem körperlichen Zusammenbruch nahe, seinen Pfad der Enthaltsamkeit. Diese Kämpfe und Herausforderungen wurden zur Grundlage eines späteren buddhistischen Schlüsselprinzips, nämlich des Mittleren Pfades. Er lehrt, dass weder extreme Selbstkasteiung noch Maßlosigkeit zur Erkenntnis führen. Nachdem er ein Bad im Fluss genommen hatte, trank er eine Schale Milch, die ihm ein Dorfbewohner angeboten hatte, und setzte sich dann unter eine Pappelfeige. Der Mond ging im Osten auf und Siddharta schwor, sich so lange nicht zu bewegen – selbst wenn es seinen Tod bedeutete –, bis er die höchste Erleuchtung erlangt haben würde.

Wie lange er in diesem meditativen Zustand verharrte, ist zu einem Stoff zahlreicher Legenden geworden. Manche Berichte sprechen von Stunden. Andere behaupten, es seien neunundvierzig Tage gewesen. Aber nach einer langen und beschwerlichen Suche erhaschte er einen Blick auf das, was er als „die wahre Natur der Realität“ beschrieb.

Sofort suchte er seine früheren asketischen Begleiter in der Nähe von Varanasi auf und erzählte ihnen von seiner Vision: Wenn wir die Gewohnheiten unseres Geistes ändern können, können wir auch die Art und Weise verändern, wie Leben erfahren wird. Er formulierte eine Lehre des Mitgefühls, der Nichtanhaftung und der Vergänglichkeit, die das Leid der Menschen in diesem Leben beenden sollte.

Genauer gesagt predigte Buddha die vier edlen Wahrheiten: Leben ist Leiden; Leiden entsteht durch Verlangen; Leiden vergeht, wenn es kein Verlangen mehr gibt; und das Leiden vergeht, wenn man den achtfachen Pfad einschlägt (rechte Einsicht, rechte Absicht, rechte Rede, rechtes Handeln, rechter Lebensunterhalt, rechtes Streben, rechte Achtsamkeit, rechte Konzentration).

Siddharta vertraute nicht auf einen unsichtbaren Gott, sondern schlug vor, dass alles, was zähle, das Hier und Jetzt sei. Schließlich bat er seine Schüler inständig darum, seine Lehren nicht blindlings anzunehmen, sondern sie selbst auszuprobieren.

In den darauffolgenden fünfundvierzig Jahren wanderte der Mann, der unter dem Namen *Shakyamuni* (Weiser aus dem Geschlecht der Shakya, das ist der Stamm, dem Siddhartha Gautama entstammte) oder einfach als *Buddha* (der Erwachte) bekannt werden sollte, durch die Ebenen Indiens und unterwies alle, die zu ihm kamen – Reiche, Arme, Adlige oder Diebe.

Als er achtzig Jahre alt wurde, versammelte Buddha seine Anhänger um sich und beschwor sie, ihre eigene Vergänglichkeit anzuerkennen und gleichzeitig nach Erlösung zu streben. Dann legte er sich auf eine Seite und versetzte sich in einen meditativen Zustand, aus dem er nicht wieder erwachte.

In den darauffolgenden Jahrhunderten eroberten seine Lehren Indien und Südostasien, zogen dann nordwärts über den Himalaja (wo sie im tibetischen Buddhismus aufgingen), erreichten schließlich China und die Mongolei und schwappten sogar über das Meer nach Japan.

Heute folgt mehr als eine halbe Milliarde Menschen den einfachen Prinzipien, die in diesen schattigen Hainen bei Varanasi vorgetragen wurden, nur wenige Kilometer flussabwärts von der Stelle entfernt, an der unsere Söhne über Reinkarnation stritten.

In laut rumpelnden Zügen setzten wir unsere Reise fort. Die Hitzeperiode hatte die Ebene fest im Griff. In den überfüllten Abteilen saßen wir eingepfercht auf harten Bänken und lasen den Kindern aus zerfledderten Büchern immer wieder die gleichen Geschichten vor. Der Schweiß tropfte uns von den Nasen, und ein neugieriger Pulk aus Mitreisenden spähte über unsere Schultern.

Die Kinder gingen insgesamt heldenhaft mit all dem Geschubse, der Hitze und den beißenden Gerüchen um. Und sie fanden großes Vergnügen an der einheimischen Form der Klimaanlage: hochgezogene T-Shirts, die die kugelförmigen Bäuche der Männer entblößten.

„Dad! Das tut wirklich gut", sprudelte es aus Taj hervor, als er und Bodi ihre nackten Bäuche gegen das vergitterte Fenster drückten. „Mein Bauch fühlt sich eiskalt an." Also leistete ich meinen beiden rotgesichtigen Jungen Gesellschaft, zog unter den ungläubigen Blicken des gesamten Waggons mein Shirt hoch und streckte den Bauch heraus.

Alle paar Stunden sorgten die Bahnhöfe, die wir passierten, für eine kleine Erfrischung. Schlanke Hände reichten uns für ein kleines Bündel Rupien Pappbecher mit Chai durch die offenen Türen, und unsere Söhne stürzten dieses süße, cremige Getränk herunter. Viel schwieriger gestaltete es sich, Essen zu finden, das sie vertrugen. Nur mit Unterhemden bekleidete Männer drängten sich durch die Gänge und verkauften fettiges Curry auf Pappe, aber Bodi schnappte entsetzt nach Luft, nachdem er nur einen einzigen Bissen probiert hatte. „Viel zu scharf!" Die ortsübliche Version von Kartoffelchips – scharfe Linsen und Spalterbsen in Zellophan – trieb den beiden Tränen in die Augen. Also griffen wir auf kleine Bananen zurück, die Christine mit köstlicher Erdnussbutter abrundete, die sie aus ihrem Rucksack zauberte.

In Agra legten wir einen Zwischenstopp ein, um Tajs Namensvetter, das Taj Mahal, zu besuchen.

Der Name *Taj* lässt sich aus dem Sanskrit frei mit „das Juwel in der Krone“ übersetzen. Und auch hier kamen Christines Affinität für die indische Kultur und meine Liebe zum Surfen zusammen, denn zu der Zeit, als unser zweiter Sohn geboren wurde, war Taj Burrow ein aufsteigender Stern am Surf-Himmel.

Natürlich kannten wir das Marmormausoleum bereits von Bildern, doch eine solche Pracht hatten Christine und ich nicht erwartet. Bedauerlicherweise waren unsere Söhne wenig beeindruckt. Ihre Gleichgültigkeit, gepaart mit der mörderischen Hitze, sorgte dafür, dass unser Aufenthalt nicht lange dauerte. An diesem Abend entbrannte zwischen mir und Christine ein Streit. Und nachdem sie die Tür zu dem Raum, in dem sie mit Taj schlief, zugeworfen hatte, lauschte ich reuevoll im angrenzenden Zimmer neben Bodi dem Tropfen des Wasserhahns und verbrachte eine unruhige, einsame Nacht.

Am nächsten Morgen, beim Frühstücksbüfett, umarmten wir uns und alles war vergeben. Dann lachten wir sogar, denn keiner konnte sich so richtig erinnern, über was genau wir eigentlich gestritten hatten. Indien ist zwar dafür berühmt, dass es seine Reisenden zermürbt, aber die Hitze des Vormonsuns, gepaart mit zwei Monaten ununterbrochener Dreharbeiten, nagte auch an uns.

An diesem Abend war uns eine unerwartete Verschnaufpause vergönnt, denn Wes erhielt nicht die Erlaubnis, entlang der strategisch wichtigen Nordgrenze Indiens zu filmen. Es folgte eine Woche in einem schicken Hotel in Delhi, in der er fieberhaft versuchte, die Genehmigung der Behörden einzuholen. Während wir warteten, organisierten die TV-Redakteure – die gesamte Truppe war wieder zu uns gestoßen – eine endlose Reihe an Aktivitäten: Christine machte private Kochkurse, die Jungen nahmen Bollywood-Tanzstunden, und auf einem geschäftigen Gewürzmarkt bekamen wir alle Henna-Tattoos aufgemalt. Trotz der Herausforderungen – die mit sich brachten, dass wir ständig gefilmt wurden – war mir klar, dass uns die TV-Crew Erlebnisse ermöglichte, die wir allein niemals in Betracht gezogen (oder uns geleistet) hätten.

Danach ging es weiter zu den schnurgeraden Straßen und grünen Boulevards von Chandigarh, einer Planstadt, die nach der Teilung Indiens im Jahr 1947 erbaut worden war. Von dort aus brachte uns eine Schmalspurbahn in die verhangenen Gebirgsausläufer des Himalaja. Nach zwei Tagen in einem ruckeligen Bus erreichten wir schließlich Manali, und zwar genau in dem Moment, in dem der Monsunhimmel über uns seine Schleusen öffnete.

Wir waren gerade dabei, jene anfangs geschilderten zwei Haufen – mit den notwendigen und den überflüssigen Dingen – immer höher werden zu lassen, als es an der Tür unseres Steincottages klopfte. Ein kleiner Mann mit kupferfarbener Haut und aufgesprungenen Wangen stand im Platzregen, sein T-Shirt war durchnässt, die Baseballmütze trug er verkehrt herum.

Es war Sonam Dawa.

Er stammte aus Zanskar und hatte bereits einige meiner Freunde auf Trekkingtouren in die Region begleitet. Schon vor vielen Monaten hatte ich arrangiert, dass Sonam uns auf einer hundertfünfzig Kilometer langen Wanderung über die große Gebirgskette des Himalaja nach Zanskar führen würde.

Er war so sanft und still wie die meisten Menschen tibetischer Abstammung, dass ich mich diesem reservierten Mann sofort verbunden fühlte.

Wir hatten den Start unserer Trekkingtour um fast zwei Wochen nach hinten verschieben müssen, aufgrund von Verspätungen in Delhi. In dieser ganzen Zeit hatte Sonams Team aus Trägern und Pferdehirten an dem entlegenen Ausgangspunkt des Pfades gewartet – und das Team wartete noch immer darauf, dass wir dort gemeinsam mit ihm zu ihnen stießen. Ängstlich fragte er in gebrochenem Englisch, ob wir diese zusätzlichen Tage zahlen würden. Anstatt sich darauf einzulassen, feilschte die Fernsehcrew um den sowieso schon mickrigen Tageslohn der Träger, und Christine und ich hörten peinlich berührt zu. Später rieten wir Sonam, nicht nachzugeben.

Vielleicht waren es diese Reibereien, die ihm zu schaffen machten, oder ihn plagten andere Sorgen, auf jeden Fall ging eine gewisse Schwere von dem Zweiundvierzigjährigen aus.

Ein Computer in der Lobby unseres „Feriencottages in Hanglage" erlaubte es mir, zum ersten Mal seit Monaten meine E-Mails zu checken. Was für ein Fehler! Unter einem Haufen Spamnachrichten las ich, dass ein Bauunternehmer aus Calgary vor Kurzem den Wald hinter unserem Haus in Kimberley gekauft und bereits angefangen hatte, ihn für die Grundstücksteilung zu roden. Außerdem hatten irgendwelche Anwälte ohne Namen für den Travel Channel einen Vertrag geschickt, der so fern von jeglicher Menschlichkeit war, dass er sich eher wie eine achtzigseitige Zwangsjacke las.

Christine und die Jungs kauften auf Manalis historischer „Mall Road" Schulsachen für das Kloster ein, und ich begleitete sie. Bei meinem Besuch vor zwanzig Jahren war der Basar noch voller Esel, Straßenverkäufer und übermütiger Händler gewesen. Die karnevaleske Atmosphäre war zwar noch immer zu spüren, aber die Straße wurde nun von Fast-Food-Ketten, Luxushotels, Nachtklubs und exklusive Modeläden gesäumt. Das Gleiche hatten wir in jeder kleinen oder großen Stadt gesehen, die wir auf unserer Reise über Kontinente und Ozeane hinweg besucht hatten. *Ist es lächerlich, dass uns dieser Wandel Kopfschmerzen bereitet? Sieht so wirklich Fortschritt aus?*

Historische Viertel wurden abgerissen, gemütliche Gässchen betoniert und alte Bäume gefällt, um Platz für Glastürme zu schaffen. In hohem Tempo wichen autarke Dörfer Betonstädten voller emsiger Arbeiter. In diesem Sog wirbelte ein unverkennbares Gefühl von Verlust mit. Eine Gezeitenwelle überflutete das Land – das hatten wir überall gesehen – und brachte genau die Dinge mit sich, für die wir unser Zuhause verlassen hatten. War unsere Reise etwa umsonst?

„Offensichtlich steht heutzutage in Asien alles zum Besten", schreibt Tiziano Terzani, ein Langzeitkorrespondent des „Spiegel", der selbst ein Jahr auf Landwegen durch Asien und Europa gereist war, „[...] und überall ist nur noch von Wirtschaftswachstum die Rede. Doch eben jetzt wird diese alte, große Welt der Vielfalt vom Untergang bedroht. Das trojanische Pferd ist die *Modernisierung.*"

Am nächsten Morgen stopften wir unsere leichter gewordenen Seesäcke in den Kofferraum eines zerbeulten Minivans. Der Fahrer, ein ernster

Mann mit einem roten, auf seine Stirn gemaltem *tilaka* (drittem Auge), ließ den Motor aufheulen und raste nach Norden, der Leh-Manali-Militärstraße in Richtung des Rohtang-Passes folgend, was, aus dem Tibetischen übersetzt, Leichenfeldpass bedeutet.

In steilen Serpentinen ging es bergauf, die Straße schlängelte sich durch die monsungetränkten Wälder aus Pinien, Eichen, Kastanien und Rhododendren. Teestände an der Straße boten von der Sonne verblichene Schneeanzüge an. Sie waren zum Ausleihen und warteten auf die Horden an Flachlandindern, die diesen Pass jeden Sommer erklimmen, um einen ersten, flüchtigen Blick auf den Schnee zu erhaschen.

Während sich der Minivan weiter nach oben quälte, teilten sich die Nebelschwaden und gaben den Blick auf steile Felswände und jadegrünes Berggrasland frei. Auf dem windgepeitschten Gipfel erhitzten zwei geschäftstüchtige junge Männer mit einem Gasbrenner einen Bottich süßen Kaffees, den sie an erschöpfte Fernfahrer verkauften. Christine und ich stellten uns in die Schlange.

Hinter dem Rohtang-Pass wurde das Land trockener. Wacholdersträucher sprenkelten die felsigen Berghänge und weiter unten zeichneten grüne Pappeln das Ufer des tosenden Flusses Chenab nach, in dem vereiste Gipfel gen Norden trieben. Der Fahrer schaltete den Motor aus, um Benzin zu sparen, und wir rollten lautlos abwärts. Die Kinder schliefen ein. Christine und ich starrten aus dem Fenster, ganz gefesselt von der enormen Tragweite dessen, was dort vor uns lag.

Im Dorf Keylong, in einem Gästehaus aus der Kolonialzeit, duschten wir vielleicht zum letzten Mal für die nächsten sechs Monate. Später tranken wir ein Kingfisher-Bier auf einer Veranda, die mit bunten Lichterketten behängt war.

Am nächsten Tag fuhr unser Minivan in eine verdorrte Landschaft ohne jeglichen Baumbestand hinein. Es war später Nachmittag, als der militärische Kontrollpunkt Darcha inmitten der Ödnis auftauchte – eine Ansammlung von Steinhütten, olivgrünen Zelten und Sandsäcken. Ein Soldat mit Sturmhaube blätterte durch unsere Reisepässe und winkte uns dann weiter.

Einem schadhaften Pfad folgend, fuhren wir in ein karges Tal hinunter, das von dunklen, Schnee durchzogenen Gipfeln umgrenzt wurde.

Irgendwann kam der Minivan hüpfend zum Stehen. Neben uns gab es einen ein Tupfer Grün – eine kleine Quelle. Auf der Wiese standen zwei Steilwandzelte, aus denen ein Dutzend oder mehr Männer mit abgewetzten Pullovern und Kakihosen herausgestürmt kamen, als sie unseren Motor hörten. Obwohl sie zwei Wochen gewartet hatten, begrüßten uns die Träger mit ihren schwieligen Händen und funkelnden Augen so herzlich, als wären wir ihre längst verloren geglaubten Verwandten.

Christine und ich bauten unser Zelt auf, während Bodi und Taj Unmengen an Stöcken auf dem flachen Quellwasser treiben ließen. In der Bachmitte stand auf einem großen Stein eine seltsame, handgemalte Botschaft: *BAD 5 RUPIEN BITE.* Doch an wen wir diese Gebühr inmitten dieser Einöde entrichten sollten, ging nicht daraus hervor.

Als sich Schatten über das Tal legten, döste Christine im Zelt ein. Da die Jungen fröhlich zusammen spielten, wanderte ich allein das Tal hinauf. Nichts regte sich in dieser ausgetrockneten Ebene, nicht einmal ein Vogel. Mich überkam ein Gefühl von großer Einsamkeit.

Vor mir tat sich ein Abgrund auf, der mir den Weg versperrte. Aus der Tiefe hörte ich Wildwasser tosen. Neben mir befand sich ein kleiner Hinduschrein; auf dem Altar stand, begraben unter Klumpen von Weihrauch und geschmolzenem Kerzenwachs, eine kleine Bronzestatue von Ganesha, dem elefantenköpfigen Beseitiger von Hindernissen.

Eine windschiefe Brücke aus rostenden Trägern führte zur gegenüberliegenden Seite, wo ein weiß getünchter Chörten aufragte: ein domartiger Kultbau, wie er für den Himalaja typisch ist, und der symbolisieren soll, wie Buddha das gesamte Universum in seinem erleuchtetem Geist trägt. Seinen Unterbau schmückten viele Bergkristalle und Steinbockhörner, oben flatterten verblichene Gebetsfahnen.

Nach siebenundachtzig Tagen standen wir endlich an der Schwelle zu Zanskar und dem himalajischen Buddhismus.

3

Im Schatten uralter Riesen

Vor vielen Jahrhunderten wurden in Tibet Schriften entdeckt, in denen die beyul *beschrieben werden, verborgene Orte, an denen angeblich die Essenz buddhistischer Tantras für zukünftige Generationen aufbewahrt wird. Es wird ein Bild von paradiesischen Tälern gemalt, die nur durch größte Anstrengungen erreicht werden können … Pilger, die zu diesen wilden und abgelegenen Orten reisen, berichten oft von außergewöhnlichen Erfahrungen, die dem ähneln, was spirituell Praktizierende auf dem buddhistischen Pfad der Erlösung erleben*

SEINE HEILIGKEIT TENZIN GYATSO,
DER VIERZEHNTE DALAI LAMA

AUF DIE ANDERE SEITE

Als wir aufwachten, bildete unser Atem in der eisigen Luft Wölkchen. Mit steifen Fingern stopften wir die Schlafsäcke in ihre Beutel. Bodi steckte seinen Kopf aus dem Zelt und entdeckte, dass Stiefel und Rucksäcke von einer dicken Frostschicht überzogen waren.

„Das sieht ja aus, als hätte irgendwer Babypuder über alles gestreut!“, freute er sich.

Die Fernsehleute tauchten aus ihren Zelten auf, sie sahen abgespannt aus. Das Team war zwar für die Trekkingtour auf sieben Leute reduziert worden, allerdings benötigten sie noch immer eine schwindelerregende Menge an Ausrüstung, darunter dreiundzwanzig wasserfeste Handkoffer, sechs Stative und zwei Dieselgeneratoren.

Nachdem wir uns dicke Jacken und Wollmützen übergezogen hatten, setzten wir uns auf kalte Steine und verschlangen die Curryeier und Chapatis, also ungesäuerte Fladenbrote, die uns von lächelnden Küchenjungen gebracht wurden. Währenddessen teilten in der Nähe die Ponymänner fröhlich pfeifend einen Berg an Ausrüstung in sorgfältig ausbalancierte Traglasten auf.

„Ponymänner“ – das war der historische Name, der den Pferdehirten des westlichen Himalaja gegeben worden war. Allerdings war der Begriff irreführend, da sie keine Ponys, sondern schlanke Pferde führten. Sonam hatte sechs Männer aus Manali und eine Tragtierkolonne aus zweiundzwanzig Tieren angeheuert. Der spindeldürre Tsewang Yetok war mit seinen vierundsechzig Jahren der älteste Pferdehirt. Er hatte nur noch einen goldenen Zahn, den er auch bei jedem Lächeln zeigte. Der jüngste, der achtzehnjährige Ramesh Singh, trug Sportschuhe, die nicht zusammenpassten, und um seinen Kopf war ein schmutziger Stofffetzen gewickelt. Auf seine Nase hatte er Zink geschmiert.

Als die Sonne auf das Lager fiel, stieg die Temperatur sprunghaft an. Wollmützen wurden schnell durch breitkrempige Sonnenhüte ausgetauscht. Nachdem wir die Jungen mit Sonnenschutz eingecremt hatten, gaben wir jedem ein Pedometer, das ihre Schritte in den folgenden Tagen zählen sollte. Die beiden waren begeistert und rannten sofort auf der Wiese hin und her, um die Schrittzahl größer werden zu lassen. Christine und ich erwarteten zwar nicht, dass sie die gesamten hundertfünfzig Kilometer, die vor uns lagen, wanderten, aber wir hofften, dass die Pedometer sie dazu ermutigten, etwas mehr zu laufen.

Obwohl sie mit einer nahezu olympischen Kraft gesegnet war, hatte Christine für diesen Weg die weiße Fahne gehisst und Sonam darum gebeten, einen zusätzlichen Träger anzuheuern, der Taj tragen sollte. Additya (Adi) Lama war ein schüchterner Einundzwanzigjähriger mit aufgestelltem Haar und einem dünnen Oberlippenbart. Er kam aus der Sherpa-Enklave in Darjeeling und trug die ausgemusterten Sachen vorheriger Expeditionsgäste: Skaterschuhe, eine verspiegelte Sonnenbrille und eine Daunenjacke. Misstrauisch schüttelte Taj seine Hand und versteckte sich dann hinter Christines Beinen.

Leider konnte ich keinen der Träger darum bitten, Bodi zu tragen – er war schon fast genau so groß wie die sehnigen Männer. Also zwängte ich seinen dreißig Kilo schweren Körper in eine viel zu kleine Kindertrage und nahm ihn selbst auf den Rücken.

Die Träger protestierten sofort: „Nein, Sir! Nicht möglich."

Auch Sonam schien skeptisch und schleifte eine weiße Stute mit räudigem Fell zu uns. „Reiten gemütlicher", schlug er vor. „Und einfacher."

Aber, wie ich schon vermutet hatte, schreckte Bodi vor dem Pferd zurück. Bereits als ganz kleines Kind hatte er sich in der Nähe von Tieren unsicher gefühlt und daher immer einen großen Bogen um Hunde, Katzen und sogar Rennmäuse gemacht. Jetzt fing er an zu wimmern.

„Zwingen wir ihn nicht dazu, Bruce", flüsterte Christine, und ich marschierte los. In der Kindertrage auf meinem Rücken sitzend, summte Bodi schon bald wieder fröhlich vor sich hin.

Es gab keinen feierlichen Augenblick oder mitreißenden Zuruf, der unseren Aufbruch markierte. Stattdessen liefen wir, nachdem wir die Wasserflaschen aufgefüllt und einen Blick auf die Karten geworfen hatten, einfach los.

Vor uns ragte der Himalaja auf, was im Sanskrit wörtlich „Wohnsitz des Schnees" bedeutet. Es ist eine gigantische Bergkette, die sich über 2400 Kilometer von Pakistan im Westen bis nach Bangladesch im Osten erstreckt. Das feuchte Flachland Indiens von der trockenen zentralasiatischen Hochebene trennend, stellt sich diese natürliche Barriere seit Jahrhunderten dem Wetter, dem Handel, den Armeen und den Karawanen in den Weg. Und nun stand es zwischen uns und Zanskar.

Eine Jeep-Piste wand sich durch das enger werdende Tal nach oben – wie eine Narbe, aus der Schlamm und Steine über lockere Geröllhänge herausbluteten. Die Piste war das Überbleibsel eines ehrgeizigen Schnellstraßenprojekts. Von Manali nach Leh hatte eine strategische Straße über den Himalaja geebnet werden sollen, die der indischen Armee einen schnellen Zugang zu den umkämpften Grenzgebieten im Norden ermöglicht hätte. Mit dem Bau wurde 1999 nach dem Kargil-Krieg mit Pakistan begonnen, doch die Gelder gingen aus, als sich der politische Wind drehte, und die ausländischen Arbeiter waren schon lange abgereist. Wie es mit dem Projekt weitergehen sollte, stand in den Sternen.

Ich hatte nichts von diesen Arbeiten gewusst und war von dem Ergebnis auch leicht enttäuscht, denn trotz ihrer flachen Beschaffenheit lässt es sich auf einer Straße nicht gut wandern. Sie fügt sich nicht so gut in eine Landschaft ein wie ein Fußweg, der Erhebungen und Absenkungen zulässt und ihre Konturen grazil nachzeichnet. Stattdessen pflügt sie in schnurgerader Linie nach vorn – ein Fremdkörper in einer Welt aus Kurven. Aller Annehmlichkeit zum Trotz ist das Wandern auf einer Straße eher vergleichbar mit dem Radfahren auf einem Hometrainer: Man bewegt sich zwar, aber es hat nichts mit Fahrradfahren unter freiem Himmel zu tun.

„Bald hört Piste auf", versprach Sonam.

Jenseits davon würden wir den alten Pfaden der Händler und Hirten folgen.

In diesen Höhen kennt die Sonne keine Gnade, und schon bald war mein Oberteil schweißnass. Neben mir lief der junge Adi in seiner dicken Jacke.

„Kühlt mich“, erklärte er auf meine Nachfrage hin.

Die Fernsehcrew hechtete für die Kameraeinstellungen voraus, und ihre Gesichter wurden von der Anstrengung ganz rot. Eine Reihe von Trägern folgte ihnen, sie trugen die schweren Kameras und Stative. Hin und wieder bat uns Wes, kurz stehen zu bleiben, damit sich sein Team vorbereiten konnte. Dann signalisierte er uns mit einem Pfiff, dass es weitergehen konnte.

Bei einer solchen Gelegenheit, wir kamen gerade um eine Ecke, hatten sie die Kameras an einem stark angeschwollenen, kleinen Fluss aufgestellt. Ganz klar, so hofften sie, unserer Trekkingtour eine Prise Dramatik hinzuzufügen. Das ärgerte mich jedoch, denn das Wasser stellte keinerlei ernstzunehmendes Hindernis dar, es war nicht einmal knietief.

Also durchschritt ich es, mit Bodi auf dem Rücken, entschlossen, lässig und ohne anzuhalten. Christine, Sonam, Adi und Taj eilten mir hinterher.

„Verflucht noch mal, Kirkby“, grummelte Wes, als er aufgeholt hatte. „Es macht sich richtig gut im Fernsehen, wenn du in so einer Situation stehen bleiben und dich mit deiner Frau unterhalten würdest. Versuch unseren Zuschauern zu zeigen, was gerade passiert. Und was auf dem Spiel steht.“

Ich nickte. Er hatte recht.

Christine war weniger verärgert. Sie nahm meine Hand und zog mich außer Hörweite. Wir zogen die winzigen Mikros von unseren Oberteilen ab – sie nahmen jedes Wort auf – und steckten sie schnell in die Hosentasche.

„Du scheinst heute nicht du selbst zu sein“, sagte sie. „Ich hab schon so häufig gedacht, dass ich keine weitere Minute Dreh mehr aushalte. Aber lass uns doch versuchen, das Ganze gut abzuschließen.“

Ich bewunderte Christines ruhiges Auftreten in diesen Situationen und ihre Fähigkeit, die Augenblicke der Enttäuschung und Frustration auf dieser Reise aufzufangen, seien sie auch noch so banal.

In einer steinigen Flussniederung am Ende der Jeep-Piste schlugen wir unsere Zelte auf. In der Nähe erklärte – oder warnte – ein abgewetztes gelbes Schild: *BORDER ROADS ORGANISATION BRINGT MENSCHEN AUS DER ABGESCHIEDENHEIT ZUM MAINSTREAM.* Dazu muss man wissen, dass „Boarder Roads Organisation" ein großes indisches Rüstungsunternehmen ist, das den Auftrag hat, eine Route durch diese Gipfel zu sprengen.

Am nächsten Morgen wollten wir das Tal verlassen und entlang eines kleinen Baches bergauf zum himmelhohen Shingo-La-Pass wandern, den wir allerdings erst nach drei Tagen zu Gesicht bekommen würden. *La* bedeutet im Tibetischen „Hochgebirgspass". Darum ist es eigentlich redundant, vom „Shingo-La-Pass" zu sprechen, aber der Verständlichkeit halber verwende ich hier und anderen Stellen diesen Zusatz trotzdem.

Als die Sonne unterging, machte es sich der beleibte Koch Ani Rai im Schneidersitz auf einer Schaumstoffmatte in seinem Küchenzelt gemütlich. Er schnitt Zwiebeln und Karotten, während zwei Kerosinkocher sein Gesicht in blaues Licht tauchten und zwei Küchenjungen in seiner Nähe blieben, um sofort all das holen zu können, wonach er rief: Gewürze, Messer und Töpfe.

Kurz darauf trug Adi brühend heiße Tomatensuppe und Puffmais zu einem wackeligen Tisch. Der Hauptgang bestand aus gebratenem Yak, gedämpften Okraschoten und Reis. Während wir aßen, färbten sich die Wolkenschleier pink. Das Tal versank nach und nach in Dunkelheit. Zwei Alpendohlen pfiffen an uns vorbei, ihr Krächzen hallte durch die Einöde. In der Stille, die nun folgte, erwischte ich mich beim Zählen der Krähen.

Ein dreißig Kilo schweres Kind zu tragen, ist, meinem Empfinden nach, deutlich anstrengender als das Schultern einer dreißig Kilo schweren Ausrüstung. Denn die Ausrüstung schwingt nicht wie wild von einer Seite zur anderen oder guckt ständig nach Wildblumen am Boden. Sie drückt einem auch nicht die Ellbogen ins Rückgrat oder verlangt, dass man sich hinkniet und glänzende Kieselsteine aufhebt. Sie schreit einem nicht so laut in die Ohren, dass man taub wird. Und die dünne Luft des Himalaja machte all diese Herausforderungen nur noch größer.

Doch die Belohnung dafür, Bodi zu schleppen, wog die Kosten um ein Vielfaches auf. Denn ein Rucksack voller Ausrüstung fährt einem niemals durch das Haar oder streichelt einem abwesend den Nacken, während er Wolken zählt, oder verwickelt einen in das endlose Hin und Her von Ich-liebe-dich, Ich-liebe-dich-noch-mehr.

„Kirkby, übertreib's nicht." Mit diesen Worten holte mich Christine aus meinen Träumereien, während wir am nächsten Morgen in steilen Serpentinen aufstiegen. „Wir haben noch einen langen Weg vor uns."

Ich schnaufte und keuchte zwar, genoss jedoch die körperliche Anstrengung und ging weiter. Adi folgte in kurzem Abstand, mit Taj auf dem Rücken. Dreißig Minuten später ließ die Steigung etwas nach, und wir erreichten die Fernsehcrew auf einem hohen Bergkamm, von wo aus sie unseren Kampf nach oben gefilmt hatte. Während der Tontechniker das schweißgetränkte Mikrofon auf meiner Brust austauschte, zerrte Sonam noch einmal die weiße Stute herbei und ermutigte Bodi, es doch mit dem Reiten zu probieren. Er lehnte wieder ab, was Sonam verwirrte, denn in Zanskar lernen Kinder schon sehr früh das Reiten. In dem Versuch zu helfen hob er Bodi hoch und setzte ihn auf den Rücken der Stute. Aber Bodi wand sich panisch und weigerte sich dann, Sonams Oberteil loszulassen. Verlegen setzte ihn Sonam wieder auf den Boden.

Also kletterten Bodi und ich Hand in Hand den steinigen Pfad hinauf und betraten ein Hochgebirgstal, über dem dunkle Granitfelsen aufragten. Auf seiner Sohle lagen fächerförmig die schmutzigen Reste der Lawinen des vergangenen Winters verteilt. Auf den Hängen plätscherten Schmelzwasserbäche, die die Sommerhitze hatte anschwellen lassen. Über die kleinsten sprangen wir hinweg. Andere überquerten wir, indem wir von Stein zu Stein hüpften. Der tiefste zwang uns dazu, Stiefel und Socken auszuziehen und auf Zehenspitzen durch das Wasser zu waten. Es war so kalt, dass man die scharfen Steine nicht mehr spürte.

Wenig später schlief Taj auf Adis Rücken ein – den Mund weit geöffnet, der Kopf war grässlich zur Seite abgeknickt. Christine versuchte, eine Jacke unter sein Kinn zu stopfen, doch es war vergeblich.

Auf dem Pfad hechtete Bodi zunächst vor und wurde dann langsamer, was mich immer wieder in ihn hineinlaufen ließ. Es war eine frustrierende Angewohnheit, über die ich mich schon jahrelang beschwert hatte – bis ich schließlich verstand, dass er sich auf diese Weise instinktiv beruhigte. Vielen Menschen im Spektrum hilft körperlicher Druck bei Reizüberflutung. Temple Grandin, die nicht nur Expertin für Autismus, sondern auch selbst Autistin ist, baute sich als Jugendliche ihre eigene „Pressmaschine", ein hölzernes Gestell mit Schaumstoffeinlage, in das sie krabbeln konnte. Der durch die Maschine ausgeübte Druck versetzte sie in einen Zustand der Entspannung, der dann stundenlang anhielt.

Anstatt Bodi eine Pressmaschine zu bauen, hatte ich beschlossen, selbst zu einer zu werden, und versuchte seit Jahren, den widerspenstigen Jungen bei jeder sich bietenden Gelegenheit fest zu umarmen. Es war allerdings eine Herausforderung, da er den Druck zwar genoss, aber, wie viele im Spektrum, Körperkontakt scheute.

„Hör auf, Dada!", schrie er immer, wenn ich ihn wie ein Bär umarmte. Ließ ich ihn dann los, fragte er aber leise: „Kannst du das nochmal machen?"

Mit der Zeit lernte er, Körperkontakt zu suchen, was zu dieser enttäuschenden Lauf-Anrempel-Stolper-Routine führte. Aber dafür fanden wir eine ganz eigene Lösung. Ich legte beim Laufen einen Arm um Bodis Hals und verstärkte meinen Griff, bis ich ihn im Schwitzkasten hatte. Mit nach vorn gebeugtem Oberkörper stolperte er so neben mir her. Jeder, der diese Szene sähe, würde mich sicherlich für einen gewalttätigen Vater halten. Aber Bodi liebte es.

Irgendwann blieb er stehen, um eine Handvoll bunter Steine zu sammeln – weiße Quarze, rote Hornsteine, grünes Serpentinit, schwarzes Andesit, mokkafarbener Kalkstein – und ich fragte Sonam, wie viele Male er bereits den Shingo La überquert hatte.

„Zu oft. Dreißig Mal? Vielleicht auch vierzig Mal."

Als Schüler hatte er den Shingo La zweimal pro Jahr überquert – einmal nach der Ernte im Herbst, wenn er Zanskar verließ, um in Delhi zur Schule zu gehen, und dann wieder im Frühling, wenn er zu seiner Familie zurückkehrte, um ihr beim Bestellen der Felder zu helfen. Er reiste immer mit einer Gruppe von Schuljungen. Bei Nacht überquerten sie gemeinsam die verschneiten Berghänge, wenn der Schnee gefroren und die Lawinengefahr geringer war. Sie trugen dünne Nylonjacken und stopften Gerstenmehl in ihre Taschen. Sie schliefen in einer Höhle nahe des Gipfels, bevor sie nach vierundzwanzig Stunden Kargiak, das erste Dorf in Zanskar, erreichten – eine Strecke, für die unsere schwerfällige Gruppe eine Woche benötigen würde.

Am dritten Tag unserer Trekkingtour machten wir neben einem plätschernden Bach Mittagspause – es gab Currykartoffeln, gebratenen Reis, frische Chapatis und Thunfischsalat. Wes aß mit uns, aber der Rest der Fernsehtruppe war noch nicht aufgetaucht. Ich warf immer wieder einen Blick auf den Pfad zurück und fragte mich, wo sie blieben. Irgendwann beschlossen Wes und ich, schnell zurückzulaufen und nach ihnen zu sehen, Sonam schloss sich uns an.

Von einer Anhöhe aus suchten wir das Tal mit den Augen ab. Nichts schien sich in dieser Welt aus Fels und Eis zu regen, in der nur die lavendelfarbenen Tupfer arktischer Weidenröschen die Monotonie aufbrachen. Vor uns breitete sich ein Meer aus eisigen Gipfeln aus. Die Höhenluft war so klar, dass ich, als blickte ich durch ein Fernglas, jedes kleinste Detail auf den Bergflanken ausmachen konnte: Schneefurchen und saphirblaue Gletscher. Weit ab im Süden brauten sich Monsunwolken zusammen, doch über unseren Köpfen spannte sich ein keramikblauer Himmel.

Irgendwann tauchte eine Gestalt in der Ferne auf, sie lief mit großen Schritten die staubigen Serpentinen hoch. Es war ein Hirte in indigoblauem Gewand, sein Gesicht verdeckte ein schmuddeliges Tuch. Vier schwarze Esel trippelten voraus, auf ihre Rücken waren verbeulte Kanister gebunden.

„Oi!", rief Sonam, als der Mann näherkam, und fragte auf Hindi, ob er unsere fehlenden Begleiter gesehen habe. Der Hirte lief jedoch zügig an uns vorbei und murmelte nur (was Sonam übersetzte), dass ein Ausländer weit unten auf dem Pfad liege und von seinen Freunden versorgt werde.

Bevor er verschwand, drehte sich der Hirte noch um und schrie uns nach: „Wenn dieser Mann noch höher steigt, wird er sterben."

Für einen kurzen Moment war das endlose Tal von einer reglosen Stille erfüllt, die nur durch das Geräusch der sich unter unseren Füßen verlagernden Kiesel gestört wurde. „Dieser Mann“ war mit großer Sicherheit Jonathon, der Tontechniker. Er hatte schon seit Tagen unter Kopfschmerzen gelitten.

„Ich renn zurück und kümmere mich um Johnny“, erklärte Wes und sprintete davon. Sonam folgte ihm. Traurig sah ich zu, wie die beiden zu fernen Pünktchen wurden – ich bezweifelte, dass ich Jonathon je wiedersehen würde.

Unsere Gruppe hatte nun eine Höhe erreicht, die jeden Gipfel in den zusammenhängenden Vereinigten Staaten oder den Alpen überstieg. Und wir hatten noch einige Höhenmeter vor uns. Jonathon weiter aufsteigen zu lassen, obwohl er Symptome der Höhenkrankheit zeigte, wäre unverantwortlich. Die einzige Lösung bestand darin, ihn in der Obhut eines Trägers nach unten ins Tal zu schicken, zurück in die warme, sauerstoffreiche Luft.

Der Nachmittag zog sich in die Länge. Während ich Bodi auf dem Rücken trug, starrte ich beim Gehen auf meine Stiefel, mein Atem wurde schwerer, ich zählte die Schritte.

Erst bei Anbruch der Dunkelheit tauchten die Zelte vor uns auf, sie schmiegten sich an einen Felshang. Als er unsere Stimmen hörte, sprang uns einer der Küchenjungen entgegen, in einer Hand schwenkte er eine Thermoskanne. Zusammen saßen wir auf einem großen Stein und stürzten tassenweise süßen Milchtee mit eingetauchten Orangencremekeksen herunter. Als sich die Sonne hinter einer Wolke versteckte, brauste die kalte Luft wie eine Lawine den Berghang herab und begrub uns unter sich.

Unser Lager befand sich auf 4500 Metern Höhe. Als wir in unserem Familienzelt waren, überprüfte ich mit dem Pulsoximeter erst einmal – wie jeden Abend –, wie wir uns akklimatisierten. Zu meiner Erleichterung waren die Werte gut. Danach legten Christine und ich uns etwas hin, während die Jungen hin und her krabbelten und eine imaginäre Schlacht mit Minilegofiguren austrugen. Vor unserer Abreise hatten wir jedem einen Kulturbeutel gegeben, in dem sie alles mitnehmen konnten, was hineinpasste. Während Taj ihn wild mit Lego vollstopfte, baute Bodi akribisch einen stabilen Würfel, der den Beutel komplett ausfüllte.

Es war schon fast dunkel, als wir von Hufgetrappel geweckt wurden. Ich öffnete die Zeltklappe und war schockiert, als ich Sonam erblickte: Er führte die weiße Stute ins Lager, und auf ihr saß blass und wankend Jonathon.

„Was hätten wir sonst tun können?“, fragte Sonam schulterzuckend.

Nachdem wir Jonathon ein Glas mit warmem Saft eingeflößt hatten, bugsierten wir ihn in ein Zelt, wo er in einen katatonischen Schlaf fiel. Glücklicherweise befanden sich in Sonams Verbandskasten auch zwei Flaschen mit komprimiertem Sauerstoff, die sein Leben im Fall einer Verschlechterung seines Zustands retten könnten. Ansonsten hätte ich darauf bestanden, dass sie umkehrten und sich in der Dunkelheit an den Abstieg machten.

Aber Jonathon war nicht der Einzige aus der TV-Crew, dem es schlecht ging. Ein indischer Kameramann, den man in letzter Minute aus Delhi dazugeholt hatte, war durch starke Kopfschmerzen sehr geschwächt, und zwei erschöpfte Redakteure zogen sich ohne Abendessen in ihre Zelte zurück.

Da ihm das Budget Kopfschmerzen bereitete, wollte Wes nur ungern einen Ruhetag einlegen, aber es war unsere einzige Möglichkeit. Morgen würde niemand weiter aufsteigen.

Zwei Tage später leuchteten die verschneiten Berggipfel oberhalb des Zeltlagers in der aufgehenden Sonne wie Kerzen. Im Küchenzelt bereiteten die Köche singend Omeletts zu. Nach einem Tag im Winterschlaf schien sich die Fernsehcrew regeneriert zu haben. Sogar Jonathon lächelte, und seine Sauerstoffsättigung hatte sich normalisiert.

Wir brachen früh auf, in der Hoffnung, schnell voranzukommen und den Shingo La gegen Mittag zu überqueren, um dann geschwind abzusteigen und das Risiko nicht eingehen zu müssen, in noch höheren Lagen als bisher zu nächtigen. Hinter dem Zeltlager führte der Pfad steil bergauf und war häufig von riesigen Schneefeldern versperrt, die die Sommersonne in schmuddeligen Matsch verwandelt hatte. Entlang solcher Oasen blühten viele Wildblumen: kleine Himalajasonnenblumen, gelber Rittersporn und große Tupfer aus blauen Schwertlilien, die den Himmel über uns zu reflektieren schienen.

Nach einigen Stunden brachte ein seltsames Geräusch unsere Gruppe zum Stehen. Ein Donner? Ein entfernter Jet?

Sonam zeigte auf die Hänge weit über uns. Ein gelber Bagger grub einen Pfad in die Flanke des Berges. Aus seinem Auspuff stieg dunkler Rauch auf, seine Schaufel schwang hin und her und ließ das Geröll dumpf donnernd herabstürzen. Sonam schrie und winkte, und irgendwann ging der Motor aus. Der Fahrer kletterte auf das Baggerdach. Ein paar Minuten lang schrien die beiden hin und her. Sonam übersetzte, dass ein Geschäftsmann aus Zanskar, ein ehemaliger Mönch, den die Untätigkeit der indischen Regierung in Sachen Straßenbau frustrierte, diesen Bagger persönlich finanzierte.

„Einer der mutigen Männer Zanskars“, flüsterte ein Träger.

Zurzeit verlief nur eine einzige Schotterpiste durch das Tal und die Berge im Norden, in der Nähe der pakistanischen Grenze. Die 1976 geebnete Piste ist dafür bekannt, nur schwer zugänglich zu sein. Außerdem ist sie sechs Monate im Jahr wegen Schnee gesperrt.

„Zanskar brauchen mehr Straßen“, sagte Sonam. „Für mehr Bildung. Mehr Ärzte. Mehr Handel. Mehr Geld.“

Hier in Zanskar, erzählte er, versuchten junge Eltern noch immer, die Geburt ihrer Kinder in den Sommer zu legen, damit man zu einem Krankenhaus in Ladakhs ferner Hauptstadt Leh gelangen könne. Die Träger nickten ernst, und nach noch mehr Geschrei machte sich der Baggerfahrer wieder an die Arbeit.

„Er schafft dreißig Meter am Tag“, berichtete Sonam. „Im August wird er den Shingo La überqueren.“

Es war schon Anfang Juli.

Wir erreichten den Shingo La noch vor dem Mittag. Den Scheitelpunkt markierte eine Unmenge an Gebetsfahnen – es waren so viele, dass es so aussah, als hätte ein ganzes Dorf seine Wäsche zum Trocknen aufgehängt. Zu Füßen der zahllosen Steinhaufen lagen zahlreiche Opfergaben verstreut: Bergkristalle, Schriftseiten, bronzene Talismane, leere Rumflaschen und die Hörner von Steinböcken und Bharalen – das sind die riesigen, wilden Schafziegen des Himalaja.

Christine umschloss mein Gesicht mit ihren Händen zog mich zu sich, um mich zu küssen. Sie schaute mir tief in die Augen. Die Kinder kamen dazu und sprangen an unseren Beinen hoch und runter, bis wir fast umfielen. Während wir im beißend kalten Wind schnell unsere Mützen herauskramten, zauberte Sonam Mandeln und Karotten aus seinem Gepäck.

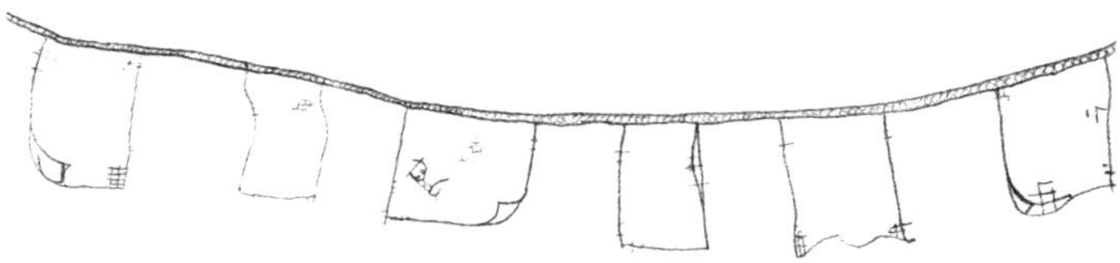

Gebetsfahnen – auf Tibetisch Lung-Ta – bestehen aus einer Schnur mit rechteckigen Tüchern, die die fünf Grundfarben des Buddhismus (Blau, Weiß, Rot, Grün und Gelb) tragen. Man findet sie überall im Himalaja: Sie hängen an Häusern oder Fahnenstangen und schmücken jeden Gebirgspass und Gipfel. Meist ist ein Windpferd darauf abgebildet, umgeben von buddhistischen Gebeten auf Tibetisch. Man glaubt, dass der Wind diese Gebete verstreut und so allen Menschen Gutes bringt.

Während die Fernsehcrew die Stative aufstellte und ein Interview mit Christine vorbereitete, nahm ich die Kinder und kletterte mit ihnen den Grat hinauf. Nach wenigen Metern breiteten sich endlose Reihen bröckeliger Bergspitzen vor uns aus. Die Felsen auf ihren steilen Hängen sahen wie rote, grüne, violette und mokkafarbene Lutscher aus.

Das war unser erster Blick auf Zanskar: ein Ort wie aus einem Kinderbuch von Dr. Seuss.

Eingebettet zwischen der Himalaja-Bergkette im Süden und dem tibetischen Plateau im Norden zählt Zanskar zu den höchsten dauerhaft bewohnten Orten auf der Welt.

In diesem Tal fließen der Stod und der Tsarap zusammen, deren Wasser dann gemeinsam durch die breite Geröllebene mäandern, bevor sie in eine nahezu unpassierbare Schlucht stürzen, die Zanskar seinen vielleicht charakteristischsten Zug verleiht: Unzugänglichkeit. Seit Jahrhunderten überqueren im tiefsten Winter Butterhändler, Mönche und Einheimische, die nach Leh wollen, die gefrorenen Stromschnellen des Chadar, es ist jedoch ein gefährliches Unterfangen. So gibt es weder einen einfachen Weg herein noch heraus.

Seit bereits mehr als tausend Jahren überdauert die eng miteinander verbundene Bevölkerung Zanskars hier in Isolation. Ihren dürftigen Lebensunterhalt ringen sie dem eiszeitlichen Boden mühsam ab, auf dem sie im kurzen Sommer mithilfe von Schmelzwasser Gerste anbauen.

Als im 7. Jahrhundert der tibetische Buddhismus das Tal erreichte, verankerte er sich schnell im kulturellen Fundament Zanskars. Imposante Klöster schossen aus dem Boden – in Höhlen gebaut, auf Bergspitzen oder an steilen Felswänden thronend, um meditative Abgeschiedenheit mit der Nähe zu einem wohltätigen Dorf zu verbinden – und schon bald entschied sich ein Viertel der männlichen Bevölkerung für das Leben im Kloster.

Im Laufe der Zeit durchdrang die tibetische Kultur alle Bereiche des Lebens in Zanskar – Kunst, Architektur, Astrologie, Medizin, Kleidung, Küche und Musik – und das versteckte Tal sowie der gesamte Staat Ladakh, der es umgab, wurde als „Kleintibet" betrachtet, als faktisches Anhängsel an das große tibetische Königreich.

Nur eine Laune des Schicksals ließ Zanskar von Tibet weg und in die Arme des indischen Subkontinents treiben. Im Jahr 1834 schickte der Maharadscha von Jammu und Kaschmir in der Absicht, mehr Paschminawolle herzustellen, einen Stoßtrupp in das abgeschiedene Reich und beanspruchte es für sich. Dies hatte zur Folge, dass Zanskar mehr als ein Jahrhundert später die gewaltsame Einverleibung durch China und die darauffolgenden Gräueltaten der Kulturrevolution erspart blieben.

Heute ist das verborgene Tal einer der letzten Orte auf der Welt, wo der tibetische Buddhismus noch unversehrt und unverfälscht existiert und in seiner ursprünglichen Umgebung frei praktiziert wird.

Auf der anderen Seite des Shingo La erreichten wir nach einem stundenlangen, auf die Knie gehenden Abstieg einen stark angeschwollenen kleinen Fluss, der uns den Weg versperrte. Dumpf tönte es aus den Stromschnellen – es waren Steine, die wie Bowlingkugeln flussabwärts polterten.

Sonam schlug vor, auf die Ponymänner zu warten und den Fluss dann zu Pferd zu überqueren. Die Idee ließ mich jedoch erschaudern. Allein die Vorstellung von unseren Kindern auf Pferden in diesem Wildwasser – es schien mir zu gefährlich. Also liefen wir das Ufer auf der Suche nach einer Überquerungsmöglichkeit ab und entdeckten schließlich eine Art Brücke aus Lawinenschutt. Ich ging voran, mit Bodi auf dem Rücken. Vorsichtig platzierte ich meine Schritte auf der schmalen Planke aus Schnee und Geröll und versuchte dabei, nicht auf die tosenden Stromschnellen unter uns zu schauen. Sonam folgte, mit Taj im Huckepack, so trittsicher wie ein Sherpa. Dann kamen Christine, die Träger und schließlich die Fernsehcrew.

Ich ruhte mich gerade auf festem Boden aus, als ein dumpfer Schlag mich aufspringen ließ. Einer der Kameramänner war ausgerutscht. Er war allerdings nicht von der Brücke gefallen, sondern in einer Spalte gelandet. Benommen aber unverletzt, krabbelte der Mann in Sicherheit.

Wir folgten dem Wasser bergab. Mit jedem Schritt wurde die Luft dicker und die Hänge grüner.

„Schaut mal!", rief Christine und zeigte auf eine Herde prähistorisch aussehender Tiere, die an dem gegenüberliegenden Ufer grasten. „Yaks!" Für ihre großen Ausmaße bewegten sich diese zotteligen Tiere mit erstaunlicher Grazie.

„Wie können die sehen?", fragte Bodi. „Ihre Augen sind ja von Haaren bedeckt."

„Komm bitte wieder, Mr. Yak", rief Taj, als sie hinter einer Erhebung verschwanden.

In der Nähe standen ein paar Steinhütten. Dies sei ein *doksa* erklärte Sonam, Weideland, das zu dem Dorf Kargiak gehöre, das noch einen Zweitagesmarsch entfernt liege. Wörtlich bedeutet es „Nomadenland" und setzt sich aus den tibetischen Wörtern *drokpa* (Nomade) und *sa* (Land) zusammen.

Es mag zwar nicht unmittelbar einleuchten, doch Zankars Hochgebirgsweiden sind deutlich fruchtbarer als die Talsenken. Jeden Sommer treiben die Frauen Herden von Kühen, Yaks, Pferden, Schafen und Ziegen zu diesen Hängen und stellen Butter, Käse und Joghurt her, die das Dorf durch den kommenden Winter bringen.

Sonam rief und klatschte in die Hände, aber niemand erschien. Vielleicht seien sie unterwegs, um Yakmist zu sammeln, vermutete er. Da sich dieser leicht aufnehmen und schichten lässt, ist Yakmist in dem baumlosen Land ein unbezahlbarer Brennstoff, mit dem man heizt und kocht. Die Scheiben – einem Frisbee ähnlich – trocknen schnell in der himalajischen Luft, sie schimmeln oder gären nicht, und jeder Haushalt in Zanskar beansprucht klar definierte Sammelgebiete für sich.

Müde stapften wir weiter und erreichten Schlammebenen, die Lakong (Portal) genannt werden. Vom Himmel im Westen fiel ein silbernes Licht herab. Es blies ein kühler Wind, und die Ponymänner nahmen ihren Tieren hastig die Last vom Rücken. Kurz darauf brüllten die Kerosinkocher. Es war stockdunkel, als wir unser Zelt aufbauten.

Als sich die Jungs gerade im Licht einer Taschenlampe ihre Zähne putzten, stolperte eine Gruppe zerlumpter Männer in das Lager, ein Zug Pferde im Schlepptau. Diese Pferdehirten waren auf dem Rückweg nach Manali, nachdem sie den Sommer damit verbracht hatten, Trekkingtouren für Touristen anzuführen. Unter ihnen befand sich auch ein kleines Mädchen. Sie hatte dunkle Augen, lief barfuß und trug einen ausgefransten pinken Pullover und einen blauen Rock. Bodi und Taj näherten sich ihr neugierig, aber sie versteckte sich unter einer kleinen Plastikplane. Dort kauerten sich die Männer um einen Messingkocher. Als wir bei Sonnenaufgang aufstanden, waren sie und die Pferdehirten bereits zwischen den dunklen Gipfeln verschwunden.

Wir stiegen in ein großes, u-förmiges Tal hinab. Der stark angeschwollene Fluss Kargiak schoss im Zickzack durch die Schieferniederungen, und wir mussten die Strömung mehrmals auf wackligen Brücken aus Treibholz und Stein überqueren. Unseren Pfad säumten violette Wicken, pinke Rosen und an manchen Stellen der äußerst seltene blaue Mohn des Himalaja. An den Feldgrenzen wogten Gebetsfahnen im Wind – in diesem sonst so kargen Land waren dies die einzigen Zeichen von Besiedlung.

In der Ferne tauchte ein prachtvoller Grat aus weißem Granit auf. Das sei der Gumbarajan, erklärte Sonam. Er sei sich nicht sicher, ob überhaupt jemals jemand diesen Gipfel bestiegen habe. Was für eine Gelegenheit – an jedem anderen Ort auf der Welt wäre solch eine Bergspitze von einem Netz aus Kletterrouten durchzogen. Gegen Mittag kraxelten wir, aufmerksam auf Steinschlag lauschend, unterhalb seiner Steilwand entlang. Schon bald schwebte die große, dreieckige Felswand hinter uns, wie ein Segel auf dem blauen Himmelsmeer.

Nach einem Mittagessen aus Currykartoffeln und Erbsen zog Sonam die weiße Stute wieder in Bodis Richtung. Dieses Mal blickte Bodi Christine und mich unsicher an.

„Es ist deine Entscheidung, Schatz", sagte Christine. „Wenn du reiten möchtest, bleiben wir in deiner Nähe. Dir wird nichts passieren. Ich verspreche es."

Ohne die Antwort abzuwarten, pflückte ihn Sonam vom Boden und setzte ihn auf eine Decke aus gekochter Yakwolle auf den Rücken der Stute. Ich machte mich auf einen Wutausbruch gefasst, aber Bodi sagte nichts, sein Gesicht blieb ausdrucklos. Kleine Steigbügel hingen an einem verfranzten Nylonseil von einem rudimentären Packsattel herunter, doch Bodis Wanderstiefel passten nicht hinein. Was mich nicht störte, da sich sein Fuß so bei einem Sturz nicht verfangen konnte. Da es keine Zügel gab, nahm ich mein Bandana vom Kopf und verknotete es am Packsattel zu einer Schlinge, an der sich Bodi festhalten konnte.

„Alles gut?", fragte ich leise. Bodi nickte, ohne mich anzuschauen. Ich warf Christine einen Blick zu. Sie hielt den Daumen hoch. Sonam zog am Halfter, und das Pferd trappelte los.

Ich hatte Mühe, in seiner Nähe zu bleiben, und hielt mich bereit, falls Bodi das Gleichgewicht verlieren sollte. Aber unser Sohn schien der geborene Reiter zu sein, er saß aufrecht und blieb in der Hüfte locker. Als die Stute einen Wasserlauf überquerte und Wasser ihren Bauch umspülte, hob Bodi ganz lässig seine Füße. Auf der anderen Seite angekommen, lehnte er sich nach vorn und hielt sich an ihrer Mähne fest, als sie das steile Ufer hinaufstieg. Schon bald brauchte er mein Tuch nicht mehr. Er starrte nach oben und kniff die Finger vor seinen Augen so zusammen, als pflückte er Wolken vom Himmel.

Am sechsten Morgen unserer Trekkingtour sahen wir Mani-Mauern, die in der Mitte unseres Pfades begannen und Hunderte Meter lang waren. Sie bestanden aus kunstvoll gemeißelten Steinen, von denen die meisten das berühmte buddhistische Mantra *Om mani padme hum* trugen. Jeder einzelne Stein stand für einen langen, kalten Winter des Meißelns, und alle zusammengenommen waren sie Zeugnis der hiesigen Frömmigkeit, die mich mit Demut erfüllte.

Om mani padme hum, *ein altes Mantra des Avalokiteshvara, wird meist mit „Heil dem Juwel in der Lotosblüte" übersetzt, und soll daran erinnern, dass so wie der Lotos in verdrecktem Wasser auch die Weisheit in einem unreinen Geist sprießen kann.*

Wie alle heiligen buddhistischen Objekte soll man Mani-Mauern links passieren – so ist die rechte Hand des Reisenden, die den rechten Gedanken und das rechte Handeln repräsentiert, nahe am Heiligen. Es ermöglicht außerdem eine Umrundung im Uhrzeigersinn, was in der Lehre des Buddhismus die Richtung ist, in der sich sowohl die Erde als auch das Universum drehen. Wenn einer von uns an einer Mani-Mauer versehentlich auf der rechten Seite vorbeiging, was der Fernsehcrew häufig passierte, dann merkte es ein Träger oder ein Ponymann immer sofort, sogar aus großer Distanz, und schickte ihn zurück, um seinen Fehler zu korrigieren.

Danach waren Chörten, buddhistische Kultbauten, zu sehen. Wie gigantische Bauern im Schach ragten sie mit zwei oder mehr Stockwerken entlang des Weges in die Höhe. Manche waren frisch getüncht, andere nur noch Schatten ihrer selbst. Wind, Regen und Zeit nagten an ihnen. Die weiße Tünche, die viele Gebäude überall im Himalaja schützt, wird durch die Erhitzung des Kalksteins hergestellt, den die Dorfbewohner von den umliegenden Gipfeln schlagen. Mischt man ihn dann mit Wasser, entsteht Löschkalk, eine dicke Masse, die als wetterresistenter Anstrich verwendet wird.

Den Eingang der Dörfer im Himalaja zieren fast immer weiß getünchte Chörten, in ihnen befinden sich meist die Reliquien oder Gebeine verehrter Lamas.

Die Kinder interessierten sich vor allem für die Opfergaben, die am Sockel dieser Bauten abgelegt worden waren. Als Bodi fragte, ob er eine besonders hübsche Münze, die er gefunden hatte, behalten könne, hob Sonam drohend den Finger. Taj steckte einen alten Klumpen Teig in seinen Mund, den Christine hektisch mit den Fingern wieder herauspulte. Wahrscheinlich ging es ihr dabei weniger um Pietät als um Tajs Gesundheit.

Bodi war gerade stehen geblieben, um ein Trio aus Chörten zu skizzieren, als ein Pferd den Pfad hinunter und auf uns zu gedonnert kam. Zwei Jungen saßen darauf. Sie ritten ohne Sattel und galoppierten an uns vorbei, ohne langsamer zu werden.

Irgendwann tauchte vor uns eine Gruppe weiß getünchter Häuser auf. Wir hatten Kargiak erreicht, unser erstes Dorf in Zanskar.

Die Lehmziegelbauten gruben sich tief in die Erde, was laut Sonam half, die eisige Winterkälte abzuhalten. Auf den Dächern flatterten Gebetsfahnen und neben Haufen rostbraunen Viehfutters trocknete Dung.

Das Dorf war von Gerstenfeldern umgeben. Die Halme standen bereits hüfthoch und ihre seidigen, grünen Ähren wogen sanft im Wind. Gerste ist im Himalaja ein Grundnahrungsmittel – ein robustes Getreide, das schnell reift und außergewöhnlich dürreresistent ist. Hier allerdings – genau an der Grenze der bewohnbaren Höhenlage – würde das Getreide niemals ausreifen. Daher schnitt man die Ähren, wenn der erste Schnee im Herbst fiel, und ließ das Korn am Boden liegend reifen.

„*Jullay, jullay, jullay, jullay*!“

Plötzlich tauchten zwei ältere Frauen neben uns auf, sie trugen selbstgewebte Kleider und klobige, türkisfarbene Ketten. Sie hatten, ins Feld gebückt, mit der Hand Unkraut gejätet. Die beiden kletterten jetzt über eine Steinmauer und überhäuften uns mit Willkommensgrüßen.

„*Jullay, jullay, jullay, jullay*!“

Jullay ist die vielfältig einsetzbare Grußformel der Menschen in Zanskar, die mal „Hallo“ oder „Auf Wiedersehen“, mal „Guten Morgen“ oder „Gute Nacht“, mal „Bitte“ oder „Danke“ bedeutet – oder was auch immer gerade gebraucht wird. So ähnlich wie bei den Nepalesen mit ihrem *namaste*, ist *jullay* ein Gruß, bei dem man nur schwer ein Grinsen unterdrücken kann.

„*Jullay, jullay*“, erwiderten wir.

Die Frauen waren ganz begeistert von unseren Jungen und berührten ihre weichen Wangen mit ihren verkrümmten Fingern, während sie Sonam mit Fragen bestürmten. Als der Name Karsha Gompa fiel, strahlten die Frauen und falteten ihre Hände zum Gebet. „Gut, gut, gut, gut.“

Als Nächstes wandten sie sich Christine zu.

„Ist das peinlich“, stöhnte Christine, als sie an ihren Zöpfen zogen. „Meine Haare sehen schrecklich aus.“

Tatsächlich ließen sie die Strähnen, die sich von ihren Zöpfen gelöst hatten, wie ein Experiment aussehen, das statische Elektrizität untersucht. Aber die Frauen schienen weit interessierter an den Haargummis, die alles zusammenhielten. Zufällig hatte Christine noch ein weiteres

Paar davon eingesteckt und gab es den Frauen. Dann standen wir alle zusammen und strahlten uns gegenseitig an, unfähig, miteinander zu sprechen.

Wir hätten noch Stunden so verharren können, aber Sonam wollte die Zelte aufschlagen. Also liefen wir weiter, begleitet von einem Schwall aus *„jullay, jullay, jullay, jullay"*.

Herden dunkeläugiger Kinder verfolgten uns, die Sonne hatte ihre Wangen ganz braun und rissig werden lassen. Um ihre Hälse hingen an roten Bändern kleine, laminierte Fotos des Dalai Lama. Die Kinder drängten sich um uns, während wir unsere Zelte auf einer nahen Wiese aufbauten. Als unsere Jungen ihnen aber Kekse und eine Thermoskanne mit Milchtee anboten, verschwanden sie im Gerstenfeld.

In den darauffolgenden Tagen liefen wir an weiteren friedlichen Ortschaften vorbei. Von den verstreut liegenden Häusern stiegen spiralförmige Rauchschwaden auf. Von Hand ausgegrabene Bewässerungskanäle, die pfeilgerade die darüberliegenden Hänge durchschnitten, brachten wertvolles Schmelzwasser von fernen Gletschern. Nur selten wurde diese Ruhe durch das Geschrei der Kinder oder das Gebrüll von Vieh gestört.

Am achten Tag begann sich das Tal zu verengen. Am Nachmittag erreichten wir den Schlund einer tiefen Schlucht, wo man einen Pfad in die steil abfallenden Felswände gehauen hatte. Sonam lief, ohne zu zögern, voran und zog Bodi auf der weißen Stute hinter sich her. Mir gefiel das Ganze gar nicht.

„Stopp!", rief ich. Ich holte sie schnell ein und bat Bodi, vom Pferd abzusteigen, aber ihn regte diese Störung ganz besonders auf.

„Warum? Warum muss ich absteigen, Dad? Sag mir, warum!"

Die Gefahr, dass das Pferd ausrutschte, war zwar nicht sonderlich groß, die Folgen wären jedoch katastrophal. Also schoben wir uns gemeinsam vorwärts, Bodi an meiner Hand, Taj an Christines.

An manchen Stellen dienten freitragende Holzklötze und zugeschnittene Steine als luftige Steige. An anderen Stellen war durch Felsrutsch der Pfad versperrt worden. Vorsichtig folgten wir Sonam über diese Geröllhänge und setzten unsere Stiefel behutsam in seine Fußstapfen.

Steinchen flogen von oben herunter und verschwanden lautlos im Abgrund. Vermutlich landeten sie irgendwo ganz weit unten in dem verschlammten Kargiak.

Als auf einem Felsvorsprung vor uns ein Zug mit Packpferden auftauchte, drückten wir uns mit unseren Rücken gegen die Felswand und zogen die Luft ein.

„Keine Sorge", rief Sonam nach hinten. „Ihr seid sicher."

Und tatsächlich marschierten die trittsicheren Tiere, die Hufe nah am Abgrund balancierend, schnurstracks an uns vorbei, ohne dass ihre wankenden Lasten uns auch nur ein einziges Mal streiften.

In dieser Nacht schlugen wir unser Lager auf dem Gletscherschutt am Boden der Schlucht auf. Über uns funkelte eine eisige Sternendecke, und die Stille erinnerte mich an die Wüste oder an die hohe Arktis, wenn sich der Wind gelegt hat. Es schien, als hätten sogar Vögel und Heuschrecken dieses Land verlassen.

Zwei Tage später, Christine und ich lasen den Kindern gerade Gutenachtgeschichten vor, tauchte Sonam mit einer unerwarteten Nachricht am Zelteingang auf: Morgen würde unser letzter Tag auf dem Pfad sein.

Karsha Gompa lag zwar noch vier Tage Fußmarsch entfernt, aber vor Kurzem war flussabwärts eine Fußgängerbrücke errichtet worden, die zu einer neuen Jeep-Piste führte. Christine und ich wären zwar sehr gern den gesamten Weg zum Kloster gewandert, aber Sonam fand die Vorstellung lächerlich, zu laufen, wenn es eine Straße gab.

Also brach er am nächsten Morgen vor Sonnenaufgang auf, um Fahrer zu suchen. Nach einem ausgedehnten Frühstück folgten wir ihm, ließen uns jedoch Zeit, um die letzten Momente unserer Trekkingtour voll auszuschöpfen. Wir blieben noch etwas am Uferstrand, und die Jungs schrieben ihre Namen in den Sand.

Kurz nach der Mittagspause liefen wir über eine schwingende Brücke und kraxelten auf der anderen Seite die Geröllhänge hinauf, bis wir auf Sonam trafen, der neben einem Konvoi aus Jeeps stand und auf uns wartete. Nachdem sie die Tiere von ihrer Last befreit hatten, bereiteten die Ponymänner ihren Heimweg vor. Sie würden denselben Weg wieder zurückgehen, um nach Manali zu gelangen. Nachdem ich den Männern ein anständiges Trinkgeld gegeben hatte, drückte der achtzehnjährige Ramesh Singh die Scheine an sein Herz und Tsewang Yetok ließ seinen Goldzahn aufblitzen.

Dann quetschten wir uns in einen verbeulten Jeep und brausten hüpfend davon.

Nach einer Stunde Fahrt öffneten sich die Wände der Schlucht wie ein Vorhang. Vor uns breitete sich die Zentralebene Zanskars aus – eine außergewöhnliche Weite, die sich zwischen den höchsten Gipfeln der Welt versteckte. Dieses steinige Flachland – das den Zusammenfluss der Flüsse Tsarap und Stod umgab – sprenkelten Dörfer, Gerstenfelder und sich im Wind wiegende Pappeln. Doch ich hielt nach Karsha Gompa Ausschau.

Und da, in der Ferne, war es! Ein Gewirr aus weiß getünchten Tempeln und Dormitorien, das sich an einen Berghang in der Farbe von rostendem Eisen schmiegte. Da ich mir monatelang im Internet Fotos angesehen hatte, erkannte ich das Kloster sofort.

„Seht, seht – da!“, rief ich und zeigte durch die Windschutzscheibe.

Christine, die vorn saß, nickte schweigend. Als sie sich umdrehte, liefen Tränen ihre staubigen Wangen herunter. Neben mir waren Bodi und Taj damit beschäftigt, die Krümel in einer Kekspackung gerecht aufzuteilen. Sie schauten nicht einmal hoch.

Wir verbrachten die Nacht in einem halb fertigen Gästehaus aus Beton am Rand von Padum, dem Verwaltungszentrum Zanskars. Ich schlief unruhig und war so aufgeregt wie ein Kind in der Nacht vor Weihnachten.

Wes und sein Team brachen in der Morgendämmerung auf, um das Kloster zu erkunden. Ich wollte sie unbedingt begleiten, um zu verhindern, dass man einen falschen Eindruck von uns bekam. Auf der Trekkingtour war das Team manchmal respektlos mit den Einheimischen umgegangen und hatte sie barsch angewiesen, sich „dort hinzustellen“ oder „das zu sagen“. Doch Wes reagierte gereizt, als ich meine Befürchtungen mit ihm teile. Also hielt ich mich zurück. Was hätte ich auch tun können? Als ich den wegfahrenden Jeeps mit dem Kamerateam an

Bord nachsah, fragte ich mich, welchen Empfang man ihnen bereiten würde.

Sonam hatte mir wiederholt versichert, dass Lama Wangyal unsere Ankunft schon erwartete. Aber irgendetwas an der Art, wie er seine Augen dabei abgewendet hatte, ließ mich seit Kurzem zweifeln, ob der Lama überhaupt wusste, dass wir kamen.

IN EINER NACHT BEI VOLLMOND

Unser Jeep ruckelte die schlammige, von Lehmziegelhäusern und Pappeln gesäumte Fahrbahn hinauf, bis er schließlich neben einem glasklaren Flüsschen auf dem Dorfplatz Karshas stehen blieb. Durch Lücken im Blattwerk erhaschte ich einen Blick auf das wundersame, außerweltliche Gewirr an weiß getünchten Gebäuden, die die Steilhänge bedeckten. Auch unsere Kinder starrten nach oben, sie waren erstaunlich still.

Es war gerade mal zehn Uhr, aber die Hochgebirgssonne brannte bereits auf meinen Nacken, als ich die Seesäcke aus dem Jeep hievte. In der Nähe verkaufte ein fülliger, rotgesichtiger Mann Tomaten und getrocknete Aprikosen aus dem Kofferraum eines verbeulten Fiat. Im Schatten einer Gebetsmühle saßen regungslos zwei ältere, traditionell gekleidete Frauen. Dahinter führte ein Schotterweg aufwärts.

Die Kameramänner und Redakteure, die um uns herum wuselten, nahm ich kaum wahr. Meine Aufmerksamkeit konzentrierte sich auf eine große Gestalt, die etwas erhöht auf dem Pfad neben einem verfallenden Chörten stand. Sie trug ein kastanienbraunes Gewand und einen spitzen, orangefarbenen Hut mit aufgestellten Ohrklappen. Obwohl ich nie ein Bild von Lama Wangyal gesehen hatte, wusste ich sofort, dass er es war.

Christine trat mit den Kindern an der Hand den steilen Weg nach oben an. Ich folgte, mit den Seesäcken kämpfend. Als wir näherkamen, breitete Lama Wangyal seine Arme aus und flüsterte heiser: „*Jullay, jullay, jullay, jullay*".

Er legte seine großen Hände auf die Köpfe von Bodi und Taj und zog die beiden zu sich. Ich zog eine zerknitterte Khata aus meiner Tasche und legte sie unbeholfen um den Hals des alten Mönches. Dann streckte Lama Wangyal seine Arme aus und umarmte Christine und mich. Wir standen eine Weile schweigend zusammen und sahen uns einfach nur an.

Ein traditioneller zanskarischer Mönchshut aus orangefarbener, gefilzter Wolle, mit den charakteristischen Hundeohrklappen.

Der Lama war groß und kräftig, wahrscheinlich etwas über sechzig Jahre alt, und hatte faltenlose Unterarme und ein eckiges Kinn. Seine Körperbehaarung schien sich fast vollständig auf seine Augenbrauen zu konzentrieren, die sich nach oben zwirbelten und mich an Schafsbockhörner erinnerten.

Zwei Jahre vor unserer Ankunft war Lama Wangyal von seiner Position als oberster Lama des Klosters zurückgetreten, blieb aber weiterhin ein angesehenes und hochrangiges Mitglied der klösterlichen Gemeinde.

Irgendwann nahm der Mönch Bodis und Tajs Hände in seine dicken Pranken und ging mit ihnen wortlos dem Kloster entgegen. Wir folgten und staunten über unsere Söhne, die einfach so an der Seite dieses hochgewachsenen Mönchs in Robe mitliefen. Es war ungewöhnlich, dass sie einen Fremden so schnell akzeptierten, besonders für Taj, der sich seit dem Vorfall im koreanischen Fährterminal sehr zurückhaltend verhielt.

„Ich bekomme Gänsehaut von all dem", flüsterte Christine.

Langsam folgten wir den Serpentinen des skipistensteilen Hangs, die dünne Luft ließ uns nach Atem ringen. Nach zwanzig Minuten erreichten wir einen riesigen Chörten, der den Eingang zum Kloster bewachte. Ein dunkler Tunnel führte durch seinen Unterbau. Drinnen blieb Lama Wangyal stehen und drehte an einer rußverschmierten Gebetsmühle. Wir folgten seinem Beispiel. Dann führte er uns weiter, dem Licht entgegen.

Den Innenhof des Klosters umgaben weiß getünchte Tempel, deren dicke Lehmziegelwände sich nach oben hin leicht nach innen neigten. Seidene Vorhänge flatterten in Rot, Gelb und Blau an den offenen Fenstern. Wir blieben stehen und versuchten, all das in uns aufzunehmen, aber Lama Wangyal trieb uns ungeduldig den Weg hinauf, den schlurfende Füße über Jahrhunderte hinweg glatt poliert hatten, vorbei an Dormitorien mit verbogenen Holztüren und verschlossenen Fensterläden, an verlassenen Häusern und Chörten, die die dicke Tünche von Generationen trugen, an Zierfresken, prachtvoll gemeißelten Steinen und an schattigen Weidenbäumen, unter denen Zaunkönige umherhüpften.

Nach weiteren zwanzig Minuten atemlosen Aufstiegs erreichten wir ein einfaches Lehmziegelhaus, das isoliert auf einem steilen Felshang stand, fast am obersten Rand des Klosterkomplexes. Die Eingangstür war aus sägerauem Holz gefertigt. Nur einen Meter hoch war sie und schien für einen Hobbit gezimmert worden zu sein. Mit einem der Schlüssel, die er an einer Kette um seinen Hals trug, öffnete Lama Wangyal ein rostiges Vorhängeschloss, duckte sich und verschwand. Dann tauchte seine große Hand auf und zog unsere Jungen hinterher.

Christine und ich folgten ihm gebückt. Dunkelheit umgab uns. Während wir uns an Lehmwänden langsam entlangtasteten, gingen wir durch einen langen, engen Gang, vorbei an ordentlich aufgestapeltem Dung, einer gebrechlich aussehenden Leiter aus verdrehten Zweigen und einem kleinen Stall (das war die Küche, wie wir später herausfanden). Schließlich gelangten wir in eine sonnenbeschienene, kinderzimmergroße Kammer.

Verblasste Fotos zierten die mit Lehm verputzten und limettengrün gestrichenen Wände – es waren Schnappschüsse vom Lama mit ausländischen Wanderern. Auf einem niedrigen Tisch stand eine selbstgemachte Gebetsmühle (in ein Marmeladenglas gebaut) und eine Geranie (sie wuchs in einem verrosteten Farbeimer). Ringsherum an den Wänden befanden sich in rote Teppiche gehüllte Holzpaletten. Eine Front aus gesprungenen Fenstern bot eine gute Aussicht auf die Zentralebene Zanskars.

„Sitzen, sitzen", winkte uns Lama Wangyal herein. Als ich eintrat, stieß ich mir den Kopf an der Holzdecke, und der alte Mönch lachte. „Erster Tag, Bums! Zweiter Tag, Bums! Dritter Tag, Bums! Vierter Tag, kein Problem."

Dann verschwand er.

Die Kinder rannten im Kreis herum, ihre nackten Füße wirbelten Staubwolken auf. Ich fiel erschöpft neben Christine auf eine Pritsche und fühlte, wie eine große Last von meinen Schultern abfiel.

„Wow", sagte Christine grinsend. „Einfach nur wow."

Wes krabbelte, hüftaufwärts gekrümmt, durch die niedrige Tür. Er war schweißgebadet. „Werdet ihr hier wohnen, *mate*?", flüsterte er mit weit aufgerissen Augen.

Unsicher zuckte ich mit den Schultern.

Lama Wangyal kam mit einer Keksdose zurück, die Bodi und Taj sofort untersuchten. Nachdem er sowohl uns als auch der Fernsehcrew süßen Schwarztee eingeschenkt hatte, ließ sich der alte Mönch zwischen mir und Christine fallen und streckte, mit einem breiten Lächeln, seine Zunge heraus – eine früher in ganz Tibet verbreitete Geste, die zeigen soll, dass man kein schwarzzüngiger Dämon ist.

Vor Kurzem war am Fuße der Felswand, unterhalb des Klosters, ein Gästehaus erbaut worden. Von einem französischen Wohltäter finanziert und von den Mönchen unterhalten, diente es Touristen als Unterkunft und dem Kloster als neue Einkommensquelle. Nach dem Tee schlug Sonam vor, nach unten zu spazieren und es anzuschauen.

„Gästehaus vielleicht besser für Familie?", flüsterte er, als Lama Wangyal außer Hörweite war. „Vielleicht netter."

Der aus Betonblöcken bestehende, quadratische Bau verfügte über sechs Schlafzimmer, eine geflieste Küche und einen geräumigen Aufenthaltsraum. Es war zwar sauber und modern, aber gleichzeitig ohne Seele. Diese sterile Umgebung hatte keinerlei Reiz für mich.

„Wie findest du das?", fragte ich und zog Christine beiseite, da ich um ihr Bedürfnis nach Platz und Privatsphäre wusste. Wir achteten darauf, dass Bodi unser Gespräch nicht hörte, denn wenn er erfuhr, dass wir eine Unterkunft wählen konnten, würde er seine Meinung ohne Zweifel lautstark äußern, und wie immer würde sie von unserer abweichen.

„Ich bin unsicher. Mir geht das etwas zu schnell", gab sie zu. „Es ist nett hier. Und das Haus des Lamas fühlt sich beengend an. Aber ich denke, es wäre verrückt, nicht oben im Kloster zu wohnen. Ich meine, wir sind so weit gereist."

Genau in diesem Augenblick wurde ich nach draußen gerufen, wo Sonam und Lama Wangyal im Schneidersitz auf dem Boden saßen und in eine hitzige Diskussion verwickelt waren. Eine Zeit lang schrien sich die Männer auf Zanskari an und ignorierten mich. Ich wartete leicht verlegen, da ich kein Wort verstand.

Irgendwann drehte sich Sonam zu mir und erklärte: „Besser ihr bleiben in Gästehaus. Jetzt besondere Feier zur Ernte. Niemand dürfen im *gompa* wohnen. Außerdem Gästehaus besser. Sauberer."

Auf meinem Gesicht muss eine Spur von Enttäuschung zu sehen gewesen sein, denn Lama Wangyal und Sonam fingen sofort wieder an zu diskutieren. Schließlich stand Sonam auf und rieb sich die Hände. „Okay. Jetzt gehen zum Haus von Lama Wangyal."

In der Annahme, dass er unsere Seesäcke holen wollte, schlug ich vor, allein hochzulaufen und den Kindern den Aufstieg zu ersparen.

„Nein, alle", sagte Sonam ungeduldig. „Familie wohnt oben. Mit Lama."

Damit hatte ich nicht gerechnet. Ich war gleichzeitig erfreut und besorgt. Brach der Lama mit klösterlichem Protokoll, weil er sich unter Druck gesetzt fühlte? Oder hatte sich Sonam für das Gästehaus eingesetzt, weil er glaubte, die moderne Einrichtung sei für eine kanadische Familie besser geeignet? Ich versuchte nachzufragen, aber beide Männer liefen davon.

Ich erfuhr nie, was sich an diesem Tag zwischen Sonam und Lama Wangyal abgespielt hat, aber nach all dem, was wir in Zanskar erlebt haben, nehme ich an, dass die Wahrheit irgendwo zwischen den verschiedenen Schichten aus Sprache, Kultur und Tradition verborgen lag.

Später an diesem Nachmittag bat die Fernsehcrew ein letztes Mal zum Interview. Ich zog ein persönliches Fazit über die Reise, die hinter uns lag, und sprach die Erfahrungen an, die noch vor uns lagen. Beide Jungen sagten ein paar niedlich klingende Sätze über ihr neues Zuhause. Dann schauten wir, auf großen Steinen sitzend, dabei zu, wie Christine sich vor die Kameras stellte. Ein Reflektor erhellte ihr Gesicht.

Wes begann mit der Frage, warum sie diese Reise hatte machen wollen.

„Ich glaube, Kinder können von einer solchen Erfahrung nur profitieren", begann sie. „Mit Menschen zusammenzuleben, die so anders sind als man selbst und weniger privilegiert, das ist eine einmalige Gelegenheit …" Christine konnte die Gefühle, die sie überkamen, nicht mehr in Worte fassen, ihre Stimme begann zu zittern. Während Wes ihr eine Frage nach anderen stellte, liefen ihr die Tränen über das Gesicht.

„Ich möchte meinen Kindern vermitteln, dass es im Leben nicht um Dinge geht. Es geht vielmehr darum, in sich drinnen gefestigt zu sein."

Nach einer gefühlten Ewigkeit rief Wes: „Cut!"

„Verdammt noch mal, Wes", schniefte Christine und rieb sich die geröteten Augen. „Ich hatte mir geschworen, nicht zu weinen. Aber du hast einfach nicht lockergelassen!"

Dann schlang sie ihre Arme um den strahlenden Aussie, den wir beide sehr ins Herz geschlossen hatten.

Trotz der Spannungen und dem Frust, die auf jeder Reise unvermeidlich sind – vor allem zwischen Dokumentarfilmern und ihrem Gegenstand –, war zwischen der Fernsehcrew und uns eine besondere Bindung entstanden. Wes hatte sogar mit der Idee gespielt, selbst ein paar Wochen im Kloster zu bleiben und eine abschließende Folge über unsere Zeit in Zanskar zu drehen. Allerdings hätten es uns die Kameras unmöglich gemacht, uns unauffällig im Kloster einzuleben. Nur aus diesem Grund hatte ich abgelehnt.

Und nun, da das Team so weit war, endgültig Abschied zu nehmen, drückten wir ihnen Geschenke aus Türkisstein in die Hände. Noch mehr bittersüße Tränen waren die Folge. Dann verschwanden die Tontechniker, Kameramänner und Redakteure, die seit unserer Abreise vor drei Monaten nicht von unserer Seite gewichen waren, in dem Staub, den ihre Schritte auf dem Pfad aufgewirbelt hatten.

Zurück blieb eine absolute Stille und ein Gefühl von Ruhe und tiefer Erleichterung, das nur von dem gelegentlichen Blöken eines Kalbs und dem Geschrei der Kinder weit unten im Dorf gestört wurde.

Bodi wollte sich eine riesige Gebetsmühle aus Messing anschauen, die er am Klostereingang entdeckt hatte. Also ging ich mit ihm hin und sah zu, wie er schwindelerregend schnell um die Mühle rannte, um sie immer stärker anzutreiben. Mit jeder Umdrehung schlug ein in den oberen Radkranz gehauener Nagel gegen eine Glocke, die allen in Hörweite verkündete, dass jemand gerade *Verdienst erwarb*.

Als wir zurückgingen, trafen wir auf Christine in der schummrigen Küche, sie arbeitete unter der Anleitung von Lama Wangyal. Er brachte ihr bei, wie man ein Dal (Currylinsen) in einem Schnellkochtopf auf einer mit Propangas betriebenen Einzelkochplatte zubereitete. Schnellkochtöpfe sind im Himalaja weitverbreitet, wo das Wasser aufgrund der dünneren Luft bei deutlich niedrigeren Temperaturen kocht. Meine Aufgabe in den kommenden Monaten sei es, so erklärte er, alle in der Hausgemeinschaft mit Tee zu versorgen, und er zeigte mir genau, wie viel Wasser, Tee, Masala und Zucker er in jeder Kanne haben wollte.

Danach aßen wir zusammen auf den Paletten in unserem Zimmer. Alles in unseren Seesäcken weckte Lama Wangyals Neugier: Zahnbürsten, Legosteine, Kamera, Tagebücher und Deodorants. Christine zog Taj einen Baumwollpyjama an und nannte dabei seinen Spitznamen, Taji.

Der alte Mönch erstarrte und schaute perplex. Er zeigte ungläubig auf Taj. „Tashi?"

„Nein", sagte Christine und erklärte, dass Taji sein Spitzname war, aber Lama Wangyal winkte ab.

„Tsering Tashi", wiederholte er, auf Taj zeigend. Irgendwann dämmerte mir, dass er Taj gerade einen tibetischen Namen gegeben hatte.

Als Nächstes widmete er seine Aufmerksamkeit Bodi. Er schloss seine Augen und legte eine Hand auf Bodis Knie. Suchte er in seinem

Gedächtnis nach jemandem, an den ihn Bodi erinnerte? Oder wartete er darauf, dass ein passender Name die Stille seines Geistes durchbräche? Tibetische Namen zu verleihen war nichts Ungewöhnliches für Lama Wangyal, denn üblicherweise geben hochrangige Mönche ihren Novizen neue Namen.

„Norbu", verkündete er schließlich und öffnete seine Augen. „Tsering Norbu."

„Tsering?", fragte ich ihn.

„Tut mir sehr leid. Tsering kein guter Name." Lama Wangyal schnitt eine Grimasse und hob seine Schultern in gespielter Hilflosigkeit. „Name alter Menschen."

Sein voller Name lautete Tsering Wangyal, und indem er ihn weitergab, und zwar auf die gleiche Weise, wie ein Guru einen Schüler benennt, stellte er unsere Kinder unter seinen Schutz und Schirm.

Dann zeigte der Lama auf Christine und erklärte, dass sie von nun an Angmo heißen würde. Monate zuvor hatte der Dalai Lama bei einer öffentlichen Lehrveranstaltung in Leh angeregt, dass der traditionelle zanskarische Name Angmo häufiger zum Einsatz kommen könnte. Dazu trug Lama Wangyal nun seinen Teil bei.

Christine sprach den ungewohnten Namen mehrmals aus, und der Mönch strahlte. „Gut, Angmo, gut."

Zum Schluss drehte sich der Lama zu mir und verkündete nach kurzem Zögern: „Mortub!"

Was? Ich hatte den Namen Mortub noch nie zuvor gehört und war einen Moment lang enttäuscht. Es gibt so viele vertraut und sympathisch klingende tibetische Namen – Kami, Nima, Purbu, Tenzing. Warum wurde ich mit einer Anrede bedacht, die eher an einen dunklen Zauberer aus „Harry Potter" erinnerte?

Die neuen tibetischen Namen hatten zwar rein pragmatische Gründe – die Einheimischen konnten sie sich leichter merken als unsere fremden westlichen Namen –, aber ich fühlte mich trotzdem tief geehrt. Es ist ein seltener und bezaubernder Moment, wenn einem im Ausland ein neuer Name gegeben wird.

Ich hatte das schon einmal erlebt, Jahrzehnte zuvor, als mich beduinische Weggefährten in der arabischen Wüste Saleh tauften. Bis zu diesem Moment hätte ich nie gedacht, jemals ein anderer zu sein als Bruce. Anfangs klang Saleh seltsam, sein Gebrauch schien erzwungen, aber innerhalb weniger Tage begann ich zu reagieren, auch wenn der Name nur geflüstert wurde. Selbst innerhalb des kanadischen Teams begannen wir bald, unsere arabischen Namen zu verwenden. Die Beduinen kannten uns unter keinen anderen. Letztlich beschrieb Saleh die Person, die ich in jenen siebzig Tagen in der Wüste war.

Hier also, unter den Mönchen von Karsha Gompa, wurden wir zu Tashi, Norbu, Angmo und Mortub.

Als ich nach dem Abendessen unsere Schüsseln draußen in einem verbeulten Zinnbecken abspülte, stieg im Osten ein Vollmond auf. Er hatte sich von dem Gewirr aus Gipfeln befreit und schwebte nun wie ein riesiger gelber Ballon in den Himmel hinein.

Da wurde mir bewusst, dass unsere Ankunft auf einen verheißungsvollen Tag gefallen war, denn für Buddhisten ist der Vollmond sehr bedeutsam. Es heißt, dass jedes wichtige Ereignis in Siddhartha Gautamas Leben bei Vollmond stattfand: seine Geburt, sein Verzicht auf irdisches Verlangen, seine Erleuchtung, seine erste Predigt und schließlich sein Eintritt ins Nirwana.

Als ich wieder hineinging, schliefen die Kinder bereits tief und fest. Christine hatte unsere Schlafsäcke so auf den an die vier Raumwände gelegten Paletten verteilt, dass wir – mit den Füßen jeweils am Kopf des anderen – in einer fortlaufenden Schleife schliefen. Mein Schlafsack lag an der Fensterfront.

Ich krabbelte hinein und wollte gerade anfangen zu lesen, als Lama Wangyal mit einer Kerze auftauchte. Nachdem er die schlafenden Kinder betrachtet hatte, setzte er sich neben mich und legte eine Hand auf meinen Schlafsack. Leise murmelte er immer wieder: „*Om mani padme hum.*"

Ich sah zu, wie der alte Mönch eine Mala – eine Gebetskette – durch seine Finger laufen ließ. Er bemerkte meinen neugierigen Blick, nahm von einem Nagel an der Wand eine zweite Kette und hielt sie mir als Geschenk hin. Ich versuchte abzulehnen, aber er insistierte. Er zeigte mir, wie man die Perlen nacheinander zwischen Daumen und Zeigefinger abrollt, und sagte mir dabei die Mantras vor. Ich fühlte mich wie ein Hochstapler, als ich begann: „*Om mani padme hum. Om mani padme hum.*"

Eine Mala – beziehungsweise Gebetskette. Die tibetische Gebetskette besteht aus einhundertacht Perlen und wird für das Zählen von Mantras während der Meditation verwendet. Mit den Perlen an zwei kleineren Schlaufen zählt man die Durchgänge der Hauptgebetskette.

„Nein, Mortub", sanft korrigierte Lama Wangyal meine Aussprache der letzten Silbe. „*Om mani padme* HEUNG! In Zanskar sagen alle HEUNG."

Ich versuchte es wieder. Er ging in einen angrenzenden *Puja*-Raum, ein Gebetszimmer, kaum größer als ein begehbarer Kleiderschrank, in dem auf einem kleinen Altar sieben mit Wasser gefüllte Silberschälchen standen. Er leerte eine nach der anderen in einen Eimer. Dann zündete er viele Yakbutterkerzen an, die drei Messingstatuen erleuchteten: Buddha, flankiert von seinen berühmten tibetischen Schülern, dem Guru Rinpoche und Je Tsongkhapa. Guru Rinpoche, auch Padmasambhava (der Lotus-Geborene) genannt, war ein Meister des 8. Jahrhunderts, dem man weithin zuschreibt, den Buddhismus nach Tibet gebracht zu haben. Und Je Tsongkhapa (1357–1419) war ein bedeutender Lehrer des tibetischen Buddhismus, der die Gelbhut- beziehungsweise Gelug-Schule gründete, der auch Karsha Gompa angehört.

Christine schaute von ihrem Buch hoch, das sie mit einer Kopflampe las. „Er hat mir vorhin auch eine Mala gegeben. Ich finde sie großartig."

Irgendwann tauchte Lama Wangyal wieder aus dem Altarraum auf, er trug eine einzelne Kerze und betete noch immer. Ich lauschte, wie seine Schritte im Gang auf der gewundenen Leiter verklangen. Nun waren wir in der Dunkelheit allein.

Schon bald hörte ich Christine gleichmäßig atmen. Ich konnte Tajs Wärme an meinen Füßen spüren, und irgendwo oberhalb meines Kopfes atmete Bodi schwer. Von den Fenstern her drang kalte Luft in den Raum. Ich zog den Schlafsack enger an mich und starrte nach draußen auf das weite, in milchiges Mondlicht gebadete Tal. Ich schlummerte gerade ein, als ich ein leises Kratzen hörte. Es klang nach Hunderten von kleinen Krallen und kam von der Decke.

Mäuse? Eine Ratte? Hörte ich es schnurren? War das eine Katze?

Die seltsamen Geräusche ließen nicht nach. Zuerst schwollen sie weiter an, dann klangen sie ab, wieder und wieder geschah das. Irgendwann mutmaßte ich, dass eine Fledermauskolonie ihren Schlafplatz dort oben hatte. Während sie sich auf ihrem mühsamen Weg nach draußen ins Mondlicht durch das Strohdach krallten, surrten ihre Flügel wie eine in der hohlen Hand gefangene Motte.

ANGEKOMMEN

Der schrille Ton eines Glockenspiels weckte mich. Ich lag direkt am kalten Fenster, meine Wange presste sich gegen die Scheibe. Draußen glühten vergletscherte Gipfel in purpurroten Sonnenstrahlen. Von oben hörte ich Fußschritte. Dann Gesang.

Ich setzte mich langsam auf und versuchte, nicht mit meinem Schlafsack zu rascheln, um Christine und die Kinder nicht aufzuwecken. Ein abgewetztes Exemplar von Peter Matthiessens „Auf der Spur des Schneeleoparden" lag neben meiner Palette genau dort, wo ich es am Abend zuvor hingelegt hatte, aber mir war jetzt nicht nach Lesen zumute. Stattdessen griff ich nach der Mala und ließ die glänzenden Kugeln zwischen Daumen und Zeigefinger gleiten. Zu Hause hätte ich die Vorstellung abschreckend gefunden, auf diese Weise meine Zeit zu verbringen. Aber hier konnte ich mich leichter darauf einlassen.

Gerade war ich mit dem dritten Durchgang der Gebetskette fertig, als nebenan Füße in die Küche tapsten. Auf das Knacken eines Gaskochers folgte das Klappern von Töpfen. Kurz darauf erschien Lama Wangyal. Singend stellte er eine Thermoskanne mit gesüßtem Schwarztee auf den Tisch vor mich hin und machte ein Zeichen, dass ich mir einschenken solle. Dann lief er wieder in den Gang und verschwand durch die Hobbittür.

Wenig später dröhnten Hörner über den Berg.

Christine stöhnte. Sie war noch zu erschöpft, um aufzustehen. Taj blieb regungslos liegen. Bodi jedoch saß kerzengerade im Bett. Ich sagte ihm, dass ich nachschauen würde, was los war. Zu meiner Überraschung fragte er, ob er mitkommen könne.

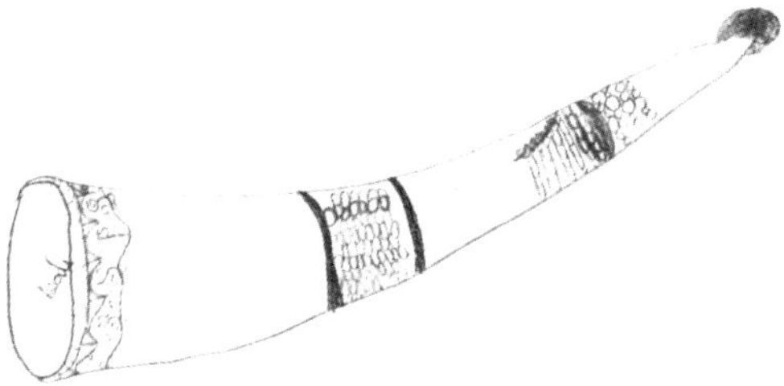

Jeden Morgen riefen zwei rag-dung, kurze tibetische Blechhörner, die Mönche von Karsha Gompa zur Puja, einem Gebetsritual.

Hand in Hand kletterten wir auf der Suche nach dem Ursprung des Lärms den felsigen Pfad hinauf, der sich zwischen den weiß getünchten Gebäuden hindurchschlängelte. In kastanienbraune Gewänder gehüllte Mönche glitten auf den Wegen neben uns nach oben. Manche bewegten ihre nackte Arme, um warm zu bleiben, andere liefen gebeugt, murmelnd und mit hinter dem Rücken verschränkten Händen an uns vorbei. Die meisten ignorierten uns. Nur eine Horde neugieriger Novizen, die hinter uns gelaufen kam, flüsterte aufgeregt untereinander.

Ein dunkler Durchgang führte zum oberen Innenhof des Klosters. In seiner Mitte ragte ein Holzpfahl mit Gebetsfahnen auf, seine Spitze zierte ein Yakschwanz. Neben ihm standen zwei jugendliche Mönche und bliesen eifrig in Blechhörner. Dahinter erhob sich eine alte Festung.

Es war die *lhakhang* (die „Halle der Götter"), die auch einfach als Versammlungshalle bezeichnet wurde. Das aus Lehm, Stein und sägerauem Holz errichtete Gebäude war vierhundert Jahre alt und leicht in sich zusammengesunken, Wände und Dach wirkten schief. Vor dem Eingang zur Halle lagen unzählige Plastiksandalen verstreut, wie Blätter im Herbst. Wir legten unsere Wanderstiefel zu dem Haufen, zogen dann eine schwere Yakhaardecke beiseite und schlüpften hinein.

Wir waren in einem abgedunkelten Saal gelandet, in etwa so groß wie eine Schulturnhalle. Gewundene Holzsäulen, die überall im Saal verteilt standen, stützten seine niedrige Decke. Fresken zierten die Wände. Auf dem Altar erleuchtete ein Meer an flackernden Yakbutterkerzen eine gigantische goldene Buddhastatue mit warmen Licht.

In vielen Reihen saßen schweigende Mönche im Schneidersitz. Ein junger Mann wandelte durch die Gänge und schwenkte ein Räuchergefäß, aus dem der blaue Rauch von schwelendem Wacholder aufstieg. Ein einzelner Sonnenstrahl schnitt von oben durch den Saal.

Unsicher, was wir machen sollten, verharrten wir neben dem Eingang. Irgendwann entdeckte uns ein älterer Mönch. Er huschte in eine dunkle Ecke, rollte einen Teppich aus und bedeutete uns dann, uns hinzusetzen. Umständlich ließ ich mich im Schneidersitz nieder. Bodi machte es genauso. Als er sich an mich lehnte, stieß sein spitzer Ellbogen in mein Bein.

„Was passiert jetzt?“, flüsterte er. Ich zuckte mit den Schultern.

Still beobachteten wir, wie noch mehr Mönche und Novizen in den Saal strömten. Jeder warf sich dreimal auf den Boden des Mittelgangs, bevor er sich einen Platz suchte. Mit drei Verneigungen oder Niederwerfungen ehrt man die drei Juwelen des Buddhismus: Buddha, Dharma (seine Lehren) und Sangha (die spirituellen Gemeinde).

Irgendwann erfüllte eine einzelne klangvolle Stimme den Raum. Die anderen stimmten schnell ein. Ihre rhythmischen Gesänge schwollen sanft an und fielen dann wieder ab, wie die Wellen auf ruhiger See.

Da mich meine schmerzenden Knie ablenkten, änderte ich meine Position. Das machte es allerdings nur noch schlimmer, denn nun hatte ich meinen Knöchel an dem harten Boden aufgerieben. Schon bald war der eine Fuß eingeschlafen. Ich streckte mein Bein aus und warf einen Blick auf die Uhr. Saßen wir hier wirklich erst seit sieben Minuten?

Abgesehen von der Hocke ist der Schneidersitz vielleicht die Haltung, in der man sich in jedem Alter gut ausruhen kann. Als Kind hätte ich Stunden am Boden sitzend verbringen können, aber das jahrzehntelange Am-Stuhl-Gefesseltsein hatte mich ungemein ungelenkig gemacht. Die Lamas wiegten sich offenbar ohne Schmerzen hin und her. Da beschloss ich, dass ich während meiner Zeit im Karsha Gompa, auch wenn ich vielleicht sonst nichts erreichen würde, zumindest meinem

Körper beibringen – beziehungsweise wieder beibringen – würde, im Schneidersitz zu sitzen.

Bodi bereitete diese Haltung keinerlei Probleme. Entspannt saß er da und spiegelte die Position der Buddhastatue: Augen geschlossen, Hände auf den Knien ruhend. Die Handflächen zeigten nach oben, Daumen und Zeigefinger berührten sich. Ob das nun eine Fortführung dessen war, was er in der tibetischen Höhle gelernt hatte, oder einfach nur zeigte, dass er sich allgemein mit Spirituellem wohlfühlte – auf jeden Fall schien er in eine Welt eingetreten zu sein, von der ich nichts wusste.

Ich habe Meditation lange mit Skepsis betrachtet. Herumzusitzen und an nichts zu denken, schien mir keine sinnvolle Art, meine kostbare Zeit zu verbringen. Daher hatte ich auch vor vielen Jahren meine Mutter ignoriert, als sie mir Meditation ans Herz gelegt hatte, weil mir immer so viel im Kopf herumging. Als Christine und ich uns kennenlernten, meditierte sie täglich. Ich entdeckte sie häufig, wie sie mit geschlossenen Augen und entrücktem Ausdruck im Gesicht in der Lotusposition auf dem Boden saß. Dann schlich ich mich oft an und zog sanft an ihrem Ohr, was sie wahnsinnig machte. Auch sie hatte mich beschworen, es einmal mit Meditation zu probieren, was ich dann auch tat, eine kurze Zeit lang. Aber da ich es einfach nicht schaffte, mich auf meinen Atem zu konzentrieren, gab ich auf.

Wenige Wochen vor unserer Abreise bin ich dann auf die Besprechung aktueller Forschungen gestoßen, die die tiefgreifende Wirkung von Meditation aufzeigten: ein niedrigeres Stresshormonlevel, die Senkung des Blutdrucks und gefährlicher Cholesterolwerte sowie eine verbesserte Immunreaktion. Außerdem hat Meditation positiven Einfluss auf Krankheitsbilder wie Essstörungen, Reizdarmsyndrom, Schuppenflechte, ADHS, Depression und Suchtkrankheiten.

Die erstaunlichste Wirkung zeigte sich jedoch bei Gehirnscans. Auf ihnen konnte man sehen, dass bereits eine kurze Meditation das Hirn im wahrsten Sinne des Wortes neu verdrahtete. Die graue Substanz im Gehirn vermehrte sich nachweislich, und es kam zu einer Veränderung von Eigenschaften, von denen man früher gedacht hatte, sie wären angeboren: Fröhlichkeit, Resilienz und Freundlichkeit.

Ich kann nicht sagen, ob es an diesen Studien lag oder an der dünnen Luft im Himalaja, aber ich beschloss, es noch einmal mit Meditation zu probieren. Langsam schloss ich meine Augen, atmete tief ein und versuchte, meinen Kopf freizubekommen und mich auf meinen Atem zu konzentrieren.

„Sich auf den Atem zu konzentrieren“, was heißt das?

An was genau sollte ich da denken?

Wie die Luft in meiner Nase kitzelte?

Wie sich meine Brust hob und senkte?

Sollte ich nicht eigentlich in meinen Bauch atmen?

Ein Paar bestrumpfter Füße lief auf Zehenspitzen an mir vorbei. Ein Becken erklang. Dann hörte ich ein schabendes Geräusch. Ich öffnete die Augen und sah einen jungen Mönch, der die Gänge fegte. Ein anderer Junge zündete gerade Kerzen an.

Verdammt, was war jetzt mit meiner Atmung? Ich schob alles beiseite, schloss die Augen wieder und konzentrierte mich auf die Luft, die ich durch meine Nase ein- und wieder ausatmete.

Wie lange würden die Batterien meiner Kamera aushalten? Konnte ich sie in Zanskar aufladen? Was war jetzt mit der Fernsehserie? Würde sie ein Erfolg werden? Unser Leben verändern? Würde es eine zweite Staffel geben? Meine Gedanken schweiften zu unserem Zuhause. Hatte ich für den kommenden Winter genug Feuerholz gesammelt? Hatte ich meine Skier gewachst, bevor ich sie für den Sommer verstaut hatte?

Für etwas vermeintlich so Einfaches war Meditieren verdammt anstrengend.

Sonnenlicht durchflutete den Raum, meine Augen sprangen wieder auf. Die schweren Vorhänge an der Tür waren beiseite geworfen worden, zwei barfüßige Jungen eilten herein. Sie trugen feuergeschwärzte Kessel, die offenbar so schwer waren, dass sie sie auf ihren Hüften abstützen mussten und dadurch ganz schief liefen. Die beiden gingen durch die Gänge und gossen, beginnend beim obersten Lama (der auf einem Podium beim Altar saß), dampfenden Tee in vorgehaltene Schalen. Diese flachen Holzschalen, *phor-pa* genannt, tragen die Mönche und Dorfbewohner immer griffbereit in ihren Gewändern oder Jacken, um daraus Tee zu trinken oder darin Gerstenbrei zuzubereiten.

Ein Lama mit buschigen Augenbrauen – er hätte als der sowjetische Politiker Leonid Breschnew durchgehen können – ging schlurfend aus dem Raum. Nur wenige Augenblicke später kam er zurück. Er trug zwei Porzellantässchen, die er Bodi und mir reichte. Die Novizen eilten zu uns, der eine füllte Bodis Tasse, der andere meine. Leider war mein Novize so abgelenkt, dass er über den Tassenrand schenkte und brühend heißen Tee über meine Hose goss. Nach einem lauten Schnalzen von Breschnew flitzten die beiden in Richtung Tür.

Ich machte mich auf *po cha* (Buttertee) gefasst, ein in Tibet beliebtes, leicht nach Wild schmeckendes Gebräu. Doch stattdessen kam ich in den Genuss von süßem, milchigem Chai mit Kardamom. Ich trank meine Tasse in wenigen Schlucken leer. Nachdem er seinen Tee durch sorgfältiges Pusten etwas abgekühlt hatte, nahm Bodi einen Schluck und streckte den Daumen hoch.

Mehr Betgesang folgte. Da mir Knie und Rücken schmerzten, konnte ich mich unmöglich länger auf meinen Atem konzentrieren. Ich zappelte die ganze Zeit unruhig herum. Irgendwann flüsterte Bodi: „Ich bin fertig mit Beten. Ich möchte gehen." Ich fragte, ob er allein wieder zurückfinden könne, und er nickte. Dann stand er auf und lief, von allen Augenpaaren im Raum verfolgt, auf Zehenspitzen hinaus.

Schon bald tauchten die Teekessel wieder auf. Diesmal schwamm auch eine Schicht aus geschmolzener Butter in meiner Tasse.

Po cha, das man zubereitet, indem man Yakbutter mit kochendem Wasser, Salz und Teeblättern verrührt, wird in der ganzen tibetischen Hochebene dafür geschätzt, dass es den Durst stillt, Salze ersetzt, Energie verleiht und sogar das Aufreißen spröder Lippen verhindert. Durchschnittlich trinkt ein Dorfbewohner täglich zwischen vierzig und sechzig Tassen davon. Mein Fall war dieses Getränk allerdings nicht. Auf früheren Reisen hatten mich der laugige Geschmack und das geronnene Fett auch schon mal würgen lassen.

„Der Trick ist, es nicht für Tee zu halten", verriet mir vor Jahren ein Franzose in einem Gästehaus in Sikkim. „Stell dir einfach vor, du trinkst Gemüsebrühe. Oder Nudelsuppe mit Huhn."

Sein Rat half mir nicht. Also schüttete ich das stinkende Gebräu jahrelang verstohlen unter den Tisch oder aus dem Zelt – keine sonderlich erfolgreiche Strategie, da Tibeter ihren Gästen ständig nachschenken.

Doch zu meiner Überraschung war dieser Tee hier cremig und schmackhaft. Ich leerte meine Tasse und hielt sie wieder hin, als eine zweite Runde ausgeschenkt wurde.

Der Betgesang begann erneut. Ich schloss meine Augen und sinnierte darüber, warum mir der Buttertee im Karsha Gompa schmeckte. War die Butter nicht ranzig? Enthielt das Ganze weniger Salz? Plötzlich sprangen alle Lamas auf und strömten nach draußen. Mühsam stand ich auf, ein Bein war eingeschlafen. Ein Strom aus purpurroten Mönchsroben trug mich ins grelle Sonnenlicht.

Nach einem Frühstück aus Omeletts mit Tomaten und Knoblauch wollten sich Bodi und Taj unbedingt das Dorf anschauen. Ich vermutete, dass sie auskundschaften wollten, welche Süßigkeiten es in Karshas einzigem Laden gab. Auch ich war neugierig, also brachen wir zu dritt auf und ließen Christine im Haus des Lamas in Ruhe lesen.

Fröhlich hüpfte Bodi den Pfad hinunter, ich folgte mit Taj auf den Schultern. Drei weiße Ziegen sprangen uns entgegen und wollten Bodis Gesicht abschlecken. Er scheuchte sie wütend davon, Taj kicherte. Später überholten uns zwei Frauen, deren Gesichter von Schals bedeckt waren. Auf ihren Schultern trugen sie Weidenkörbe voller Dung.

Am Dorfeingang blieben sie stehen und drehten kräftig an der Gebetsmühle. Wir folgten ihrem Beispiel. Bodi und Taj wechselten sich ab, und die gewaltige Blechtrommel drehte sich wie wild.

Bei dem „Laden“ in Karsha handelte es sich eigentlich um das Erdgeschoss einer Lehmziegelbehausung. Zwei garagentorähnliche Türen waren nach oben geklappt, und ein Mann in braunem Pullover und mit cremefarbenem Filzhut saß still hinter einer Holztheke. Die Regale waren vollbepackt mit Kekspackungen, Salzcrackern, Nudelsuppen, Milchpulver, Schwarztee, pikanten indischen Snacks, Klebeband, Taschenlampen, Weihrauchstäbchen, Gebetsfahnen und Khatas. Auf dem Lehmboden standen Plastikkörbe mit Eiern, Butter, ein paar runzeligen Kartoffeln und einem Blumenkohlkopf.

Zu meiner Freude gab es keine Softdrinks oder abgefülltes Wasser – das machte Karsha zu einem der wenigen Orte auf der Welt, an dem man keine Cola kaufen konnte. Nicht so froh war ich über den gleichzeitigen Mangel an Kaffee und Bier, bedeutete das doch, dass es in den nächsten Monaten nichts anderes außer Flusswasser und Tee zu trinken gäbe. Wahrscheinlich war das besser so. Eine vollständige Entgiftung.

In einer Reihe durchsichtiger Plastikgläser befanden sich Süßigkeiten: Fruchtgummis, Lutscher, Bonbons, Schokolade und „Center Fruit“, Kaugummi mit Mangogeschmack. Bodi wühlte in seiner Tasche, kramte indische Geldscheine hervor, die er für sein gutes Benehmen bekommen hatte, und kaufte zehn „Center Fruits“ für je eine Rupie (zwei kanadische Cents). Taj fing an zu weinen, er hatte kein Geld. Und da ich mein Portemonnaie nicht dabei hatte, erbettelte ich zehn Rupien von meinem kleinen Bankier.

Danach saßen wir noch eine Weile an Karshas Flüsschen, ließen zuerst Steine springen und versuchten dann, die schwarzen Käfer einzupferchen, die über die schimmernden Tümpel flitzten. Die Sumpfpappeln blühten, und ihre Pollen schwebten ununterbrochen, wie von einem Förderband transportiert, in den blauen Himmel. Es war August. In Kanada flogen die gleichen Pollen im Mai. In Zanskar jedoch war die Fortpflanzung aufgrund der kurzen Vegetationsperiode immer in vollem Gange, selbst wenn der Herbst kam.

Nachdem wir wieder hoch ins Kloster gestiegen waren, fanden wir die Hobbittür verschlossen vor. Wir hatten keinen Schlüssel, also blieb uns nichts anderes übrig, als im Schatten der Rosenbüsche zu warten. Dies schien mir eine gute Gelegenheit, mich in der buddhistischen Tugend der Akzeptanz zu üben und bewusster zu atmen. Die Kinder diskutierten darüber, welcher Superheld die Hobbittür wohl aufbekommen würde.

„Hulk würde sie niederschmettern“, behauptete Bodi.

„Spidey nicht“, sagte Taj, und seine Lippen bebten, als würde er gleich in Tränen ausbrechen. „Seine Spinnweben sind zu schwach.“

Er beruhigte sich wieder, als Bodi erklärte, Superman könne das Schloss mit seinem Röntgenblick durchbrennen. Und Thor würde es mit seinem Hammer zertrümmern. Sie waren sich aber nicht darüber einig, ob Captain Americas Schild das Holz durchbrechen könnte.

„Ich vermisse unser Zuhause“, sagte Bodi plötzlich. „Wie lange dauert es noch, bis wir zurückgehen?“

„Nicht lang!“ Taj strahlte. „Nur drei Monate.“

Bodi verdrehte die Augen. „Taj, das ist eine sehr lange Zeit.“

Wir schwiegen wieder, dann sagte Bodi: „Ich wünschte, Nain wäre hier.“

Nain ist das walisische Wort für Großmutter und bezog sich auf meine fünfundsiebzigjährige Mutter.

„Nain kann nicht nach Zanskar kommen“, erklärte ich. „Hier wäre es zu schwierig für sie. Es gibt zu viele Treppen. Und der Flur im Haus des Lamas ist zu niedrig.“

Bodi dachte einen Moment lang darüber nach und schlug vor: „Wir könnten warten, bis sie noch mehr geschrumpft ist. Dann muss sie sich nicht bücken.“

Ich lachte, aber er hatte es gar nicht scherzhaft gemeint.

„Dad! Wenn man älter wird, schrumpft man. Das weißt du.“

Ich gab zu, dass das stimmte.

„Schon heute Nachmittag wird es für dich einfacher sein, Lama Wangyals Haus zu betreten.“

Ich sah ihn fragend an.

„Wenn du schläfst, macht sich dein Körper lang. Auch bei einem alten Knacker wie dir. Aber im Laufe des Tages schrumpfst du wieder. Heute Nachmittag bist du kleiner. Wir können das nachmessen.“

„Werden du und Mom vor mir sterben?“, warf Taj ein.

„Das hoffe ich“, antwortete ich überrumpelt.

„Warum hoffst du das?“, fragte Bodi.

Unbeholfen begann ich zu erklären, dass Eltern ihre Kinder grundsätzlich nicht überleben wollen, aber Taj unterbrach mich mit einem dringenden Anliegen.

„Wann stirbst du überhaupt? Wenn ich zehn bin?“

Und so ging es weiter, hin und her, fünfundvierzig Minuten lang, bis ein Novize mit geschorenem Kopf und ärmelloser Robe den Pfad heruntergeschlendert kam.

Bruce, Taj, Christine und Bodi (von unten, im Uhrzeigersinn).

Vor dem Aufbruch: Die Kirkbys werden ihr Haus in Kimberley, British Columbia, für viele Monate nicht wiedersehen.

In Kanus geht es auf dem Columbia River flussabwärts zur Stadt Golden.

In Golden steigt die Familie in einen Zug in Richtung Küste.

Das Containerschiff „Hanjin Ottawa" passiert die Lions Gate Bridge in Vancouver und nimmt Kurs auf Asien

Nach einer siebzehntägigen Seereise endlich an Land: in Busan, Südkorea.

Fischmarkt-Besuch in Busan.

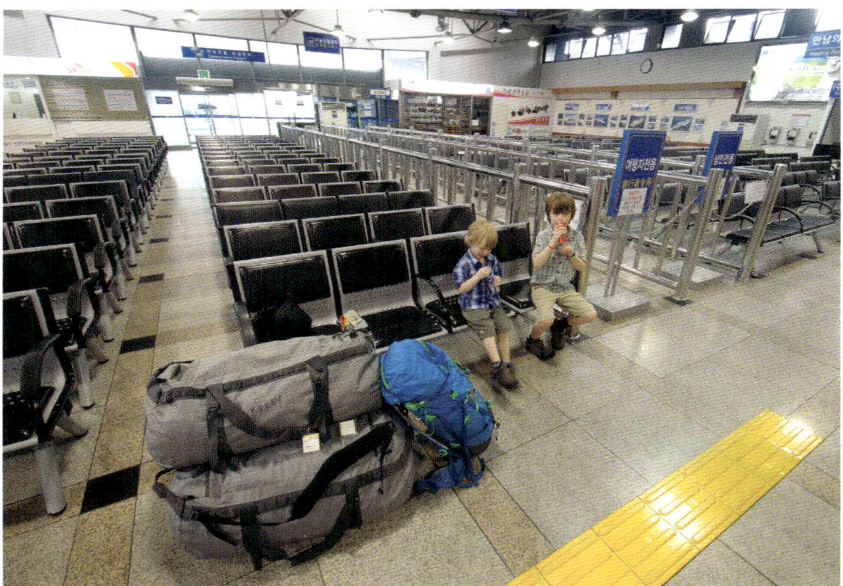

In Incheon, Südkorea, warten Bodi und Taj neben zwei schweren Seesäcken auf die Nachtfähre nach China.

Umringt von Pilgern, tanzen die Jungen ausgelassen in der tibetischen Hauptstadt Lhasa.

Christine und Taj vor der Nordwand des Mount Everest.

Bodi reitet auf einem Elefanten in Nepals Chitwan-Nationalpark, die Fernsehcrew filmt von einem anderen Elefanten.

Henna-Tattoos auf einem Markt in Delhi.

Eine Schmalspurbahn bringt die Kirkbys hoch in die Gebirgsausläufer des Himalaja und in die Stadt Shimla.

NR

Eine zehntägige Wanderung über die große Himalaja-Bergkette; Bodi reitet auf einem Packpferd.

Eine Oase aus Wildblumen.

Die Route verläuft auf alten, in steile Schluchtwände gehauenen Pfaden.

Karsha Gompa, ein tausend Jahre altes buddhistisches Kloster im Tal von Zanskar, an dem die hunderttägige Reise von Bruce, Taj, Christine und Bodi endet.

Lama Wangyal, ehemals oberster Lama des Karsha Gompa, nimmt Familie auf.

Taj in Lama Wangyals einfacher Küche.

Bodi am Tag der Ankunft im Kloster, wie er auf Zanskars Zentralebene blickt.

Lama Wangyal im Zeremoniengewand während einer jin-sek, einer Feuerzeremonie.

Bodi, Nawang und Taj beim Spielen.

Sturmböen fegen durch den Innenhof und vertreiben die Novizen, während die jin-sek ihren Höhepunkt erreicht.

Lama Wangyal und Taj.

Er blieb vor uns stehen und starrte meine Söhne mit offenem Mund ungläubig an. Dann zog er einen Schlüssel aus seiner Robe, öffnete die Hobbittür und verschwand die Holzleiter hinauf, die am Ende des dunklen Gangs stand.

Am jenem Nachmittag lag ich ausgestreckt auf meiner Palette, genoss das warme Sonnenlicht und beobachtete gerade einen kleinen Zaunkönig, wie er am Fensterbrett Nestmaterial sammelte, als Lama Wangyal hereinstürmte.

„Unterrichten", rief er und zeigte auf seine Armbanduhr.

Ich wusste, ihm lag viel daran, dass wir den Novizen hier Englisch beibrachten, mir war allerdings nicht klar gewesen, dass wir damit schon so früh beginnen sollten.

Christine und ich hatten geplant, dass sie nachmittags im Kloster unterrichten würde, während ich auf Bodi und Taj aufpasste – für uns beide wäre das eine neue Routine. Aber da Christine und die Kinder unten im Dorf waren, um Eier für das Abendessen zu kaufen, war es heute an mir, zu unterrichten. Ich stopfte Material in einen Rucksack und rannte hinter Lama Wangyal her, der bereits den steilen Weg nach oben kraxelte.

Das Klassenzimmer befand sich recht weit oberhalb. Aus einer offenen Tür schallte uns Geschrei und Gelächter entgegen. Darin warf eine Horde Jungen Becher mit Wasser auf kreischende Kameraden. Andere peitschten ihre Klassenkameraden mit nassen Roben.

„Große Lehrer kommt gleich", versicherte mir Lama Wangyal, bevor er davonschritt.

An den Lehmziegelwänden des Klassenzimmers lehnten ramponierte Kissen. Zwei Sperrholzplatten – schwarz angemalt und auf Staffeleien gestellt – dienten als improvisierte Tafeln. Hinten im Raum stand eine Kochplatte mit Teekessel, von der Fensterfront vorn hatte man einen wunderbaren Ausblick auf das weite Tal.

Die Mönchsjungen nahmen meine Anwesenheit gar nicht war, und nachdem ich zehn Minuten auf Verstärkung gewartet hatte, beschloss ich, den Tumult allein aufzulösen.

„Hallo!", rief ich.

Ein paar Novizen schauten in meine Richtung, aber keiner hörte auf zu rennen.

„HALLO!“, schrie ich, diesmal aus vollem Hals.

Alle erstarrten.

Hastig schnappten sich die Jungen ihre Schulsachen und stellten sich offenbar nach Alter geordnet auf. Insgesamt waren es einundzwanzig. Alle trugen sie kastanienbraune Gewänder, mit Ausnahme eines kleinen, engelhaften Jungen in einem braunen Satinmantel und orangefarbenem Mönchshut mit aufgestellten Ohrenklappen. Sie nahmen sich an den Händen und verbeugten sich vor mir.

„Guten Tag!“, sagte ich und sprach die Wörter langsam aus.

„Guten Tag“, antwortete die Klasse im Chor.

„Mein Name ist … Mr. Bruce.“

Bis zu diesem Augenblick hatte ich nicht darüber nachgedacht, wie die jungen Mönche mich ansprechen sollten. Aber mein Instinkt sagte mir, dass Mr. Bruce besser war als Mortub. Beim Erlernen einer Fremdsprache ist schon die halbe Schlacht gewonnen, wenn man sich an die ungewohnten Laute gewöhnt hat.

„Mein Name ist Mr. Bruce“, wiederholte die Klasse strahlend.

Na ja, das hatte nicht so funktioniert. Ich versuchte es noch einmal, indem ich auf den ältesten Jungen zeigte und fragte: „Dein Name ist …?“

„Dein Name ist …?“, wiederholte er.

Da sie nicht ausgeschlossen werden wollte, fiel die gesamte Klasse ein: „Dein Name ist …?“

„Mr. Bruce!“, antwortete ich. Ich lief die Reihe ab, klopfte mir dabei auf die Brust und zeigte dann fragend auf jeden einzelnen von ihnen. „Mein Name ist Mr. Bruce. Und dein Name ist …?“

Irgendwann verstand es einer.

„Stenzin“, sagte er stolz und zeigte auf sich.

Endlich, jetzt ging es voran. Nur hieß der Junge neben ihm auch Stenzin. Und der nächste ebenso. Tatsächlich sagte mir jeder Junge der Klasse, dass sein Name Stenzin sei.

Das war also mein Ausgangspunkt: einundzwanzig identische Jungen, die alle kastanienbraune Gewänder trugen, alle geschorene Köpfe hatten und von denen jeder Stenzin hieß.

Da ich nicht wusste, was ich als Nächstes tun sollte, behalf ich mir mit einer Weltkarte aus meinem Rucksack.

Als ich die Karte entfaltete, drängten sich die Kinder um mich. Manche saßen auf meinem Schoß, andere standen hinter mir und strichen mir durchs Haar, wie ein Gorilla auf der Suche nach Flöhen. Ich zeigte auf Kanada. Alle einundzwanzig Jungen taten es mir nach. Dann zeigten wir alle zusammen auf Indien. Dann auf das Tal Zanskar.

Wir wurden durch ein Klopfen an der Tür unterbrochen. Ein junger Inder mit Motorradlederjacke und Ray-Ban-Sonnenbrille führte gerade sieben französische Touristen durch das Kloster. Nachdem er sich tief vor den Novizen verbeugt hatte, fragte er mich, ob seine Gruppe beim Unterricht zuschauen könne. Ich bat sie herein.

„Wie lange unterrichten Sie schon?“, fragte eine Frau.

„Seit fünf Minuten“, antwortete ich und ließ offen, ob ich mich auf heute oder mein ganzes Leben bezog. Die Antwort wäre sowieso die gleiche gewesen.

Ich fuhr fort, indem ich jedes Kind nach seinem Alter und seinem Heimatdorf fragte, während die Touristen herumliefen und Kugelschreiber, ungespitzte Bleistifte und pinke Radiergummis verteilten. Anscheinend erhielten die Jungen häufig Ausschussware, denn ihre Schulbeutel waren voll von den kaputten und undichten Zeichen solcher Großzügigkeit. Nachdem sie mehrere Fotos geschossen hatten, zog die Gruppe wortlos wieder ab.

Wieder unter uns, fand ich heraus, dass die Novizen zwar aus ganz Zanskar kamen, die Mehrheit jedoch aus kleinen Ortschaften in der Nähe. Während wir plauderten, schnappte ich den Namen Purbu auf. Also fragte ich: „Wer ist Purbu?“

Ein spitzbübisch aussehender Junge hob die Hand.

„Nicht Stenzin?“, fragte ich.

„Stenzin Purbu!“

Die Jungen hatten bei ihrem Eintritt ins Kloster alle einen neuen Namen bekommen, erfuhr ich später, und alle wurden sie Stenzin genannt, zu Ehren des aktuellen und äußerst beliebten Dalai Lama, Tenzin Gyatso. Aber sie hatten auch Zweitnamen bekommen, mit denen sie sich gegenseitig ansprachen. Und mit diesen Namen überrollten sie mich nun wie eine Lawine.

Da war der fröhliche RamJam, der ernste Joray, der große Tsephal, der nachdenkliche Skarma, Nawang mit dem kantigen Kinn, Thurchin mit der Schniefnase, Nima mit den blauen Augen, der stille Sonam und noch einige mehr. Der spitzbübische Norgay mit dem ungewöhnlichen braunen Gewand war mit seinen sieben Jahren der Jüngste. Der Älteste, Changchup, war siebzehn. Ein stämmiger Vierzehnjähriger namens Norphal sprach am besten Englisch und würde sich in den kommenden Monaten als Übersetzer unverzichtbar machen.

Ich warf einen Blick auf meine Uhr. Es war halb drei. Ich war erst seit dreißig Minuten hier, aber es fühlte sich bereits wie eine Ewigkeit an. Was jetzt?

Ich schrieb die Regenbogenfarben auf eine Tafel und testete das Verständnis der Kinder, indem ich auf verschiedene Dinge zeigte: den Himmel, den Teppich, die Wände und meinen Rucksack.

„Welche Farbe?“, fragte ich und die Jungs überschlugen sich fast dabei, mir zu antworten.

Irgendwann tauchten zwei Lamas in der Tür auf. Einer war Breschnew, der sich mir nun als Lama Tsering Wang Chuk vorstellte. Der andere Lama war klein und lächelte: Kachen Tenzin Chosang.

Wang Chuk rannte durch das Klassenzimmer, riss den Schülern die pinken Radierer aus den Händen und schlug ein paar, die nicht loslassen wollten.

„Essen!“, sagte er wütend und schüttelte angeekelt seinen Kopf. „Nicht gut.“

Er zeigte mir, was er in denen Händen hatte, und tatsächlich waren ein paar der konfiszierten Radiergummis bereits angeknabbert.

Dann lehnten sich die beiden gegen die Wand hinten im Raum und beobachteten murmelnd meinen Unterricht. Ich machte mir Sorgen, dass ihnen meine improvisierte Stunde nicht gefallen könnte.

Als es endlich fünfzehn Uhr schlug, entließ ich die Jungen. Sie sprangen sofort auf und rannten aus der Tür, ihre Schultaschen baumelten von der Stirn. Als ich meinen eigenen Rucksack packte, kamen die Lamas zu mir.

„Sie unterrichten tägliche Tage, eine Stunde?“, fragte Chosang. „Oder zwei?“

„Wie Sie wünschen“, antwortete ich.

„Nein, wie Sie wünschen“, sagte er lächelnd.

Dann flüsterten die beiden Mönche eine Zeitlang untereinander. „Eine Stunde okay“, nickte Chosang schließlich. Ich war erleichtert, da sich die heutige Stunde so hingezogen hatte. Aber Wang Chuk hob seine Hand, und die beiden setzten ihre Diskussion fort. Irgendwann widerrief Chosang seine Entscheidung. „Zwei Stunden besser. Zuerst Englisch. Dann Rechnen. Okay?“

Ich willigte ein. Als ich jedoch fragte, ob sie weitere Informationen für mich hätten, oder ob es einen Lehrplan gäbe, den ich einhalten müsse, sahen sie mich verwirrt an und schüttelten die Köpfe.

Ein grüner Flickenteppich aus Feldern breitete sich auf den Ebenen unterhalb des Klosters aus. Er sah wie zwei Schmetterlingsflügel aus, die sich an dem kleinen Wasserlauf im Dorf trafen. Das Flüsschen entsprang einer tiefen Schlucht, die die Felswand durchschnitt, auf der Karsha Gompa erbaut war.

Als wir dem Dorfladen einen weiteren Besuch abstatteten, entdeckte ich eine ungewöhnliche Linie, die sich im Zickzack die steilen Wände der Schlucht nach oben in Richtung Kloster wand. Aber da es unmöglich schien, dass ein Pfad ein derart steiles Terrain durchquerte, nahm ich an, es handele sich nur um eine Felsspalte – bis ich eine kastanienbraune Mönchsrobe die Felswand emporgleiten sah.

„Winterpfad“, erklärte Lama Wangyal, als ich ihn nach dem Unterricht dazu fragte.

Den Pfad gebe es bereits seit tausend Jahren, erzählte er mir, seit der Gründung des Klosters. Als Junge sei er den steilen Weg jeden Morgen hoch- und wieder heruntergeklettert, in beiden Händen Eimer mit überschwappendem Wasser für die Küche. Doch genau vor drei Jahren waren PVC-Rohre zu einer natürlichen Quelle hoch oben in den Gipfeln hinter dem Kloster verlegt worden, die nun eine Zisterne aus Zement neben der Versammlungshalle mit Wasser befüllte. Seitdem wurde der Winterpfad kaum mehr genutzt.

Neugierig geworden, gingen Bodi und ich auf Erkundungstour.

Hinter der alten Kornkammer des Klosters stießen wir auf die Überreste eines Fußwegs, der zu einem jäh abstürzenden Hang führte. Vorsichtig liefen wir über loses Schiefergestein und näherten uns der Kante. Unterhalb führte ein Steig aus Felsvorsprüngen und Steinplatten in schmalen Serpentinen die Felswand hinunter.

Bodi hüpfte unbeeindruckt voran. Da ich mir des gähnenden Abgrunds neben uns bewusst war, nahm ich ihn fest an der Hand. Irgendwann erreichten wir den Boden der Schlucht und standen neben einem jadegrünen Wasserbecken. Die Luft war kühl, und es schimmerte silbern über unseren Köpfen – der kleine Fluss zu unseren Füßen schien sich im Himmel zu reflektieren.

Flussabwärts säumte eine Gruppe niedriger Steinbauten das Ufer, jeder gerade einmal so groß wie ein Whirlpool. Mit diesen winzigen, *rantok* genannten Mühlen verarbeitete man geröstete Gerste zu Mehl. Mit einem ausgehöhlten Baumstamm wurde Wasser in jede Mühle geleitet, wo es einen riesigen Stein bewegte.

Während Bodi Steine in das Flüsschen warf, legte ich mich auf einen von der Strömung glatt gewaschenen Stein. Mit einer Brise flatterte ein blauer Schmetterling vorbei, und ich entdeckte eine Wasseramsel, die den Fluss hinaufflitzte, um noch tiefer in die Berge hineinzukommen.

„Dad! Schau dir diesen Quarzstein an. Kann ich ihn behalten?"

Bodi streckte mir einen verdreckten Stein von der Größe eines Baseballs entgegen, und ich stopfte ihn widerwillig in meine Tasche. Seine Gesteinssammlung vergrößerte sich rasend schnell, und ich stellte mich schon darauf ein, sie irgendwann heimlich verschwinden lassen zu müssen.

Später bewarfen wir eine Flotte aus Stöcken, die Bodi zu Wasser gelassen hatte, mit Steinen. Auf der Suche nach Munition blieb ich am Ufer stehen und bestaunte die Muster, die jeden Stein zierten.

Was für ein seltenes Gefühl – ich musste nirgendwo hin.

Zu Hause beschleunigte sich das Leben mit jedem Jahr, meine Tage waren vollgestopft mit Telefonaten, Terminen, E-Mails, Geschäftsreisen, Haushalt, Arbeitsaufträgen und Sport. Selbst die Kinder hatten Klavierunterricht, Fußballtraining und sogar Hausaufgaben (schon?). Und auf

Bodi warteten viele Stunden zusätzlicher Therapie. Ich fragte mich, wie viele einfache Wunder unbeachtet bleiben würden, wenn wir uns nicht Zeit für Reisen wie diese nähmen: der Geruch feuchter Erde, eine Kaulquappe in der Hand, das Schillern der Libellenflügel.

Eine Stunde später kletterten wir den Winterpfad wieder hinauf, von oben drangen Stimmen zu uns. Die Silhouetten zweier Lamas zeichneten sich gegen den Himmel ab. Die Männer hielten Bodi ihre Hand hin, als wir den allerletzten Anstieg erklommen, zogen ihn zu sich und streichelten sein Haar.

„Norbu?", fragten die zahnlosen Alten. „Tashi?"

Unsere Ankunft hatte sich bereits herumgesprochen.

AUS ALT MACH NEU

Am nächsten Morgen stolperte bei Sonnenaufgang ein Novize aus der Hobbittür. Ich saß in der Nähe auf einem Stein, nippte an meinem Tee und beobachtete, wie der Junge – den ich vom Unterricht kannte – zu einem rostigen Fass ging, sich aus seinem Gewand schälte und damit begann, Gesicht, Arme und seinen mageren Oberkörper mit eiskaltem Wasser zu waschen.

Drei weitere Jungen gesellten sich schon kurz darauf zu ihm.

Es war mir unbegreiflich, wie diese vier Novizen ebenfalls in Lama Wangyals Häuschen wohnen konnten. Wie war es möglich, dass wir sie bisher nicht bemerkt hatten?

„Ja“, bestätigte Lama Wangyal, als ich ihn nach der Puja fragte, und führte mich auf der wackligen Leiter zu dem niedrigen Dachboden. Die Einrichtung war weniger als karg: Eine einzelne Kerze stand auf einer Metalltruhe, vor ihr lagen Blätter und Bücher verstreut, es sah nach Hausaufgaben aus. Ein Nest aus mehreren Decken auf dem groben Holzfußboden verriet, wo die Jungen ihre Nächte verbrachten.

Dann zeigte mir Lama Wangyal, wo er schlief: in einem winzigen (mit Vorhängeschloss gesicherten) Raum, nicht größer als ein Doppelschrank. Neben einer Schaummatratze stand ein Glockenspiel aus Messing, ein Stapel Bücher und ein pinker Textmarker.

An diesem Abend ließ Lama Wangyal die Novizen bei uns antreten. Ich kannte sie alle aus dem Unterricht. Als Erster kam der siebenjährige Tashi Topden, so alt wie Bodi und so groß wie Taj. Mit seiner dunklen

Haut, den dichten Augenbrauen und dem wirren Blick erinnerte er mich an einen jungen Mr. Bean.

„Mutter tot", sagte Lama Wangyal. „Vater zu arm. Also Jungen zu mir gegeben."

Als Nächster kam Paljor, ein schlanker Vierzehnjähriger, der auf seine Füße starrend murmelte: „*Jullay*." Dann Jigmet. Dreizehn Jahre alt, mandelförmige Augen, reine Haut und volle Lippen – er hätte für eine Zeitschrift modeln können. Schließlich steckte ein Siebzehnjähriger seinen Kopf durch die Tür. Rinchen trug einen roten Kapuzenpullover über seinem Gewand. Er hatte gerade erst die Klosterschule absolviert und gehörte nun einer nebulösen Truppe von Teenagern an, die wir schon bald die verlorenen Jungs nannten.

Nachdem ich Christine von der unbändigen Klasse erzählt hatte, beschlossen wir, sie – anders als zuvor geplant – gemeinsam zu unterrichten und die Novizen in zwei Gruppen aufzuteilen.

Das bedeutete zwar auch, dass Bodi und Taj mitkommen mussten, aber es würde ihnen sicher nicht schaden, am Unterricht teilzunehmen. Vor allem bekämen sie auf diese Weise die Chance, mit den jungen Mönchen in Berührung zu kommen, die bisher eher scheu gewesen waren.

„Ich bin so froh, dass wir das machen", sagte Christine, während wir alle vier gemeinsam nach oben liefen. „Du sprichst gern vor Publikum, aber ich habe schon seit Monaten Bammel davor. Vor einer Klasse zu stehen, das ist die Chance für mich, aus meiner Komfortzone zu treten."

Bei unserer Ankunft fanden wir ein Tollhaus vor. Mit erhitzten Gesichtern bewarfen sich die Novizen gegenseitig mit Steinen, Büchern und Stiften. Ein kleiner Junge kam zu uns, in seiner Hand hielt er einen Echsenschwanz, der noch zappelte.

„Frosch", verkündete er stolz und überreichte ihn mir.

Taj beobachtete fasziniert, wie sich der Schwanz in meiner Handfläche bewegte.

Bodi brach in Tränen aus. „Er hat sie umgebracht! Dad, er hat sie umgebracht!"

Ich versicherte Bodi, dass die Echse noch lebe, wahrscheinlich gerade über klösterliche Steinmauern husche und dass sie ihren Schwanz abwerfen könne, um Fressfeinden zu entkommen. Ich erhob meine Stimme.

„HALLO, HALLO!"

Der Tumult ebbte ab, die Jungen ließen sich auf Kissen nieder und starrten auf die Fremden an der Tür.

„Hallo, Klasse."

„Hallo, Mr. Bruce", antworteten die jungen Mönche im Chor.

„Das ist Angmo", sagte ich und bedeutete Christine, nach vorn zu kommen.

„Angmo! Angmo! *Jullay*, Angmo!" Eine Flut an Willkommensgrüßen folgte. Anscheinend waren die Jungen begeistert, dass eine ausländische Frau einen zanskarischen Namen trug.

Danach stellte ich Norbu (Bodi) und Tashi (Taj) vor.

„*Jullay*, Norbu! *Jullay*, Tashi!", riefen die Novizen. Zu meinem Erstaunen liefen Bodi und Taj von sich aus durch die Reihen der sitzenden Novizen, verneigten sich tief und schüttelten jedem Jungen die Hand.

Ich erkannte den linkischen Tashi Topden, den schüchternen Paljor und den gut aussehenden Jigmet aus unserem gemeinsamen Haus, aber für die anderen Namen würde es etwas Zeit brauchen.

Weder Christine noch ich hatten einen pädagogischen Hintergrund, also tasteten wir uns in den darauffolgenden Tagen blind vor. Zunächst konzentrierten wir uns auf die Namen, dann schätzten wir die Fähigkeiten der Kinder ein. Mit der Zeit begannen die unterschiedlichen Persönlichkeiten der jungen Mönche durchzuscheinen. Manche waren kommunikativ. Andere sehr schüchtern, wie verletzte Vögel wirkten sie auf mich. Manche waren wissbegierig. Manche sozial. Manche ernst. Manche impulsiv. Viele waren ungestüm.

Was mich verwunderte, war, dass es in der Klasse weder Außenseiter noch eine „coole" Gruppe zu geben schien. Schon früh der elterlichen Zuneigung beraubt und nun unter rauen Lamas lebend, waren die Jungen wohl näher zusammengerückt. Bei der Puja saßen sie immer eng beisammen, sie durchstreiften das Kloster in Rudeln – Hand in Hand oder Arm in Arm – und in eisigen Nächten kuschelten sie sich aneinander. Und obwohl sie, mit dem Leid eines Kameraden konfrontiert, gelegentlich einen gleichgültigen Eindruck machten – ich vermute, dass die Jungen für körperlichen und emotionalen Stress andere Maßstäbe hatten als ich –, bekam ihre innige Zuneigung für einander in den folgenden Monaten nur selten Risse.

Was ihre schulischen Leistungen anging, gab es jedoch frappierende Unterschiede.

Mit seinen vierzehn Jahren war der zarte Tsephal länger im Kloster als alle anderen, nämlich sechs Jahre, aber er konnte noch nicht einmal im einstelligen Bereich addieren. Der zehnjährige Lakdan wiederum – ein wissbegieriger Junge, der erst vor Kurzem ins Kloster eingetreten war – konnte dreistellige Multiplikationsaufgaben lösen.

Der leistungsstärkste Mathematiker war der große Sonam mit seiner butterzarten Haut. Allerdings befand er sich mit seinen vierzehn Jahren erst im zweiten indischen Bildungsstandard (was in Nordamerika und Europa der zweiten Klasse entspricht). Als ich nach dem Grund fragte, erklärte er, dass er zwar den fünften Standard abgeschlossen habe, es in Karsha Gompa allerdings keine Bücher für höhere Level gebe und Wang Chuk ihn daher alles noch einmal von vorne lernen lasse.

Bodi und Taj waren gerade in ihre Bücher vertieft, als Jigmet an unserer Zimmertür erschien. Der Teenager sprang neben Taj auf das Palettenbett und fing an, ihn zu kitzeln. Verstohlen beobachtete Bodi die beiden von der anderen Seite des Zimmers und machte hin und wieder alberne Geräusche.

„Es ist so klar, dass er mitmachen will“, beugte sich Christine flüsternd zu mir herüber. „Aber er weiß nicht, wie. Das bricht mir das Herz.“

Obwohl sie nicht die gleiche Sprache sprachen, bestand zwischen Jigmet und Taj ein unsichtbares Band. Vielleicht war es die Art, wie Taj sich zu Jigmet drehte, wenn er sprach, oder wie Taj bei bestimmten Worten lächelte.

Die meisten von uns halten menschliche Interaktion für selbstverständlich und deuten mühelos die komplexen sozialen Signale, die täglich in Hunderten von Situationen gesendet werden: wenn wir zum Gruß von der anderen Straßenseite aus winken, einem Fremden zunicken, der uns die Tür aufhält, oder in diskretem Abstand warten, wenn sich andere streiten. Für neurotypische Menschen sind solche Situationen nichts Besonderes. Das erlaubt es uns, soziales Miteinander instinktiv und entspannt zu genießen. Aber für Menschen im Spektrum können derartige scheinbar einfache Interaktionen eine große Herausforderung sein. Ich bin einmal mit Bodi zu einer Selbsthilfegruppe für Spektrumskinder gegangen und war ganz verblüfft, dass den Kindern ein genauer Fahrplan für die einfachsten Spielsituationen gegeben wurde.

„Wenn du zu einer Gruppe gehst, achte auf die Stimmlage. Und versuche, in ihren Gesichtern zu lesen. Sind sie aufgeregt? Glücklich? Traurig? Vielleicht errätst du es. Wie stehen sie? Mit verschränkten Armen? Wenn ja, könnten sie wütend sein. Wenn sie die Schultern hängen lassen, langweilen sie sich vielleicht. Bevor du sprichst, hör zuerst, worüber die anderen gerade sprechen …"

Wie soll sich ein Kind all das je merken und es dann bei jeder Interaktion anwenden? Es schien unmöglich. Meist kann ich mich nicht mal daran erinnern, wo ich die Autoschlüssel hingetan habe.

Oft stellte ich mir Bodis soziale Schwierigkeiten so vor: Man sitzt in einer lauten Bar und sieht zwar, wie sich die Lippen der Leute bewegen, man kann aber kaum ein Wort verstehen. Frustriert stellt man fest, dass niemand im Pub das gleiche Problem zu haben scheint. Und manche Leute reagieren schnell gereizt, wenn man sie nicht versteht.

Das muss ein einsamer Ort sein, ganz allein in einer vollen Bar.

Die Tempel und Dormitorien im Karsha Gompa waren aus den einzigen Baustoffen errichtet worden, die in Zanskar zur Verfügung stehen: Stein, Lehm und Holz. Eher von Hand als mit Maschinen konstruiert, war nichts wirklich rechtwinklig oder lotrecht. Die Wände und Säulen neigten sich. Die Decken sackten ein. Regale, Fenster und Türen waren leicht schief. Insgesamt vermittelte das ein Gefühl von Lockerheit, was die natürliche Welt widerspiegelte und mich enorm anzog.

Die Achillesfersen dieser Gebäude waren jedoch ihre flachen Dächer. Bestehend aus einer mit Lehm beschmierten Matte aus Zweigen – die in der staubtrockenen Luft so hart wird wie gebrannte Töpferware –, waren diese Dächer nicht wasserdicht. Da sich das Kloster allerdings im Regenschatten des Himalaja befand, hatte das jahrhundertelang keine große Rolle gespielt.

Doch nun änderte es sich.

In den vergangenen Jahren hatten viele Stürme Zanskar heimgesucht, mit verheerenden Folgen. Schon ein leichter Sprühregen konnte durch die Tempel und Dormitorien sickern und zerstörte so alte Fresken und Schriften. Platzregen drohte die Dächer einstürzen zu lassen und Gebäude, die es seit Jahrhunderten gab, wurden in erschreckender Regelmäßigkeit weggeschwemmt.

Jeden Tag – auf dem Weg zur Schule und wieder zurück – wurde uns in Erinnerung gerufen, wie zerbrechlich das Kloster war. Unterhalb der Versammlungshalle hatte ein jahrhundertealtes Dormitorium unter dem Frühlingsregen nachgegeben, nun wurde aus seinen Ruinen ein neues Wohnhaus gebaut.

Ein kurzer Blick auf die Truppe dunkelhäutiger Bauarbeiter – die Lehm und Stroh in Ziegelsteinformen stopften – genügte mir, um zu wissen, dass sie aus Nepal kamen.

„*Namaste daju bhais!*“, rief ich, als wir uns ihnen das erste Mal näherten, mehr schlecht als recht einen nepalesischen Gruß, der grob übersetzt bedeutet: „Ich grüße euch, ältere Brüder, jüngere Brüder.“

Sie sprangen auf und antworteten im Chor: „*Namaste daju bhai! Namaste didi!*“ („Wir grüßen dich, älterer Bruder! Wir grüßen dich, ältere Schwester!“)

Sie zogen ihre verschmutzten Gesichtsmasken ab und versammelten sich um uns herum. Die Männer stammten aus dem Kathmandu-Tal und würden bis zum ersten Schneefall im Karsha Gompa bleiben. Ihre dürftigen Löhne wurden nicht von den Mönchen bezahlt, sondern von der indischen Regierung, die es sich zur Aufgabe gemacht hatte, die zerfallenden Klöster in den Provinzen im Norden zu sanieren. Sie sprachen erstaunlich gut Englisch – und meine eigenen sprachlichen Defizite wurden mir einmal mehr schmerzlich bewusst.

Nur wenige Monate nach einer meiner vielen Nepalreisen war 1997 ein maoistischer Aufstand ausgebrochen, der die Wirtschaft lahmgelegt und das bereits Not leidende Land zu den ärmsten Nationen der Welt gemacht hatte. Heute müssen schätzungsweise 2,2 Millionen Nepalesen (zehn Prozent der Arbeitskraft des Landes) zum Arbeiten ins Ausland gehen. Das Geld, das diese Wanderarbeiter nach Hause schicken, macht unglaublicherweise ein Drittel des Bruttoinlandsprodukts Nepals aus. Von Darjeeling im Osten bis nach Kaschmir im Westen verrichten Nepalesen die Schwerstarbeit im Himalaja. Für niedere Tätigkeiten – Steine per Hand zerschlagen, Asphalt in Fässern schmelzen, schwere Last auf gekrümmtem Rücken tragen – werden sie jämmerlich entlohnt. Ich finde es immer wieder beeindruckend, wie sich Nepal trotz dieses schweren Loses seine kulturelle Leichtigkeit bewahren konnte.

Während wir uns unterhielten, lachten und lächelten die Männer und wuschelten unseren Jungen durchs Haar. Als wir weitergingen, begleiteten uns ihre fröhlichen Rufe.

In den folgenden Monaten würde ich dieser knochendürren Truppe dabei zusehen, wie sie Holzstämme mit Hämmern zerschlugen, unter einer gewaltigen Last aus Steinen ins Wanken gerieten und Fundamente per Hand ausgruben. Bei all dem schienen sie die Gesellschaft der anderen zu genießen, und sie erledigten die niedersten Arbeiten mit Stolz. Ich empfand große Bewunderung für sie. Immer, wenn sich unsere Wege kreuzten, folgte ein herzlicher Austausch von „*Namaste daju bhai*“.

Beklommen beobachtete ich, wie die Lamas an diesen Arbeitern vorbeigingen: Es schien, als würden sie sie keines Blickes würdigen.

Ein weiteres leer stehendes Gebäude – der verlassene Rohbau eines Dormitoriums – stand auf dem Steilhang unterhalb des Hauses von Lama Wangyal. Von oben konnte man recht einfach auf sein flaches Dach steigen und die beeindruckende Aussicht auf die weite Talebene genießen. Die Novizen spielten hier oft in den goldenen Stunden vor Sonnenuntergang, wenn die unbarmherzige Hitze des Tages nachgelassen hatte. Auch ältere Lamas kamen hierher. Mit hinter dem Rücken verschränkten Armen starrten sie in Richtung ferner Gipfel.

Wir begannen, uns diesen spontanen Zusammenkünften am Nachmittag anzuschließen. Manchmal malten unsere Kinder in ihre Tagebücher, manchmal teilten sie ihre Legofiguren mit neugierigen Mönchsjungen. Aber meist lehnten wir einfach nebeneinander an der Brüstung und genossen es, der klösterlichen Dohlenstaffel dabei zuzuschauen, wie sie auf den unteren Hängen patrouillierte.

Mit ihrem kohlschwarzen Gefieder und den leuchtend gelben Augen ähnelten sie den nordamerikanischen Krähen. Diese Dohlen waren großartige Akrobaten und konnten es in Sachen Fluggewandtheit mit Seeschwalben und Fregattvögeln aufnehmen. In kleinen Scharen schossen sie in die Höhe und schienen – um Tempel kreisend und durch enge Gassen hinabsausend – ein endloses Spiel namens Folge-dem-Anführer zu spielen. Andere Male stiegen sie in unfassbare Höhen auf und verschwommen im grenzenlosen Blau zu kleinen Pünktchen, bevor sie ihre Flügel wieder anlegten und wie Kampfflugzeuge gen Erde stürzten. Wenn sie über unsere Köpfe hinwegflogen, hörten wir den Wind durch ihre Federn pfeifen.

Eines warmen Nachmittags bewunderte ich gerade die Sperenzchen der Dohlen, als der siebenjährige Nawang neben mir auftauchte. Mit seiner großen Zahnlücke strahlte er eine schroffe Robustheit aus, und ich hatte auch schon gesehen, wie er furchtlos nach größeren Jungen schlug. Ich fuhr mit meiner Hand über seinen geschorenen Schädel, er lehnte sich an mein Bein und fixierte Bodi und Taj.

Taj winkte Nawang zu. Nawang winkte zurück. Schon bald jagten die beiden durch ein Labyrinth aus einstürzenden Ziegelwänden, sie spielten eine sprachlose Variante von „König des Hügels". Bodi stand neben mir und wirbelte mit der Hand durch die Luft, er imitierte eine fliegende Dohle. Lauschte er dem Lachen der spielenden Kinder? Er schien gelassen. Aber war es auch wirklich so? Machte ich mir grundlos Sorgen?

Von außen wirkt es häufig, als zögen Menschen im Autismus-Spektrum es vor, in Ruhe gelassen zu werden. Allerdings geht John Elder Robison, dessen Buch „Schau mich an!" von seinem Leben mit nicht diagnostiziertem Asperger erzählt, davon aus, dass sich Autisten meist nicht aus eigenem Wunsch heraus isolieren, sondern aufgrund ihrer sozialen Schwierigkeiten. Viele im Spektrum, auch Bodi, können ausgesprochen emotional sein – ganz wie neurotypische Menschen. Sie verfügen nur einfach nicht über die Werkzeuge, um andere an ihrem Innenleben teilhaben zu lassen.

Ich denke oft daran, wenn Fremde unerwartet unfreundlich oder kurzangebunden sind oder mir, während ich spreche, den Rücken zukehren, Augenkontakt vermeiden oder sich vordrängeln. Anstatt ihr Verhalten zu verurteilen, wie ich es vor ein paar Jahren noch gemacht hätte, frage ich mich nun, vor welchen unsichtbaren Herausforderungen sie wohl stehen. Das ist eine der vielen kleinen, wundersamen Arten, auf die Bodi mich zu einem besseren Menschen gemacht hat.

Voller Unruhe beobachtete ich, wie Bodi begann, sich Taj und Nawang Zentimeter für Zentimeter zu nähern. Dann war er, nach einem linkischen Ausfallschritt, bei ihnen und rannte mit den kichernden Jungen mit, wobei er seltsame Laute von sich gab und sich übertrieben bewegte. Eine kurze Zeit lang blieb er noch außen vor, wurde aber schon bald aufgenommen und lachte mit Nawang, lächelte Taj an und schlug sogar irgendwann ein neues Spiel vor. Eine Stunde lang kletterten die Jungen einen Berg aus Schutt hoch und sprangen dann gemeinsam herunter, und das immer wieder.

Als Christine mit einer Thermoskanne Tee und frischen Chapatis den Pfad heruntergeschlendert kam, blieb sie mit offenem Mund stehen. Mit mehreren Kindern zu spielen, war ein kleiner Meilenstein für Bodi – einer, der für Eltern neurotypischer Kinder wahrscheinlich nichts Außergewöhnliches ist –, für Christine und mich fühlte es sich jedoch wie ein Wunder an.

Lange nachdem die Kinder eingeschlafen waren, schlüpfte Christine mit ihrem Kulturbeutel unter dem Arm aus der Hobbittür. Nur wenige Augenblicke später stürmte sie mit Tränen in den Augen wieder herein. Sie hatte sich gerade ihre Zähne geputzt, als plötzlich zwei Lamas aus der Dunkelheit vor ihr aufgetaucht und sie wortlos beobachtet hatten.

„Seit drei Tagen versuche ich, mich unter den Achseln zu waschen“, stöhnte sie. „Aber jedes Mal, wenn ich aus dieser verdammten Tür gehe, beobachtet mich jemand.“

Wir lebten nun seit einer Woche im Kloster, und es schien, dass wir bei allem, was wir hier taten, immer von jemandem betrachtet wurden.

Zu jeder Tageszeit konnte man auf den Klosterdächern die Umrisse von Mönchen ausmachen, die dort oben standen und herunterschauten.

Die nepalesischen Arbeiter hatten begonnen, einen Pfad oberhalb von Lama Wangyals Haus zu ebnen, und wenn einer von uns aus der Hobbittür trat, hörten sie mit ihrer Arbeit auf, gingen in die Hocke und schauten uns zu, als sähen sie fern. Wenn ich morgens in das Dorflädchen ging, fragten mich die Novizen am Nachmittag beim Unterricht, was ich eingekauft hatte. Wenn Christine bei der Puja fehlte, kam Wang Chuk vorbei, um zu sehen, ob es ihr nicht gut ging. Hier bekam einfach jeder alles mit.

Also liehen wir uns von Lama Wangyal am darauffolgenden Sonntag – dem einzigen Tag ohne Unterricht – die Schlüssel zum Gästehaus und stopften unsere Waschsachen in einen Rucksack. Seit unserer letzten Dusche in Keylong waren drei Wochen vergangen, eine ausgiebige Körperpflege war also längst überfällig.

Das Gästehaus stand leer, und es roch muffig. Nachdem wir auf dem Propangasherd Eimer voll Wasser aufgekocht hatten, begann Christine, unsere dreckigen Klamotten zu schrubben (das Wasser färbte sich bald espressobraun), während ich die Kinder in einer Plastikwanne badete. Danach rannten die beiden nur mit Wanderstiefeln bekleidet hinaus und spielten in ihrer Nacktheit herrlich unbefangen mit einem Fußball, den sie in einem Schrank gefunden hatten.

Gerade, als ich mich selbst ausgezogen hatte, um mich zu waschen, entdeckte ich ein junges Mädchen, das durch das Fenster spähte. Wie ein Elch auf Eis schlitterte ich auf den nassen Fliesen davon, schnappte mir ein Geschirrtuch und bedeckte mich. Dann winkte ich. Sie winkte zurück. Ich zog mir kurze Hosen an, öffnete die Eingangstür und bat sie herein.

Tsomo war elf Jahre alt, hatte braune Augen und ein unglaublich breites Lächeln. Ihr langes schwarzes Haar war zu Zöpfen geflochten, glitzernder Haarschmuck hielt sie zusammen. Sie hatte gerade an einem Außenhahn Wasser für die Familie in Krüge abgefüllt, als ihr das offene Tor zum Gästehaus auffiel.

Wir stellten uns ihr als Mortub, Angmo, Norbu und Tashi vor, und sie wiederholte die Namen mit heiserer Stimme. Die Jungen fingen an, in ihren Tagebüchern zu malen, und sie sah ihnen über die Schultern. Ich bot ihr mein Tagebuch an, und sie malte ein Strichmännchen mit

Zöpfen, das neben einem Regenbogen und vor schneebedeckten Bergen steht.

Dann verschwand sie.

Schon bald war sie wieder zurück, in der Hand eine Schüssel mit *cher-pay*, getrocknetem Käsebruch. Der steinharte Snack schmeckte genau so, wie man es sich von getrockneter, ungesüßter, nicht pasteurisierter Milch erwartete – nämlich nach Stall.

Taj und Bodi nahmen einen kleinen Bissen und spuckten den säuerlichen Käsebruch wieder aus. Christine rümpfte die Nase. Also aß ich die ganze Schüssel allein auf, denn es erinnerte mich an *arrulth* – eine mongolische Spezialität, die Unmengen an Schafshaar enthielt und von der Christine und ich uns einmal auf einem sechzigtägigen Ritt durch die Steppe ernährt hatten.

Tsomo verschwand wieder.

Kurz darauf tauchte sie mit einem Baby auf dem Arm auf, ihrem sechs Monate alten Bruder Tuksten Chimba, und hielt ihn mir hin. Ich nahm den pausbäckigen Jungen nur zu gern hoch. Wie wunderbar es sich anfühlte, wieder ein Baby auf dem Arm zu halten! Es war drei Jahre her, dass Taj so klein gewesen war, und ich hatte schon ganz den unvergleichlichen Geruch von Babyhaut vergessen, und auch, wie unvorhersehbar sich das schwere Köpfchen bewegte.

Als Chimba anfing zu quengeln, stopfte Tsomo ein Stück *cher-pay* in seinen Mund. Milchige Spucke lief sein Kinn hinunter. Ich hatte Angst, dass er sich verschlucken könnte, aber als ich nach Tsomo schaute, war sie weg. Ganz allein stand ich da, das Baby eines Fremden auf dem Arm.

Ich entdeckte Christine draußen, sie hängte Wäsche auf. Sofort holte sie das *cher-pay* aus Chimbas Mund. „Du kannst ihn das nicht essen lassen, Bruce! Er wird daran ersticken."

Ich ging mit Chimba ins Haus, legte das schläfrige Kind an meine Schulter und schaukelte ihn sanft hin und her.

Eine Stunde später kam Tsomo ein letztes Mal zurück, da sie alle Krüge mit Wasser gefüllt hatte. Jetzt ging sie mit einem um ihre Schultern gebundenen Weidenkorb los, um Yakmist zu sammeln. Sie nahm mir Chimba ab, warf uns ein breites Lächeln zu und hüpfte dann den Pfad hinunter.

Bevor sie ganz verschwand, drehte sich noch einmal winkend um: „*Bye-bye, Ama. Bye-bye, Aba*“, rief sie. Sie hatte uns Vater und Mutter genannt.

Die Kinder schliefen schon, als Lama Wangyal in unser abgedunkeltes Zimmer schlich. Er ließ sich neben mich fallen und legte seinen Kopf auf mein aufgestelltes Knie.

Lama Wangyal nahm bei gemeinsamen Spaziergängen häufig meine Hand oder legte beim Essen einen Arm um meine Schulter. In Asien ist nichtsexuelle Körperlichkeit zwischen Männern üblich (besonders das Händehalten), und da es das in Nordamerika fast gar nicht gibt, empfand ich es als erfrischend. Ich genoss die körperliche Nähe Lama Wangyals. Gleichzeitig wusste ich aber, wie grob falsch das zu Hause ausgelegt werden könnte – und das machte mich traurig.

Lama Wangyal hob seinen Arm, zog mir die Stirnlampe vom Kopf und fing an, sie zu untersuchen. Er schaltete sie an und aus, ließ den Lichtstrahl, der durch den Staub in der Luft wie ein Leuchtschwert aussah, durch den Raum schwingen. Die Menschen in Zanskar neigen dazu, jeden neuen Gegenstand zu untersuchen und auf seine Brauchbarkeit hin zu überprüfen. Sicherlich ist das eine Angewohnheit, die von ihrer Armut und Abgeschiedenheit rührt.

Er öffnete die Stirnlampe und lächelte: „Kanadische Batterie sehr gut! Indische Batterie keine Kraft.“

Wir hatten vier Stirnlampen dabei, eine für jedes Familienmitglied. Das schien hier ziemlich üppig, also bot ich ihm peinlich berührt an, meine zu behalten. Der alte Mönch lehnte natürlich ab, aber nachdem ich ihm gut zuredete, gab er nach und schien ehrlich erfreut.

Danach widmete er seine Aufmerksamkeit Christines Kulturbeutel. Fragend hielt er ihre Zahnseide hoch. Christine zeigte ihm, wie man sie benutzte, indem sie einen Faden abriss und damit den Zwischenraum ihrer Zähne säuberte. Dann hielt sie die Rolle Lama Wangyal hin. Der alte Mönch wirkte skeptisch. Da er in einem Land aufgewachsen war, in dem jede Handelsware wertvoll war, riss er nur ein winziges Stück ab, nicht länger als eine Handspanne. Er konnte es kaum um seinen Finger wickeln – es löste sich ständig –, und irgendwann stöhnte er verächtlich und gab auf. Anstatt den Faden jedoch wegzuschmeißen, rollte Lama Wangyal ihn zusammen und ließ ihn in seinem Gewand verschwinden, vielleicht, um später eine Verwendung dafür zu finden.

Christine, die eifrig die wichtigsten Wörter im zanskarischen Dialekt lernte, bat ihn, ihr mit der Aussprache zu helfen. In Zanskar spricht man einen ladakhischen Dialekt, Ladakhi selbst kommt aus dem Tibetischen. Bisher hatten wir uns auf Reisen immer gemeinsam darum bemüht, uns zumindest ein rudimentäres Verständnis der lokalen Sprachen anzueignen. In Zanskar allerdings hatten wir bis jetzt enttäuschend wenig Fortschritte gemacht.

„Zanskari, nein!", rief Lama Wangyal aus. „Mir Englisch unterrichten, ja!"

Er sprang auf und holte ein zerfleddertes Englischbuch hervor, das unter buddhistischen Wälzern vergraben lag. Der Inhalt des in Indien erschienenen Buches war nicht mehr zeitgemäß – und an vielen Stellen unfreiwillig lustig.

Samars Fußball wurde weicher, nachdem er sich entbläht hatte.

Vikram und ich waren auf Steinen, als er die Frage losließ.

In aller Höflichkeit bitte ich Sie, dass Sie Ihr Fenster einstellen.

Ich legte das Buch beiseite und kritzelte stattdessen ein paar grundlegende Wörter auf ein Stück Altpapier: *Stift, Bleistift, Buch, Hose, Schuhe, T-Shirt.* Langsam las Lama Wangyal jedes Wort laut vor, und ich erklärte ihm, was es bedeutete und wie man es aussprach.

„Shirt", sagte ich und zeigte auf mein Oberteil.

„Sure", sagte er. Das neue Wort fiel ihm nicht leicht.

Und so machten wir immer weiter und füllten eine Seite nach der anderen. Lama Wangyals Energie schien unerschöpflich. Christines Augenlider wurden schwer. Schon bald döste sie weg.

Jedes Mal, wenn ich dachte, wir seien zu einem Ende gekommen, schlug der Lama eine neue Seite auf und wies mich an weiterzumachen. Ich schrieb Wortlisten mit Nutztieren, Büromaterialien, Familienmitgliedern, geografischen Sehenswürdigkeiten, Lebensmitteln und – schließlich – Küchenutensilien: Tasse, Teller, Messer, Gabel …

„*Fork.*" Ich las das englische Wort für Gabel laut vor.

„*Fuck*", versuchte er mir nachzusprechen.

„*Fork*", wiederholte ich und wollte ihn vom Schimpfwort weglotsen.

„Fuck!", sagte der große Mönch dann mit Nachdruck und schloss endlich sein Notizbuch. Er wiederholte das Wort noch einmal, während er zum Altarraum ging und Yakbutterkerzen anzündete.

„*Fuck, fuck, fuck.*"

WIE ES SCHON IMMER WAR

Der gespenstische Klang der *kang-ling* (einer tibetischen Trompete) schmetterte jeden Morgen bei Sonnenaufgang über den Berg und rief die Mönche zur Puja.

Und Tag für Tag zog es auch mich in die schummrige Versammlungshalle. Das stille Ritual wurde mir irgendwann so wichtig, dass ich mich sogar schon abends beim Einschlafen dabei erwischte, wie ich mich auf das morgendliche Gebet freute. Diese Hingebung entsprach überhaupt nicht meinem Charakter. In meiner Jugend hatte ich immer lautstark protestiert, wenn mich meine Eltern zur anglikanischen Sonntagsschule schleppen wollten. Seitdem hatte ich mich gegen alle Formen organisierter Spiritualität gewehrt. Aber das hier fühlte sich anders an.

Mein Verhalten erstaunte Christine sehr. „Ich will nicht sagen, dass ich dich für oberflächlich gehalten habe, aber damit hatte ich nicht gerechnet."

Vielleicht war es der Streber in mir, der die fremdartige Kunst der Meditation beherrschen wollte. Egal, was es war, es sorgte jedenfalls für eine Umkehrung der Rollen zwischen uns. Denn immer häufiger zog sich Christine beim Ertönen der Trompete stöhnend ihren Schlafsack über die Ohren und zog seine Wärme dem kalten Tempelboden vor.

„Ich spüre einen großen inneren Widerstand", gab sie zu. „Mich stört, wie unbekümmert die Lamas sind. Ständig reden sie und machen Witze. Und dann dieses ewige Kommen und Gehen. Nur auf die Zeremonie konzentrieren sie sich nicht. Ich weiß, ich sollte sie nicht verurteilen, aber ich dachte, die Atmosphäre hier im Tempel sei, naja, etwas strenger, oder vielleicht ehrfurchtsvoller."

Ich hingegen wurde gerade von diesem unprätentiösen Charakter des buddhistischen Kults angezogen.

Und unseren Kindern schien es auch zu gefallen. Wir zwangen sie zwar niemals dazu, an der Puja teilzunehmen, aber die beiden begleiteten mich häufig und hielten es erstaunlich gut aus, eine Stunde oder länger Seite an Seite im Schneidersitz dazusitzen und dem Betgesang zu lauschen. Hin und wieder schloss einer seine Augen und meditierte, manchmal auch beide. Andere Male trugen sie mit ihren Legofiguren stille Kämpfe aus. Die in der Nähe sitzenden Novizen reckten ihre Hälse, um zuschauen zu können.

Jeden Tag war ein neues Paar Schüler für den Tee zuständig. Und nachdem sie die Reihen der Lamas barfuß durchlaufen hatten, rannten sie in den hinteren Teil der Versammlungshalle zu uns. Ihre Augen blitzten vor Wiedersehensfreude, während sie unsere Schalen füllten und flüsterten: „*Jullay*, Tashi! *Jullay*, Norbu! *Jullay*, Mr. Bruce!"

Dieselben Jungen kamen später mit verbeulten Kupfergefäßen voll *tsampa* wieder, geröstetem Gerstenmehl. Wenn man dieses feinkörnige Mehl mit Tee vermengt, entsteht ein fester Teig – in Tibet ein Grundnahrungsmittel.

Die jungen Austeiler schwebten durch die Gänge, und jeder Lama nahm sich der Reihe nach mit bloßer Hand etwas *tsampa* aus dem Gefäß und gab es in seine Holzschale auf den Teesatz. Mit einem einzigen Finger rührten sie die Masse zu einem glatten Teig. Schließlich rissen die Lamas walnussgroße Brocken ab, die sie dann gekonnt mit einem Daumen in den offenen Mund schnipsten.

Uns bot man während unserer ersten Woche im Kloster kein *tsampa* an. Aber je mehr Tage verstrichen, desto häufiger schauten die Austeiler in unsere Richtung, als wollten sie fragen: „Möchtest du auch?" Wir wehrten immer ab, da wir deren Gastfreundschaft nicht überstrapazieren wollten.

Aber eines kühlen Morgens, als ich allein in der Puja saß, dachte ich: *Warum nicht?*

Der vierzehnjährige Sonam mit seiner butterzarten Haut sprintete mit einem Grinsen zu mir. Ich versenkte meine Hand in das dunkle Gefäß, das Mehl am Boden fühlte sich kühl an. Als ich meine Faust herauszog, fiel etwas Mehl in meinen Schoß, und ich hörte jemanden glucksen. Ich schaute auf und bemerkte, dass der ganze Saal mich genau beobachtete.

Ich gab das Mehl vorsichtig in meine Schüssel, wo es wie ein kleiner Vulkan aussah. Winzige Lawinen rollten über den Rand der Schüssel, was zu mehr Gelächter führte. Als ich so zu rühren versuchte, wie ich es bei den Lamas gesehen hatte, legte sich eine Schicht klebrigen Teiges auf meinen Zeigefinger – dick und weiß wie das Michelin-Männchen. Bei dem Versuch, den Finger sauber zu lecken, schmierte ich Teig in mein Gesicht, und ein mürrisch dreinblickender Lama, der in der Nähe saß, fing an zu kichern.

Mit der Zeit lernte ich, dass es nur wenige Dinge gab, die die Mönche mehr amüsierten, als jemandem aus dem Westen beim Essen von *tsampa* zuzusehen.

Beim nächsten Mal wollte ich es besser machen.

Ich ging davon aus, dass das Ganze so klebrig gewesen war, weil ich zu viel Tee in meiner Schale gelassen hatte. Also ließ ich diesmal weniger übrig – allerdings zu wenig. Eine trockene, ungenießbare Masse war das Ergebnis. Nur mit Mühe würgte ich das Zeug herunter und verteilte dabei überall Krümel. Den älteren Lamas liefen die Tränen über die Wangen. Als der Gesang wieder aufgenommen wurde, tauchte ein Mönch mittleren Alters vor mir auf und begann, sowohl den Boden als auch meinen Schoß kräftig mit einem Besen aus spitzen Zweigen zu kehren. Er sah mir dabei nicht ein einziges Mal in die Augen.

Es war nicht leicht, die vielen Mönche im Karsha Gompa auseinanderzuhalten. Es waren sechzig oder mehr, alle mit geschorenen Köpfen, kastanienbraunen Gewändern und ungewohnten tibetischen Namen. Also verpassten Christine und ich ihnen in unseren privaten Gesprächen Spitznamen. Diese Angewohnheit entstand einerseits aufgrund unserer sprachlichen Defizite, andererseits aus Zuneigung.

Der oberste Lama war einfach zu identifizieren, da er ganz am Ende der Halle auf einem Podest unterhalb des großen vergoldeten Buddhas saß. Mit seiner makellosen Haut, den dunklen Augenbrauen und seiner tiefen Stimme wirkte Meme Khampo Purbu alterslos. (Tatsächlich musste er Lama Wangyal zufolge sechzig Jahre alt sein.) Der liebenswürdige Mann nickte uns auf den Klosterpfaden immer zu, sagte aber kein Wort.

Die nächsten drei Mönche – sie saßen direkt neben ihm in der Reihe – waren *lopon*, hochrangige Lamas, die darauf vorbereitet wurden, eines Tages die Führung zu übernehmen. In der tibetischen Kultur ist die Sitzordnung von großer Bedeutung und zeugt vom Ansehen einer Person.

Der erste *lopon*, Lama Tsering Norbu, war ein Siebenundsiebzigjähriger mit ungepflegtem Stoppelbart und roten Augen, der immer so aussah, als sei er verkatert. Das war er natürlich nicht, aber sein zerzaustes, manisches Äußeres erinnerte mich an Heath Ledger in „The Dark Knight", also nannten wir ihn „Joker". Er machte gern Späße mit unseren Jungs. Oft jagte er die beiden über die Klosterpfade, das Gesicht zu einer übertriebenen Grimasse verzogen, und bewarf sie mit Reiskörnern. Aber mir fiel auf, dass die Novizen ganz klein wurden, wenn er vorbeilief. Offenbar ließ sich schwer sagen, wo bei ihm der Spaß endete.

Tsering Wang Chuk, der Schulverwalter – der mich bei unserem ersten Treffen an Breschnew erinnert hatte –, war der zweite *lopon*.

Der dritte war Lama Tham Chouy, ein hart wirkender Mann mit gebräunter Haut, feinen Gesichtszügen und einem kurzen Schopf grauen Haares, den wir den „CEO" nannten.

Neben diesen dreien saß Lama Yarsal Thakpa, der *ohm-zet*, also der Gesangsmeister, ein rundgesichtiger Mann mit gepflegtem Schnurrbart, den wir „NYC-Cop" nannten. Mit seiner klaren Stimme gab er zu Beginn eines jeden Betgesangs den Ton an, bevor die anderen einfielen.

Als Letzter, am Ende der Reihe, saß Lama Lobsang Mortub, der *yarvak*, also der klösterliche Buchhalter. Mit seiner schlaffen Haut, dem Schmollmund und seinem mürrischen Gesichtsausdruck erinnerte er an Mr. Burns aus den „Simpsons" und lief bei uns unter den Namen „Geldsack". Jeden Tag, kurz vor Ende der Puja, stand Lama Mortub auf und hielt – für alle gut sichtbar – die Spenden in die Höhe, die in den letzten vierundzwanzig Stunden von Touristen oder hiesigen Dorfbewohnern eingegangen waren.

Der Führungsriege gegenüber, auf der anderen Seite des Mittelgangs, saß eine Gruppe von weisen Alten. Diese *lazur*, emeritierte Vorsteher, kamen und gingen, wie es ihnen gefiel. Häufig erschienen sie erst spät in der Versammlungshalle und gingen früh, sie hatten ihre Verpflichtungen dem Kloster gegenüber erfüllt.

Lama Wangyal war mit einundsechzig Jahren der jüngste *lazur*. Der zweiundachtzigjährige Lama Ishay Sundup war der älteste.

Der schroffe und eigenbrötlerische Mann in sonnenvergilbter Mönchsrobe, der sich zu dem Platz hinter ihm schleppte, Lama Ishay, trug mithilfe einer ausgefransten Kordel eine rote Sonnenbrille mit gesprungenen Gläsern auf seinem geschorenen Kopf. Die Spitzen seiner traditionellen Yakfilzstiefel wölbten sich wie bei einer Comicfigur nach oben. Obwohl er zunehmend krank aussah und sein Gleichgewicht nicht mehr gut halten konnte, umlief der alte Mann das Kloster sieben Mal täglich, in der einen Hand eine kleine Gebetsmühle, in der anderen die Mala.

Ich dachte oft darüber nach, welch erdbebenartige Veränderungen Lama Ishay in seinem Leben mitgemacht hatte.

Er war 1932 geboren, noch bevor es in Zanskar Geld, Elektrizität oder Fahrzeuge gegeben hatte. Er war ein Kind gewesen, als er in das weit entfernte Leh gereist war – ein Fußweg von etwa zweihundert Kilometern –, und dort eine Douglas Dakota auf den angrenzenden Niederungen des Flusses Indus landen gesehen hatte. Es war das erste Flugzeug gewesen, das jemals nach Ladakh geflogen war. Als sich die Nachricht von diesem seltsamen Gott verbreitete, kamen Frauen mit riesigen Mengen Heu auf den Rücken herbeigeeilt, um es als Essensgabe anzubieten.

In den darauffolgenden Jahren musste er die Schrecken der Teilung erdulden und erlebte, wie dröhnende Lastwagen, Transistorradios und Handys in das Land kamen. Und nun spürte er wahrscheinlich, wie der Buddhismus in der zanskarischen Gesellschaft immer mehr an Bedeutung verlor. Also war es kein Wunder, dass sich dieser *lazur* dazu entschlossen hatte, seine Tage schweigend zu verbringen.

Hinter den Honoratioren fächerte sich eine Reihe nach der anderen auf, in der die Mönche bis an die Ränder der Versammlungshalle saßen. Manche würden für immer in den hinteren Reihen bleiben, Klosterpolitik oder persönliche Eignung erlaubte es ihnen nicht, in der Hierarchie Karsha Gompas aufzusteigen. Andere waren noch jung und begannen gerade erst damit, die Leiter nach oben zu klettern.

Stenzin Jamyoung, den wir den „jungen Gelehrten" nannten, war einer der Senkrechtstarter: ein junger, aufgeweckter Mönch, der unter seinem Arm immer ein paar Bücher trug. Lobsang Strab war ebenfalls einer von ihnen. Ein von Heimweh geplagter Lehrer aus Leh, der den Novizen Meditationstechniken beibringen sollte.

Allein und ganz hinten in der Versammlungshalle saß Lama Jimba Sonam, ein einschüchterndes Exemplar von einem Mann, mit massigem Schädel, bulligen Schultern und einem Lückengebiss mit schiefen Zähnen. Wir nannten ihn den „Hockeyspieler". In seiner Rolle als *ghe-gheu*, als Disziplinarmeister des Klosters, lief er während der Puja die Reihen ab, schnaubte dabei wie ein Bulle und gab lauten Novizen hin und wieder eine Kopfnuss.

Die verlorenen Jungs bekamen wir kaum zu Gesicht. Diese Jugendlichen machten sich rar. Sie hatten zwar die Klosterschule absolviert, waren allerdings noch keine vollordinierten Mönche. In ihrer Lehrzeit mussten sie eine Menge niederer Tätigkeiten verrichten: Böden wischen, Wasserschalen auffüllen, Chörten tünchen oder Opferstatuen aus *tsampa* formen. Die jungen Männer lungerten oft lässig vor der Klosterküche herum, wie Teenager in einem Einkaufszentrum. Ich grüßte sie immer mit einem „*Jullay*", aber sie blickten nur selten auf.

Ihr Anführer, Stanzin Ta'han, war ein gutaussehender junger Mann mit gemeißelten Wangenknochen, dunklen Augen und einer Halskette, an der ein Stein hing. Unter seinem Gewand trug er einen braunen Fleecepullover – eine chinesische Fälschung der berühmte Marke „The North Face" –, auf dem ein Logo stand, das uns zu seinem Spitznamen inspirierte: „The Noble Face".

Mittags stiegen wir immer mit unseren Schüsseln in der Hand zum oberen Klosterhof hinauf, wo wir mit den Lamas still auf das gemeinsame

Mittagessen warteten. Die Mönche aßen im Innenhof auch gemeinsam zu Abend, wir kochten abends jedoch meist unser eigenes Essen in Lama Wangyals Haus, damit Bodi nicht ständig mit so vielen Menschen essen musste.

Die Klosterküche schmiegte sich in eine schattige Ecke des Innenhofs. Der aus Stein und Holz gebaute, fensterlose Raum erinnerte ebenso wie unsere kleine Küche an einen Stall, auf seinem Boden war Gerste ausgestreut. Auf den Holzbänken lagen überall Hackbeile und Kupferkessel, und von den Wänden hingen Töpfe aller Art – in einem besonders großen Gefäß hätte man wahrscheinlich ein Pony schmoren können. Von morgens bis abends simmerten die großen Kessel auf den Tonherden, Rauchschwaden drangen aus der Tür.

Die beiden Köche waren griesgrämige Männer aus dem Dorf. Der Ruß hatte ihre Haut und ihre Klamotten über die Jahrzehnte dunkel werden lassen. Der o-beinige Tashi Tsering trug selbst an den heißesten Tagen eine Wollmütze und einen Wollpullover und sprach lediglich in Grunzlauten. Sein Gehilfe, Chagar, war ein schmalgesichtiger Mann mit dünnem Bart. Beide gingen sie mir gerade einmal bis zur Schulter.

Ein Schweigen breitete sich im Hof aus, als Tashi, ein Waschbecken voll mit Reis auf seiner Hüfte balancierend, aus der Küche kam. Chagar folgte. Er schwang einen Bottich, in dem sich eine matschige Mischung aus gekochten Bohnen, Zwiebeln und Linsen befand. Die Lamas wurden ihrem Rang nach bedient. Dann kamen die verlorenen Jungs. Und zum Schluss die Novizen, mit denen dann auch wir aßen.

Als die Köche zu uns kamen, folgte ich dem Beispiel der Jungen um mich herum, schaute nach unten und hielt meine Schüssel hin. Beim Reis war Tashi großzügig: zwei riesige Löffel, manchmal drei. Den Eintopf gab es nur in spärlicheren Rationen. Chagar schien jeden Empfänger genauestens zu taxieren und füllte seine Schöpfkelle dann einem Belohnungssystem folgend, das nur er verstand. Die Schuljungen bekamen meist eine halbe Kelle oder weniger. Als Außenstehendem wurde mir etwas mehr angeboten, aber ich versuchte immer abzulehnen, da ich keine Vorzugsbehandlung wollte. An den wenigen Tagen, an denen die breiige Masse Fleisch enthielt, fiel mir auf, dass der grimmig dreinblickende Chagar sicherstellte, dass alle Jungen – auch Bodi und Taj – eines der kostbaren Stücke bekamen.

Die Novizen schlangen ihr Mittagessen hektisch herunter, entweder mit den Fingern oder mit zu Stäbchen geschnitzten Weidenzweigen. Auch Christine und ich aßen mit den Fingern. Es war ein wunderbares Gefühl, das Essen wirklich zu *spüren*, ein Sinnesgenuss, den man im Westen kaum noch kennt. Unsere Kinder zogen allerdings Metalllöffel vor.

Die Novizen waren innerhalb weniger Minuten fertig. Dann sprangen sie auf, spülten schnell ihre Schalen in einem Fass mit Wasser aus und zerstreuten sich. Unsere Kinder wiederum waren schrecklich langsame Esser. Nicht selten saßen wir allein im leeren Innenhof, lange nachdem die anderen weggegangen waren, und schmolzen in der unbarmherzigen Sonne. Vorbeigehende Lamas sahen uns vier verwirrt an. *Was dauert da so lange?*

Noch verstörender war für die alten Männer die Tatsache, dass Bodi mit seiner linken Hand aß. Er war beidhändig auf die Welt kommen und schrieb zwar mit der rechten Hand, aß aber mit der linken. Die Lamas, denen nie etwas entging, waren entsetzt. In vielen afrikanischen und asiatischen Ländern gilt die linke Hand als „dreckig", da man sie im Notfall dazu verwendet, sich den Hintern abzuwischen. Mit der linken Hand Essen zu berühren, ist also undenkbar. Und so näherte sich fast jeden Tag irgendein Lama dem essenden Bodi und erklärte ihm ernst, dass er mit der rechten Hand essen solle.

„Sie sollen damit aufhören", schrie er dann und schaute dabei nicht die erschrockenen Männer an, sondern uns.

„Shhhh!", zischten Christine und ich.

„Ich putze mir den Hintern mit der rechten Hand ab", bellte Bodi. „Das heißt, ich kann mit der linken essen."

Das war ein gutes Argument, in Zanskar zählte es aber nicht.

Lama Wangyal tadelte ihn zu Hause ständig. „Oh, Norbu! Rechte Hand gut. Alle Lamas mit rechter Hand essen." Er erklärte dann, dass nur ein einziger Lama mit der linken Hand äße, und der sei „sehr dumm".

„Wer denn?", fragten Christine und ich im Chor.

„Jimba Sonam!“ Lama Wangyal schüttelte angeekelt den Kopf, als verliehe das Essen mit der linken Hand dem klösterlichen Sittenmeister den Rang eines Dorfidioten.

Diese anhaltende Hand-Debatte stellte uns als Eltern vor eine echte Herausforderung. Sollten Christine und ich lokale Bräuche respektieren und Bodi dazu zwingen, mit seiner rechten Hand zu essen? Dass er es konnte, stand außer Frage, und seine Weigerung war zumindest teilweise seiner Sturheit zuzuschreiben. Oder sollten wir uns taub stellen?

Wir hatten Angst, in Bodis natürliche Veranlagung einzugreifen, wenn wir ihm so etwas auferlegten. Es gibt viele Geschichten, wie Schüler dazu gezwungen wurden, mit der rechten Hand zu schreiben. Christine teilte dieses Schicksal und fragt sich noch immer, wie ihre Handschrift und ihre Malerei wohl aussähen, wenn sie ihre natürliche Veranlagung hätte ausleben können.

Was war das Beste für Bodi?

Schließlich wählten wir – wie so oft im Leben, vor allem mit einem Kind im Spektrum – den Weg des geringsten Widerstands. Und Bodi setzte sich mit seinem eisernen Willen locker über die hartnäckigen Mönche hinweg.

Bevor wir den langen Fußmarsch nach Zanskar angetreten hatten, hatten wir den Kindern erklärt, dass es im Kloster keine Möglichkeit geben würde, das neue iPad aufzuladen. Das war vielleicht etwas geflunkert, aber Christine und ich wollten solchen Ablenkungen selbst entsagen und glaubten, dass es auch den Jungen guttun würde.

Also hatten wir das Tablet in Manali zum letzten Mal aufgeladen. In den ersten drei Tagen unserer Wanderung nutzten die beiden noch ihre dreißigminütige iPad-Zeit vor dem Schlafengehen. Dann wurde der Bildschirm schwarz. Erstaunlicherweise regten sich die Jungen kaum auf, und schon bald schien es, als hätten sie das Gerät komplett vergessen. Ihre Sucht ließ so schnell nach, wie sie gekommen war. Statt mit dem Tablet verbrachten sie ihre Tage im Kloster mit einfacheren Dingen: Stöcken, Gummibändern, weggeworfenen Wasserflaschen oder getrockneten Blättern.

Bei mir beobachtete ich Ähnliches.

Nachdem ich mein Handy in Kimberley zurückgelassen hatte, dauerte es nur wenige Tage, bis ich nicht mehr in meine Tasche griff, um nachzusehen, ob es noch da war. Das Phantombrummen eingebildeter Anrufe verschwand. Genauso wie das Verlangen, jede freie Minute damit zu verbringen, ziellos im Internet zu surfen. Das Gefühl, ständig E-Mails oder Textnachrichten schreiben zu müssen, was peinlicherweise einen großen Teil meiner Zeit zu Hause einnahm, verschwand nun komplett. Zum ersten Mal seit Langem begann ich, mich wirklich zu entspannen.

An sechs Tagen in der Woche gingen die Novizen zur Schule: von Montag bis Samstag.

Die Vormittage füllten das Auswendiglernen von Schriften, Meditation, Tibetisch und buddhistische Debattierkunst – eine erstaunlich körperliche, von exaltierter Gestikulation und lautem Klatschen untermalte Diskussion der philosophischen Lehren. Hin und wieder sprangen die Streitredner auch auf und griffen einander körperlich an.

Unsere nachmittäglichen Stunden mit Englisch und Mathematik schienen eher zweitrangig zu sein. Es gab nicht mal einen Lehrplan. Wenn wir nachhakten, schlug Wang Chuk vor, die Kinder Aufgaben aus den Schulbüchern lösen zu lassen, die sie in ihren Schultaschen trugen. In diesen völlig zerfledderten, von der indischen Regierung herausgegebenen Büchern war neben jeder Frage die Antwort hingekritzelt worden.

Als ich Norphal fragte, von wem diese Antworten stammten, erklärte er mir: „Letzter Lehrer sie geschrieben."

Es war ein einziges Trauerspiel.

Tausend Jahre lang hatte Karsha Gompa den Ruf als angesehenstes Lehrinstitut Zanskars genossen, das Schüler auf das weiterführende Studium in den großen tibetischen Klöstern vorbereitete. Doch nun, wo der Buddhismus in diesem abgelegenen Tal zunehmend an Bedeutung verlor, schien es, als hätten die hochrangigen Lamas aufgegeben. Oder als wäre es ihnen gleich. Die Folge: Die jungen Mönche, denen früher eine große akademische Laufbahn bestimmt gewesen wäre, wurden nun dazu degradiert, die Antworten aus veralteten Übungsbüchern abzuschreiben.

Die Misere der Novizen wurde noch beklagenswerter, wenn man sich Indiens aktuelle Besessenheit in Sachen Bildung ansah: Hier spielen standardisierte Tests eine große Rolle, wenn es um die Zukunft eines Schülers geht. In den südindischen Bundesstaaten werden die Fotografien der besten Schüler in Zeitungen abgebildet, und die beliebtesten Lehrer werden auf Werbetafeln so angepriesen, wie ein nordamerikanischer Sportverein für seinen Spieler der Saison wirbt.

Welche Chancen hatten diese jungen Novizen in einer modernen Welt, die sie in Kürze überrollen würde?

Da unsere Zeit im Kloster begrenzt war, schien es Christine und mir das Wichtigste, den Jungen beizubringen, sich auf Englisch zu unterhalten. Also legten wir die Übungsbücher zur Seite und begannen zu reden. Nicht nur im Unterricht, sondern auch auf den Wegen, in der Puja-Halle und beim Mittagessen.

„Hallo!", riefen wir immer, wenn wir die Jungen sahen. „Wie geht es euch?"

Nach und nach lernten sie zu antworten.

„Hallo, Angmo. Hallo, Mr. Bruce. Mir geht es gut. Bis morgen."

Innerhalb des Klassenzimmers entwickelten wir feste Abläufe, und wie alle Kinder liebten die Novizen das Gewohnte.

Zu Beginn der Stunde sangen wir. Und wie gern die Jungen sangen! Es war ihnen längst in Fleisch und Blut übergegangen und sie brüllten die Wörter einstimmig hinaus. Wir begannen mit einem einfachen ABC-Lied, jeden Tag kam ein neuer Buchstabe hinzu.

A *says ahhh.* A *says ahhh.*
Alligator, Alligator. Ahhh! Ahhh! Ahhh!
(Dabei imitiert man mit beiden Armen das auf- und zuklappende Maul eines Alligators.)

B *says buh.* B *says buh.*
Bouncy ball, bouncy ball. Buh! Buh! Buh!
(Dabei dribbelt man mit einem imaginären Basketball.)

Danach versammelte Christine die älteren Schüler in einem Kreis und übte Konversation, ich hingegen brachte den Jüngeren grundlegendes Vokabular bei.

Nach einer Stunde machten wir eine „aktive Pause". Dafür verteilten wir uns im Klassenzimmer und absolvierten zwanzig Liegestütze, zwanzig Sit-ups und zehn Liegestützsprünge. Die jungen Mönche, diese Übungen nicht gewöhnt, waren ganz aufgeregt und ausgelassen. Alle zählten laut und im Chor mit. Die älteren Jungen wetteiferten darum, als Erster fertig zu werden, und die jüngeren, die es sehr nach Körperkontakt verlangte, krabbelten auf Christine und mir herum, als wären wir ein Klettergerüst.

Dann war Mathe an der Reihe. Wieder teilten wir die Klasse in zwei Hälften, aber diesmal übernahm ich die älteren Jungen, die anhand zunehmend komplexerer Aufgaben Multiplikation und Division übten, und Christine arbeitete mit den jüngeren an Addition und Subtraktion.

Um sechzehn Uhr, wenn Wang Chuk kam, um uns Milchtee zu brühen, fühlte es sich an, als hätten wir den ganzen Tag unterrichtet.

Obwohl ich mir mit dem Meditieren weiterhin Mühe gab, schien ich kaum Fortschritte zu machen. Ich konnte mich nicht länger als ein paar Sekunden auf meine Atmung konzentrieren.

Als ich Lama Wangyal bat, mich anzuleiten, wischte er mein Anliegen beiseite, als handele es sich um eine Kleinigkeit. Also fragte ich den fröhlichen Lehrer, Lama Chosang, der Folgendes vorschlug: Er würde mir das Meditieren beibringen, wenn ich ihm Englisch beibrächte. Ich schlug eifrig ein. Aber schon am nächsten Tag erhielt Lama Chosang einen Brief von einem Freund im Tashilhünpo-Kloster in Südindien.

„Mutter sehr krank", erzählte mir Lama Chosang. „Freund braucht Hilfe. Also muss ich gehen."

Eine Stunde später verließ er das Kloster. Ein Nachtbus sollte ihn nach Jammu bringen. Von dort war es eine fünftägige Zugfahrt in den Süden. Wir sahen den fröhlichen Mann nie wieder.

Lama Strab, der von Heimweh geplagte Lehrer, sagte mir, ich solle mir keine Gedanken machen. Es brauche eine lange Zeit, um den Geist wahrhaftig zu beruhigen, erklärte er. Die meisten Schüler bräuchten fünf Jahre oder mehr, um *tong-ee*, die wahre Leere, zu erfassen.

„Wenn du fünf Stunden meditierst, dein Geist aber nur eine Stunde ruhig ist, ist das normal."

Ich fragte ihn nicht, ob es auch normal sei, wenn man es eine Stunde lang probiere, aber nur ein paar Sekunden zur Ruhe komme.

Ein paar Tage später tauchte Strab mit einem tragbaren DVD-Spieler und einem USB-Stick an der Hobbittür auf – darauf befand sich eine Videoanleitung zur Meditation, von der er dachte, dass sie mir vielleicht nützen könnte. Nachdem die Kinder eingeschlafen waren, kuschelten Christine und ich uns aneinander und riefen das Video voll freudiger Erwartung auf. Zu unserer Enttäuschung war die Lektion auf Tibetisch, und da wir die Sprache nur im Schneckentempo lernten, verstanden wir fast nichts.

Wir wollten den DVD-Spieler gerade wieder ausschalten, als Christine Raubkopien von „Der Soldat James Ryan" und „Rückkehr zur Blauen Lagune" auf dem USB-Stick entdeckte. Im Dunkeln sahen wir uns den Kriegsfilm mit Matt Damon an, und für einen kurzen Moment vergaß ich völlig, dass ich in Zanskar war.

Da ich niemanden fand, der mich anleitete, stolperte ich blind durch das Reich der Meditation und übte jeden Tag während der Puja – war mir dabei aber nicht sicher, was ich eigentlich erreichen wollte.

Egal, wie sehr ich mich auf meinen Atem konzentrierte, meine Gedanken gingen immer wieder auf Wanderschaft. Nur Sekunden, nachdem ich meine Augen geschlossen hatte, fing ich an, an meinem Buch zu schreiben, oder fuhr mit meinem Mountainbike durch herbstliche Lärchenwälder.

Lass die Gedanken los, sagte ich mir. *Kritisiere dich nicht für deine Versuche. Sei nett zu dir. Kehre zum Atem zurück.*

Dann sammelte ich Feuerholz. Saß beim Friseur. Fuhr auf Skiern durch Pulverschnee. Aß Nachos. Schlief aus. Sprang von einer Klippe und spürte den Schmerz des Bauchklatschers.

Es war eine Ironie des Schicksals, dass ich früher häufiger Tagträume hatte, die davon handelten, in einem Kloster zu leben. Und jetzt war ich hier und träumte davon, zu Hause zu sein.

Schon allein der Versuch, meine Gedanken zum Schweigen zu bringen, verursachte mehr Gedanken. Wie würde sich Meditation anfühlen, wenn ich es richtig machte? Wie im freien Fall? Glückseligkeit? Stille?

Das ewige Hintergrundrauschen war verblüffend. „Affengeist" nennen die Buddhisten das: Gedanken, die ziellos von einem Ort zum nächsten springen. Ziel der Meditation ist es, den Affen zu zähmen und die Kontrolle über die eigenen Gedanken wiederzugewinnen.

Bei den wenigen Malen, an denen ich der Stille näherkam, wurde ich mir dessen bewusst – *Oh mein Gott, krass, ich hab es fast geschafft, jetzt passiert es!* –, und dann fiel das ganze Kartenhaus natürlich wieder in sich zusammen.

Versuch es nochmal.

Ich konzentrierte mich auf die Luft, die durch meine Nase ging, und stellte sie mir wie weiße Kathas vor, die hinaus und wieder hinein gesogen wurden. Warum kitzelte das nicht? Warum erstickte ich nicht?

Versuch es nochmal.

Ich änderte die Strategie und öffnete die Augen. Ich war entschlossen, mich nun ausschließlich auf die Szene vor mir zu konzentrieren: den Gesang und das sanfte Trappeln der Füße. Novizen, die geschwärzte Teekessel herumwirbelten, bevor sie einschenkten. Der Geruch von Wacholder. Schwerter aus Sonnenlicht, die im blauen Rauch tänzelten. Ich schaute auf ein verziertes *Thangka*, ein seidenumrandetes, buntes buddhistisches Gemälde, das von einer Säule in der Nähe hing. Wenig später fragte ich mich, ob ich so eines in Zanskar kaufen und als Erinnerung an unsere Zeit hier in mein Büro hängen könnte.

Versuch es nochmal.

Jeder Morgen begann auf die gleiche Weise.

Ich stand auf, wenn sich das Licht langsam auf den vergletscherten Gipfeln ausbreitete, schlich auf Zehenspitzen an meiner schlafenden Familie vorbei in die dunkle Küche und suchte reflexartig nach einem Lichtschalter – bis ich mich daran erinnerte, dass es natürlich keinen gab.

Sobald sich meine Augen an die Dunkelheit gewöhnt hatten, füllte ich einen Kochtopf mit kaltem Wasser, gab dann eine Handvoll Teeblätter, eine Prise Zucker und etwas Chai-Masala hinein – eine Gewürzmischung aus fein gemahlenem Kardamom, Zimt und Nelken. Ein Streichholz erweckte den Kocher zum Leben, und seine summende, blassblaue Flamme erhellte den erdbraunen Raum.

Während ich darauf wartete, dass das Wasser kochte, hörte ich den Fledermäusen oben im Dach zu, wie sie sich krallend ihren Weg nach Hause bahnten. Draußen pfiff der Wind um die Felswände. Aus dem Dachgeschoss vernahm ich gedämpfte Schritte und gelegentliches Kichern.

Dann stolperte Tashi Topden die Leiter herunter. Mit einem dumpfen *Wumms* wurde die Hobbittür aufgestoßen, und blendendes Licht durchflutete den Gang. Paljor und Jigmet folgten.

Wenn der Tee fertig war, schöpfte ich ihn in eine rote Thermoskanne. Vor zwanzig Jahren hatte ich im Everest-Basislager genau das gleiche Modell benutzt. Diese erstaunlich wirkungsvollen Thermoskannen sind im Himalaja sehr verbreitet. Damit blieb das Wasser selbst bei minus zwanzig Grad Celsius brühend heiß. Nachdem ich eine dampfende Schale Tee neben Christines Schlafsack gestellt hatte, schlurfte ich mit der Thermoskanne in der Hand durch den langen Lehmgang und trat ans Licht.

Das Tal lag noch im Schatten, doch der Himmel über mir zeigte schon ein weites, makelloses Blau. Die jungen Mönche drängten sich um das von Frost überzogene Fass und wuschen sich Arme, Oberkörper und Gesicht. Ich ließ die Thermoskanne bei ihnen stehen und ging mit meiner eigenen Schale Tee den Pfad zu einem großen Stein hinunter, von dem man einen atemberaubenden Ausblick auf die Zentralebenen Zanskars hatte.

In weiter Ferne – auf der anderen Seite des Tals, zu Fuß einen vollen Tag entfernt – lag das Geisterdorf Kumik mit seinen brachliegenden braunen Feldern. Früher hatte das Schmelzwasser der Gletscher diese Gemeinde ernährt. Doch vor zehn Jahren begann sich das Klima in Zanskar stark zu wandeln und die Gletscher verschwanden. Der lebensspendende Wasserlauf trocknete aus und die übrig gebliebenen fünfzig Einwohner hatten keine andere Wahl, als ihre Sachen zu packen und zu gehen. Anstatt sich in der Nähe eines anderen klaren Wasserlaufes anzusiedeln und Gerste anzubauen, wie es seit Tausenden von Jahren Tradition in Zanskar ist, sahen die Dorfältesten eine Zukunft darin, den passierenden Lastkraftwagenfahrern Mahlzeiten zu verkaufen. Also bauten sie neue Behausungen entlang der staubigen Strecke, an der einmal die Straße verlaufen sollte. Zehn Jahre später warteten sie noch immer vergeblich auf den motorisierten Verkehr.

Für mich allerdings wirkte die Welt im ersten Licht des Tages von Hoffnung erfüllt. Die Luft war frisch, und ich beobachtete die kleinen Gestalten unten im Dorf – die Frauen sammelten Yakmist, die Kinder trieben Schafe an. Die Stille wurde nur durch das gelegentliche Bellen eines Hundes unterbrochen. Und durch das Blöken der Yaks. Langsam erwachte das große, verborgene Tal zum Leben.

Drei Wochen nach unserer Ankunft im Karsha Gompa erlebte ich bei Sonnenaufgang etwas Unerwartetes, vielleicht sogar Magisches.

Als der erste Sonnenstrahl auf den Talboden fiel, wie ein Scheinwerfer auf eine verdunkelte Bühne, erleuchtete er das sechshundert Jahre alte Kloster Pipiting, das in der geografischen Mitte Zanskars auf einem Drumlin, einem länglichen Hügel, dem Überbleibsel eiszeitlicher Gletscher, stand. Dieses außergewöhnliche Phänomen – von dem ich annahm, dass man es nur an ein paar Tagen im Jahr beobachten konnte, nämlich genau dann, wenn die Sonne durch einen bestimmten Spalt zwischen den Bergspitzen im Osten schien – versinnbildlichte für mich die Entstehungsgeschichte Zanskars.

Der Legende nach entstand das breite Tal, nachdem Guru Rinpoche eine Dämonin gebändigt und sie mit buddhistischen Schreinen, die ihren Kopf, ihre Hände und ihre Füße beschwerten, rücklings auf den Boden gefesselt hatte. Zu guter Letzt wurde Pipiting, der heiligste aller Tempel, auf ihrem Herzen erbaut, genau an der Stelle, um die sich das Universum dreht.

Eine tibetische Sage erzählt eine ähnliche Geschichte. Derzufolge herrschte einst die Dämonin Srin Ma über die Hochebene. Sie wurde von König Songtsen Gampo besiegt und mit zwölf Tempeln, die auf ihren Gliedmaßen standen, auf den Boden genagelt. Der dreizehnte Tempel, direkt auf ihrem Herzen erbaut, sollte ihre bösen Impulse für immer unterdrücken: Das war der Jokhang-Tempel in Lhasa.

Entgegen meiner Erwartung wiederholte sich das Schauspiel noch am selben Tag bei Sonnenuntergang: Ein letzter Sonnenstrahl bohrte sich durch zerklüftete Gipfel im Westen und legte sich, wie durch göttliche Fügung, auf den zerfallenden Tempel Pipiting.

Nur einen Moment später wurde das Licht schon schwächer, und die Dämmerung senkte sich purpurn über das verborgene Tal.

All die täglichen Verrichtungen, die zum Leben gehören, nahmen im Karsha Gompa mehr Zeit in Anspruch und verlangten eine Form der Aufmerksamkeit, wie ich es von zu Hause nicht gewöhnt war.

Das Geschirr wuschen wir von Hand, und zwar in dem verbeulten Zinnbecken, das vor der Tür an dem Pfad stand. Auf dem Boden hockend schrubbten und schrubbten wir, aber mit nichts als kaltem Wasser und einem Stück Seife wurde das Geschirr nie richtig sauber.

Das Kochwasser mussten wir mit einem gesprungenen Saftkrug aus einer rostigen 200-Liter-Tonne schöpfen. Und davor musste diese Tonne noch befüllt werden, und zwar mit einem langen, undichten Schlauch, der an die Klosterzisterne angeschlossen war.

In unserem kleinen Wohnraum fühlte sich das Leben an, als verbrächten wir es auf einem Segelboot: Alles hatte seinen Platz und musste nach Gebrauch wieder verstaut werden. Die Teppiche wurden mit einem Besen aus Zweigen gefegt, gröberen Schmutz klaubten wir auf allen vieren herumkriechend per Hand auf.

Staub war unser ewiger Feind. Unter den Gletschern des Himalaja zermahlen, ließ dieses „Felsmehl" die Seen türkis und die Flüsse braun werden. Die Füße wirbelten es auf den Pfaden auf, und durch Risse in den Wänden und Fenstern gelangte es in die Häuser. In unserem Zimmer trieb es wie Schneeflocken durch die Luft. Ständig wischten wir den Staub von den Büchern, Spielzeugen und Tischen. Häufig wachte ich auf und spürte eine Schicht Sand auf meinen Vorderzähnen. Und obwohl wir sie kräftig schrubbten, färbte der Staub unsere Klamotten dunkler und dunkler.

Die „Toilette" befand sich in einem engen, begehbaren Schrank am Ende des Ganges, kurz hinter der Hobbittür. Sich in den kleinen Raum zu quetschen, war schon eine Herausforderung, da die Decke gerade mal schulterhoch war und ein Wirrwarr aus Gartenwerkzeugen an den Wänden baumelte. Ein kleines Loch im Lehmboden, kaum größer als ein Taschenbuch, erforderte viel Treffsicherheit. Als einer meiner ersten Versuche fehlschlug, zog Lama Wangyal eine Grimasse und zeigte mir, wie man das übelriechende Loch mit kochendem Wasser spülte und dann frischen Kies auf dem Boden verstreute.

Meine Treffsicherheit verbesserte sich zwar, doch eine Herausforderung blieb: Zugwind.

Der Wind, der über die Klosterhänge fegte, fühlte sich häufig wie ein kalter Föhn an, der direkt auf mein Gesäß blies. Jedes zusammengeknäuelte Toilettenpapier, das man in die Leere warf, kam unweigerlich sofort wieder nach oben gesegelt und flatterte wie ein giftiger Schmetterling durch den Wandschrank. Irgendwann hatte ich eine Idee und wickelte ein paar Steine in das Toilettenpapier, bevor ich es wegwarf. Et voilà, es verschwand.

Alle paar Tage streute Lama Wangyal eine Handvoll Stroh in den Abgrund. Und einmal im Jahr leerte er die Kammer, die sich unterhalb befand, lud „den Dreck der Nacht“ in einen Weidenkorb und trug ihn zu den Feldern des Dorfes, wo es anstelle von Viehmist, das als Brennmaterial verwendet wurde, als unentbehrlicher Dünger diente.

Nachdem in der Nähe des Verwaltungszentrums Padum ein Dieselgenerator aufgebaut worden war, hatte man 2007 ein Spinnennetz aus Stromkabeln im Kloster verlegt. Selbst in Lama Wangyals Küche gab es eine Steckdose. Aber das Stromnetz war äußerst unzuverlässig, daher verließen wir uns auf traditionellere Methoden.

Für den Fall, dass das Chai-Masala ausging, zeigte uns Lama Wangyal, wie man Kardamom, Nelken, Zimtrinde und Fenchelsamen in einem Mörser zerrieb. Christine arbeite, bis ihre Oberarme schmerzten und ihr Gesicht voller Pulver war. *Bumm. Bumm. Bumm.* Zu Hause – mit einem Küchenhäcksler – wäre das in Sekunden erledigt gewesen.

Auffallend war hier allerdings auch die Abwesenheit von Störgeräuschen. Abgesehen von Gesang, Wind, Vieh und dem vereinzelten Pfeifen eines Wasserkessels war es in unserem Leben still: keine piepsenden Handys oder Mikrowellen, keine Staubsauger, Radios, Fernseher, Rasenmäher, Laubbläser, Mixer, Hupen, Maschinen, Luftbefeuchter oder Rasierer.

Und so, wie die Eile des modernen Lebens aus unserem Leben verschwand, dehnte sich die Zeit auf beruhigende Weise aus. Gelassenheit prägte unsere Tage, es war wie das Flüstern eines halb vergessenen Paradieses.

Christine war glücklich, so glücklich hatte ich sie noch nie gesehen. Zu Hause hatte sie eine Zeitlang an einer postnatalen Depression gelitten und alle möglichen Heilmethoden ausprobiert. Aber was sie auch tat, das moderne Leben schien immer einen Weg zu finden, sie mit mehr Stress zu überladen. Jetzt lachte sie viel und sorgte sich weniger.

„Ich glaube, ich habe die Zügel etwas gelockert", gestand sie. „Ich bin normalerweise so eine *Sollte*-Person. Ich *sollte* das tun. Ich *sollte* jenes tun. Aber ich versuche, keine Erwartungen an mich zu stellen. Das ist ungewöhnlich für mich. Aber hier im Kloster fühlt es sich einfach richtig an."

Als ich bemerkte, dass das vielleicht die friedlichste Zeit meines Lebens sei, erinnerte sie mich: „Wir sind erst seit einem Monat hier."

Der Himmel war seit Wochen wolkenfrei, und an diesem Abend fragte ich Bodi, ob er mit mir auf Lama Wangyals Dach unter den Sternen schlafen wolle. Er ließ sich mit seiner Antwort viel Zeit, und da er eigentlich jede Form von Veränderung scheute, nahm ich an, er würde ablehnen.

Aber er überraschte mich, indem es plötzlich aus ihm herausbrach: „Das wäre toll."

Lama Wangyal teilte unsere Begeisterung allerdings nicht.

„Nicht gut, Mortub", bellte er, als wir unsere Schlafsäcke auf das Lehmdach schleppten. Doch als er unsere Entschlossenheit sah, holte er aus einer Stahltruhe eine Yakhaardecke und breitete sie unter unseren Schlafsäcken aus. Dann zeigte er auf den Abgrund zu unseren Füßen, an der Vorderseite des Hauses ging es mehr als fünfzehn Meter steil in die Tiefe. „Vorsichtig, Mortub! Vorsichtig!"

Ich rang Bodi das Versprechen ab, dass er, falls er in der Nacht auf Toilette müsse, mich weckte, bevor er aufstand. Dann zogen wir unsere

Skimützen und dicken Jacken an und krabbelten in die dünnen Schlafsäcke. Nachdem wir mit einer Stirnlampe „Tim und Struppi in Tibet“ gelesen hatten, legten wir uns auf den Rücken und starrten in den dunkler werdenden Himmel. Die Fledermäuse verließen bereits eine nach der anderen ihren Schlafplatz, und ihre leise klickenden Ultraschallrufe erfüllten die Luft. Irgendwo bellte ein Hund.

Als man den ersten Stern am Himmel sehen konnte, zeigte Bodi aufgeregt dorthin. Dann tauchten immer mehr auf. Schon bald erstreckte sich die Milchstraße von einem Horizont zum anderen, wie glitzernde Spritzer aus Limettensaft und Eis.

Da wir weder Orion, den Großen Wagen, Kassiopeia noch irgendeine andere vertraute Konstellation entdeckten, nahmen wir ein Buch zur Hand. Zum ersten Mal sah ich den Schützen, den Steinbock und den Wassermann. Der Skorpion schwebte am Horizont im Westen, seine Augen waren glühende Kohlenstücke – die Planeten Mars und Saturn.

Wortlos lagen wir da, unsere Schultern berührten sich. Ich bestaunte das endlose Universum und unsere eigene Bedeutungslosigkeit als Menschen. Eine Sternschnuppe brannte eine flüchtige Linie durch den Himmel im Süden.

„DAD!“, schrie Bodi. „Hast du das gesehen?“

Da sich der Meteorstrom der Perseiden im August seinem Höhepunkt näherte, durchkreuzten schon bald flammende Bahnen den Himmel. Bodi gluckste und wand sich vor Freude.

Ich legte einen Arm um ihn und zog ihn näher zu mir, dabei verfing sich mein Schlafsack an einem gebrochenen Ofenrohr. Die Federn quollen wie fliehende Motten aus dem Sack und in die Nacht hinein. Ich fing so viele wieder ein, wie ich konnte, und stopfte sie zurück. Später verarztete ich den Riss mit einem Stück Klebeband. Dann kuschelten Bodi und ich uns eng aneinander. Irgendwann sagte er nichts mehr.

Ich war mir sicher, dass er schon schlief, und döste selbst gerade ein, als er flüsterte: „Das ist die beste Nacht meines ganzen Lebens.“

VERLORENE HORIZONTE

Falls es im Karsha Gompa einen Plan für den täglichen Ablauf gab, dann war er schwer zu durchschauen. An manchen Morgen ertönten die Hörner um Viertel vor sechs. An anderen nicht vor halb acht. Die Puja dauerte meist eine Stunde, aber manchmal waren es auch drei oder vier Stunden.

Eines kühlen Morgens Anfang September fanden wir die Versammlungshalle verlassen vor. Wo waren denn alle? Verwirrt liefen wir über den Innenhof, als Christine den jungen Purbu aus unserer Klasse entdeckte, der gerade eine Steintreppe hinaufhechtete.

„Wo ist die Puja?", rief sie. Er zeigte nach oben und rannte weiter.

Wir folgten ihm über steile Treppen und enge Wege, bis wir schließlich zu einem gedrungenen Tempel gelangten, der mir vorher nie aufgefallen war. Wir legten unsere Sandalen zu dem Haufen vor der Tür, schoben dann die schweren Decken beiseite und schlüpften hinein.

Reihe für Reihe füllten die Lamas den Raum, der mit seinen dicken Lehmwänden und den winzigen Fenstern darin uralt und beengt wirkte. Eine Armee aus vergoldeten Statuen belagerte den Altar, die auffälligste war ein grimmig dreinblickender, blaugesichtiger Dämon mit einer Krone aus Schädeln. Der sechsarmige Mahakala war Karshas zorniger Schutzgott, und dieser Tempel, Gonkhang genannt (Schrein des Beschützers), war ihm geweiht.

Wir wollten uns gerade nach hinten schleichen, als Lama Wangyal uns entdeckte und aufsprang. Er übertönte den Gesang und wies uns an, zu einer Öffnung in der Wand neben dem Altar zu gehen. Mir war es peinlich, dass wir die Zeremonie störten, die Lamas schienen davon jedoch ungerührt.

„Rein, rein, rein!“, schrie Lama Wangyal und gestikulierte ungeduldig.

Er öffnete eine hölzerne Klapptür, und Christine und ich knieten uns auf den Boden und kletterten hindurch. Bodi und Taj folgten. Wir gelangten in eine kleine Kammer, in der sich Schätze auftürmten. Auf Regalen und in Wandschränken standen unzählige Reliquien: Muschelschalen, mit Türkisen besetzte Silberdolche, ein Hirsch aus Messing, der christlich aussehende Engel trug, Yakhaarstiefel, getrocknete Tierhörner und Softdrinkflaschen voller Weihrauchstäbchen. Von der Decke hingen zwei Ledertrommeln, getrocknete Geranien zierten eine Fotografie des Dalai Lama. Vor einer kleinen Statue des Loepön Dunde, des Gründers von Karsha Gompa, flackerte eine Kerze.

Hinter einem Holzgitter war eine Sammlung Furcht einflößender Masken mit hervorstehenden Augen und blutroten Fangzähnen zu sehen. Ich wollte sie mir gerade etwas genauer anschauen, als mir jemand auf die Schulter klopfte. Einer von den verlorenen Jungs hatte uns von der Tür aus still beobachtet. Jetzt erklärte er, dass der Bereich hinter dem Gitter ein Gefängnis für böse Geister sei und wir dort keinen Zutritt hätten. Die Masken würden nur im tiefsten Winter hervorgeholt werden, wenn die Mönche *Karsha Gustor* aufführten, einen mystischen, eintausenddreihundert Jahre alten Tanz.

Wir krabbelten also wieder zurück in den Hauptteil des Tempels und lehnten uns im Schneidersitz gegen die Wand. Der Gesang war anders als der, an den wir uns gewöhnt hatten, eher wie ein Lied, mit einer melodischen Stimme, die sich vom Rest abhob.

Kehlgesang, auch Obertongesang genannt, ist typisch für tibetisch-buddhistische Zeremonien. Dabei erzeugt ein Sänger zwei stabile Töne, während er gleichzeitig einen dritten Ton mitschwingen lässt. Dieser außergewöhnliche Klang – teils Dieselmotor, teils Ochsenfrosch – stammte von dem jungen, aber ewig melancholischen Lama Tsering

Sundup, dem wir den Spitznamen *Broken Angel*, „gebrochener Engel“, verpasst hatten.

Während wir ihm lauschten, begann Jimba Sonam, der breitschultrige Disziplinarmeister, die Gänge abzulaufen. Vor jedem Lama blieb er stehen und streckte die Hand aus. Die meisten schüttelten ihren Kopf und wendeten den Blick ab, aber ein paar gaben nach und händigten dem einschüchternden Mann eine Gebetskette aus.

Was passierte da? Hatte das Kloster finanzielle Probleme?

Ich fühlte nach meiner eigenen Mala. Obwohl ich sehr an Lama Wangyals Geschenk hing, schien es mir eine ausgezeichnete Gelegenheit zu sein, um mich in der buddhistischen Tugend der Nichtanhaftung zu üben. Ich beschloss, sie zu spenden, und hob meine Hand, aber ... der Disziplinarmeister war bereits weitergegangen.

Irgendwann breitete er die Gebetsketten auf einem Tisch vor Lama Mortub aus, dem Buchhalter des Klosters. Dieser zauberte ein dickes Bündel Geldscheine aus seinem Gewand hervor, die er zunächst methodisch abzählte und dann auf jeder Gebetskette zu wackeligen Türmen stapelte. Der Disziplinarmeister brachte die Gebetsketten zu ihren jeweiligen Besitzern zurück – zusammen mit einem Stapel Geld, der aussah, als gehöre er zu Monopoly.

An diesem Abend erklärte mir Lama Wangyal, dass bei einem größeren Geldsegen – sei es eine Spende oder ein Nachlass – alle Mönche, auch die Novizen Anspruch auf einen Anteil hatten. Die Höhe des Anteils variierte je nach Alter, Rang und Stellung.

Offiziell wohnten zu dieser Zeit zweiundachtzig Mönche im Karsha Gompa, allerdings waren viele nicht vor Ort. Manche studierten in den großen tibetischen Schulen in Südindien. Andere waren mit dem Auftrag entsandt worden, Ländereien nahe des Dorfes Bodhgaya im etwa zweitausend Kilometer entfernten indischen Tiefland zu verwalten. Um eine gerechte Verteilung sicherzustellen, wurden zehn Lamas per Zufallsprinzip ausgewählt (jene, die ihre Gebetsketten hergegeben hatten). Sie waren nun dafür zuständig, das neue Klostervermögen unter einer Gruppe Mönche zu verteilen, die ihnen unterstand.

Gott sei Dank hatte der Disziplinarmeister meine Handmeldung nicht gesehen!

Als der Gesang wieder aufgenommen wurde, zählten die Mönche das Geld, wieder und wieder. Die Lamas liefen durch die Gänge und wollten sehen, was andere bekommen hatten. Dabei wurde intensiv verhandelt. Geldscheine wechselten mehrmals die Hände, manche wurden ins Licht gehalten und abgelehnt, da sie zu dreckig oder verknittert waren. Solch ein finanzielles Interesse fühlte sich bei einer religiösen Zeremonie seltsam falsch an. Bodi und Taj jedoch dachten ganz anders und beobachteten die durch die Hände gehenden Geldscheine mit großem Interesse.

„Können wir auch ein paar Rupien bekommen, Dad?“, flüsterte Taj. „Ich glaube, sie verteilen das heute anstelle von *tsampa*.“

Inmitten all dieses Tumults holte Lama Sundup, der Kehlsänger, eine Schriftensammlung aus einer Nische über dem Altar hervor und legte den Band behutsam auf den Gebetstisch vor dem obersten Lama. Man glaubt, dass die einhundertacht Bücher des „Kangyur“, die von Hand auf lange Papierrollen gedruckt und von Holzdeckeln zusammengehalten werden, die direkte Übersetzung der Worte Buddhas sind. Nachdem er die Schrift behutsam von ihrem Schutztuch befreit hatte, teilte der oberste Lama die vergilbenden Seiten sorgfältig in gleich große Stapel auf, die Lama Sundup unter den Lamas verteilte.

Eine traditionelle tibetische Schriftensammlung mit losen Seiten zwischen zwei Holzdeckeln.

Abrupt hörte der Gesang auf und ein kakofonischer Aufruhr begann – jeder Lama im Raum begann, laut zu lesen. Natürlich lasen alle verschiedene Sutras – ein weiteres Beispiel für den bewundernswerten Fokus, den der tibetische Buddhismus auf Effizienz legt: Wenn ein ganzes Buch laut vorgelesen werden muss, warum es nicht einfach aufteilen und jeden laut vorlesen lassen?

Taj stieß mir seinen Ellbogen in die Rippen.

Ich warf einen Blick auf die Uhr. Wir saßen schon seit einer Stunde im Schneidersitz, und auch Christine war bereit zu gehen. Da ich die Mönche nicht brüskieren wollte, beschloss ich, bis zum Ende der Zeremonie zu bleiben. Christine schüttelte den Kopf und schlich hinaus, die Kinder im Schlepptau.

Nach fünfundvierzig Minuten verklangen die lesenden Stimmen. Die Mönche gaben dem obersten Lama ihre Seiten zurück, der das Schriftbuch wieder systematisch zusammensetzte und in seine Nische legte.

Gott sei Dank. Die Puja war endlich vorbei. Ich steckte meine Teeschale in die Tasche und versuchte gerade, auf meinen eingeschlafenen Beinen zu stehen, als ein anderes Buch hervorgeholt wurde. Ich setzte mich wieder hin. Und wieder teilte der oberste Lama die vergilbten Seiten in Stapel auf. Das Lesen begann erneut. Eine Stunde später ging es mit einem dritten Buch weiter. Schließlich gab ich auf und humpelte aus dem Gonkhang.

Lama Wangyal kam erst nach Einbruch der Dunkelheit wieder nach Hause. Die Mönche hätten zwölf Bände laut vorgelesen, erzählte er mir – und sah erschöpft aus.

Die Feierlichkeiten läuteten *yarne* ein, eine dreimonatige Klausur, in der die Mönche das Kloster nicht verließen. *Yarne*, das von Buddha ins Leben gerufen wurde, fand ursprünglich während des Monsuns statt und sollte die Mönche davor bewahren, beim Sammeln von Almosen auf Insekten zu treten. Aber in den vergangenen Jahren hatten viele Klöster, darunter auch Karsha Gompa, damit begonnen, *yarne* auf sechs Wochen im Sommer und sechs Wochen im Winter aufzuteilen.

Die Winterklausur sei schwieriger, erklärte Lama Wangyal, da die Mönche in dieser Zeit alle einhundertacht Bände des „Kangyur“ vorläsen.

Ich stand gerade mit Taj und Bodi vor der Hobbittür, als eine Horde Novizen von oben herunterkam. Sie brachen wie eine Welle über uns herein: Sie lachten, sprangen herum, es war ein Wirrwarr aus Händen und Stimmen. Darunter waren der kleine Nima, der wilde Nawang, Skarma, Purbu, RamJam, Jigmet und der winzige Norgay in seinem braunen Gewand und der orangenen Mütze. Die neugierigen Jungen drückten die Knöpfe an meiner Uhr und untersuchten den „Tim und Struppi"-Band, den Bodi trug. Einige umklammerten meine Beine, daraufhin legte ich ihnen den Arm um die Schultern und fragte mich, was sie in ihrem zarten Alter wohl ins Kloster geführt hatte.

Plötzlich merkte ich, dass Taj weinte.

Kleiner als die ungestümen Novizen, hatte ihn das Wirrwarr überfordert. Also hob ich ihn hoch und setzte ihn auf meine Schultern. Die Jungen starrten uns mit offenem Mund an. Anscheinend hatten sie nie zuvor einen „Schulterritt" gesehen, und als sie der Möglichkeiten gewahr wurden, geriet die Truppe außer Rand und Band. Nachdem die ersten Schulterungsversuche fehlgeschlagen waren, kletterten die Jungen auf eine Steinmauer und sprangen dann auf den anderen – wie Cowboys, die einen Rodeobullen im Treibgang besteigen. Mit ihren Klassenkameraden auf den Schultern rannten sie die steinigen Pfade hoch und runter, veranstalteten Wettläufe und quietschten dabei vor Freude. Es war ein Wunder, dass niemand in diesem Rausch hinfiel.

Aber selbst wenn einer gestolpert und hingefallen wäre, er wäre einfach wieder aufgestanden und hätte weitergemacht, die Novizen waren fast so abgehärtet wie wilde Tiere. Sie sprangen routiniert von Dächern, die zwei- oder dreimal so hoch waren wie sie, purzelten steinige Abhänge hinunter und schlugen sich gegenseitig mit Stöcken. Beim gemeinsamen Mittagessen hatte ich gesehen, wie Purbu ein gekochtes Ei zu Nawang schmiss. Es sollte ein Geschenk sein, doch Nawang sah es nicht kommen, und so schlug das Ei laut krachend gegen seine Nase. Der Siebenjährige zuckte nicht einmal zusammen. Stattdessen rieb er sich seine tränenden Augen, schälte das Ei und aß es.

Daneben wirkten Bodi und Taj erschreckend zart. Beide weinten schnell und häufig – was die Lamas über alle Maßen bekümmerte.

„Nicht gut", tadelten die alten Männer dann verärgert.

Selbst im Dorf flehten Fremde unsere Kinder an, mit dem Weinen aufzuhören, so als ob sie niemals zuvor ein solches Leid gesehen hätten.

Die Anthropologin Kim Gutschow, die einige Jahre in Zanskar verbracht hat, erklärt, dass es in der Region zwei Wörter gibt, mit denen man das Weinen von Kindern beschreibt: *nyid shrin* (Schlafweinen) und *stod shrin* (Hungerweinen). Auffallend ist, dass es kein Wort für „Schmerzweinen“ gibt.

Während die Novizen ihren Wettkampf fortsetzten, löste sich ein dreckiger Verband von Skarmas Hand und entblößte einen eiternden Fingernagel. Ich holte unser Erste-Hilfe-Set, säuberte die Stelle, trug eine antibakterielle Salbe auf und legte dann einen Mullverband an.

Und so verbreitete sich die Nachricht, wir besäßen heilende Fähigkeiten.

Sonam, das Mathe-Genie, tauchte an jenem Abend an der Hobbittür auf. Er streckte seine von Warzen verunstaltete Hand aus. Christine tupfte sie mit Salicylsäure ab. Am nächsten Tag bat Tsephal Christine leise, auch seine Warzen zu behandeln. Ich entfernte einen Splitter aus Purbus Fuß. Jigmet brauchte „Kopfschmerzpillen“. Tashi Topden hatte Halsweh.

Als sich auf Norphals Kopf eine Zyste von der Größe einer halben Limette bildete, legten wir tagelang heiße Tücher auf die Stelle, in der Hoffnung, die Infektion so zu lindern. Irgendwann stach einer der Lamas, der weniger geduldig war, mit einem Nagel grob in die Beule. Noch Wochen danach trug Norphal einen weißen Fetzen um seinen Kopf, auf dem ein roter Kreis aus Blut prangte – damit sah er wie ein Kamikazepilot aus.

„Ich werde ständig von meinem Mutterinstinkt überwältigt“, gestand Christine. „Ich möchte jedem kranken Novizen helfen, den ich sehe.“

Die meisten Kinder litten an einer chronischen Nasennebenhöhlenentzündung – wie kleine Würmer lief ihnen bei jedem Atemzug grüner Schleim aus den Nasenlöchern –, und schon bald hatte Christine all unsere Antibiotika weggegeben. Doch trotz ihrer Bemühungen ging es keinem der Jungen besser, und Christine vermutete, dass die Novizen ihre Antibiotika fortwarfen, bevor sie sie zu Ende genommen hatten. Als sie die Lamas, die mit den kranken Novizen zusammenlebten, darum bat, die Jungen an ihre Medizin zu erinnern, schüttelten die nur den Kopf.

„Es wäre besser gewesen, wenn ich unsere Medikamente niemals herausgegeben hätte“, schäumte sie. „Ich verstehe das nicht. Warum liegt den Lamas nichts an Gesundheit? Keiner dieser Jungen weiß, wie es ist, ohne laufende Nase zu leben.“

Eines Morgens fanden wir den zarten Tsephal in der Puja-Halle, er lag auf dem harten Boden, sein Kopf in die Hände gestützt. Ich berührte seine Stirn, sie war glühend heiß. An diesem Nachmittag schleppte er sich in den Unterricht, er sah allerdings nicht besser aus und brach schließlich zusammen.

„Geh nach Hause und ruh dich aus“, schlug ich vor, aber er schüttelte den Kopf. Egal, wie krank oder verletzt sie waren, die Lamas erlaubten es den Novizen nie, sich im Bett auszuruhen. Also schickte ich stattdessen Bodi los, damit er ein paar Tylenol-Schmerztabletten aus unserem Erste-Hilfe-Set holte.

„Mortub!“, rief Lama Wangyal. „Foto machen!“

Wir hatten gerade „Simon Says“ mit der Klasse gespielt, als der alte Mönch hereinplatzte. Die Novizen griffen nach ihren Schulsachen und rannten aus der Tür. Wir folgten mit unseren Jungen an der Hand und ließen uns von dröhnenden Trommelschlägen zum Innenhof leiten, der von Dorfbewohnern nur so überquoll.

Die Lamas saßen aufgereiht am Boden, sie trugen kunstvolle Seidenschals. In der linken Hand hielten sie eine silberne Glocke, in der rechten Hand einen *dorje* aus Messing. In buddhistischen Zeremonien werden die Glocke und der *dorje* immer zusammen verwendet. Sie symbolisieren die Untrennbarkeit von Weisheit und Mitgefühl. Schwingt man sie nach einem bestimmten Ritual, soll das den Geist von Ablenkungen befreien.

Ihre goldenen Kronen schmückten ausgefranste Blenden aus schwarzer Wolle, die den Männern die Sicht versperrten und sie davon abhalten sollten, versehentlich nach oben zu schauen und damit Buddha dazu zu veranlassen, die Zeremonie zu verlassen. Ganz in der Mitte, auf einem hüfthohen Podest, saß der oberste Lama. Auf dem Boden vor ihm befand sich eine riesige Feuerschale, in der sich Mist stapelte.

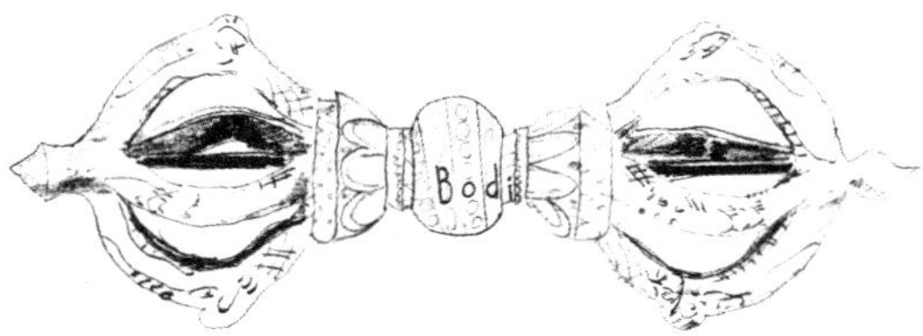

Der dorje, *ein stilisierter Blitz, verkörpert den entscheidenden Moment bei der Erleuchtung, in dem man die Welt als das erkennt, was sie wirklich ist.*

In Karsha stand die Ernte bevor – aufgrund der kostbaren Südlage des Dorfes war es damit als eines der frühesten in Zanskar dran. Allerdings würde keiner der Bauern auch nur eine einzige Ähre schneiden, solange nicht die *jin-sek*, die „Feuer-Puja", durchgeführt war. Mit dem heutigen Tag nahmen die wochenlangen heiligen Rituale ihren Anfang, mit denen die kommende Ernte gesegnet werden sollte.

Tagelang hatte man sich darauf vorbereitet. Gerste, Weizen und Erbsen waren gewaschen und zum Trocknen in der Sonne ausgelegt worden. Ein Wust Wacholderzweige war in den Hof geschleppt, zugeschnitten und zu Bündeln gefasst worden. *Tsampa* war zu einer Armee kleiner Statuen geformt, rot bemalt und mit kunstvollen Blumen aus Yakbutter geschmückt worden.

Als Stanzin Ta'han, der junge Mann, den wir „The Noble Face" nannten, den Mist mithilfe einer Silberkelle, deren Griff so lang war wie der einer Schaufel, mit geschmolzener Butter übergoss, wurde es ganz still. Der oberste Lama, der eine Fackel mit brennendem Gras hielt, lehnte sich nach vorn. Als die Fackel den Mist berührte, schossen Flammen empor. Die Strahlungswärme war so intensiv, dass sie bis auf die andere Seite des Hofes drang. Sie wirkte wie Sommersonne auf meinen Wangen.

Eilig wurde ein dicker Holzschirm aufgestellt, um den obersten Lama vor der Hitze zu schützen, und während die Lamas sangen, brachten die verlorenen Jungs eine Reihe von Kupferschalen zu ihm, in denen Gerste, Weizen, Reis und Erbsen aufgehäuft waren. Unter gemurmelten Gebeten wurde dann alles ins Inferno geschickt. Darauf folgten Bündel aus Gras, Pfauenfedern und Wacholder. Beißende Rauchschwaden waberten durch die Menge.

Nach zwanzig Minuten verloren Bodi und Taj das Interesse und fingen an, einen kleinen Jungen aus dem Dorf zu beobachten. Er trug lediglich einen blauen Pullover, von der Hüfte abwärts war er nackt. Die beiden liefen zu ihm. Das Trio alberte gerade herum, als der Junge auf den Zementboden pinkelte und unsere Kinder in Lachen ausbrachen. Sogar der in der Nähe sitzende, mürrische Buchhalter des Klosters konnte sich ein Lächeln nicht verkneifen.

Lama Wangyal saß in der allerersten Reihe. Als er mir gestikulierend zu verstehen gab, mich zu ihm zu setzen, tat ich so, als ob ihn nicht sähe, da ich die heiligen Rituale nicht stören wollte. Aber er stand auf und winkte so beharrlich, dass ich keine andere Wahl hatte. Verlegen schlich ich in das Epizentrum der Zeremonie und hockte mich neben ihn.

„Mortub“, flüsterte er in mein Ohr. „Foto machen!“

Seitdem wir vor mehr als einem Monat im Kloster angekommen waren, hatte ich gezögert, die Mönche zu fotografieren, besonders während der Puja. Ich empfand es als zu aufdringlich. Doch jetzt, da Lama Wangyal so darauf bestand, holte ich meine Kamera hervor. Ich hockte mich nach hinten und schoss mit einem Teleobjektiv diskrete Bilder: eine ledrige Hand, ein *dorje* aus Messing, in die Flammen fallende Gerstenkörner, der kleine Norgay auf dem Schoß des Disziplinarmeisters.

Ein Mönch in den hinteren Reihen – den wir den „Franzosen“ nannten, da uns sein flacher Mönchshut an eine Baskenmütze erinnerte – schrie mich an. Ich erschrak. Sollte ich mit dem Fotografieren aufhören?

Aber nein, er wollte, dass ich zu ihm kam.

Und wieder schlich ich beschämt zwischen den Lamas hindurch. Der Franzose machte mir auf seinem Teppich Platz, und ich setzte mich hin. Er legte einen Arm um mich und zeigte fragend auf die Kamera. Ich zeigte ihm ein Foto auf der Digitalanzeige, da wurden seine Augen ganz groß. Er riss mir die Kamera aus den Händen und zeigte die Bilder Lama Sundup, dem Kehlsänger, der neben ihm saß. Sundup nahm sich sofort die Kamera und schwang sie umher wie ein Fernglas. Kurz darauf verschwand sie in den Reihen der singenden Mönche. Jeder wollte einen Blick durch die Linse werfen.

Und noch immer wurde Getreide in die Flammen geworfen.

Der Franzose legte seinen Kopf in meinen Schoß und wand sich, bis er eine gemütliche Position gefunden hatte. Dann schloss er die Augen und schlief ein. Der halb nackte kleine Junge gesellte sich zu uns und machte neben uns ein Häufchen. Sein rotgesichtiger Vater entschuldigte sich übermäßig und beeilte sich, die Bescherung mit einem Taschentuch zu entfernen.

Dann tauchten Bodi und Taj auf. Der Franzose zog Bodi auf seinen Schoß. Taj setzte sich auf meinen. Christine kuschelte sich in unsere Mitte.

Purbu und Nima eilten durch die Menge und servierten mit Kardamom gewürzten Milchtee. Tashi Tsering, der Koch, folgte mit einem Waschbecken aus Plastik, das mit süßem Reis, Haselnüssen und Aprikosen gefüllt war, wovon er in die ausgestreckten Hände löffelte.

Gierig aßen wir den Reis, als ein kräftiger Windstoß durch den Hof fegte. Schalen kullerten über den Steinboden. Getreide flog durch die Luft. Funken sprühten. Der hölzerne Schirm, der den obersten Lama schützen sollte, kippte laut krachend um.

Als der Wind stärker und der Himmel dunkler wurde, brachten sich die Dorfbewohner hastig unter einer überdachten Terrasse in Sicherheit. Sie starrten durch die Gitterfenster und zeigten auf eine Staubwand, die von der Zentralebene auf uns zuraste. Ein Sturm hatte sich seinen Weg über den Himalaja gebahnt und kam nun direkt auf Karsha Gompa zu.

Wang Chuk, der neben mir stand, flüsterte: „Ernte-Puja macht immer großen Sturm".

Es gibt eine Passage in „The Yogins of Ladakh", einem Buch von John Crook und James Low, die eine nahezu identische Ernte-Puja im Karsha Gompa im Sommer 1974 beschreibt. Es ist frappierend, wie ähnlich der Bericht klingt: „Die Zeremonie hatte einen spürbaren Effekt auf das Wetter! Kaum war sie vorbei, fegte ein großer Sandsturm über das Tal."

Der oberste Lama bellte Anweisungen. Die verlorenen Jungs verdoppelten das Tempo bei der Getreideübergabe. Die Opfergaben wurden hektisch in das Feuer geschmissen und Butter in großzügigen Mengen hinzugegeben.

Dann erreichte uns der Sturm. Die Sonne verschwand. Der durch die Gegend fliegende Sand traf Augen und Gesichter. Den Mönchen riss es die Gewänder von den Schultern. Glühende Asche wirbelte im Wind. Die Menge zerstob.

Ich schnappte mir unsere seelenruhigen Kinder – sie leckten sich noch immer fröhlich den Reis von den Fingern – und sprintete mit Christine zu Lama Wangyals Haus. Ich warf noch einen letzten Blick über die Schulter und sah, wie sich die verlorenen Jungs durch die herumfliegenden Sachen kämpften und Teller mit Gerste schützend gegen ihre Brust drückten.

Inmitten dieses Chaos saß der oberste Lama und warf Getreidekörner in die züngelnden Flammen.

Irgendetwas war *anders* an dem kleinen Novizen Norgay.

Es begann schon bei der Kleidung: Er trug einen braunen Seidenmantel und den Mönchshut mit Hundeohrklappen, der Rest der Novizen hingegen kastanienbraune Gewänder. Er beteiligte sich nur selten an ihrem Schabernack und schien sich insgesamt eher am Rande der Gruppe zu bewegen. Dabei strahlte er eine gelassene Anmut und Würde aus. Seine Klassenkameraden gingen respektvoll mit dem engelhaften Jungen um.

Und auch hochrangige Lamas zeigten sich ihm ungewöhnlich zugeneigt. Während der Puja nahmen sie den kleinen Jungen auf ihren Schoß, und wenn sie ihm auf den Pfaden begegneten, drückten sie ihn liebevoll.

Lama Wangyal schrieb Norgays winzige Statur der Tatsache zu, dass seine Mutter während der Geburt gestorben war und er so keine *pipi*, Muttermilch, bekommen hatte. Sein Vater, der sich nicht gleichzeitig um Baby und Hof kümmern konnte, hatte den Jungen ungewöhnlich früh, nämlich im zarten Alter von zwei Jahren, ins Karsha Gompa gebracht.

Eines Tages im Unterricht, die jungen Novizen rauften gerade auf dem Boden, verrutschte Norgays orangefarbener Hut. Schnell rückte er ihn wieder gerade, aber ich erhaschte trotzdem einen Blick auf einen ungewöhnlichen, portweinfarbenen Fleck: eine großflächige, dunkelviolette Pigmentierung über dem linken Ohr. Da ich schon einige Gerüchte gehört hatte, sprach ich an diesem Abend Lama Wangyal darauf an.

Norgays „zweites Ohr", wie Lama Wangyal es nannte, war der erste Hinweis darauf, dass es sich bei dem Kind um einen Trülku handeln könnte, die lebendige Reinkarnation eines „Ohr-Geflüsterten".

Man glaubt, dass ein Trülku, ein Wiedergeborener, einen alten buddhistischen Lehrmeister verkörpert. Diese Reinkarnationslinie wird bis zu den Anfängen des Buddhismus zurückverfolgt. Im Himalaja gibt es heute ungefähr fünfhundert solcher Trülku-Linien, die bekannteste unter ihnen ist die der Dalai Lamas, der lebenden Reinkarnationen des Avalokiteshvara, des Bodhisattva des Mitgefühls.

Und bei den „Ohr-Geflüsterten" handelt es sich um eine alte Reinkarnationslinie von Wanderyogis und Einsiedlern, eine geheimnisvolle Gruppierung, die keine schriftlichen Zeugnisse ihrer Lehren oder Praktiken hinterlassen und sich strikt an die mündliche Überlieferung halten.

Die vorherige Reinkarnation dieser Linie, der zwölfte Dagom Rinpoche, war zwar in Tibet geboren worden, hatte aber zeitlebens eine tiefe Verbundenheit zu Zanskar gezeigt. Er reiste oft in das Tal und gründete hier ein buddhistisches Trainingszentrum. Er starb 2006 – nur ein Jahr vor Norgays Geburt. Der Verdacht erhärtete sich, als Norgay mit drei Jahren durch die Versammlungshalle wandelte und sich auf ein Podest setzte, als wolle er gleich anfangen zu lehren.

Tibetische Buddhisten glauben, dass alle Lebewesen, Ameisen genauso wie Elefanten und Menschen, in einem ewigen Kreislauf der Wiedergeburt gefangen sind, *samsara*, der erst endet, wenn man Erleuchtung findet und in das Nirvana eintritt. Die meisten von uns werden „unfreiwillig" wiedergeboren. Über unser zukünftiges Leben bestimmt das vergangene Karma (Gedanken und Taten). Nur wenige Auserwählte, zumeist Lehrer, die spirituell außergewöhnlich viel geleistet und großes Mitgefühl gezeigt haben, können sich angeblich den Ort und die Zeit ihrer Wiedergeburt aussuchen, manchmal sogar ihre Eltern.

Das Konzept der Wiedergeburt ist für den westlich geprägten Geist oft nur schwer nachzuvollziehen, und ich schien meine Skepsis wohl nicht verbergen zu können, denn Lama Wangyal führte mich zu seinem

Altar. Nachdem er eine flackernde Kerze dazu benutzte, eine andere anzuzünden, löschte er die erste und fragte: „Gleiche Flamme, oder?"

Eine Reinkarnation zu bestätigen, folgt einer komplexen Tradition. Meist wird das Verfahren durch das Auftauchen bedeutungsschwangerer Omen in Gang gesetzt: ein Brief des Vorgängers, die Weissagung eines Orakels oder sogar Zeichen in der Natur. Für eine endgültige Identifizierung muss das betreffende Kind allerdings aus einem Haufen von Gegenständen die Besitztümer aus seinem früheren Leben – wie Teeschalen, Bücher oder Gebetsketten – wiedererkennen. Lama Wangyal erzählte mir, dass der Dalai Lama nächstes Jahr nach Karsha Gompa kommen und diese Techniken anwenden würde, um abschließend zu klären, ob der junge Norgay ein Trülku ist.

Seine Heiligkeit war seinerzeit auf ähnliche Weise identifiziert worden.

Nach dem Tod des dreizehnten Dalai Lama im Jahr 1933 suchten tibetische Lamas zunächst vergeblich nach irgendwelchen Hinweisen auf eine Reinkarnation. Zwei Jahre sollte es dauern, bis man erste Zeichen deutete: Auf einer Säule des Potala-Palastes wuchs ein sternförmiger Pilz, der auf einen Regenbogen im Nordosten zeigte. Kurz darauf drehte sich der einbalsamierte Kopf des dreizehnten Dalai Lama angeblich in genau dieselbe Richtung. Als der Interimsherrscher von Tibet in einer Vision ein kleines Haus mit seltsamen Gittern sah, das im Schatten eines Klosters mit türkis-goldenem Dach erbaut war, wurden Lamas auf Pferden entsandt, um danach zu suchen.

Monate später wurde im Dorf Taktser in der entlegenen Provinz Amdo ein Bauernjunge entdeckt, der in genau dieser Umgebung lebte. Man breitete vor Lhamo Thondup eine Sammlung aus Teeschalen und Gebetsketten aus. In beiden Fällen wählte das Kind die Sachen seines Vorgängers aus und erklärte bestimmt: „Das gehört mir, und das gehört mir."

Nachdem man ihn zur Ausbildung nach Lhasa gebracht hatte, wandelte der wiedergeborene Dalai Lama – der bereits den Namen Tenzin Gyatso erhalten hatte – eines Tages durch die riesigen Lagerräume des Potala-Palastes und blieb vor einem Holzkästchen stehen. Er zeigte darauf und konstatierte ausdruckslos: „Darin sind meine Zähne."

Als man das Kästchen öffnete, fand man das Gebiss des dreizehnten Lama.

Wie erbittert unsere Diskussionen zu Hause in Kanada auch geführt wurden, nichts hatte jemals an meiner Skepsis bezüglich Reinkarnation rütteln können. Hier jedoch, im Schatten der uralten Riesen, musste ich an die Worte eines Sherpas denken: „Vielleicht wahr. Vielleicht nicht. Besser glauben."

Lange nachdem die Kinder eingeschlafen waren, tauchte Lama Wangyal an unserer Tür auf. Er trug einen billigen DVD-Spieler, dessen rotes Plastikgehäuse Risse hatte und ausgebleicht schien.

Er machte es sich zwischen Christine und mir gemütlich und schaltete das Gerät an. Der Bildschirm flackerte auf und warf ein blassblaues Licht in das dunkle Zimmer. Schon bald dröhnten tibetische Hörner durch die Lautsprecher. Es war so schrecklich laut, dass Christine aufsprang und dem Lama panisch bedeutete, die Lautstärke herunterzudrehen. Aber es war zu spät. Bodi setzte sich weinend auf. „Oh nein, oh nein! Ich kann doch nicht alles kontrollieren", heulte er.

Christine legte eine Hand auf seine Schulter und flüsterte ihm beruhigend zu. Allmählich ließ das Schluchzen nach. Wir hielten den Atem an. Bodi beruhigte sich. Lama Wangyal drückte wieder auf *Play*.

Die Aufnahme war mit einer Handkamera gemacht worden, und das Bild wackelte entsprechend. Sie zeigte einen vierjährigen Jungen, der in einer Wagenkolonne von einem entlegenen Dorf in das Kloster Spituk nach Leh gebracht wurde, wo er als zwanzigste Wiedergeburt des geistlichen Führers Kushok Bakula Rinpoche eingesetzt werden sollte – eine äußerst populäre Reinkarnationslinie, von der man glaubt, sie habe ihren Ursprung bei einem der ersten Schüler Buddhas.

Lama Wangyal, der diesen Film offensichtlich schon viele Male gesehen hatte, war ganz ergriffen und kommentierte alles.

Der Konvoi des Trülku schlängelte sich durch karge Landschaften, überall säumten ehrfürchtige Dorfbewohner den Straßenrand, ganz ähnlich wie die Fans bei einer Tour de France. Es wurden so viele Kathas in die Luft geworfen, dass es aussah, als schneite es.

Hin und wieder blieb die Wagenkolonne stehen, und der kleine Junge stieg aus, setzte sich auf ein Podest und empfing die Gläubigen. Während sich Geschenke vor ihm stapelten, streckte er seine winzige Hand aus, um jeden Kopf, der sich zu ihm senkte, zu berühren. Männer, Frauen und Kinder – alle weinten sie ungeniert. Es ließ mich demütig werden, einen solch tiefen Glauben zu sehen. Die körnige Aufnahme fühlte sich wie ein Blick in eine längst vergangene Zeit an.

Dabei waren diese Ereignisse lediglich vier Jahre vor unserem Besuch aufgezeichnet worden.

Lama Wangyal war in eine Welt hineingeboren worden, die sich mit modernen Maßstäben nicht begreifen ließ.

Alles begann auf dem Boden eines Lehmziegelhauses in Neyrok – einem Dorf, bestehend aus einer Handvoll Häuser, die sich in einem Pappelhain an das Ufer des Stod schmiegten. Lama Wangyal kannte weder den Tag seiner Geburt noch den Monat, da Geburtstage in Zanskar nicht gefeiert werden. Aber er wusste das Jahr: 1953.

Zu dieser Zeit war Ausländern die Einreise nach Zanskar untersagt. Durch die Region führten keine Straßen, und es gab auch keine Autos in dem Tal, nicht einmal Schubkarren. Stattdessen wurde alles auf gebeugtem Rücken getragen. Es gab keine Geldwirtschaft, und die Dorfbewohner behalfen sich mit einem alten System des genossenschaftlichen Tauschhandels.

Als er zwei Monate alt war, brachten die Eltern ihren kleinen Sohn ins Kloster Karsha Gompa, was einen vollen Tagesmarsch entfernt lag, wo er den Segen des obersten Lamas erhielt. Während der Zeremonie wurde ihm auch sein Name gegeben, Tsering Wangyal – *Wangyal* bedeutet „mächtig" oder „siegreich" (im Buddhismus heißt siegreich vor allem, dass man sein Ego überwindet), und *Tsering* fügt „langes Leben" hinzu.

Tsering Wangyal war eines von acht Kindern, von denen allerdings drei früh starben. „Eine Schwester ausgelöscht", erzählte er uns sachlich. „Und zwei Brüder *bye-bye*." Geburt, Infektion und der Tritt eines Pferdes hatten ihm seine Geschwister vor ihrer Zeit genommen.

Schon früh wusste Wangyal, dass ihm keine Zukunft auf dem Hof der Familie bestimmt war. Das in Tibet geltende Erstgeburtsrecht – von Songtsen Gampo, dem Gründer des tibetischen Königreichs, im 7. Jahrhundert eingeführt – sah vor, dass sein ältester Bruder das Land erben würde. Das gesamte materielle Vermögen würde an seine älteste Schwester gehen, und zwar in Form eines *perak* (ein mit Türkisen besetzter Kopfschmuck) und von Silberschmuck.

Da Land weder gekauft noch verkauft werden konnte, existierte das Konzept von privatem Immobilienbesitz in Zanskar nicht. Entsprechend betrachteten sich die Dorfbewohner als Hüter des Landes, nicht als Eigentümer. Eine andere auffällige Nebenwirkung des Erstgeborenenrechts war, dass jeder Haushalt ungefähr gleichgroße Felder besaß, was dem Entstehen von sozialer Ungleichheit für Generationen entgegenwirkte.

Allerdings bringt das Erstgeborenenrecht viele junge Männer ohne Land hervor. Das wurde in Zanskar einerseits durch eine signifikant hohe Zahl an enthaltsamen Mönchen ausgeglichen, andererseits durch die weitverbreitete Praxis der Polyandrie. Es war durchaus üblich, dass jüngere Brüder in die Ehe der älteren Geschwister einheirateten. Jeder junge Mann, der separat heiraten wollte, musste dagegen die Familie verlassen und woanders einen neuen Hof gründen.

Mönchtum und Polyandrie regulieren beide auf natürliche Weise das Bevölkerungswachstum, und mehr als tausend Jahre lang blieb die Population Zanskars stabil – was in einem Land von solch geringer Belastbarkeit von zentraler Bedeutung ist.

Allerdings hieß das für Tsering Wangyal, dass er eine schwierige Entscheidung zu treffen hatte. Und im Alter von fünfzehn Jahren, nachdem er eines kühlen Morgens im Herbst die Kühe gemolken hatte, machte er sich ohne ein Wort des Abschieds auf den Weg zum Kloster Karsha Gompa.

„Zu wenig Essen. Zu viele Brüder. Ich besser gehen."

Auf der anderen Seite der Welt wurde Richard Nixon zum Präsidenten gewählt, der Vietnamkrieg weitete sich aus und die erste Boeing 747 wurde gebaut. In den verschneiten Vororten von Toronto war ich gerade zur Welt gekommen.

Karsha Gompa, das angesehenste Kloster in Zanskar, bot damals mehr als zweihundert Lamas ein Zuhause. Man konnte es vom Dorf Neyrok aus sehen – es lag nur drei Kilometer Fluglinie entfernt –, aber um dorthin zu gelangen, musste Wangyal lange flussabwärts laufen, zu einer Brücke aus gewundenen Zweigen. Es war bereits dunkel, als er die steilen Pfade zu den weiß getünchten Tempeln aufzusteigen begann.

Nachdem er das *genyen* abgelegt hatte – ein Gelübde, dass er nicht morden, lügen, stehlen, kein sexuelles Fehlverhalten an den Tag legen oder berauschende Substanzen einnehmen würde –, wurde Wangyal von dem hochrangigen Lama Meme Stanzin aufgenommen und von ihm unterrichtet. In der Klosterschule zeigte er eine außergewöhnliche Begabung für das Auswendiglernen von Sutras. Innerhalb eines Jahres legte er die sechsunddreißig Gelübde des *getsul* ab und wurde zu einem vollwertigen Novizen – die Jungen in unserer Klasse waren alle *getsul*, abgesehen von den fünf jüngsten, die noch *genyen* waren.

„Schule sehr glückliche Zeit", erinnerte sich Lama Wangyal. „Mit meinem Lehrer und Segen von sechsarmigen Mahakala ich verstand schnell all die schweren Bücher", erzählte er und bezog sich auf die einhundertacht Bände des „Kangyur".

Im Alter von einundzwanzig Jahren – was früh war, auch für damalige Verhältnisse – stieg Wangyal zum *gelong* auf, einem vollordinierten Mönch. Dafür legte er 253 Gelübde ab, zu denen auch solch seltsame Verbote zählten wie: keine Wolle zu transportieren, nicht zu kitzeln, keine großen Portionen herunterzuschlingen, sich nicht auf den Boden fallen zu lassen und sich nicht wie ein Elefantenrüssel auf eine Seite zu lehnen.

Zur gleichen Zeit bahnte sich die Moderne ihren Weg nach Zanskar.

Im Sommer 1976 wurde der inzwischen dreiundzwanzigjährige Lama Wangyal zu dem hundert Kilometer nordwestlich gelegenen Pensi-La-Pass entsandt, wo er sich einer Gruppe von Mönchen aus anderen Klöstern anschloss, die die indische Regierung beim Bau einer Straße unterstützen sollten. An einem Tag im August, die Mönche lehnten sich gerade gegen ihre Geräte und machten eine Pause, kroch ein Wagen auf der schroffen Piste vorbei. Es war ein Jeep der Polizei, in dem zwei Beamte aus Kargil saßen. Sie sollten Ausschreitungen in Padum untersuchen. Zwei Tage später fuhren die Männer wieder vorbei, diesmal mit mehreren prominenten Mitgliedern der Gemeinde im Wagen, die sie befragen wollten.

Tausende von Jahre lang musste man, um das versteckte Tal Zanskar zu erreichen, mindestens eine siebentägige, 235 Kilometer lange Wanderung auf sich nehmen. Die Straße hatte diese Abgeschiedenheit nun durchstoßen, und die Folgen kamen einem Dammbruch gleich. Ein Jahrhundert technologischen Fortschritts überflutete das Tal. Traktoren donnerten über den Pass und zerstampften schon bald den wertvollen Oberboden in den bewässerten Feldern. Auswärtige Arbeiter wanderten ein. Man baute eine Station für einen Dieselgenerator. Transistorradios übermittelten Nachrichten aus Delhi. Neue Läden schossen aus dem Boden, die Taschenlampen, Betonblöcke und Alkohol verkauften.

Die Jüngeren hießen diesen Wandel durchaus willkommen, doch James Crowden, ein britischer Geograf und einer der ersten Wissenschaftler, die Zanskar besuchten, berichtete Folgendes: „Ältere Männer und ein paar der intelligenteren Lamas machten sich Sorgen. Besonders ein Mann brachte es auf den Punkt: ‚Heute sind wir glücklich, wir haben genug zu essen. Wenn die Straße kommt, werden die jungen Leute Geld haben wollen, und wir werden unseren Seelenfrieden verlieren'."

Und auf genau dieser Straße verließ Lama Wangyal Zanskar zum ersten Mal, zwei Jahre später. Bis zu diesem Zeitpunkt hatte er seine ganze Welt – jede Person, die er kannte, jedes Haus, das er besucht hatte, jeden Pfad, den er gegangen war – vom luftigen Ansitz des Klosters aus überblicken können. Sein Leben war konkret und greifbar gewesen, ganz anders als das, was wir heute kennen.

Er reiste mit einer Gruppe älterer Mönche in die weit entfernte ladakhische Hauptstadt Leh, wo die Männer an einer siebentätigen Kalachakra-Einweihung teilnahmen, die vom Dalai Lama geleitet wurde.

Das Kalachakra ist eine alte Lehre, die meist vor einem großen Publikum umgesetzt wird und den Eingeweihten tantrische Fähigkeiten verleihen soll, die sie auf ihrer Reise zum Buddhatum benötigen. Nachdem sie in Vergessenheit geraten war, machte der jetzige Dalai Lama sie wieder populär, indem er mehr als dreißig solcher Zeremonien leitete, viele wurden von 200 000 Gläubigen oder mehr besucht.

Damals sah Lama Wangyal sein erstes Auto, hörte zum ersten Mal eine fremde Sprache, aß seine erste Banane und sah eine Person, die in etwas hineinsprach, was er für einen Schuh hielt – ein Telefon.

Als er zum Kloster zurückkehrte, begann er, nachdem er ein Jahrzehnt unter dem Dach seines Lehrers gelebt hatte, sein eigenes Haus zu bauen. Mit einer Axt fällte er Pappeln, per Hand formte er Lehmziegel – drei Monate dauerte es, um das Gebäude zu errichten, in dem wir nun lebten: drei Stockwerke, verbunden durch ein Labyrinth aus Gängen.

In den darauffolgenden Jahren setzte er seinen kometenhaften Aufstieg im Karsha Gompa fort. Mit vierzig Jahren wurde er *ohm-zet*, Gesangsmeister. Drei Jahre später wurde er als *ghe-gheu* eingesetzt, als Disziplinarmeister des Klosters. Dann wurde er *lopon*, ein Anwärter auf die Position des obersten Lamas. Und schließlich, im Jahr 2009, wurde der fünfundsechzigjährige Lama Wangyal zum obersten Lama des Karsha Gompa ernannt, in über tausend Jahren klösterlicher Tradition war er der jüngste Mönch, der diese bedeutende Stellung jemals innegehabt hatte.

Nach drei Jahren dankte er ab – wie es die Tradition für alle Positionen in einem tibetisch-buddhistischen Kloster verlangt – und genoss seine Rolle als *lazur*, den jeder Mann, jede Frau und jedes Kind im Tal kannte. Dann kamen wir.

Als der Film zu Ende war, sprang Lama Wangyal auf und verschwand in dem angrenzenden Puja-Raum. Kurz darauf kam er mit zwei Holzschalen wieder.

„Für euch", sagte er und reichte sie uns. „Wollen?"

Die aus fein gemasertem Holz geschnitzten und mit Silber beschlagenen Schalen hatten eine bernsteinfarbene Lackierung. Sie machten den Eindruck, sehr alt zu sein. Lama Wangyal erzählte uns, dass er sie vor elf Jahren in Varanasi gekauft habe, während einer anderen Kalachakra-Einführung.

„Ihr behalten", sagte Lama Wangyal. „Kein Geld."

Sie waren wunderschön, und ich stellte mir vor, wie wir daraus zu Hause in Kanada Tee trinken würden: Talismane aus unserer Zeit im Kloster. Ich spürte ein Bedürfnis in mir aufsteigen.

Die auf den Boden klebenden, verblassten Schilder nannten einen Preis von 10 000 Rupien für die eine und 8000 Rupien für die andere – das waren ungefähr 300 US-Dollar für beide. Schon in Kanada wäre das eine Menge Geld für ein paar Holzschalen, aber in Zanskar bedeutete es ein Vermögen. Auf keinen Fall konnten wir sie als Geschenk annehmen.

Ich warf Christine einen Blick zu, öffnete unseren Seesack und kramte einen Bündel US-Dollar hervor. Dabei fragte ich mich, ob ich nicht vielleicht überstürzt handelte. Ich überreichte Lama Wangyal drei verknitterte 100-Dollar-Scheine, die er ins Licht hielt, um sie sorgfältig zu untersuchen.

Dann neigte er sich zu uns und flüsterte: „Vielleicht ich Glück haben? Vielleicht ich nach Kanada kommen?"

ཞ

Im Himmel gibt es weder Ost noch West

Auf 3650 Metern haben die Dinge im Himalaja eine besondere Intensität, die das Göttliche in uns hervorholt.

MICHEL PEISSEL,
ZANSKAR: EIN KÖNIGREICH AUF DEM DACH DER WELT

SITZ DER KÖNIGE

Am nächsten Morgen ging ich nach der Puja nach unten ins Dorf, auf der Suche nach einer Mitfahrgelegenheit nach Padum. Am Abend zuvor waren Christine und ich lange wach geblieben. Im Dunkeln unterhielten wir uns flüsternd über Lama Wangyals Vorschlag – oder Wunsch –, mit uns nach Kanada zu reisen und ein paar Monate bei uns zu leben.

Vor vielen Jahren hatte eine junge Französin bei dem alten Mönch gelebt, und seine anschließende Reise nach Frankreich wurde wohl zu einem Höhepunkt seines Lebens. An den Wänden in unserem Zimmer hingen überall Fotos von dieser Reise. Lama Wangyal vor Notre-Dame, in einem Straßencafé und in einer Patisserie.

Wenn er uns in Kanada besuchen wollte, war das Mindeste, was wir tun konnten, seine Flüge zu bezahlen, da waren wir uns einig. Schließlich wohnten wir hier sicher insgesamt drei Monate unter seinem Dach.

Und unabhängig davon, dass wir uns verpflichtet fühlten, erschien es mir auch als eine gute Möglichkeit, eine Brücke zwischen diesen beiden Welten zu schlagen und etwas von Zanskars Frieden in unser hektisches, von Ablenkungen geprägtes Leben mitzunehmen. Schon sah ich Lama Wangyal und mich im Schneidersitz neben dem Holzofen sitzen und singen. Oder Hand in Hand durch den Wald laufen. Oder den Supermarkt im Ort besuchen. Der allererste Schritt wäre, ihm ein kanadisches Visum zu besorgen, und ich nahm mir vor, den Antrag sofort zu stellen.

Ein einziges verbeultes Auto stand auf dem Dorfplatz in Karsha. Darin saß ein junger Mann in Lederjacke und fummelte an der Musikanlage herum. Als ich näherkam, kurbelte er das Fenster hoch.

Also beschloss ich, die zehn Kilometer nach Padum zu laufen. Der Himmel war grau, und von Norden wehte ein beißender Wind. Die Wolken, die an den Berghängen hingen, sahen wie Wattebäusche aus.

Zwanzig Minuten später, ich näherte mich gerade der verrosteten Brücke über den Stod, hielt neben mir ein Suzuki. Zwei untersetzte Männer füllten die Vordersitze aus – es wirkte so, als hätte man sie da hineingegossen. Der Fahrer zeigte mit dem Daumen nach hinten, wo ein schlanker Bauer mit Propangasflasche auf dem Schoß neben einem jungen Schulmädchen mit Zöpfen saß. Ich quetschte mich zwischen die beiden.

Auf halber Strecke durch die karge Ebene kam der Suzuki quietschend zum Stehen, das junge Mädchen sprang heraus und hüpfte in der Einöde davon, vermutlich in Richtung eines abgelegenen Hofes. Der Fahrer ließ die Kupplung springen, und wir brausten weiter. Wir fuhren an der offiziellen Wohnstätte des Dalai Lama in Zanskar vorbei: einem bescheidenen, weiß getünchten Gebäude mit vergoldetem Dach, das völlig frei in der Ebene stand. Bei seinem ersten Besuch im Jahr 1980 hatte seine Heiligkeit Zanskar zu einer wichtigen Zufluchtsstätte für den tibetischen Buddhismus erklärt. Seitdem kam er jeden Sommer hierher zurück, um bei öffentlichen Großveranstaltungen die buddhistische Lehre zu vermitteln.

Als wir uns Padum näherten, wurden die Geröllfelder plötzlich zu Gerstenfeldern, die ihrerseits von einer wilden Mischung aus industriellen Betrieben abgelöst wurden: Es gab Möbelbauer und Steinbrecher, man konnte aber auch Baumstämme entrinden oder Propangasflaschen auffüllen lassen. Vorbei an dem Gerippe eines Militärhubschraubers – ein indischer Mi-17, abgestürzt 1999 während des Kargil-Krieges gegen Pakistan – fuhren wir in ein Labyrinth aus engen Gässchen. Die kleine Stadt, früher einmal die Residenz des Königs von Zanskar, war nun das administrative Zentrum des Tals, mit einer Polizeistation, einem Hubschrauberlandeplatz, einer Krankenstation und eintausend Einwohnern.

Am zentralen Platz der Stadt, wo ein indischer Armeeoffizier in hellbrauner Uniform und mit rotem Barett gerade den Verkehr von Jeeps und Traktoren mit einem polierten Schlagstock regelte, sprang ich aus dem Auto. Die Menschenmenge, die sich hier tummelte, bestand aus

Bauern in dicken Jacken, Nonnen in langen Gewändern, Jugendlichen in britischen Fußballhemden, dunkelhäutigen Arbeitern aus Kerala, Händlern aus Kaschmir und vielen Muslimen, erkennbar an ihren Kopftüchern und dem Salwar Kamiz, der traditionellen pakistanischen Kleidung, bestehend aus einem langen Hemd, das locker über der Hose getragen wird.

Padums Muslime waren vor vielen Generationen aus Kargil hierhergekommen und machten nun die Hälfte der Bewohner aus. Das war ungewöhnlich, denn im restlichen Zanskar bestand die Bevölkerung ausschließlich aus Buddhisten. Jahrzehntelang hatten die beiden Glaubensgemeinschaften harmonisch nebeneinander existiert, Freundschaften und sogar interreligiöse Ehen zeugten davon. In den letzten Jahren jedoch war dieser Frieden zerbrochen. Der Auslöser des Konflikts mochte zwar unklar sein – viele führten ihn auf einen Streit über Weiderechte zurück –, seine Auswirkungen erschienen jedoch verheerend. Buddhisten aßen nicht länger in muslimischen Restaurants oder kauften nicht mehr in muslimischen Läden ein. Und andersherum.

Über den Menschenmengen ragten halb fertige Gebäude auf, aus ihnen dröhnte der Lärm von Hämmern und Generatoren. Der Krach und das Gedränge überforderten mich – was paradox war, denn Padum liegt so weit ab vom Schuss wie nur möglich. Hier findet ein Reisender keine Souvenirverkäufer, keine Bananenpfannkuchen, keine Multifrucht-Lassis oder die in Asien sonst allgegenwärtigen Neonschilder von Massageanbietern. Tatsächlich habe ich keinen einzigen Touristen aus dem Westen gesehen. Und trotzdem habe ich schnell die ruhige Abgeschiedenheit des Klosters vermisst.

Ich schlenderte durch die Hauptstraße und entdeckte zwei Bäckereien, eine Eisenwarenhandlung, eine Medikamentenausgabe, vier Restaurants und einen Gemischtwarenladen, der Gebetsfahnen, fischförmige Vorhängeschlösser und Weihrauch verkaufte. Die Tür des Metzgers wurde von einem abgetrennten Kalbskopf offengehalten. Drei Stände boten exakt das gleiche Sammelsurium an verschrumpeltem Obst und Gemüse an – was der Laster aus Srinagar eben zuletzt gebracht hatte.

Die relativ große Zahl an Läden machte deutlich, wie sehr sich die Region seit 1976 verändert hatte. Bei seinem damaligen Besuch in Zanskar hatte der französische Ethnologe Michel Peissel kein einziges Geschäft entdeckt. Stattdessen traf er auf eine geldfreie, autarke Gesellschaft, in der man Nahrungsmittel selbst anbaute, Kleidung selbst schneiderte und sich sogar seine eigene Medizin in Form von Kräutern auf den Berghängen der Umgebung besorgte. Die Menschen machten den Eindruck, als ob sie außer Salz, Tee und Kochutensilien aus Metall, die sie von fahrenden Händlern erstanden, alles hätten, was sie bräuchten, notierte Peissel damals. Auf seiner Reise wurde er damals von „einem alten Mann mit dünnem Spitzbart und wettergegerbtem Gesicht" angesprochen, der ihn nach abgepacktem Tee fragte. Später erfuhr er, dass es sich bei ihm um Gyalpo, den König von Zanskar, gehandelt hatte.

Nachdem ich eine Wassermelone, Äpfel, Tomaten, Cashewnüsse, frische Erbsen, Knoblauch, Tomatensauce und Toilettenpapier in meinen Rucksack gestopft hatte, kaufte ich noch eine Handvoll Center-Fruit-Kaugummis für Bodi und Taj, ein kleines Döschen mit löslichem Kaffee für Christine und einen Tiegel braune Farbe für Lama Wangyal.

Ein Schuhputzer aus Kaschmir, der unter einer verdreckten Plane saß und von Lederfetzen umgeben war, streckte mir eine Handvoll getrocknete Aprikosen entgegen. Das verschrumpelte Obst hatte die Farbe von Bernstein und klackerte in meiner Hand, als seien es Würfel. Ich halbierte eine mit meinen Backenzähnen – sie war süß, bissfest und angenehm würzig. Nachdem ich dem Mann ein kleines Bündel Rupien gegeben hatte, stopfte ich meine Taschen mit der exquisiten Leckerei voll.

In einer unscheinbaren, geschotterten Gasse fand ich, was ich suchte: das „Mont Blanc Cyber Cafe". Ein schlanker Mann namens Lichten saß am Empfangstisch, ganz vertieft in ein Videospiel. Er trug eine Fliegersonnenbrille und eine Satinjacke, deren Rücken mit dem Schriftzug „Top Gun" bestickt war. Abwesend deutete er auf einen Türvorhang, hinter dem sich ein abgedunkelter Raum befand, in dem auf einem langen Sperrholzbrett fünf Computer standen, die durch einen ganzen Wust von Kabeln angeschlossen waren.

Ich schaltete eines der verstaubten Geräte an. Es dauerte ziemlich lange, bis es hochgefahren war, und die Webseiten brauchten einige Minuten, um ganz geladen zu sein. Dann fiel der Strom aus, und der Raum versank in schwarzer Dunkelheit. Lichten warf einen Generator an, das Internet hatte sich jedoch aufgehängt und die Verbindung zum Satelliten musste erneut aufgebaut worden.

Es dauerte eine Stunde, bis ich das Antragsformular für ein kanadisches Visum gefunden hatte. Als ich auf „Download" klickte, kroch ein blauer Balken über den Bildschirm. *Verbleibende Zeit bis zum Download: 34 Minuten.*

Um mir die Zeit zu vertreiben, lud ich ein Bild von meiner Kamera hoch und postete es auf Instagram. Dabei hatte ich fast ein schlechtes Gewissen, weil ich mit der Außenwelt in Verbindung getreten war. Sofort tauchte ein Kommentar auf, in dem jemand die Richtigkeit meiner Angaben zu dem Bild in Frage stellte. Der Kommentar kam von einem Freund, und obwohl er sicherlich keine bösen Absichten verfolgte, spürte ich, wie es in mir arbeitete.

Irgendwann war der Download beendet, doch der Computer konnte das Dokument nicht öffnen. Die Software war veraltet. Als ich Lichten fragte, ob ich ein Update machen könne, schüttelte er den Kopf.

„Tagsüber nicht möglich. Zu langsam."

Stattdessen versprach er mir, am Abend die nötige Software herunterzuladen, wenn sich weniger Nutzer in das Satellitennetzwerk einwählten, und schlug mir vor, am nächsten Tag wiederzukommen und das Formular auszudrucken. Ich dankte ihm, zahlte für die Zeit und schlüpfte dann in das messerscharfe Sonnenlicht hinaus.

Nachdem ich am Rande der Stadt vergebens auf eine Mitfahrgelegenheit in Richtung Kloster gewartet hatte, schulterte ich meinen Rucksack und machte mich allein auf den Weg. Schon bald nieselte es. Ich holte einen Müllsack heraus, machte drei Löcher für Kopf und Arme hinein und marschierte weiter.

Bei jedem Schritt hallte der Instagram-Kommentar meines Freundes in mir nach. Ich wusste zwar, dass es sinnlos war, sich an Worten aufzuhängen, und trotzdem gelang es mir nicht, sie beiseitezuwischen. Ich versuchte, mich auf meinen Atem zu konzentrieren, doch auch das half nicht. Es nagte einfach an mir.

Wenn mich ein belangloser Kommentar in den sozialen Medien bereits so ins Trudeln brachte, wie könnte dann das, was wir in Zanskar lernten, jemals unsere Rückkehr nach Kanada überdauern? Ich nahm

Lama Wangyals Gebetskette ab, die ich um den Hals trug, ließ die Perlen durch meine Finger gleiten und wiederholte dabei leise: „*Om mani padme heung.*"

Zwanzig Minuten später kämpfte ich noch immer mit meinen Gedanken. Da tauchten auf der steinigen Ebene vor mir zwei Frauen mittleren Alters auf. Über ihre Schultern hatten sie Ziegenhäute geschlungen, in ihren Händen trugen sie Lassos. Ein paar Meter vor mir stiegen die beiden den Asphaltweg empor, dann wandten sie sich um und starrten auf den seltsamen, in Müll verpackten Fremden.

„*Jullay*!", rief ich und winkte.

„*Jullay*! Jullay!", antworteten sie und warteten auf mich.

„Wohin gehen?", fragte eine.

„Karsha Gompa."

„Was machen?"

„Ich war in Padum einkaufen."

„Wie heißen?"

„Tsering Mortub."

Die Frauen warfen sich einen Blick zu, dann schüttelten sich vor Lachen. „Tsering Mortub! Oh, Tsering Mortub!", sagten sie wieder und wieder, bis ihre Augen tränten.

Als sie sich endlich beruhigt hatten, stellten sie sich mir als Torje Palma und Sherup Dolma aus Upti vor, einem Dorf, das aus sechs Häusern bestand und beim Kloster Pipiting lag. Ich käme aus Kanada, erklärte ich, und wohnte mit meiner Familie im Karsha Gompa.

„Wie lange?"

„Drei Monate."

„Drei Monate?", stießen sie verwundert aus. „Mit wem wohnen?"

Lama Wangyals Name löste zustimmendes Nicken aus. „Sehr, sehr guter Lama."

Torje streckte ihre Hand aus und untersuchte das Gewirr von Ketten, das um meinen Hals hing. Sie zeigte auf eine etwas mitgenommen rote Kette und sagte: „Dalai Lama."

Das Frappiernde daran war, dass der Onkel eines Sherpa-Teamkollegen genau die gleiche Kette vor zwanzig Jahren nach Dharamsala mitgenommen hatte, wo sie vom Dalai Lama gesegnet worden war.

Schweigend liefen wir nebeneinander her. Die beiden Frauen zu meiner Rechten und zu meiner Linken gingen mir gerade bis zu den Ellbogen.

„Ein Keks?", fragte Sherup plötzlich.

Anstatt ihre Frage als aufdringlich oder übergriffig zu empfinden, wurde ich traurig, da ich keine Kekse dabeihatte. Dann fielen mir die „Center Fruit" ein. Ich wühlte in meinen Taschen und hielt ihnen das Kaugummi hin. Vorsichtig nahmen sich Sherup und Torje beide eines und berührten mit der Süßigkeit zuerst die Stirn und dann das Herz, bevor sie sie in den Mund steckten.

Als wir eine Schotterpiste erreichten, die zum Fluss Stod führte, verabschiedeten sie sich. Sie luden mich mit Christine und den Kindern nach Upti in ihre Häuser ein. Sie versprachen, dann ein Schaf zu schlachten. Einem Impuls folgend nahm ich zwei meiner Ketten ab und hielt sie ihnen hin. Natürlich lehnten sie ab, aber ich ließ nicht locker, und schließlich nahmen sie sie doch an. Dann hüpften die beiden lachend und Händchen haltend einen schmalen Weg hinunter.

Ich lief auf dem Asphaltstreifen weiter, mir war von dieser flüchtigen Begegnung ganz warm ums Herz geworden.

Während die Straße unter meinen Füßen allmählich vorbeizog, stellte ich zum ersten Mal seit meiner Kindheit die selbstgefällige Annahme, Fortschritt könne nur von den westlichen Nationen ausgehen, infrage.

Seit meiner ersten Auslandsreise (und zwar nach Pakistan, im Jahr 1991) brachte ich allen fremden Ländern und Kulturen große Achtung entgegen. Und während ich über all die Jahre beobachtet hatte, wie sich die große westliche Zivilisation kontinuierlich ausbreitete und dabei einen zunehmend homogenen Planeten Erde schuf, beschlich mich ein tiefes Gefühl des Verlusts – obwohl mir bewusst war, welche Rolle ich als Reisender bei dieser Entwicklung spielte. Meine Beklemmung über diesen fortschreitenden Verlust von Diversität wurde jedoch durch den Glauben gelindert, es wäre doch irgendwie notwendig, immerhin wäre es *Fortschritt.* Es wäre der einzige Weg.

Vielleicht wurde diese Vorstellung auch von den Begrifflichkeiten genährt, die in meiner Jugend verwendet worden waren: *Erste Welt* versus *Dritte Welt, entwickelt* versus *unterentwickelt.* Oder von einer unbewussten Mischung aus britischem Kolonialismus und amerikanischem Exzeptionalismus. Wie auch immer, die Vorstellung, dass Fortschritt in eine Richtung floss, hatte ich lange Zeit nicht angezweifelt.

Vor Kurzem hatte ich allerdings angefangen mich zu fragen, ob wir trotz unseres Wohlstands in Kanada nicht gleichzeitig ärmer wurden, und zwar auf eine Weise, die mit Bankkonten und Lebensstandardindizes gar nicht messbar war – nämlich ärmer an Zeit, Verbundenheit und Gemeinschaft.

Interessanterweise waren es die kanadischen Taxifahrer, die mich auf diese wachsende Verarmung aufmerksam gemacht hatten. Der Großteil dieser Männer – meist stammten sie aus Äthiopien, Indien, Somalia oder Pakistan – waren, das kann man, glaube ich, so sagen, auf der Suche nach einem besseren Leben für ihre Familien nach Kanada gekommen, in der Hoffnung auf mehr Bildung, eine bessere gesundheitliche Versorgung, Frieden und Sicherheit. Und obwohl sie diese Vorzüge fanden und auch schätzten, hatte ich das Gefühl, dass dieser Fortschritt auch unerwartet viel eingefordert hatte.

Steckte man mit Taxifahrern im Stau, was oft vorkam, und führte man ein langes und offenes Gespräch mit ihnen, landete man irgendwann unweigerlich bei ihrer früheren Heimat. Sie erzählten von lauen Abenden, Straßen voller Freunde und Bekannter, von Hochzeitsfesten mit Tausenden von Gästen, und davon, wie man mit den Nachbarn sein Essen teilte und wie man spontan tagsüber zusammenkam und über einer Tasse Tee Neuigkeiten und Klatsch austauschte. All das klang so wunderbar und natürlich – und gleichzeitig auch fremd.

Wie viele menschliche Reichtümer opfern wir für diesen unaufhörlichen Fortschrittsrausch? Was können wir noch von den ungesehenen und ungehörten Kulturen, die heute um ihre Existenz kämpfen, lernen, bevor ihre alte Lebensweise ganz eingeebnet wird? Und warum scheint „Fortschritt“ immer nur in eine Richtung zu reisen? Warum lernen nicht auch wir von, sagen wir mal, den Penan auf Borneo, den Beduinen der arabischen Staaten oder den Menschen in Zanskar, und bereichern auf diese Weise unsere Gesellschaft?

Mit derartig trüben Gedanken stieg ich die Pfade zum Kloster hinauf. Da entdeckte ich weit oben auf dem Dach eines halb fertigen Hauses die Silhouette Bodis. Sorgenlos tänzelte er umher. Ich rief nach ihm und er rannte mir mit ausgebreiteten Armen entgegen.

Als er bei mir war, hob er den Kopf für einen Kuss, drehte sich aber im letzten Moment zur Seite weg, als wüsste er nicht, war er tun sollte. Verlegen küsste er stattdessen mein Oberteil. Dann fragte er mich, ob ich Center-Fruit-Kaugummi gekauft hätte.

„Wer ist der beste Vater der Welt?", fragte ich und hielt ihm die Tasche hin.

„Ach, Dad! Du weißt doch, das kann man unmöglich wissen", erwiderte er genervt. „Ich kenn ja gar nicht jeden Vater auf der Welt."

In Lama Wangyals Küche war Christine gerade dabei, ein Curry aus dem Schnellkochtopf auf Schalen zu verteilen. Ein einziger Blick genügte mir, um zu wissen, dass sie neben sich stand.

„Beim ersten Mal ist mir das Curry angebrannt", schäumte sie. „Und das hier jetzt ist noch gar nicht gar. Es ist ungenießbar. Ich werde es wegschmeißen."

Ich konnte sie gerade noch rechtzeitig daran hindern, und nachdem ich das Curry probiert hatte, versicherte ich ihr, dass es absolut genießbar war. Dann trug ich die dampfenden Schüsseln in unser Zimmer, bevor sie eingreifen konnte.

Lama Wangyal war nirgendwo zu sehen – er hatte sich wohl dazu entschlossen, mit den anderen Mönchen im Hof zu Abend zu essen – also aßen wir schweigend zu viert.

Später, als Christine und ich draußen am Rande des Pfades den Abwasch machten, sah ich, dass sie weinte. Ich legte ihr behutsam eine Hand auf die Schulter.

„Tut mir leid", sagte sie irgendwann und rieb sich die Augen. „Ich vermisse einfach ein Mindestmaß an Komfort. Eine Dusche zum Beispiel. Oder eine richtige Toilette. Kaffee."

Sie schwieg wieder, dann fügte sie hinzu: „Hab du mal deine Tage über einem stinkigen Loch im Boden." Über das Zinnbecken gebeugt, lehnten wir uns in der Dunkelheit aneinander. „Keine Sorge. Das heißt nicht, dass ich nach Hause will", sagte sie. „Es wird vorbeigehen. Ich muss nur mal raus."

Eng aneinander gedrängt setzten wir uns auf den steinigen Weg. Dann fragte sie: „Ist dir aufgefallen, dass ich die einzige Frau hier bin?"

Peinlicherweise hatte ich mir diese Situation nie bewusst gemacht.

„Es stört mich nicht", sagte Christine. „Ich habe mich nie fehl am Platz gefühlt. Oder nicht willkommen. Aber gerade erst ist mir klar geworden, dass ich seit einem ganzen Monat nur mit Männern gesprochen habe. Ich habe mit Männern gebetet. Ich habe mit Männern gegessen. Ich glaube, jetzt bin ich mal bereit für etwas anderes."

Um Abhilfe zu schaffen, beschlossen wir, das kleine benachbarte Nonnenkloster Karsha Chuchikjall Kachod Gyrubling zu besuchen. Es lag zwar am selben Berg, wurde allerdings durch die tiefe Schlucht von Karsha Gompa getrennt. Gegründet 1986, war es das größte der zehn Nonnenklöster in Zanskar und bot zwölf Frauen ein Zuhause.

Am nächsten Morgen, als über den hohen Gipfeln die Sonne aufging, schulterte ich Taj und jagte Christine und Bodi den Winterpfad in die kühle Schlucht hinunter.

Wir folgten einem betonierten Weg, der so sauber war wie der Bürgersteig einer Vorstadt, auf die andere Seite.

Ein kleiner Chörten markierte den Eingang zum Frauenkloster, dahinter sah man eine Gruppe gepflegter Häuser. In den Gärten blühten Ringelblumen und Astern. Frisch lackierte Lattenzäune glänzten in der Sonne. Die Ordnung, die hier herrschte, stand in deutlichem Kontrast zu Karsha Gompa, wo die Wege von Müll übersät waren und es nicht selten vorkam, dass man über menschliche Hinterlassenschaften stolperte.

„Dieser Ort ist sehr viel neuer", flüsterte Bodi.

„*Jullay,* Tashi! *Jullay,* Norbu!"

Eine Frau mit geschorenem Kopf winkte uns vom oberen Fenster eines kleinen Hauses zu, sie strahlte. Einen Moment später sprang sie aus der Eingangstür heraus und stellte sich uns als Ani Garkyid vor – wobei *Ani* ein tibetisches Präfix ist, das dem Namen einer Nonne vorangestellt wird, ähnlich der katholischen „Schwester".

Ihr Bruder war ein Lama im Karsha Gompa – später vermuteten wir, dass es sich dabei um Dorjey Tundup handelte, einen fröhlichen Lama, den wir den „Mandschuren" nannten – er hatte ihr von uns erzählt.

Sie nahm die Kinder an der Hand und führte uns am Tempel vorbei – der aufgrund von Sanierungsarbeiten eingerüstet und mit Farbeimern zugestellt war – zu einem angrenzenden Lagerraum, aus dessen offener Tür Gesang drang. Darin saßen sieben Frauen auf dem Boden. Alle trugen sie kastanienbraune Gewänder und die orangefarbenen Hüte Zanskars. Zwei betagtere Nonnen, mit Decken über ihren Schößen, waren vollkommen zahnlos. Die Gesangsmeisterin sah der irischen Sängerin Enya erstaunlich ähnlich.

Der Gesang wurde nicht unterbrochen, die Nonnen hießen uns jedoch mit einer Runde Applaus willkommen und bedeuteten uns, ihnen Gesellschaft zu leisten. Eine kleine, beleibte Frau ging hinaus und kam kurze Zeit später mit einer Kanne Milchtee und Chapatis wieder. Taj machte zwei kleine Löcher in sein Fladenbrot und hielt es sich als Maske vor das Gesicht. Die beiden Alten lachten so sehr, dass sie um Atem ringen mussten.

Nach dem Singen begannen die Nonnen, aufgeregt auf uns einzureden. Ani Garkyid übersetzte ihre Fragen. *Wo lebt ihr? Wie lange werdet ihr bleiben? Geht ihr jeden Tag zur Puja? Habt ihr einen Zugang zu Buddha gefunden? Sind die Kinder gesund? Glücklich? Wie läuft es mit dem Unterricht?*

Dann kam ein Topf Gemüsebrühe mit Röstbrot. Der Gesang wurde wieder aufgenommen. Darauf folgten Buttertee, *tsampa* und getrockneter Quark.

Als die Puja zu Ende war, führten uns die Nonnen über das Gelände und zeigten uns jahrhundertealte Fresken, ein kleines Schulhaus, ein Gewächshaus und ein erfindungsreiches Dormitorium, das die Sonnenenergie passiv nutzte. Dann versammelten sich die Frauen am Eingang zum Kloster, um uns zu verabschieden. Sie strichen Bodi und Taj über die Wangen und beschworen uns, bald wiederzukommen. Ihre melodischen Stimmen begleiteten uns noch den Berg hinunter.

„*Bye-bye*, Norbu. *Bye-bye*, Tashi."

„Ich weiß, es ergibt keinen Sinn, so etwas zu sagen, aber ich wünschte, wir hätten uns für das Nonnenkloster entschieden", bemerkte Christine, sobald wir außer Hörweite waren. „Diese Frauen hatten etwas so Reines an sich. Ist dir aufgefallen, dass sie all die harte Arbeit selbst erledigen, anstatt Nepalesen zu beschäftigen? Ich glaube, sie hätten uns sehr viel mehr über Buddhismus beibringen können."

Am darauffolgenden Sonntag, an dem es keinen Unterricht gab, ging ich mit Lama Wangyal zum Gästehaus, in meiner Hand schwang ein Farbeimer. In einem Schrank voller Spinnweben fanden wir Farbpinsel, sie waren allerdings so steif wie Nägel. Lama Wangyal marschierte zu einer angrenzenden Behausung, schlug an die Tür und kam mit einer Tasse Kerosin wieder. Es dauerte zwar lange, bis sich die Borsten wieder biegen ließen, aber letztlich schafften wir es, zwei Pinsel zu retten.

Dann begannen wir, Seite an Seite, in der sengenden Sonne die Rahmen der Fenster und Türen des Gästehauses neu zu streichen. Es war eine Herausforderung, da die Farbe mahagonibraun, die Wand elfenbeinfarben und die Pinsel einfach erbärmlich waren. Ich war also sehr erleichtert, als Lama Wangyal nach zwanzig Minuten meinen Fortschritt begutachtete und zufrieden erklärte: „Mortub guter Maler."

Als ich einen Blick auf sein Fenster warf, erschrak ich angesichts der vielen Farbspritzer. Ich brauchte mich also nicht um Perfektion zu bemühen.

Neben Lama Wangyal zu arbeiten, erinnerte mich an meinen Vater, der vor zwanzig Jahren bei einem Unfall auf einer Farm in Ontario ums Leben gekommen war. Wie mein Vater konnte der Lama kurz angebunden und fordernd sein, ohne es jemals böse zu meinen. Und genau wie bei meinem Vater suchte ich auch bei ihm Anerkennung.

Nach kurzer Zeit kam Bodi angerannt, um nachzusehen, was wir machten.

„Kann ich auch streichen?", fragte er aufgeregt.

„Nein", bellte Lama Wangyal und winkte ab.

Bodi ignorierte ihn. „Dad, bitte?"

„Nein!", wiederholte Lama Wangyal nachdrücklich. „Zu dreckig." Er zeigte auf Bodis hellblaues Funktionsshirt.

Bodi brach in Tränen aus. „Warum nicht, Dad? Warum kann ich nicht streichen?"

Ich wusste, dass Lama Wangyal die Sache pragmatisch sah. Bodi würde uns ausbremsen, und der alte Mann wollte die Arbeit schnell erledigt haben. Lama Wangyals Verdruss wurde durch Bodis Ungehorsam nur noch verstärkt, da man Befehlen in der klösterlichen Welt immer Folge leistete.

Ich verstand seine Sichtweise zwar, sah aber gleichzeitig als Vater die Möglichkeit, Bodi eine praktische Fähigkeit zu vermitteln, also etwas, was über das Spielen hinausging.

„Bitte", schrie Bodi.

„NEIN!", bekräftigte der Lama.

Ich lenkte Bodi mit Milchtee und Keksen ab und fühlte mich dabei etwas schlecht, da ich mich für den Weg des geringsten Widerstands und nicht für das entschied, was das Beste für meinen Sohn gewesen wäre.

Irgendwann ging Lama Wangyal auf der Suche nach Stoffresten ins Dorf, und ich gab Bodi einen Farbpinsel. Als ich ihn dabei beobachtete, wie er den Fensterrahmen einpinselte – deutlich sorgfältiger und methodischer als Lama Wangyal oder ich –, sah ich für einen kurzen Moment meinen Vater in ihm. Und das war nicht das erste Mal.

In den Jahren nach Bodis Diagnose hatte ich gelernt, meinen Vater besser zu verstehen, als jemals zu seinen Lebzeiten. Obwohl es natürlich unmöglich ist, einen Menschen erst nach seinem Tod zu diagnostizieren, kann ich mit Überzeugung sagen, dass mein Vater – ein unangepasster, sozial unbeholfener und bisweilen kratzbürstiger Wissenschaftler – ein klassisches Spektrum-Verhalten an den Tag gelegt hatte, das wahrscheinlich in das Bild von ASS gepasst hätte. Rückblickend erklären sich so ziemlich viele Eigenheiten meines Vaters: seine Aversion gegen Umarmungen, sein obsessives Bestehen auf Fairness, sein mangelndes Interesse an Trends, Moden oder allem, was „cool" war, und seine kleinlichen Streitereien mit Freunden oder Fremden.

Ich liebte meinen Vater zwar bedingungslos, hatte mich aber doch manchmal gefragt, warum er sich selbst das Leben so schwer machte. Jetzt im Nachhinein, als Vater eines Kindes im Spektrum, bereiten mir seine Eigenheiten keinen Kummer mehr, ganz im Gegenteil: Es erstaunt mich, was er alles geschafft hat – zu heiraten, verheiratet zu bleiben, drei Kinder großzuziehen, beruflich erfolgreich zu sein –, und das als ein irgendwie seltsamer und unangepasster Junge, den das elitäre Schulsystem in Großbritannien unbedingt hatte zurechtbiegen wollen, und der schließlich als Jugendlicher in das ebenso starre Kanada der Sechziger- und Siebzigerjahre ausgewandert war.

Ich bin dankbar, dass ich durch Bodi zu diesem außergewöhnlichen, posthumen Verständnis gelangen konnte, auch wenn es tragisch ist, dass mein Vater diese Erkenntnis selbst nie haben konnte. Leider wusste man damals noch nicht viel über Asperger, die Forschungsergebnisse rückten erst später in das Licht der Öffentlichkeit. Und obwohl mein Vater ein aktives und engagiertes Leben gelebt hat, vermute ich, dass er sich niemals wirklich selbst verstehen konnte – etwas, was Christine und ich Bodi unbedingt ermöglichen wollten.

Mehr als einmal scherzte ich mit Christine darüber, dass Bodi die Reinkarnation meines Vaters sein könnte. Gerechtigkeit und Wahrheit waren ihm genauso wichtig, es interessierte ihn auch nicht, was andere über ihn dachten – und außerdem teilten sie das große Interesse an den Naturwissenschaften.

Als Bodi seinen Arm nach oben streckte, um den oberen Rahmen zu streichen, schrie er laut auf vor Schmerz.

„Ich schaff es nicht“, erklärte er und legte den Pinsel hin.

„Was meinst du damit?“

„Ich schaff es nicht“, wiederholte er. „Es ist meine Schulter. Sie ist innen ganz steif.“

Dann hüpfte er davon, um noch eine Tasse Tee zu trinken. Ich blieb zurück, schaute stumm über das weite Tal und fragte mich wieder einmal, was davon Wirklichkeit und was wohl Einbildung war. Denn mein Vater hatte das ganze Jahr vor seinem vorzeitigen Tod damit Probleme gehabt, seinen rechten Arm nach oben zu bewegen. Er hatte eine „steife Schulter“, wie Physiotherapeuten es nennen würden. Eine solche *steife Schulter*, auch Schulterengpass-Syndrom genannt, geht mit Steifheit, Schmerzen und der eingeschränkten Bewegungsmöglichkeit des Schultergelenks einher.

DIE ÖKONOMIE DES VERDIENSTES

Von unserem klösterlichen Ansitz aus beobachtete ich, wie sich braune Flicken auf dem grün-gelben Felderteppich Karshas ausbreiteten. Die Ernte war im vollen Gange, und nach der Puja schlenderten wir nach unten, um uns das Ganze aus der Nähe anzuschauen.

Es war ein herrlicher Herbsttag, und die Dorfbewohner hatten sich auf die Felder verteilt. Manche zogen mit gebeugtem Rücken Gerste per Hand aus. Andere schnitten Alfalfa mit Sensen. Andere wiederum trugen die aufgetürmte Last ins Dorf, wo man die Alfalfa, die im Winter als Futter dienen würde, auf den Flachdächern ausbreitete, und die Gerste vor dem Dreschen zu Schobern aufhäufte, die so hoch waren, dass man eine Leiter brauchte, um hinaufzugelangen. Getreidespelze und Spreu wehten über die Fußwege, und unsere Kinder fanden große Freude daran, den Spatzen hinterherzujagen, die sich an dieser Fülle satt pickten.

In einem stillen Feld bündelte eine Familie gerade die Gerste – eine Großmutter, zwei Töchter und sechs Enkelkinder, alle ungefähr so alt wie Bodi und Taj –, und wir gesellten uns eine Weile zu ihnen, obwohl ich vermutete, dass wir ihnen keine wirkliche Hilfe waren. Die Mittagssonne brannte auf uns herunter, und schon bald waren beide Jungen rot im Gesicht.

Als wir zurück zum Kloster liefen, kamen wir an einer alten Frau in Yakhaarstiefeln und mit indigoblauem Gewand vorbei. Schwer gebeugt unter der Last eines turmhohen Bündels Alfalfa, kam sie nur langsam voran. Nachdem sie eine baufällige Behausung erreicht hatte, erklomm sie unter gefährlichem Schwanken eine wackelige Leiter zum Dach.

Ich wollte der Alten unbedingt helfen, und Christine – deren Heimweh so schnell wieder verflogen war, wie es sie ereilt hatte – ermutigte mich zu bleiben.

„Du solltest ihr helfen. Lass dir ruhig Zeit", rief sie zurück. „Ehrlich, wir haben es nicht eilig. Ich mach dann mal Mittagessen."

Also wartete ich, und irgendwann wackelte die Leiter. Die Greisin tauchte wieder auf. Über ihrem Gewand schwang eine klobige Kette, deren Türkise alle die Farbe und Größe eines Rotkehlcheneis hatten. Sie starrte mich ausdruckslos an. Zuerst zeigte ich auf die Seile an ihren Schultern, dann auf mich. Sie lachte und reichte sie mir.

„Mortub", sagte ich und klopfte mir dabei auf die Brust. Aber sie schüttelte den Kopf, was ich so deutete, dass sie kein Englisch sprach. Dann ergriff sie mit ihrer Hand – an einem Finger steckte ein eng sitzender Silberring, von dem ich bezweifelte, dass sie ihn jemals wieder abziehen könnte – die meine und führte mich in die Felder.

Es dauerte zehn Minuten, bis wir den Acker ihrer Familie erreicht hatten. Nachdem sie die Seile parallel zueinander auf den Boden gelegt hatte, begann sie, Alfalfa darauf zu schichten. Ich half ihr, und nachdem wir einen hüfthohen Haufen zusammen hatten, verschnürte sie ihn. Sie löste einen blauen Schal aus ihrem Haar und breitete ihn auf meiner Schulter aus, um Kratzer zu vermeiden. Dann drückte sie mich nach hinten, bis ich auf dem Haufen lag, und bedeutete mir, meine Arme durch die beiden Seile zu fädeln, damit ich das Bündel wie einen Rucksack tragen konnte. Mit großer Mühe kämpfte ich mich auf die Füße. Die Last musste dreißig Kilogramm schwer gewesen sein, und als ich sie schließlich auf das Dach fallen ließ, taten mir die Beine weh.

Die Alte verteilte das duftende Futter mit einem Holzrechen. Ein Wiedehopf schoss herab, ein unverwechselbarer Vogel aus der Alten Welt, mit gestreifter Haube. Er war auf der Suche nach Insekten, und schon bald fing er eine Spinne, so groß wie eine Tarantel. Er warf seinen Kopf zurück und schluckte sie mit einem Happs herunter.

Wir liefen wieder zu den Feldern zurück, diesmal unter dem Gejohle der Dorfbewohner. Die Alte winkte, sagte aber nichts. Was zum Teufel riefen sie da bloß? *Wer ist dein neuer Ehemann? Wie schade, dass er so hässlich ist. Kann ich ihn mir ausleihen, wenn ihr fertig seid?*

Die Yaks kamen nun von den *doksa* herunter, den Sommerweiden, und wir passierten ein grimmiges Exemplar, das mit einem hölzernen Nasenring an eine Stange gebunden war. Von seinem Rumpf hing ein Fetzen Haut herab, vielleicht war dies während eines Brunstkampfes geschehen, und die eiternde Wunde erinnerte mich daran, was man mir in Tibet einmal erzählt hatte: nämlich, dass Nomaden früher in der größten Not angeblich einem lebenden Yak einen Fetzen Haut entfernt, das darunterliegende Fleisch herausgeschnitten und dann die Haut wieder aufgedrückt hätten.

Schon bald wankte ich unter einer weiteren schweren Last zum Haus der Alten. Währenddessen dachte ich über den Unterschied zwischen *work* und *work-out* nach. Da ich in einer modernen Gesellschaft lebe, in der körperliche Arbeit nicht mehr zu meinem Leben gehört, greife ich häufig darauf zurück, in klimatisierten Fitnessstudios Metallteile zu heben oder mich stundenlang auf Rädern abzustrampeln, die mich nirgendwo hinbringen. Ich erinnere mich noch daran, wie verwirrt einmal ein Sherpa schaute, als ich von einem solchen Training erzählte. All diese Mühen, schien er zu denken, und damit bewirkst du nichts?

Während der dritten Runde wurde mir schwindelig.

Bei der sechsten zuckten meine Waden wie eine Nähmaschine. Die Alte bot mir eine Schale mit süßem Schwarztee an, und ich war mir nicht sicher, ob ich schon einmal etwas so Köstliches getrunken hatte.

Es waren neun Runden nötig, um das ganze Feld zu ernten.

Als ich aufbrechen wollte, nahm die Alte meine Hände und drückte sie an ihre Stirn. Wir hatten drei Stunden lang Seite an Seite gearbeitet und kein Wort miteinander gewechselt.

An diesem Nachmittag lag ich später in unserem lichtdurchfluteten Zimmer und döste vor mich hin, als ich ein seltsames Geräusch hörte – ein sanftes Summen, das mal lauter, mal leiser wurde.

Was konnte das sein? Eine Maschine? Ein Helikopter? Gesang?

„Hörst du das auch?", fragte ich Christine, die auf der anderen Seite des kleinen Raums saß und mit Nadel und Faden Unterwäsche ausbesserte. Sie nickte, und während wir lauschten, verschwand das Geräusch plötzlich. Dann bewegte sich etwas über meinem Kopf, und das Geräusch war wieder da.

Es war eine Fliege, die in einem Spinnennetz gefangen war!

Während sie um sich schlug und versuchte, sich zu befreien, tauchte hinter dem Vorhang eine dunkle Spinne auf und bewegte sich langsam auf sie zu. Dann sprang sie immer wieder auf die Fliege, als sei sie ein Trampolin – und versuchte, sie zu stechen.

„Schaut mal! Schaut da!", riefen wir beide, und die Kinder sprangen von ihrem Lego auf.

„Wow", flüsterte Taj. „Das ist krass."

„Sie versucht, die Fliege zu stechen", flüsterte Bodi. „Oh nein, ich will nicht, dass die Fliege stirbt. Aber auch nicht, dass die Spinne verhungert."

Kurz darauf erzielte die Spinne einen tödlichen Treffer. In ihrem Todeskampf zappelte die Fliege wie wild. Die Spinne begrub ihre Beute schnell in Seide und zog den flaumigen Sarg dann in ihr Versteck, das sich irgendwo in den Vorhängen befand.

Zu Hause hätte ich die Spinnenweben einfach weggewischt, aber jetzt zögerte ich, da die Spinne eine wichtige Rolle dabei zu spielen schien, die Fliegenpopulation zu regulieren. Abgesehen davon wusste ich, dass Bodi sonst einen Herzinfarkt bekommen würde.

Also ließ ich das Spinnentier in Frieden und döste in dem Wissen weg, dass irgendwo über mir eine fette Spinne gerade eine Fliege mampfte.

Als die Mönchsjungen alle sechsundzwanzig Strophen des ABC-Lieds „A says Ahhh" auswendig gelernt hatten, feierten wir das. Wir riefen jeden Jungen der Reihe nach zur Tafel, wo sie die Klasse durch das Lied führten, indem sie auf jeden Buchstaben auf der Tafel zeigten. Immer wieder sangen die Jungen das gleiche Lied. Ich dachte, dass sie das vielleicht langweilig finden könnten, aber nein, sie waren vom Anfang bis zum Ende mit Begeisterung dabei. Selbst die mürrischen Teenager spielten die Rollen mit Elan: die Arme klappten auf und zu wie das Maul eines Alligators, die Beine sprangen wie ein Känguru. Als Norgay an der Reihe war, hob ich den kleinen Trülku hoch, damit er auch auf die Buchstaben deuten konnte. Als er fertig war, applaudierte die Klasse.

In Englisch begannen wir, Gegensätze zu lernen (groß oder klein, hoch oder niedrig) und spielten viel „Simon says". Das äußerst kompetitive Spiel endete manchmal in Raufereien.

In Mathe lösten die älteren Jungen dreistellige Multiplikationsaufgaben und begannen mit schriftlicher Division. Die Jüngeren hatten schon mit der einfachen Addition zu kämpfen, also baute Christine jedem aus Pappe, Faden und Gebetsperlen einen Rechenrahmen. Die Kleinen liebten dieses neue Werkzeug und machten schnell Fortschritte.

Für zwei feste Tage in der Woche überlegten wir uns etwas Besonderes: Freitags war Malfreitag und samstags Geschichtentag, an dem Christine und ich den Kindern vorlasen.

Da wir befürchteten, dass Wang Chuk Kunstunterricht nicht gutheißen würde – ich vermutete, dass traditionelle Fächer wie Mathematik und Naturwissenschaften bei den Mönchen mehr Ansehen genossen – versuchten wir etwaige Einwände zu entkräften, indem wir die Jungen am ersten Malfreitag ein buddhistisches Motiv zeichnen ließen. Wir erklärten ihnen, dass sie malen konnten, was sie wollten: ein Mandala, einen *dorje* oder einen tausendarmigen Avalokiteshvara. Nachdem sie Bastelpapier und Buntstifte bekommen hatten, zappelten die Mönchsjungen unruhig herum und machten gar nichts. Irgendwann erklärte Norphal, dass sie eine Vorlage bräuchten. Wie es aussah, hatten diese Jungen noch nie etwas aus ihrer Fantasie heraus gemalt.

Also schickten wir sie los, damit sie im Kloster auf Fresken und Stürzen Inspiration fänden. In den darauffolgenden Stunden kam eine erstaunliche Vielfalt an Bildern zustande. Manche Jungen waren wahre Künstler, andere wiederum produzierten nur Strichmännchen.

Als die Uhr vier schlug, versammelten wir uns im Kreis und Christine hielt die Bilder hoch, eins nach dem anderen. Die Klasse brach bei jedem einzelnen Bild in Applaus aus, und ich versah jedes Kunstwerk mit einem glänzenden Silberstern – den die Kinder liebten –, bevor ich sie an die Lehmwände hängte. Endlich wirkte der karge Raum ein bisschen mehr wie ein Klassenzimmer. Als Wang Chuk hereinkam, um Tee zu kochen, hielt er plötzlich inne und schaute überrascht. Ich hätte schwören können, dass ein Lächeln über sein Gesicht huschte, aber er sagte nichts.

Mit jeder Woche, die verging, brachten die Novizen mehr und mehr Kunstwerke hervor. Die Wände wurden kunterbunt vor Bildern. Christine und ich brachten immer Sachen mit, die die Klasse malen konnte: eine Miniaturgebetsmühle (solche, die in Zanskar am Armaturenbrett hingen), eine Teeschale oder Lama Wangyals Topfgeranie.

Eines Freitags zog ich eine Actionfigur von Captain America aus meinem Rucksack und stellte den Superhelden als „Captain Canada" vor. Die Mönchsjungen, die den Unterschied nicht kannten, jauchzten vor Freude, aber Bodi war entsetzt.

„Das stimmt nicht, Dad!", rief er. „Das ist nicht Captain *Canada*. Das ist Captain AMERICA."

Ich versuchte zu erklären, dass wir aus Kanada kämen und es lustiger sei, die Figur „Captain Canada" zu nennen, aber Bodi ließ sich nicht beruhigen.

Inzwischen begann Wang Chuk, mit Taj herumzualbern. „Du Kapitan Karsha! Du bleibst hier. Du nicht gehst nach Hause."

„Auf keinen Fall!", jubelte Taj. „Ich bin Captain Canada."

„Captain America", schrie Bodi.

„Kapitan Karsha!", wiederholte Wang Chuk beharrlich.

Und so ging es weiter, während die Mönchsjungen eifrig malten.

Eine weitere Fliege war ins Netz gegangen. Ich lag auf dem Rücken und beobachtete, wie die Spinne aus ihrem Versteck kroch. Dann befreite sich die Fliege, und die Spinne zog sich zurück.

Da die Fliege an der Fensterscheibe hin und her surrte, tappte sie kurz darauf wieder in die Falle, und dieses Mal war die Spinne schneller da. Als der entscheidende Kampf begann, drehte die Fliege durch, und ich erwischte mich dabei, wie ich insgeheim die Spinne anfeuerte. Schon bald gelang ihr der tödliche Stich. Als sie gerade ihre Mahlzeit davonschleppte, betrat Lama Wangyal den Raum. Ich zeigte auf das sich in den letzten Akten befindende Drama.

Ohne zu zögern zog der alte Mönch das Netz behutsam herunter, Faden für Faden, so als ob er einen Vorhang abnehmen würde. Die Spinne, die von ihrer Mahlzeit abgelenkt war, rannte hektisch hin und her, bis Lama Wangyal sie einfing und sie mir, zusammen mit dem Netz, hinhielt.

„Nicht gut, Mortub", sagte er kopfschüttelnd und zeigte auf die toten Fliegen. „Zu viel."

Ich folgte ihm durch die Hobbittür hinaus, wo er die Spinne sanft in einen Rosenbusch abschüttelte. Dann rieb er sich singend die Hände sauber und verschwand den Pfad hinunter.

Am nächsten Morgen traf ein Wanderapotheker ein. Der bebrillte Mann trug Kragenhemd und Krawatte und stattete den Klöstern in Zanskar alljährlich einen Besuch ab. Ich entdeckte ihn im Hof, umringt von einer Gruppe hochrangiger Lamas.

Lama Norbu, der ranghöchste *lopon* und der nächste Klosterobere, zappelte ganz nervös, als eine Blutdruckmanschette an seinem mageren Bizeps angebracht wurde. Als ihm der Apotheker das Daumen-Hoch-Zeichen gab, strahlte der Siebenundsiebzigjährige vor Erleichterung. Nichtsdestotrotz bekam er eine Packung folienbeschichteter Tabletten, ebenso wie alle anderen Lamas.

Als ich den Apotheker fragte, was das für Pillen seien, antwortete er: „Gute Gesundheit."

Die Mehrheit der Mönche schien tatsächlich guter Gesundheit zu sein. Bis ins hohe Alter blieben sie schlank und fit, sie konnten stundenlang laufen, und das meist in einem blasenförderlichen Tempo. Die Dorfbewohner schienen genauso gesund.

Über viele Generationen waren es übertragbare Krankheiten gewesen, die den Menschen in diesem abgelegenen Tal das Leben schwer gemacht hatten: Durchfall, Tuberkulose, Cholera, Parasiten und Infektionen. Glücklicherweise waren die Medikamente, mit denen man diese Krankheiten behandeln konnte, in den Siebzigerjahren ins Tal gekommen, nach dem Bau der Straße.

Dafür lauerten im Kielwasser der Moderne andere Krankheiten.

Wenn traditionelle Gesellschaften einen modernen Lebensstil annehmen, befällt sie nach wenigen Jahren eine Reihe von zuvor unbekannten, nicht übertragbaren Krankheiten – Herzinfarkt, Schlaganfall, Diabetes und Krebs –, alle ausgelöst durch den sprunghaft angestiegenen Konsum von Salz, Zucker und Fett.

Das war das Schicksal, das unsere Novizen erwartete.

Aber wer war ich, dass ich mich um sie sorgte?

Mich erwartete doch das gleiche Schicksal – und genauso meine Kinder, zusammen mit einem großen Teil unserer Familie, Freunde, Nachbarn und Kollegen. Im Grunde all jene, die sich westlich ernährten. Denn obwohl wir uns nur selten die Zeit dafür nehmen, um darüber nachdenken: mit dem, was wir essen, bringen wir uns langsam um.

Vielleicht spürte ich es hier eindrücklicher – denn Zanskar befand sich während unseres Besuches an einem Scheideweg. Die Dorfbewohner, Mönche und Novizen hielten zwar noch an ihrer traditionellen Ernährung fest, die Samen des Übels wurden jedoch bereits um sie herum ausgesät.

Am nächsten Morgen trafen wir die Lamas wieder versammelt im Innenhof an. Viele hatten frisch geschorene Schädel. Als Bodi, Taj und ich näherkamen, sahen wir, wie Jimba Sonam, der Disziplinarmeister, gerade einen blauen Einwegrasierer über Wang Chuks glänzenden Kopf führte. In der Nähe knetete „The Noble Face", Stanzin Ta'han, einen Batzen *tsampa*, der so groß war wie ein Basketball.

Als Bodi und Taj einem Schmetterling hinterhersprangen, blickte er hoch und murmelte: „Deine Babys so süß."

Der junge Mann mit den fein geschnittenen Gesichtszügen hatte noch nie mit mir gesprochen oder mir auch nur zugenickt, doch als ich ihn jetzt fragte, was er da tue, deutete er auf eine Reihe kleiner Chörten aus *tsampa*. „Tag und Tag, meine Aufgabe ist *jarden* machen."

Verstohlen blickte er um sich, dann nahm er Daumen und Zeigefinger zusammen und flüsterte: „Ich habe eine kleine Macht."

Jeden Morgen formten er und sein Helfer – ein Jugendlicher mit milchweißer Haut, der schnell errötete – vierhundert völlig symmetrische Tsampakugeln für die Puja. Heute sei es jedoch anders, erklärte Ta'han. Sie würden tausend Kugeln für die jährliche Feier *Kalzang Tongchet* zubereiten, die Puja der tausend Gaben. Während wir uns unterhielten, so erklärte er, zündeten die anderen verlorenen Jungs gerade tausend Kerzen in der Versammlungshalle an.

Ta'han war einundzwanzig Jahre alt. Mit sieben Jahren war er ins Karsha Gompa gekommen und, da man ihn für ausgesprochen begabt hielt, hatte man ihn in das Gyuto-Kloster ins ferne Dharamsala geschickt. Allerdings hatte er sein Studium vor Kurzem abbrechen müssen, da sein Vater erkrankt war.

Ich fragte, ob er ins Gyuto zurückkehren und sein *geshe*-Studium abschließen würde, wenn es seinem Vater wieder besser ginge, doch er schüttelte nur niedergeschlagen den Kopf. „Nicht möglich. Kein großes Geld für mich."

Wir saßen eine Weile still beieinander, dann fragte er mich: „Gute Arbeit in Kanada möglich?"

Ich stutzte und wusste nicht, wie ich antworten sollte.

„Wenn ich komme, Arbeit möglich?", spezifizierte er.

„Vielleicht", stammelte ich.

Ta'han bat mich um mein Tagebuch und trug darin sorgfältig seinen Facebook-Kontakt ein. Er habe seinen Account seit drei Jahren nicht benutzt, erzählte er mir, aber er schlug vor, dass wir so in Kontakt bleiben könnten. Ich sagte, dass ich das schön fände.

Er neigte sich zu mir und flüsterte: „Willst du Dode sehen?"

„Ja, natürlich!", stotterte ich. „Bitte."

Dode – Do-di ausgesprochen – war der Spitzname von Dorje Rinchen, einem buddhistischen Reformer des 15. Jahrhunderts, der seinen Lebensabend als Lehrer im Karsha Gompa verbracht hatte. Nach dem Tod des Lamas wurden seine mumifizierten Überreste in der Versammlungshalle in einem silberplattierten Chörten aufbewahrt.

Während der turbulenten Tagen der Teilung, als Indien und Pakistan 1947 auseinandergerissen wurden, plünderte eine korrupte Brigade pakistanischer Soldaten die Klöster in Zanskar. Sie trugen alles fort, was von Wert war – auch die juwelenbesetzten Silberplatten auf Dodes Chörten.

Doch nun bemühte man sich darum, das Grabmal zu restaurieren. Der vierhundert Jahre alte Chörten war abgebaut, seine Holzbalken neu lackiert worden. Nun sammelte das Kloster Geld, um Silberplatten zu kaufen. Ein Schild in der Nähe des Eingangs zur Versammlungshalle bat Touristen um eine Spende. In der Zwischenzeit wurden Dodes Gebeine irgendwo im Kloster aufbewahrt.

Nachdem ich die Kinder eingesammelt hatte, führte uns Ta'han in die Versammlungshalle, wo der Altar bereits im Lichterglanz von tausend Yakbutterkerzen erstrahlte. In einer dunklen Ecke, hinter den Nischen mit den Schriftrollen, befand sich eine in Seide gewickelte Kiste, ungefähr so groß wie eine Waschmaschine. Ta'han zeigte auf ein Blatt Papier, das daneben an der Wand hing und auf das jemand geschrieben hatte: *KEINE SCHNAPPSCHÜSSE BITTE.* Ich nickte, und er zog den Stoff schwungvoll zur Seite.

Zum Vorschein kam ein Kasten aus Plexiglas, in dem sich, so sah es zumindest aus, die goldene Statue eines Mannes im Schneidersitz befand, seine Arme waren verschränkt, seine Saphiraugen starrten in die Unendlichkeit. Ich brauchte eine Weile, um zu begreifen, dass wir tatsächlich auf die mumifizierten Gebeine Dodes schauten. Sein Gesicht war durch Schichten aus Gips und Gold so dick geworden, dass es zunächst genauso wie jede andere buddhistische Statue im Himalaja aussah. Aber aus dem sich zersetzenden Gewand ragten geschwärzte Arme und Beine hervor, dünne Knochen wie Zeltstangen, die von einem hauchdünnen Netz aus vertrockneter Haut überzogen waren.

„Boah", platzte es aus Bodi heraus. „Ein Mann mit Goldgesicht. Das ist so cool."

„Ist er echt, Dada?", flüsterte Taj, und ich nickte.

Die dunklen Finger des Lama umspannten eine Holzschale, die genau so aussah wie die Teeschalen, die bei der Puja verwendet wurden. „Das ist Dodes Tasse", erklärte Ta'han. „Er sie benutzen Tag und Tag."

Stumm starrten wir in den Kasten, bis Ta'han irgendwann den Stoff wieder darüber zog, zurück in den Hof und zu seiner Aufgabe eilte und uns in dem flackernden Kerzenlicht der Versammlungshalle zurückließ.

Neugierig begutachteten wir das Kerzenmeer auf dem Altar, wo die Gabenteller unter Kathas, Gerstenkörnern, *kusha,* einer Grassorte, die bei der Meditation als Unterlage dient, und fleckigen Rupienscheinen begraben lagen. In einer kleinen, angrenzenden Kammer stießen wir auf die lebensgroßen Statuen von Buddha und seinen Schülern, sie waren vergoldet und mit Juwelen besetzt. Die einhundertacht Bücher des „Kangyur“ lagen in Nischen in der Wand. Und zwei gelb gepolsterte Podeste, die mir nie zuvor aufgefallen waren, standen ganz vorn in der Halle, sie waren noch höher als der Sitz des obersten Lamas.

Das niedrigere Podest war für den Klostervorsteher reserviert, Ngari Rinpoche, der in Dharamsala lebte. Wenn man von Ngari Rinpoche spricht, dem jüngeren Bruder des Dalai Lama, wird häufig auch sein säkularer Name, Tenzin Choegyal, genannt. Wie sein berühmter Bruder wurde auch er als Kind als Reinkarnation entdeckt. Seine Kindheit verbrachte er im Potala-Palast, mit dreizehn Jahren floh er mit seiner Familie und setzte seine buddhistische Ausbildung in Dharamsala fort. Doch irgendwann tauschte er desillusioniert sein Mönchsgewand gegen die Uniform eines Fallschirmjägers in der indischen Armee ein. Er fing an zu rauchen und kritisierte, dass sich Menschen aus dem Westen dem tibetischen Buddhismus wie unterwürfige Groupies zuwandten. Viele Jahre später kehrte er nach Dharamsala zurück, um dem tibetischen Volk als Reformer zu dienen. Heute lebt er in einer kleinen Wohnung neben dem Dalai Lama, für den er als Übersetzer und Privatsekretär tätig ist.

Das andere Podest – dem Altar am nächsten und das höchste von allen – war für den Dalai Lama. Ein ähnlicher Sitz wartet in jedem buddhistischen Tempel, in jedem Land der Erde auf ihn.

Eine kleine Schwarz-Weiß-Fotografie auf dem Kissen zeigte den Dalai Lama als jungen Mann. Das Bild war in etwa zu der Zeit aufgenommen worden, als Mao Zedong den jugendlichen Führer nach Peking zitierte. Dort hatte er ihm erklärt, dass Religion Gift sei, und Andeutungen bezüglich seiner Pläne mit Tibet gemacht. Der Mann auf dem Foto, der mit seiner Hornbrille wie ein Hochschulabsolvent aussah, konnte die dunkle Macht, die sein Land verschlucken würde, mit Sicherheit längst spüren. Und trotzdem blieb sein innerer Frieden davon scheinbar unberührt.

Als was für ein außergewöhnlicher Führer sich der Dalai Lama doch herausgestellt hat, überlegte ich, *er führt sein Volk durch unvorstellbar turbulente Zeiten. Selbst heute, mit über achtzig Jahren, kennt dieser Mann noch keine Müdigkeit und besteht gleichzeitig darauf, dass er nur ein einfa-*

cher Mönch sei – trotz eines gnadenlos vollgepackten Terminkalenders mit vielen öffentlichen Auftritten und Treffen mit Staatsoberhäuptern. Er steht noch immer jeden Morgen um *halb vier auf und meditiert vier Stunden lang.*

Da fielen mir meine beiden Jungs wieder ein, und ich sah mich um. Die beiden begutachteten die Nischen, in denen die alten Schriften lagen.

Ich warf wieder einen Blick auf den leeren Sitz. Man konnte nicht umhin, sich zu fragen, welches Schicksal den tibetischen Buddhismus nach dem Tod dieses großen Mannes ereilen würde. Die chinesische Regierung würde auf jeden Fall versuchen, die Identifizierung einer Reinkarnation zu behindern.

Nach dem Tod des Panchen Lama 1995 – dessen spirituelle Autorität unter der des Dalai Lamas steht – identifizierten tibetische Mönche den sechsjährigen Gedhun Nyima als Reinkarnation. Chinesische Behörden nahmen den Jungen und seine Familie sofort in Gewahrsam, seitdem wurden sie nicht mehr gesehen. Als Peking einen anderen als Trülku identifizierte, stürzte das die Linie ins Chaos.

Um ähnliche Verfolgungen zu vermeiden, hat der Dalai Lama erklärt, dass sein Nachfolger weder in Tibet noch in China geboren werde. Und vor Kurzem setzte er eine noch viel revolutionärere Idee in die Welt: nämlich, dass die Institution der Dalai Lamas möglicherweise ihren Nutzen verloren habe.

Seine Heiligkeit hat zugesichert, dass er sich in den nächsten Jahren mit hochrangigen tibetischen Lamas darüber beraten werde, was das Beste für Tibet sei. Es besteht jedoch die Möglichkeit, dass er der letzte in einer langen, bis auf das Jahr 1391 zurückgehenden Reihe von Trülkus sein wird, von denen man glaubt, sie seien die Reinkarnation des Avalokiteshvara, dem Bodhisattva des Mitgefühls.

Ich starrte noch immer auf den jungen Mann auf dem Foto, als Tashi Tsering, der Koch, an meiner Seite auftauchte. Sein Kopf war frisch geschoren, und er trug eine Motorradjacke aus Leder mit silbernen Reißverschlüssen an den Ärmeln. Nachdem wir Bodi und Taj aufgesammelt hatten – die am Altar Rupienscheine sortiert und aufgestapelt hatten –, legte er einen Arm auf ihre Schultern und bat mich, ein Foto zu machen. Danach schrieb er seine Adresse in mein Tagebuch, und ich versprach, ihm einen Abzug zu schicken.

Schon bald strömten die Lamas herein, sie trugen gelbe Zeremonienhüte. Auch Christine tauchte auf. Ihre Mission, im Dorf Eier zu kaufen, war erfolgreich gewesen. Wir rollten einen Teppich aus und setzten uns – Taj auf Christines Schoß, Bodi auf meinem. Milchtee wurde serviert, und für einen kurzen, erhebenden Moment war ich wunschlos glücklich.

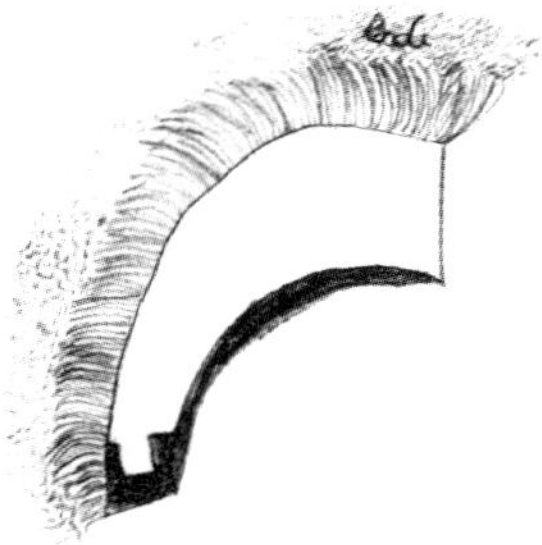

Der markante gelbe Zeremonienhut der tibetischen Gelug-Schule.

Am nächsten Morgen wachte Christine mit juckenden Augen auf. Zur Abendessenszeit hingen ihr Schleimklümpchen in den Wimpern. Ihre Augen waren so rot, als hätte sie einen Tag lang durchgekifft. Kein Zweifel, sie hatte eine Bindehautentzündung. Doch leider enthielt unser gut ausgestattetes Erste-Hilfe-Set keine antibiotischen Augentropfen.

Bevor wir aus Kanada abgereist waren, hatte uns unser Hausarzt vor einem weltweiten Mangel an Augentropfen gewarnt. War das sein Ernst gewesen? So etwas konnte passieren? Nachdem wir alle Apotheken in der Provinz durchkämmt und tatsächlich keine Augentropfen gefunden hatten, mussten wir einräumen, dass er wohl recht gehabt hatte. Und jetzt brauchten wir sie dringend. Es schien unwahrscheinlich, dass Padums kleine Medikamentenausgabe etwas Passendes führen würde, aber ich versprach, mich am nächsten Morgen auf die Suche zu machen.

Doch Lama Wangyal hatte andere Pläne.

Vor Sonnenaufgang würde ein Auto kommen, erklärte er, um uns beide zu seinem Heimatdorf Neyrok zu bringen, wo er die Puja leiten würde. Ich sagte ihm, dass ich unbedingt nach Padum müsse, um Medizin zu besorgen, aber er wischte mein Anliegen beiseite.

„Zuerst Puja. Dann Padum."

Ich warf Christine mit ihren verklebten Augen einen Blick zu, sie zuckte mit den Schultern.

Am nächsten Morgen weckten mich die lauten Schritte des Lamas, als er die Leiter herunterdonnerte. „Oh, Mortub!", rief er. Einen kurzen Moment später wurde die Hobbittür aufgestoßen. Ich sprang in meine Klamotten, schnappte mir den Rucksack und rannte ihm hinterher. Der alte Mönch lief so flink die steilen Pfade hinunter, ich konnte kaum mithalten.

Wir gesellten uns zu den anderen Lamas, die sich hier zu früher Stunde an den Klostertoren versammelt hatten. Alle waren sie zu den umliegenden Dörfern unterwegs, um die Zeit der Heimpujas einzuläuten. Indem Familien ihr Haus für aufwendige Gebetszeremonien zur Verfügung stellen – und ordentlich dafür bezahlen – können sie Verdienst ansammeln.

Auf der Zentralebene sah man nun eine Kolonne aus Scheinwerfern, sie kam auf uns zu und fuhr dann die staubigen Serpentinen in Richtung Kloster hinauf.

Lama Wangyal drängte mich zu einem weißen Pick-up. Zwei Mönche sprangen vor uns in die Fahrerkabine: der alte, füllige Sonam Wangchuk mit seinen großen Ohren und tiefen Falten, und Thukstan Chosphel – zwar jünger, dafür mit noch größeren Ohren. (Insgeheim nannte ich die beiden „Yoda" und „Baby Yoda" – noch lange bevor ein Baby Yoda in „The Mandalorian" aufgetaucht war.) Lama Wangyal quetschte sich neben die beiden.

Da es für mich keinen Platz mehr gab, kletterte ich zu einem drahtigen Bauern in Kragenhemd, Jeans und Gummistiefeln auf die Ladefläche. Wir schüttelten uns die Hände, aber als ich ihn ansprach, machte er eine abweisende Geste.

Der Pick-up sprang stotternd an und raste dann den Berg hinunter. Ein Reifen schlitterte auf der Ladefläche hin und her. Der Bauer und ich hatten unsere liebe Mühe, einem Zusammenstoß zu entgehen. Wir kauerten uns hin, und die Knie gingen hoch und runter, wie Stoßdämpfer.

Im Dorf umschwärmten Schulkinder den Wagen, sie suchten eine Mitfahrgelegenheit nach Padum. Unser Fahrer schüttelte den Kopf, stattdessen rafften zwei Nonnen ihre Roben zusammen und kletterten über die Ladeklappe.

„Mortub, Mortub!", riefen sie strahlend, als sie mich erkannten. „Wo Norbu? Wo Tashi?"

Bevor ich antworten konnte, heulte der Motor wieder auf und wir düsten über die Ebene. Auf den Bergen im Osten verteilte die aufgehende Sonne ihre Strahlen, und der Wind fuhr mir durch das Haar. Für einen kurzen Augenblick war es wieder da – das jugendliche Gefühl von Unsterblichkeit.

Auf einem einsamen Abschnitt der Straße kam der Wagen hüpfend zum Stehen, die Nonnen sprangen heraus und gingen zu Fuß weiter. Wir verließen die Hauptstraße, rumpelten über steiniges Gelände, spritzten durch niedrige Wasserläufe und erreichten schließlich eine kleine Gruppe aus weiß getünchten Häusern, die sich in einem Pappelhain an das Ufer des Stod schmiegten. Das war Lama Wangyals Heimatdorf, Neyrok.

Im größten Haus war eine Frau gerade dabei, Buttertee in einem Butterfass aus Holz zuzubereiten, das man *gurgur* nennt. Eine klobige Kette mit Türkisen hüpfte bei dieser Arbeit hin und her, ihr dunkles Haar war streng nach oben gesteckt. Wahrscheinlich war sie nicht älter als vierzig, doch Sonne und Wind hatten ihre Spuren auf ihrem Gesicht hinterlassen. Ihre Augen waren so blau wie ein Sommerhimmel. Für einen kurzen Moment musste ich an Christine denken, die mit entzündeten Augen im Kloster ausharrte.

„Das Kind meiner Schwester", stellte Lama Wangyal sie mir vor, „Padma."

Auf dem Boden sitzend, begann Lama Wangyal, in einer Kupferschale Milch, Wasser und Gerstenmehl zu einer riesigen Kugel *tsampa* zu vermischen. Nachdem er Joghurt, Zucker, Zimt und Yakbutter hinzugefügt hatte, rollte er den Teig zu einer langen Schlange. Baby Yoda schnitt sie in Scheiben und formte daraus kleine Chörten, mit breitem Sockel und spitz zulaufendem Oberbau. Yoda legte sich neben die beiden und schlief ein.

An einer Wand neben ihnen hing das Familiengeschirr: Regale voll mit brandneuen Kupfertöpfen, Kesseln, Schnellkochtöpfen, Keramiktassen, Untersetzern und Tellern – es war so viel, dass selbst ein gut besuchtes Restaurant nicht alles hätte benutzen können. An einer anderen Wand hing ein Poster von Albert Einstein. Daneben zeigte ein eingerahmtes Bild eine Gruppe von zanskarischen Geschäftsleuten. Sie standen auf einem matschigen Feld, trugen Kathas und drängten sich um den Dalai Lama. Der Fahrer des Pick-ups – Padmas Ehemann Tashi – war auch unter ihnen.

Eine Große Zitterspinne krabbelte in die Schale mit dem *tsampa*, und Lama Wangyal setzte sie so sanft auf den Boden, als hätte er es mit einem Kätzchen zu tun. Padma erschien mit einer Thermoskanne Tee, den Kopf hielt sie tief geneigt. Kurz darauf kam sie wieder, diesmal trug sie Schalen mit *zorro*, einem köstlichen Vollkornbrei aus Gerste, der mit Butter, Salz und Zucker abgeschmeckt wird.

Mit ihren Fingern formten Lama Wangyal und Baby Yoda in einem mit kaltem Wasser gefüllten Becken dekorative Blumen aus Yakbutter, mit denen sie die Chörten verzierten.

Nach einer Stunde stupste Baby Yoda den schlafenden Mönch wach. Lama Wangyal reichte mir ein Tablett mit *jarden,* und ich folgte den Männern über eine Leiter nach oben, dann über eine weitere bis zum Puja-Raum der Familie im obersten Stockwerk.

Lama Wangyal setzte sich auf ein gepolstertes Podest. Er war zwar der jüngste der drei Mönche, gleichzeitig aber auch der ranghöchste. Yoda und Baby Yoda setzten sich neben ihn auf den Boden. Ich lehnte mich an die gegenüberliegende Wand.

Es gab keinen klaren Beginn der Zeremonie. Vielmehr stotterte sie sich in Gang, wie ein alter Dieselmotor. Lama Wangyal berührte mit einer Pfauenfeder den Ausguss einer verzierten Messingkanne, die auf dem Altar vor ihm stand. Er begann zu singen. Er hörte auf zu singen. Dann fing er wieder an, und die anderen beiden stimmten mit ein. Dann hörten alle auf und schauten fieberhaft um sich, als suchten sie nach etwas. Was zum Teufel suchten sie?

Kissen! Endlich begriff ich, dass die Mönche für ihre Rücken Kissen brauchten.

Ich sprang auf und holte ein paar aus einer hinteren Ecke des Raumes. Als Nächstes wollte Yoda eine Decke. Er grunzte dankbar, als ich ihm eine brachte. Er zog die Wolle über seine Schultern, und zwar so hoch, dass nur noch sein Glatzkopf und seine großen Ohren herausschauten. Da sie nun bequem saßen, lehnten sich die Männer zurück und fingen wieder an zu singen.

Lama Wangyal goss etwas Öl auf einen Silberteller, und fuhr darin aufwendige Muster mit seinem Finger nach. Einen Spritzer Öl verteilte er auf dem Teppich, dann schmierte er es sich auf die Wangen und betupfte seinen Schädel. Zum Schluss trank er einen kleinen Schluck. Dann wurde der Teller zu Yoda und Baby Yoda weitergereicht, die beide das gleiche Ritual vollzogen. Schließlich kam der ölige Teller zu mir, und Lama Wangyal gestikulierte ungeduldig. *Mach schon!*

Widerwillig betupfte ich meine Wangen mit etwas Öl, verteilte es ein bisschen in meinem Haar und führte den Teller an meinen Mund, um dann (mit einiger Erleichterung) festzustellen, dass die Flüssigkeit gar kein Öl war, sondern mit Safran aufgegossenes Wasser.

Und wieder wurde gesungen. Eine Stunde verging. Dann zwei.

Hin und wieder grunzte Yoda – ein Zeichen, dass er mehr Buttertee wollte – und ich sprang auf, um eine Thermoskanne zu holen. Padma kam regelmäßig herein und brachte uns frische Chapatis, Currygemüse, *tsampa* und eine klare Brühe mit Yakfleischstückchen und teigigen Klößen.

Irgendwann trat Tashi in den Raum, er trug einen blauen Anzug und Krawatte. Er fahre jetzt nach Padum, sagte er mir, wo er als Beamter arbeite. Es war Zeit zu gehen. Bevor ich aus dem Raum schlüpfte, drehte ich mich noch einmal um und verbeugte mich vor den Lamas, aber keiner blickte auf.

Die drei Männer würden sich stundenlang nicht vom Fleck bewegen und bis spät in die Nacht weitersingen.

Padums Medikamentenausgabe versteckte sich am Rande der Stadt zwischen einer Reihe von Stoffgeschäften aus Betonschalstein. Der Apotheker, ein spindeldürrer Mann aus dem indischen Vorgebirge, holte drei verschiedene Arten antibiotischer Augentropfen aus einem Schrank. Ich versuchte, die Namen der Inhaltsstoffe zu entziffern, aber sie waren so klein geschrieben, dass es unmöglich war. Also kaufte ich alle drei. Gesamtkosten: siebenundachtzig Rupien, also ungefähr ein Dollar und dreißig Cents.

Danach schaute ich im „Mont Blanc Cyber Café“ vorbei, in der Hoffnung, Lama Wangyals Visaantrag ausfüllen zu können. Allerdings hatte Lichten, der Besitzer, die nötige Software noch immer nicht heruntergeladen.

„Verbindung sehr langsam“, sagte er kopfschüttelnd. „Vielleicht heute Abend möglich?“

An einem Teestand am Straßenrand trank ich mehrere Tassen süßen, milchigen Chai, während ich versuchte, eine Mitfahrgelegenheit zu ergattern. Allerdings kamen nur wenige Autos vorbei. Zu Fuß machte ich mich gerade auf den Weg durch das flache Land, als ein Pick-up mit einem Ruck neben mir zum Stehen kam, aus der Fahrerkabine schmetterte Hindi-Pop.

„Steig ein“, schrie der jugendliche Fahrer, der eine Baseballkappe der Yankees seitwärts aufgesetzt trug.

Er schob seinen Sitz nach vorn, und ich quetschte mich auf die Rückbank. Ein Mann mit zerknittertem Gesicht saß auf dem Beifahrersitz, er trug eine Fliegersonnenbrille und eine Lederjacke. Ich nahm an, dass es der Vater des Jugendlichen war. Die beiden waren nach Pishu unterwegs, ein Dorf hinter Karsha.

Der Pick-up raste in halsbrecherischem Tempo über die Ebene und ließ die Staubteufel tanzen. Im Wagen roch es nach Schnaps. Der Beifahrer trank aus einer Flasche, die in einer roten Plastiktüte steckte. Irgendwann drehte er sich um und fragte nach meinem Namen.

„Mortub“, antwortete ich, und er lachte höhnisch.

„Nennt dich Mortub in Kanada?“

Der Mann schien richtig aufgebracht und löcherte mich mit Fragen. Was wusste ich über den Buddhismus? Warum tat ich so, als ob ich ein Buddhist sei? Wo kam der Name Mortub her?

„Lama Wangyal“, sagte ich ausdruckslos.

„Oh“, sagte der Vater nickend, nahm seine Sonnenbrille ab und drehte die Musik leiser. „Sehr guter Lama Mann. Sorry.“

Er musste sich nicht bei mir entschuldigen. Ich konnte mir durchaus vorstellen, dass es für Einheimische schwer war, gegenüber Ausländern keinen Groll zu hegen. Sie schienen alle unvorstellbar wohlhabend zu sein, drängten sich in die Puja-Hallen, trugen Perlenarmbänder und T-Shirts, auf die *Om mani padme hum* gedruckt war, kauften Souvenirs, machten Fotos und verschwanden dann wieder – jeder mit seiner eigenen romantischen Vorstellung vom Tal, dem Shangri-La, an das sie glauben wollten.

Wir rasten weiter durch die karge Landschaft.

Am Straßenrand liefen Gruppen von Schulkindern in Uniformen Hand in Hand zu ihren entlegenen Häusern. Langsam fuhr der Pick-up an jede von ihnen heran, damit die Kleinen ihre Rucksäcke über die Ladeklappe werfen und sich dann selbst hochziehen konnten. Schon bald standen mehr als zwanzig Schüler dicht gedrängt auf der Ladefläche. Ich schaute durch das hintere Fenster zu ihnen, und sie winkten mir alle gleichzeitig zu. Keines war älter als zehn Jahre.

Als der Wagen plötzlich einen Schlenker machte und auf Karsha zufuhr, schwankten die Kinder hin und her, wie Pappeln im Wind.

Christine erwartete mich bereits und probierte umgehend alle drei Augentropfensorten.

Eine von ihnen brannte wie Feuer in ihren Augen, so dass sie sie kein zweites Mal nahm. Die anderen beiden taten nicht weh, schienen aber auch nicht zu helfen, da ihre Augen am nächsten Morgen noch genauso rot und eitrig verklebt waren.

Wir besprachen gerade, wie wir weiter vorgehen wollten, als Lama Wangyal von oben rief: „Angmo! Oh, Angmo!"

Christine wurde blass. „Oh mein Gott. Ich glaube, er könnte einen meiner Tampons auf dem Pfad gefunden haben."

„Was?", fragte ich ungläubig.

Gestern, erzählte sie mir, war sie draußen auf dem Weg über einen benutzten Tampon gestolpert. Wie eklig, dachte sie. Was für ein Tourist würde so etwas einfach hier hinwerfen?

Dann sah sie, dass es sich um die gleiche Sorte handelte, die sie von zu Hause mitgebracht hatte. Da kam ihr die schreckliche Erkenntnis, dass es ein Tampon von ihr selbst sein musste. Der Wind musste ihn aus

Lama Wangyals offenem Plumpsklo nach draußen auf die Hänge getragen haben. Beschämt hatte sie ihn aufgesammelt und war davongeeilt.

„Oh, Angmo!“, rief Lama Wangyal wieder, diesmal mit mehr Nachdruck.

„Wünsch mir Glück“, sagte sie, ging aus dem Zimmer und kletterte die Leiter zu ihm hoch.

Fünf Minuten später kam sie grinsend zurück.

Lama Wangyal hatte gar keine belastenden Beweisstücke gefunden. Stattdessen wollte er für ihre Augen beten.

„Er hat die ganze Zeit darauf gepustet“, erzählte sie mir kichernd. „Überall war Spucke. Dann hat er seine Mala über mein Gesicht gerieben, so als würde er einen Topf scheuern. Das Verrückte ist, dass es wahrscheinlich jetzt besser wird. Und wir werden niemals wissen, ob das an den Tropfen oder an der Spucke lag.“

Kurz darauf donnerten Lama Wangyals Schritte durch den Gang. Christine sprang auf und rannte dem hoch aufgeschossenem Mann hinterher. Heute musste sie ihn auf eine Heimpuja begleiten.

Als sie an diesem Abend zurückkam, waren ihre Augen klar.

SIE HATTEN GLÜCK

„Bruce!“ Christines Ruf ging mir durch Mark und Bein. Gerade erkundete ich die Katakomben uralter Dormitorien, deren Ruinen sich an die steilen Hänge unterhalb der Versammlungshalle schmiegten.

Ich eilte nach draußen und entdeckte sie auf dem Dach der Bauruine. Sie winkte aufgeregt, und mein erster Gedanke galt den Jungen. Keiner der beiden war bei ihr. Was war passiert?

So schnell ich nur konnte, lief ich zu ihr, meine Brust hob und senkte sich, und meine Beine fühlten sich in der dünnen Luft ganz schwer an.

„Ist alles in Ordnung?“, keuchte ich, nachdem ich in Hörweite gekommen war.

„Nein. Ich meine, ja, alle sind okay. Aber Sonam Dawa ist hier. Er wartet schon seit über einer Stunde auf dich.“

Unser ehemaliger Führer saß auf einer Palette in unserem Zimmer. Als ich hereinkam, sprang er auf und hielt mir seine Hand entgegen, ich zog ihn jedoch in eine Umarmung, da wir uns seit unserer Ankunft im Karsha Gompa vor zehn Wochen nicht mehr gesehen hatten. Der schweigsame Mann mit den traurigen Augen trug einen blauen Trainingsanzug. Er hatte den Sommer damit verbracht, ein Gästehaus am Rande von Leh zu bauen. Für ein paar Tage war er nun in Zanskar, um auf dem Hof seiner Familie Kartoffeln zu ernten.

Ich hatte vergessen, wie gut Sonam Englisch sprach, und schon bald waren wir in ein lebhaftes Gespräch über das Leben im Kloster, örtliche Traditionen und Zanskars Geschichte vertieft. Lama Wangyal kam mit einem Teller gedörrtem Yakfleisch und Röstbrot herein und gesellte sich zu uns. Die beiden Männer kannten sich und plauderten, während Christine und ich die Kinder bettfertig machen wollten.

Schließlich stand Sonam auf und rieb sich die Hände. „Okay, wir gehen jetzt."

Es war eine Feststellung, keine Frage.

Anscheinend hatte Sonam Lama Wangyal gefragt, ob er uns auf seinen Hof bringen könne, eine Stunde Fahrt entfernt. Er hätte keinen schlechteren Zeitpunkt wählen können. Die Jungen hatten Hunger, bald mussten sie ins Bett, und schon die kleinste Änderung im üblichen Ablauf konnte bei Bodi zu einem Drama führen. Also schlug ich vor, dass wir Sonam ein anderes Mal besuchten.

Aber Bodi unterbrach mich: „Aber worauf warten wir denn? Lasst uns doch fahren."

Sonam klopfte ihm auf den Rücken, und bevor Bodis unerwartete Lockerheit umschlagen konnte, stopften Christine und ich die Schlafsäcke in einen Reisesack.

Als Sonams weißer Pick-up das Kloster hinter sich ließ, saßen Bodi und Taj Arm in Arm auf dem Rücksitz und alberten ausgelassen herum. Nach kurzer Zeit schliefen sie beide, mit offenen Mündern.

Eine Stunde später fuhren wir auf einer Brücke aus Stahlträgern über den Stod. Vor uns, im Schatten bedrohlicher Gipfel, lag das winzige Dorf Shegar.

Ungefähr dreißig Jahre vor unserem Besuch, im Winter 1988, war während eines heftigen Sturms mehr als ein Meter Schnee auf die Rimalik-Bergkette niedergegangen. Starke Winde hatten noch mehr Schnee auf die Hänge getragen, und die Schneedecke wurde gefährlich instabil.

Am achten März, kurz nach Mitternacht, hallte ein Knall durch die kargen Berge, es klang wie ein Schuss. Die Schneedecke riss und Tausende Tonnen Schnee begannen sich ihren Weg nach unten zu bahnen. Die Masse wuchs dabei immer weiter an und wurde schneller und schneller. Weit unten stand das kleine Dorf Shegar, die Lawine raste genau darauf zu.

Der Schnee brachte die vollständige Zerstörung. Er begrub jedes Haus unter sich. Vierzig Dorfbewohner starben im Schlaf, und das ganze Vieh war verloren.

Drei Bewohner überlebten jedoch auf wundersame Weise.

Ein Ehepaar – das zusammen im Bett lag und unter vier Metern Schnee begraben wurde – harrte drei Tage lang aus, während denen es fermentierte Gerstenkörner aß (den Bodensatz in einem Glas mit hiesigem Bier) und durch einen zerbrochenen Kamin Luft bekam. Eine Nonne in der Nachbarschaft überlebte unter ähnlichen Umständen. Die Retter weinten, als sie die Überlebenden entdeckten, da sie geglaubt hatten, nach Leichen zu graben. Die drei Überlebenden erholten sich allerdings nie ganz. Der Mann strich jahrelang obdachlos durch die Gegend, viele hielten ihn für einen verrückten Yogi.

Erst der Frühling brachte das Ausmaß der Zerstörung zu Tage. Häuser, Ställe, Felder, Steinmauern und Bewässerungskanäle – alles war fort. Auch die wertvolle, von vielen Generationen von Bauern kultivierte Humusschicht war verloren, begraben unter Tonnen von Geröll.

Nur eine Handvoll Bewohner war in dieser schicksalshaften Nacht nicht im Dorf gewesen – darunter auch Sonam.

„Ich war damals sehr jung", erklärte er, als wir durch die Dunkelheit fuhren. „Erst siebzehn."

Nachdem er sein drittes Jahr an der Highschool in Delhi beendet hatte, war er mit Zügen und Bussen gen Norden gereist, um dann mit Schulkameraden den Shingo La zu überqueren. Als er das Dorf Kargiak erreichte, spürte er, dass etwas nicht in Ordnung war.

„Alle komisch geschaut. Aber niemand nichts gesagt."

Schließlich nahm einer der Dorfältesten ihn zur Seite und erklärte ihm weinend, dass es sein Dorf nicht mehr gebe. Zerstört von einer Lawine. Unter den Toten: beide Eltern, vier Großeltern, sieben Geschwister, zwei Onkel und drei Tanten. Alle weg.

Nur ein Onkel, ein Armeeoberst, der Sonams Schulgebühren zahlte, war damals an der pakistanischen Front stationiert gewesen und hatte überlebt. Er hatte Sonam einen Brief mit der tragischen Nachricht geschickt – aber der Schulleiter hatte ihn unerklärlicherweise nie ausgehändigt.

Als der junge Sonam also in Kargiak ankam, war er plötzlich allein auf der Welt, ohne Eltern, Zuhause, Besitztümer oder Geld.

Und er tat das Einzige, was er konnte: Er lief weiter, zu den Trümmern.

Wir kamen in der Abenddämmerung an. Der Wagen fuhr in ein melancholisch wirkendes Tal hinunter, wo vier Häuser im Schutz einer kleinen Gruppe von Weidenbäumen standen.

Die Scheinwerfer fielen auf Sonams Frau, Tolma, die gerade auf einem Stuhl vor einem weiß getünchten Haus eine Kuh molk – eine attraktive Frau mit hohen Wangenknochen, dunklen Augen und breitem Mund. Sonam erklärte, dass ihre Ehe von seinem Onkel arrangiert worden war, der in den Jahren nach dem Lawinenunglück die Vaterrolle übernommen hatte. Die jüngste Tochter des Paares, die dreijährige Norzing, klammerte sich an Tolmas Beine.

Später saßen wir im Schneidersitz auf dem Küchenboden, während Tolma Tee kochte. Bodi malte in sein Tagebuch und Taj spielte mit Norzing Verstecken – obwohl sie nicht die gleiche Sprache sprachen. Sonam brachte Christine und mir je ein Glas Amrut-Whiskey.

„In Indien gemacht", sagte er stolz. „Viel besser als China."

Die bernsteinfarbene Flüssigkeit brannte in meiner Kehle, und ich hatte das Gefühl, mit dem Teppich zu verschmelzen. Die Zeit verging. Es wurde noch mehr Amrut gebracht. Ich bekam mit, dass Taj und Norzing eine Spinne jagten. Bodi unterhielt sich konzentriert mit Tolma, aber ich verstand sie nicht. Ich warf einen Blick auf meine Uhr. Es war halb zehn, und das Abendessen war weit und breit nicht in Sicht.

So ein Augenblick mag vielleicht nichts Besonderes sein – mit Freunden plaudern, ein spätes Abendessen, etwas abseits spielende, fröhliche Kinder – aber seit sieben Jahren, seitdem wir Eltern eines Kindes im Spektrum waren, hatten wir einen solchen Abend nicht mehr erlebt.

„Ist das wirklich unsere Familie?", flüsterte Christine, nachdem sie sich zu mir geneigt hatte. „Das kann nicht so andauern. Wir werden dafür bezahlen."

Irgendwann stapfte Sonam in den Garten hinaus, bewaffnet mit einer Taschenlampe zwischen den Zähnen. Ich ging mit, und wir sammelten Kartoffeln, Zwiebeln, Radieschen und Kardamom für das Essen. Er zeigte mir einen sonnengebleichten Yakschädel, der auf einer Steinmauer thronte. Das Tier war im letzten Oktober von einem *shen*, einem Schneeleoparden, erlegt worden, eine der gefährdetsten und scheuesten Katzen der Welt.

„Viele *shen* kommen jeden Herbst", erzählte mir Sonam, was mir wieder in Erinnerung rief, wie wild Zanskar noch war.

Tolma kochte Lammcurry, dazu gab es würzigen, hausgemachten Joghurt, und wir verschlangen eine Schale nach der anderen.

„Weißt du, wie man Joghurt macht, Mom?", fragte Taj, und Christine schüttelte den Kopf. „Also, als Erstes frisst die Kuh Milch und füllt damit ihren Bauch. Dann wird daraus Kacka. Und das ist Joghurt." Er meinte es völlig ernst.

Es war nach Mitternacht, als Sonam, auf dem Küchenboden ausgestreckt und mit Norzing im Arm, einschlief. Tolma führte uns in ein angrenzendes Schlafzimmer. Nachdem wir den beiden Jungs flauschige Pyjamas übergezogen hatten, lasen wir jeder noch eine kurze Geschichte vor. Dann suchte ich nach dem Lichtschalter. Aber es gab keinen. Die Glühbirne, die über unseren Köpfen brannte, war direkt mit der Hauptleitung verbunden, und ging an und aus, je nachdem, ob es Strom gab oder nicht. Aber das war sicher nicht das Richtige für unsere Jungs, also drehte ich die Glühbirne vorsichtig heraus und achtete dabei auf die losen Kabel, die an die Deckenbalken geklammert waren. Schlagartig wurde es dunkel im Zimmer.

Ich wachte durch das laute Prasseln eines sintflutartigen Regens auf. Dann drang der Gestank von Urin ins Zimmer, und mir wurde bewusst, dass sich gerade ein Yak draußen vor dem offenen Fenster über meinem Kopf erleichterte. Tolma war schon dabei, die Kühe unter dem schiefergrauen Himmel zu melken. Zwei Stahleimer voll schäumender Milch wurden zum Abkochen auf das Feuer gestellt.

Später führten Sonam und ich die Kühe durch einen Buschwald auf die Weide. Wobei, eigentlich „führten" wir die Kühe nicht, wir zogen sie an ihren Nasenringen. Man sollte meinen, dass das sehr schmerzhaft ist, doch bei jedem Schritt leisteten sie sogar Widerstand. Nachdem wir die

Tiere an Holzpfähle gebunden hatten, gingen wir noch Alfalfa ernten, da es keinen Sinn ergab, unbeladen nach Hause zu gehen. Ein paar wenige Dorfbewohner waren bereits dort, sie schnitten das Futtergetreide, das zwischen den Trümmern des alten Dorfes spross. Sonam zeigte mir, wo genau damals die Felder seiner Familie gewesen waren.

„Wo stand euer Haus?“, fragte ich.

Sonam wies auf einen grasbewachsenen Hügel in der Nähe. Auf seiner Spitze stand eine einzelne Stange, an der rote und blaue Gebetsfahnen flatterten. In der Nähe gab es einen Teich, der von braunem Schilf umgeben war. Eine Möwe kreischte lautstark, als wir näherkamen, ansonsten war alles ruhig. Sonam erklärte, dass er und seine Geschwister als Kinder durch dieses Wasser gewatet seien.

„Wir werden diesen Tag nie vergessen“, sagte er irgendwann. „Jedes Jahr ich bringe Lamas hier zum Beten.“

Ich warf einen Blick auf die gespenstischen Berge über uns, ihre Gipfel lagen im Schatten einer Wolke.

„Die erste Lawine gegen Mittag gekommen“, sagte Sonam. „Aber sie klein und Dorf nicht erreicht. Weil die Menschen seit Hunderten von Jahren dort gelebt, sie gedacht, sie sind sicher. Deswegen niemand das Dorf verlassen. Große Lawine um Mitternacht gekommen.“

Nach einem langen Schweigen fragte ich: „Bist du traurig, wenn du hierherkommst?“

„Nicht mehr. Ich früher immer traurig, eine sehr lange Zeit. Aber nicht jetzt. Das einfach mein Leben.“

Ein Fels von der Größe eines Vorstadthauses war damals mit heruntergekommen. In seinen Windschatten schmiegte sich jetzt eine kleine Steinhütte. Ich hätte sie gar nicht gesehen, wenn Sonam nicht hingegangen wäre und die Tür geöffnet hätte. Darin saß ein alter Mann neben der Glut eines Dungfeuers und röstete eine verkohlte Lammhaxe. Sonam sagte ein paar Worte. Der Mann grunzte. Wir gingen wieder hinaus.

Erst als wir unter einem Berg von Alfalfa wieder nach Hause stolperten, erklärte mir Sonam, dass dieser greise Mann sein Onkel sei – derselbe Onkel, der in der Armee gedient, ihm Geld für die Schule gegeben und seine Ehe arrangiert hatte.

„Er sehr traditionell“, sagte Sonam, vielleicht um zu erklären, warum er ihn mir nicht vorgestellt hatte. „Diese Tage er nicht so glücklich. Zu viel Veränderung.“

Ich fragte Sonam, was er von dem Wandel halte, der sich in Zanskar vollzog, und er wählte seine Worte mit Bedacht.

„Als ich klein war, die Menschen sehr freundlich. Wenn sie dich im Feld gesehen, dann sie dich auf einen Tee eingeladen und darauf bestanden, dass du kommst. Bei einer Hochzeit jeder im Dorf fast schon dazu gezwungen worden zu kommen. Und bis spät in die Nacht zu bleiben.

Heute niemand lädt mehr Freunde zum Tee ein. Und wenn sie es tun, es nicht kommt von Herzen. Es ist wie Pflicht. Und sie hoffen, du sagst Nein, weil sie beschäftigt sind. Jeder beschäftigt. Ich bin beschäftigt. Jeder will Handys kaufen und schicke Klamotten und Fernseher. Sie wollen gehören zur oberen Schicht.“

„Glaubst du, dass die Leute heute glücklicher sind?“

Wieder zögerte Sonam.

„Vor fünfundzwanzig Jahren die Leute sehr glücklich. Sie gesund. Geistig und körperlich. Zanskar war damals isoliert, das Leben also einfach. Wir lernten nur über den Buddhismus. Und lebten in Natur. Nichts anderes. Die Menschen hatten viele Kinder, die auf dem Hof geholfen. Oft nicht genug zu essen da, also manche Jungen ins Kloster gegangen. Sie hatten Glück, sie gute Bildung und gute Macht bekommen. Also zu deiner Frage: Ja, ich denke, dass alle früher glücklicher.

Ich mich erinnern, wie ich als kleiner Junge mit anderen Kindern vor unserem Haus gespielt. Wir haben die alten Männer und Frauen des Dorfes beobachtet, die am Bewässerungskanal gesessen. Sie den ganzen Tag geredet, Wolle gesponnen oder Manisteine gemeißelt. Sie glücklich. Jedes einzelne Kleidungsstück sie selbst gemacht. Für eine andere Welt sie sich nicht interesiert. Nur Zanskar. Sie entspannt. Geist entspannt. Körper entspannt. Sie hatten Glück. Jetzt Menschen in Zanskar nie entspannt.“

Man konnte sich kaum vorstellen, dass Menschen, die so viel weniger Annehmlichkeiten genießen konnten als wir heute, das bessere Los gezogen haben sollten. Aber ich verstand, was Sonam meinte, und fragte mich einmal mehr, warum sich moderner Fortschritt anscheinend nicht mit dem friedvollen Leben von früher vereinbaren ließ. Warum haben wir es zugelassen, dass so viel von dem, was zahlreichen Generationen Freude gebracht hat, aus unserem Leben verschwinden konnte? Ein Kollateralschaden unserer Suche nach mehr? Aber mehr wovon? Eine Zeit lang liefen wir schweigend nebeneinander her.

„Heute Familien weniger Kinder. Zwei, vielleicht drei. Und Eltern einen anderen Geist. Wenn sie Geld, sie schicken ihre Kinder auf Privatschulen außerhalb von Zanskar. Nicht in die Klöster. In den Dörfern ist der Glaube noch stark, aber er wird schwächer. Weniger Jungen werden Mönche."

Ich fragte Sonam, ob er glaube, dass Zanskars Klöster überleben können.

„Heute ein Junge kann auf zwei Wegen zum Mönch werden. Der erste ist selten. Ein Junge beendet die Schule und entscheidet dann von sich aus, mit fünfzehn oder sechzehn Jahren, dass Kloster der Ort, an dem er sein Leben verbringen möchte. Buddhismus studieren. Das ein sehr guter Weg.

Der zweite Weg ist Druck. Mönche besuchen Familien jedes Jahr und verlangen, dass ein Junge gegeben wird. Wenn die Eltern sagen Nein, die Mönche sich weigern, Heimpujas zu machen und die Felder zu segnen, was sehr schlecht ist für diese Familie. Also gibt Familie immer ein Kind. Aber diese Jungen sind klein, sieben Jahre oder weniger. Sie sind nicht bereit für so große Entscheidung."

Ich dachte an die Novizen in unserer Klasse.

„Weil Gompa-Schulen nicht mehr gut, diese Jungen hinterher. Wenn sie dann begreifen, dass Gompa-Leben nichts für sie, es zu spät. Dann sie können nur noch Taxifahrer werden. Oder Ladenbesitzer. Heute sind die Jungen im Kloster die ohne Glück."

Es schien wie eine Veranschaulichung seines Standpunkts, als wir auf dem Weg an einem jungen Mann in einem roten Kapuzenpullover, auf dem „Illinois Basketball" stand, vorbeiliefen. Es war Sonams Neffe, Tenzin Choldin, der im Alter von zwölf Jahren dazu gezwungen worden war, ins Kloster Bardan zu gehen. Drei Jahre später war er abgehauen.

„Und jetzt?" Sonam schüttelte den Kopf. „Keine Schule. Keine Arbeit. Keine Zukunft. Er lebt vor sich hin. Sehr traurig."

„Damit Gompas in Zanskar überleben können, müssen wieder zu guten Schulen für hohe Bildung werden. Aber ich glaube nicht, dass passieren wird. Heute die Lamas und Mönchsjungen treiben einfach so durch Leben, machen nichts."

In Sonams Haus gab es am Ende eines dunklen Flures einen Puja-Raum. Auf dem einfachen Holzaltar standen religiöse Schriften, ein *dorje*, eine Glocke aus Messing und eine kleine Buddhastatue.

„Das die einzigen Dinge, die die Lawine überlebt", erzählte uns Sonam. „Sie gehörten meinem Vater."

Im Frühling, nachdem der Schnee geschmolzen war, sei der Altar das Einzige gewesen, was inmitten der Trümmer noch unberührt dagestanden hatte.

Die Schriftensammlungen, erklärte Sonam, seien vor mehr als fünfhundert Jahren von Bhutan über die Berge gereist, und ihre handgemalten Schriftzeichen enthielten Blattgold. Er zeigte uns einen Druckstock aus Holz, mit dem seine Familie ihre Gebetsfahnen gemacht hatte.

„Vor fünfzig Jahren jeder Haushalt in Zanskar seine eigenen Gebetsfahnen gemacht. Heute sie kommen mit dem Laster, aus Fabriken in China."

Ich begutachtete das dunkle Stück Holz. Die feinen Details zeugten von einer Zeit und Leidenschaft, die heute nicht mehr üblich war. Sonam erzählte mir, der Druckstock sei von seinem Großvater geschnitzt worden, dem, den die Lawine begraben hatte, als er neben genau diesem Altar schlief.

Sonam war ein geschäftiger Mann, mit ehrgeizigen Träumen.

Das Trekkingunternehmen, das er nach dem Studium gegründet hatte, feierte in diesem Jahr sein zwanzigstes Jubiläum. Gerade erst hatte er ein Gästehaus in Leh gebaut, und für den nächsten Sommer plante er, am Ufer des Stod sechs Ferienhäuser für Touristen zu errichten. Er dachte auch darüber nach, eine Raftingfirma zu gründen. Und er hatte vor Kurzem von einem Nachbarn drei brachliegende Felder gekauft, auf denen er im Frühling Kartoffeln anpflanzen würde.

„Die Erde sehr gut. Kartoffeln sehr einfach anzubauen. Jeden Tag ich sehe, wie leere Laster Zanskar verlassen. Sie sollten meine Kartoffeln transportieren, oder nicht? Ich werde zu leicht Geld verdienen."

Sonams iPhone brummte andauernd. Und die kleine Norzing, die ihren Vater drei Monate lang nicht gesehen hatte, kämpfte ständig um seine Aufmerksamkeit. Er schob sie jedoch oft zur Seite, wenn sie auf seinen Schoß krabbelte, und scrollte stattdessen durch seine Nachrichten.

Wir saßen gerade beim Frühstück, es gab Paratha, ein Fladenbrot, gefüllt mit Currykartoffeln und serviert mit einer hausgemachten Soße aus Tomaten, Zwiebeln und Koriander, als plötzlich drei Mönche vor der Tür standen. Sonam hatte den dreien eine SMS geschickt und sie dazu eingeladen, mit uns zum verlassenen Tempel Tselakche zu wandern, der sich auf dem Berg hinter seinem Haus befand.

Der kleinste unter ihnen, in Daunenweste und mit roter Baseballkappe, sagte, er komme vom Karsha Gompa, doch ich hatte ihn dort noch nie gesehen. Er erklärte, dass er während des Sommers in Padum lebe, wo er das Hotel des Klosters führe, und erst mit dem ersten Schnee nach Karsha zurückkehre.

Der zweite Mönch war ein *geshe* aus dem angesehenen Kloster Tashilhunpo in Südindien. Er war in Zanskar, um seinen Bruder zu besuchen, den dritten Mönch. Dieser, ein Mann mit zerfurchtem Gesicht und ernster Miene, war ebenfalls ein *geshe*, und zwar aus dem Stongde-Kloster, das sich im Tal auf der gegenüberliegenden Seite von Karsha Gompa befand. Er bückte sich, um unsere Kinder fest zu umarmen, und ich bemerkte sofort, dass sie ihm vertrauten.

Tolma goss schnell einen Tee für die drei Mönche auf und begann, eine Mahlzeit aus Reis und Dal zu kochen. Da wir davon ausgingen, dass unsere Kinder langsamer wandern und die anderen uns einholen würden, brachen wir schon auf, als die Männer noch aßen.

Das kleine Kloster stand auf einer hohen Felsenkette. Über steinige Hänge folgten wir den angedeuteten Viehpfaden, die sich in seine Richtung schlängelten. Nach zwei atemlosen Stunden standen wir vor einem gedrungenen Tempel, der von einstürzenden Chörten umgeben war.

Durch den herbstlichen Frost hatten die Sträucher auf dieser Höhe bereits eine senfgelbe und purpurrote Färbung angenommen. Die Sonne spiegelte sich auf dem gemütlich dahingleitenden Fluss Stod, und weit unten konnte ich drei kastanienbraune Punkte erkennen, die sich schnell über das Geröll bewegten.

Bodi kletterte auf einen Stein und wartete mit geschlossenen Augen und im Lotossitz. Während sich viele Menschen heutzutage nach Ablenkung zu sehnen scheinen – mit Kopfhörern in Fitnessstudios oder U-Bahnen, Telefonaten beim Autofahren, Chatnachrichten auf der Toilette, Fernsehern im Hintergrund – verabscheute gerade das unser Sohn instinktiv, und darin ähnelte er den Buddhisten auf unheimliche Weise.

„Hier passiert gerade ziemlich viel“, flüsterte Christine. „Manchmal sitzt er still auf dem Boden, und wenn ich ihn frage, was er tut, sagt er: ‚Ach, ich bete nur.‘ Und vorhin ist er schnurstracks in Sonams Wohnzimmer gegangen und hat sich den Mönchen vorgestellt, ganz von sich aus. Das ist neu – und spannend.“

Sonam kam mit den Mönchen nach oben. Er schloss den Tempel mit einem um seinen Hals hängenden Schlüssel auf und führte uns durch muffige Gänge und an kargen Dormitorien vorbei zu einer kleinen Puja-Halle, in deren Mitte ein achthundert Jahre alter Chörten stand. In Wandnischen lagen noch Schriftensammlungen, und den seidenbehangenen Altar schmückten Silberschalen und Bronzestatuen. Der Lama mit dem zerfurchten Gesicht fand in einer Ecke eine Kesselpauke aus Messing und hob Taj auf seinen Schoß. Fröhlich hämmerten die beiden in einem chaotischen Rhythmus darauf ein.

Bodi entdeckte Rupienscheine hinter den Fotos berühmter Lamas und fragte, ob er auch etwas von seinem Geld dazutun dürfe.

„Natürlich“, antwortete ihm Christine. „Ich finde toll, dass du so großzügig bist.“

Früher hatten Sonam und seine Brüder mit den anderen Kindern aus Shegar jeden Sommer hier im Tempel verbracht und das Lesen und Schreiben auf Alttibetisch gelernt, der Sprache des buddhistischen Kanons.

„Achtundzwanzig Mönche hier einmal gelebt“, erzählte er uns. „Und viele, viele Ziegen. Vielleicht fünfzig, oder mehr. Der Garten damals so schön. So viel Gemüse und Blumen gewachsen. Dieser Ort schon immer besonders. Sehr mächtige Lamas zu Besuch gekommen und wunderschöne *thang ka* und Statuen von weither gebracht. Aber das jetzt alles weg. Dass wir diese Geschichte nicht bewahrt, könnte Unglück bringen."

Wackelige Treppen führten uns nach oben zu einem Balkon, von dem man das Tal überblicken konnte. Alle drei Mönche zückten Smartphones aus ihren Roben und knipsten Selfies von sich mit unseren Kindern auf dem Schoß.

Sonam und ich führten gerade seine Kühe nach Hause, als Hindi-Pop die Stille unterbrach – ein Klingelton.

Sonam blickte auf sein Telefon, nahm den Anruf aber nicht an. „Lama Wangyal", murmelte er.

Das Telefon klingelte wieder. Er schüttelte den Kopf und nahm ab.

Im Hintergrund konnte ich Lama Wangyal bellen hören. Sonam schrie so in das Gerät zurück, als könnte diese Lautstärke dabei helfen, die Distanz zu überwinden. Nach längerem Geschrei legte Sonam auf.

„Was hat er gesagt?", fragte ich ihn.

„Er gesagt, bring die Familie jetzt nach Hause. Aber warum die Eile?"

Offensichtlich wollte Sonam nicht, dass wir schon gingen, und schlug vor, den Anruf zu ignorieren. Stattdessen sollten wir gemeinsam zu Abend zu essen, er würde uns dann am nächsten Morgen zum Kloster fahren.

Christine war einverstanden. Es war schon spät, unsere Jungen waren erschöpft. Sonam versuchte, Lama Wangyal anzurufen und ihn von unserem Plan zu unterrichten, aber sein Handy hatte kein Netz mehr. Ich fühlte mich wie ein ungezogener Teenager, der sich zu lange draußen herumtreibt.

Stunden später sahen wir draußen rote Rücklichter aufblitzen. Christine meinte, die Silhouette eines Mönchs auf dem Beifahrersitz zu erkennen. In mir stiegen sofort Schuldgefühle auf. Sonam versteckte die Flasche Amrut-Whiskey unter dem Tisch und lief nach draußen.

Aber es war nicht Lama Wangyal, sondern nur ein Freund aus Kargil, der seinen Onkel besuchte. Der Whiskey wurde wieder hervorgeholt.

ALLEIN

Am nächsten Morgen setzte uns Sonam am Karsha Gompa ab. Während wir unsere Seesäcke die steilen Pfade müde hinaufschleppten, fing ich an, mich über Lama Wangyal zu ärgern. Warum hatte er so spät am Abend angerufen und gefordert, dass wir ins Kloster zurückkehrten? Ich nahm an, dass er nun verärgert war, und fragte mich kurz, ob er vielleicht etwas getan hatte, um sich zu rächen, vielleicht uns ausgesperrt?

Als wir zum Haus kamen, schwang die Hobbittür auf und Jigmet kletterte heraus, er war spät dran zum Unterricht. Ganz außer Atem erklärte er uns, dass Lama Wangyal das Kloster im Morgengrauen verlassen habe. Als ich ihn fragte, wie lange er weg sein werde, sprintete Jigmet schulterzuckend und winkend davon.

Auf dem Teppich in unserem Zimmer wartete ein Beutel mit teuren Köstlichkeiten auf uns: Nudelsuppen, würzige indische Snacks und Lutscher für die Jungen. Ich fühlte mich plötzlich sehr schlecht. Lama Wangyal hatte sich nur von uns verabschieden wollen.

Lama Wangyal erlaubte den Novizen nie, in unser Zimmer zu kommen – das war allein sein Privileg. Aber nun, da der strenge Disziplinarmeister fort war, tauchten Tashi Topden, Paljor und Jigmet regelmäßig an unserer Tür auf.

„Ich glaube, sie vermissen ihren Vater“, kommentierte Bodi, und mir wurde erst jetzt bewusst, dass er offenbar dachte, Lama Wangyal sei der Vater der Novizen.

Wir freuten uns zwar über die Gesellschaft der Mönchsjungen, allerdings stellte es sich auch als anstrengend heraus, da sie neugierig alles auseinandernehmen wollten, was ihnen in die Hände fiel: Kamera, Stirnlampen, Stative und Batterieladegeräte. Eine Legoszene, die Bodi über Wochen hinweg aufgebaut hatte, wurde innerhalb weniger Sekunden zerstört.

Besonders schwierig war es mit Tashi Topden. Gelber Rotz lief ihm in Fäden aus der Nase, während er auf der Suche nach etwas Essbarem unser Zimmer durchstreifte. Er steckte sich alles in den Mund: Kaugummi, eine ganze Dose mit kaubarem Vitamin C, meinen Kugelschreiber oder Minilegofiguren.

Die Novizen schienen immer hungrig zu sein, und in Lama Wangyals Abwesenheit hörten wir sie nachts in der dunklen Küche herumwühlen. Sie knabberten an Brotkrusten, schlangen übrig gebliebenen Reis hinunter und nahmen sich Äpfel mit.

Eines Morgens stolperte Christine im Gang über das Trio, eine dünne Schicht weißen Puders bedeckte ihre schuldbewussten Gesichter. Sie fragte sich, was zum Teufel sie wohl angestellt hatten.

Später entdeckten wir, dass ein ganzer Beutel Milchpulver verschwunden war. Sie hatten einen Löffel nach dem anderen in sich hineingeschaufelt.

Nach dem Mittagessen im Kloster blieb Skarma allein zurück, sein Kopf neigte sich immer weiter nach unten, bis er schließlich auf dem Betonboden lag. Christine legte eine Hand auf seine Stirn, die heiß war.

Sie wollte Skarma gerade zu einem Fass mit Wasser führen, als er seine Linsen in einem Schwall von sich gab. Die anderen Novizen schwärmten kichernd um ihn herum und versuchten, ihren kranken Freund umzustoßen. Christine verscheuchte sie wütend. Lama Norbu, der oberste *lopon*, schickte Skarma in den Unterricht. Christine schmuggelte ihn stattdessen nach Hause. Wenige Minuten später schlief der kleine Junge.

Kurz darauf erschien Tashi Topden an unserer Tür. Er sollte nachsehen, was los war. Christine blockierte den Eingang und schickte ihn fort. Andere Novizen kamen, rannten in das Zimmer, rüttelten an ihrem schlafenden Freund und überhäuften ihn mit Fragen. Irgendwann verriegelte Christine die Hobbittür. Skarma erbrach sich mehrmals am Tag und in der Nacht, er konnte nicht einmal einen Schluck Wasser bei sich behalten.

Am nächsten Morgen besuchte ihn Wang Chuk. Er tastete den Bauch des schlafenden Jungen ab und roch an einem Topf mit Erbrochenem, der neben dem Bett stand. Dann erklärte er, dass es an diesem Tag eine besondere Puja in dem Nachbardorf Yulong geben würde, und dass „Skarma müssen kommen".

Ich riet sanft dazu, Skarma im Bett bleiben und sich ausruhen zu lassen. Eine hitzige Diskussion brach zwischen Wang Chuk und Skarma aus, der inzwischen aufgewacht war. Irgendwann stürmte Wang Chuk hinaus.

Gegen Nachmittag gewann Skarma etwas Farbe zurück. Er setzte sich auf und knabberte an einem Stück Brot. Kurz darauf saß er zwischen Bodi und Taj und sah sich mit ihnen Kinderbücher an. Als ich ein Paar Kopfhörer auf seinen geschorenen Kopf setzte, aus denen Ambient-Musik von Enigma ertönte, zeugte sein Gesichtsausdruck von tiefer Freude – und tiefem Vertrauen. Und zum ersten Mal bekam ich eine Ahnung davon, dass sich unsere Abreise für diese Jungen wie ein Verrat anfühlen würde.

Viele Generationen lang hatten die smaragdgrünen Felder um Karsha herum – ein fruchtbarer Leuchtpunkt in diesem Meer aus Fels und Staub – die Dorfbewohner, es waren ungefähr fünfhundert, mit allem versorgt, was sie zum Überleben brauchten.

Während ich von einem großen Stein vor Lama Wangyals Haus auf diesen Flickenteppich aus Feldern schaute, musste ich daran denken, was der Astronom Carl Sagan gesagt hatte, als er ein aus dem Weltraum aufgenommenes Bild von der Erde gesehen hatte: „Schauen Sie sich diesen Punkt noch einmal an. Das ist hier, das ist unsere Heimat, das sind wir. Darauf hat jeder, den Sie lieben, den Sie kennen, von dem Sie jemals gehört haben, jedes menschliche Wesen, das jemals war, sein Leben gelebt." Und so war es mit jedem Dorf in Zanskar – jedes war ein Kosmos für sich.

Doch wie groß waren diese fruchtbaren Felder wirklich?

Es ist nicht einfach, die Größe von Landflächen zu schätzen, für mich zumindest nicht. Wochenlang beschäftigte mich das, doch dann erinnerte ich mich an eine einfache Vermessungsmethode, die mir vielleicht eine Antwort geben könnte.

Peter Hopkirk erzählt in „The Great Game" – einer klassischen Beschreibung der Katz-und-Maus-Konfrontationen zwischen russischen Zaristen und Britisch-Indien während des 19. Jahrhunderts in Zentralasien – von den „Punditen", einer Gruppe von hochqualifizierten Indern, die zu Aufklärern und Spionen ausgebildet worden waren. Vom britischen Geheimdienst zu Fuß in den Himalaja entsandt, verbrachten diese mutigen Männer viele Jahre als Pilger getarnt in sensiblen Grenzgebieten, wo es ihren sicheren Tod bedeutete, sollte der wahre Grund ihrer Präsenz in der Region ans Licht kommen.

Zu den geheimen Vermessungsinstrumenten der Punditen zählte eine Gebetsmühle, in der sich ein Kompass versteckte, ein Holzstock, in dem sich ein Thermometer verbarg (Höhenmeter wurden anhand des Wasser-Siedepunktes bestimmt), mit flüssigem Quecksilber gefüllte Kaurimuscheln (zur genauen Bestimmung des Horizonts) und ein faltbarer Sextant, der im doppelten Boden einer Reisetruhe versteckt war. Doch das wichtigste Werkzeug, das die Punditen bei sich trugen, war eine eigens angefertigte Mala – sie bestand nur nicht aus einhundertacht Perlen, sondern aus hundert.

Jeder der Männer war darauf trainiert worden, jederzeit die gleiche Schrittlänge beizubehalten, unabhängig davon, wie der Boden unter seinen Füßen beschaffen war – Steigung, Gefälle, Stein, Gras oder Schnee. Indem sie alle hundert Meter eine der Perlen durch ihre Finger gleiten ließen, konnten diese Spione große Entfernungen mit unglaublicher Genauigkeit bemessen.

Nain Singh, der berühmteste Spion dieser in Vergessenheit geratenen Truppe, hatte mehr als zweitausend Kilometer zu Fuß zurückgelegt, bis er irgendwann die Verbotene Stadt erreicht hatte. Er war dann mit aufgesprungener Haut, eingesunkenen Augen und einem verlausten Kopf aus Tibet zurückgekehrt. Seine Vermessungen der Breitengrade, Längengrade und Höhenmeter brachten Licht in das geografische Dunkel der Hochebene, eine Leistung, für die ihm von der „Royal Geographical Society“ die Goldmedaille verliehen wurde.

Leider hinterließen die Punditen außer geografischen Angaben keinerlei Notizen, über ihre Taten ist also wenig bekannt. Ihre einfachen Werkzeuge zur Vermessung waren mir nach der Lektüre des Buches jedoch noch in Erinnerung, und mir wurde bewusst, dass ich Karshas Felder vermessen konnte, indem ich ihre Grenzen ablief und mit den Perlen der Mala die Schrittzahl festhielt. Christine und die Kinder teilten meine Begeisterung nicht – sie nannten mich einen Nerd –, also machte ich mich mit meiner Mala in der Hand allein auf und ließ die anderen über Skarma wachen.

Auf dem Dorfplatz wurden gerade zwei schrottplatzreife Laster mit Gerste beladen. Aus kleinen Lautsprechern ertönte Musik, und die Kinder jagten Ziegen hinterher. Tsomo, unsere kleine Freundin aus dem Gästehaus, entdeckte mich und kam zu mir gerannt. „Hallo, *Aba*“, sagte sie mit kehliger Stimme, und ich verwuschelte ihr Haar.

Dann legte ich los. Mit jedem Schritt ließ ich eine Perle durch meine Finger gleiten – meine Finger hielten allerdings nicht mit meinen Füßen Schritt. Also fing ich wieder von vorne an, dieses Mal nahm ich eine Perle für zwei Schritte. Schon bald ließ ich den Lärm hinter mir, und mit den Perlen, die meine Schritte zählten, konnte sich auch mein Geist entspannen. Nach und nach fiel ich in eine Art meditativer Trance.

Ein Rotschwanz begleitete mich die Steinmauern entlang. Er flog voraus und verschwand in Mauerspalten, um dann wieder herauszuschießen. Eine Zeit lang reisten wir gemeinsam, ein schwerfüßiger Mensch und ein flatternder Vogel, beide genossen die herbstliche Wärme. Ich lief an Glattechsen mit roten Kehlen vorbei, die sich auf den Steinen wärmten und dabei unzählige Liegestütze zu absolvieren schienen. Eine Gruppe gut getarnter Chukarhühner, die zu den Fasanen gehören, stoben davon, als ich vorbeikam. Am äußersten Rand der Felder bückte ich mich, um einen flachen grünen Stein einzustecken, in dem ein Kristall in Kreuzform zu sehen war – das perfekte Geschenk für meine anglikanische Mutter. Der Wind trug den Geruch von verwesendem Pappellaub zu mir, und mit einem Mal fühlte ich mich in meine kanadische Heimat versetzt.

Nach einer Stunde war ich um die Felder herumgelaufen, und als ich dem Flüsschen zum Dorf zurück folgte, lief ich an ein paar Frauen vorbei, die dreckige Wäsche gegen glatte Steine schlugen. Zwei nackte Jungen zogen ein blökendes Schaf in das eiskalte Wasser. Eine andere Gruppe trieb eine Fahrradfelge mit Stöcken an. Hinter mir trippelten kleine Füße. Der siebenjährige Phuntsok, den ich aus unserem Unterricht kannte, holte mich ein, sein Gesicht war ganz blutig. Vorsichtig fragte ich ihn, ob es ihm gut gehe, und er nickte. Anscheinend war ein Schaf in ihn hineingelaufen.

Schweigend kletterten wir Hand in Hand zurück zum Kloster hoch, bis Phuntsok einen grünen Ball auf den steinigen Hängen entdeckte und davonflitzte, um ihn zu holen. Es war ein Spülkastenschwimmer, und er hielt ihn mir fragend entgegen. Wie so etwas auf den Hängen des Karsha Gompa landen konnte, war mir ein Rätsel. Als ich umständlich zu erklären versuchte, wie diese Vorrichtung funktionierte, wurde mir bewusst, dass Phuntsok wahrscheinlich noch nie eine Spültoilette gesehen hatte. Sichtlich gelangweilt schmiss Phuntsok den Ball wieder den Hang hinunter.

Am Abend fing ich an zu rechnen.

Mit Hilfe des zweiten Strangs an meiner Mala konnte ich erkennen, dass ich 17,25 Durchgänge der Gebetskette vollendet hatte, was bedeutete, dass ich 3726 Schritte gelaufen war und eine Distanz von 2,9 Kilometern hinter mich gelegt hatte.

Wie gut die Methode der Punditen tatsächlich funktioniert, wurde nach meiner Rückkehr nach Kanada von einem Satellitenbild bestätigt. Darauf war zu erkennen, dass der Umfang der Felder in Karsha 2,92 Kilometer betrug.

Eine einfache Rechnung ergab, dass die Felder des Dorfes ungefähr hundert Hektar umfassten, keine besonders große Fläche landwirtschaftlich nutzbaren Landes.

In Nordamerika benötigt man bei einer durchschnittlichen Ernährungsweise 1,3 Hektar Land pro Person, was bedeutet, dass diese zartgrünen Felder nach westlichen Maßstäben nur siebenundsiebzig Seelen ernähren könnten. Doch hier in Karsha hatten sich fünfhundert Einwohner jahrhundertelang von nichts anderem ernährt.

Vier Tage später kam Lama Wangyal zurück. Ich hörte, wie er sich an der Hobbittür zu schaffen machte, und riss Skarma schnell die Kopfhörer vom Kopf.

„Lama Wangyal“, flüsterte ich. „Stell dich krank!“

Der alte Mönch kam herein, und nachdem er uns umarmt hatte, lief er sofort zu Skarmas Bett. Er riss die Decken zur Seite, aber Skarma war ein guter Schauspieler. Er sah aus, als würde ihn sich der Tod gleich holen. Nachdem er grob seinen Bauch abgetastet und ihn mit Fragen bombardiert hatte, warf Lama Wangyal wieder die Decken über ihn – und kam mit einer Schale Äpfel zurück.

„Für Skarma?“, fragte Christine.

„Nein!“, sagte Lama Wangyal mit Entsetzen in der Stimme. „Für Tashi und Norbu.“

Zu sehen, wie anders die Mönche in Karsha unsere Kinder im Vergleich zu den Novizen behandelten, machte mich oft traurig. Während wir uns an den Äpfeln labten, warf ich einen Blick auf die Bettpalette neben mir. Ein Auge blinzelte unter der Decke hervor. Ich zwinkerte. Es zwinkerte zurück.

Später gelang es mir, einen der kostbaren Äpfel aus der Küche zu stibitzen. Als ich ihn Skarma bringen wollte, war er verschwunden.

Lama Wangyal hatte seine jüngste Schwester, Lamo, in dem zehn Kilometer entfernten Dorf Tungri besucht. Von ihrem Hof brachte er zwei fussballgroße Steckrüben, einen Eimer Joghurt, ein gammeliges Yakbein und einen Sack *tsampa* mit.

„Sehr, sehr gutes *tsampa*“, erklärte er.

Es war an diesem Morgen gemahlen worden, mit Hilfe eines Steines und nicht mit einer Maschine, und er drängte mich, es zu probieren. Was ich auch tat. Der Teig schmeckte samtig, nussiger und schmackhafter als alles, was ich zuvor probiert hatte. Ich machte mir eine zweite Schale, dann eine dritte. Die Vorstellung, dass ich zu einem *tsampa*-Connaisseur geworden war, erheiterte mich.

Bevor er zum Abendgebet aufbrach, wies uns Lama Wangyal an, den Joghurt zu essen, den er für das Abendessen mitgebracht hatte. Und dabei meinte er den ganzen Eimer.

Zu Hause in Kanada wäre es undenkbar, zwanzig Liter Joghurt bei einer einzigen Mahlzeit zu verzehren. Selbst wenn wir jemals so viel Joghurt im Kühlschrank hätten, würden wir ihn doch auf mehrere Tage verteilt essen, also zum Frühstück, in der Salatsoße, in Smoothies und vielleicht mit ein paar Beeren als Nachtisch. Am Ende würden wir wahrscheinlich doch etwas wegwerfen.

Aber die Menschen in Zanskar handhaben das anders. Da sie keine Kühlungsmöglichkeit haben, essen sie, wenn es ihn gibt, ausschließlich Joghurt – und zwar in grotesken, magenerweiternden Mengen, bis alles weg ist.

In banger Erwartung öffnete ich den Eimer. Ein beißender Geruch von Fermentiertem kam mir entgegen, und auf dem dicken Joghurt schwamm eine Schicht gelbliche Molke. Das konnten wir auf keinen Fall alles essen, und vor allem nicht auf einmal. Aber in den darauffolgenden Tagen gaben wir unser Bestes. Wir rührten die würzige Masse ins Müsli, gaben sie den Kindern als Snack und aßen sie sogar vor dem Zubettgehen mit Marmelade. Trotzdem kratzten wir immer noch nur an der Oberfläche.

Als Lama Wangyal den Eimer in einer dunklen Ecke in der Küche entdeckte, noch immer halb voll und schon fast ungenießbar, stürmte er in unser Zimmer und wedelte mit dem Beweisstück vor meinem Gesicht herum. „Habt es nicht gegessen? Warum? Ich sagte doch, essen!“

Ich hatte keine Antwort parat.

Am nächsten Morgen erklärte Lama Wangyal, dass er ein besonderes Abendessen zubereiten würde: *momos*, also gedämpfte Teigtaschen, gefüllt mit Yakfleisch.

Ich war begeistert. Seit unserer Ankunft vor sieben Wochen hatten wir uns rein vegetarisch ernährt – abgesehen von der mageren Fleischeinlage beim Mittagessen im Kloster –, und ich hatte mich schon gefragt, ob ich mich möglicherweise nicht der Höhenlage wegen ständig erschöpft fühlte, sondern aufgrund eines Eisenmangels. Meine Begeisterung für das Essen schmälerte sich jedoch, als ich das Yakbein sah, das von einem Nagel in der Küche hing. Es war von blutigem Haar bedeckt, sah ganz vertrocknet aus und roch ranzig.

„Tot sechs Monate“, sagte Lama Wangyal strahlend.

Nur wenig später hallten dumpfe Schläge durch das Haus. Lama Wangyal hockte in der Küche und hob einen kanonenkugelgroßen Stein wieder und wieder in die Höhe, um ihn dann auf Knorpel, Sehnen und Knochen niederfahren zu lassen. Dann vermengte er den Yakstaub mit Wasser, Butter und Curry zu einer Paste.

Im Anschluss daran rollte Lama Wangyal einen Teig aus, der so dünn wie ein Crêpe war, und stach mit einem Glasrand Kreise daraus aus. Nachdem er auf jeden Kreis einen Fleischklecks gesetzt hatte, drückte Lama Wangyal die Ränder gekonnt zusammen. Innerhalb weniger Minuten hatte er einhundert oder mehr gleichförmige Teigtaschen hergestellt, die er nun in einem fünfstöckigen Aluminiumdampfgarer stapelte.

Kurz darauf wurde uns ein Teller *momos* ins Zimmer gebracht. Lama Wangyal sah mir dabei zu, wie ich die erste Teigtasche in den Mund steckte. Es roch wie ein überfahrenes Tier im Hochsommer und schmeckte auch nicht anders. Zögernd streckte ich den Daumen in die Höhe. Lama Wangyal strahlte und drehte sich dann zu den anderen um.

„Ketchup könnte helfen", hustete ich.

Christine holte die kostbare Flasche hervor, die wir aus Manali mitgebracht hatten. Sie dippte eine *momo* in das Ketchup, biss davon ab und würgte es herunter.

„Sehr gut, Lama Wangyal!", sagte sie mit einem falschen Lächeln.

„Was meinst du damit?", stieß Bodi aus und spuckte seine aus. „Es schmeckt schrecklich."

„Shhhh", zischten Christine und ich.

„Die *momos* schmecken eklig. Das weißt du ganz genau."

Er wollte nicht unhöflich sein, aber dass ihm nicht bewusst war, was Ehrlichkeit anrichten konnte, war immer heikel.

„Gut, Norbu!", klatschte Lama Wangyal, er hatte ihn offensichtlich nicht verstanden. „*Zo*! *Zo*!" (Esst! Esst!)

Dann verließ er das Zimmer, um noch mehr *momos* zuzubereiten. Sofort leerte Christine ihre Schale in meine, Bodis und Tajs Schaleninhalte folgten. Ich starrte resigniert auf den Teigtaschenberg.

Lama Wangyal kam zurück. Als er die drei leeren Schalen sah, lachte er. „Gut, Angmo! Gut, Tashi! Gut, Norbu!" Meine Leistung fand er allerdings weniger beeindruckend. „Mortub schlechter Esser. *Zo! Zo!* Mortub."

Schon bald kam eine weitere Ladung dampfender Yak-Teigtaschen.

„*Momo, momo*!" Lama Wangyal klatschte in die Hände und häufte uns noch mehr in unsere Schalen.

Mein Essmarathon erstreckte sich bis in die Dunkelheit hinein. Christine und die Jungs schauten fröhlich von der Seitenlinie aus zu und knabberten verstohlen an Crackern und Äpfeln.

Das Geräusch von Stein, der auf Knochen trifft, löste in mir eine Welle der Resignation aus.

Seit Tagen aßen wir Yak, in Suppen, Currys und Teigtaschen. Zwischen unseren Zähnen knirschten Knochensplitter und Knorpel, und der Gestank von ranzigem Fleisch war so durchdringend, dass er jeden anderen Geschmack überdeckte. Das Yak kam mir bereits aus den Poren, es durchdrang selbst unsere Kleidung.

Schalen randvoll mit *thukpa* (beziehungsweise „einheimischer Suppe", wie Lama Wangyal sie nannte) wurden herangebracht. Es war schon die zweite Runde an diesem Tag, und eigentlich war niemand hungrig. Missmutig starrten wir auf die Schalen. Ich würgte einen Löffel Suppe hinunter, etwas geronnenes Fett blieb in meinen Bartstoppeln hängen. Als sich Lama Wangyal neben Taj setzte, pupste der kleine Junge. Christine schaute ganz beschämt, aber Lama Wangyal klatschte.

„Gut, Tashi! Gut *brrr, brrr.*" Der Darmwind schien den alten Mönch aufzuheitern.

„Kein *thukpa* in Kanada, kein *brrr, brrr*. Jetzt essen viel Zanskar-Essen. Und kommt viel *brrr, brrr.*"

Während Christine und ich unsere Suppe herunterwürgten, sangen uns die Jungen ein Ständchen, es war ein fröhlicher Chor aus „*Brrr, brrr. Brrr, brrr.*"

Als die Suppenschale leer war, eilte Lama Wangyal in die Küche.

„Jetzt ich mache *momo*. Und alle viel *brrr, brrr.*"

DIE GROSSEN SÜNDEN

Disziplin im Klassenzimmer wurde bei uns zum leidigen Dauerthema. Unsere Stunden endeten oft im Chaos, die Novizen schrien herum und schubsten sich, stahlen Bleistifte von Klassenkameraden und warfen Schulbücher aus den Fenstern und den Hang hinunter. Christine war toleranter als ich, sie vertraute darauf, dass wir trotz des Tumults einen positiven Einfluss auf das Leben der Novizen nahmen. Bei mir jedoch wurde der Frust von Woche zu Woche größer.

An einem besonders wilden Nachmittag wurde es mir dann zu viel. Ich versammelte die Jungen um die Tafel herum und kritzelte wütend eine Liste mit Regeln darauf:

MR. BRUCE' REGELN
Kein Schlagen
Kein Werfen
Kein Schreien

Die Novizen schrieben die Liste sorgfältig ab. Die vielen Schuljahre im Kloster hatten sie zu exzellenten Abschreibern gemacht. Natürlich verstanden sie nicht ein einziges Wort, also erklärte ich ihnen, langsam und methodisch, ausnahmslos jede Regel.

„Kein Schlagen", sagte ich und tat so, als würde ich dem kleinen RamJam eins auf die Rübe geben, was die Klasse zum Lachen brachte. „Damit ist Schluss. Verstanden?"

Die Klasse nickte.

Dann warf ich mit einem Stück Kreide, das an einer Wand abprallte. „Damit ist auch Schluss!"

Die Kinder nickten. Ein paar ruckelten nervös herum.

Das mit dem Geschrei war schwieriger zu erklären, da ich bereits schrie, und sogar der sonst so zuverlässige Norphal schien es nicht übersetzen zu können. Irgendwann brüllte ich aus vollem Halse: „DAMIT IST SCHLUSS!" Einundzwanzig Kinder starrten mich aus großen Augen schockiert an. Das war vielleicht das erste Mal, dass ich die ungeteilte Aufmerksamkeit der gesamten Klasse genoss.

Falls jemand diese Regeln breche, erklärte ich, müsse er für fünf Minuten allein draußen auf dem Pfad sitzen. Als ich mich jedoch wieder zur Tafel umdrehte, sah ich, wie Tashi Topden Nawang mit einem Lineal auf den Kopf schlug. Und schon trippelte Tashi Topden nach draußen, um allein auf dem Pfad zu sitzen. Es würde ein langer Weg werden.

Jeden Tag begannen wir den Unterricht damit, diese Regeln zu wiederholen, und nach nur einer Woche kam noch eine vierte hinzu.

Es begann damit, dass ich mitbekam, wie Purbu Phuntsok einen Stift so heftig in den Magen rammte, dass dieser daraufhin zusammenklappte. Mir war durchaus bewusst, dass Phuntsok Purbu möglicherweise zuerst geschlagen oder seine Bücher gestohlen hatte, da der kleine Junge seine Klassenkameraden oft gegen sich aufbrachte. Aber der Vorfall stimmte mich traurig. In dieser Umgebung, die etwas von „Herr der Fliegen" hatte, brauchten die ständig frierenden und immer hungrigen Jungen, denen die elterliche Fürsorge vorenthalten blieb, einander. Abgesehen davon waren sie doch verdammt noch mal hier, um zu Buddhisten zu werden. Also versammelte ich sie wieder um die Tafel und fügte ein viertes Klassenzimmergebot feierlich hinzu:

Seid nett zueinander

Dann hielt ich eine leidenschaftliche Predigt darüber, wie wichtig es ist, sich umeinander zu kümmern. Von meinen Gefühlen übermannt, erklärte ich, dass sie wunderbare Jungen seien, jeder von ihnen, dass sie gemeinsam diese Reise unternehmen und aufeinander aufpassen, sich gegenseitig helfen und lieben mussten.

Ich glaube nicht, dass irgendjemand auch nur ein Wort davon verstand.

Eine Woche später rauschte Wang Chuk ins Klassenzimmer. Er trug einen duftenden Topf voll Klebereis mit Kokosnuss, Aprikosen, Cashews, Mandeln und Datteln. Die Novizen reihten sich schnell auf ihren Teppichen auf und streckten ihre hohlen Hände aus. Der schroffe Mönch schaufelte jedem einen schneeballgroßen Klumpen auf. Nachdem sie die Delikatesse verschlungen hatten, rannten die Jungen hinaus und schleppten uns mit. Sie erklärten, dass jetzt eine wichtige Puja beginne.

In der Versammlungshalle saßen die Lamas schweigend in ihren Reihen, sie trugen ihre großen gelben Zeremonienhüte. Die verlorenen Jungs liefen durch die Reihen und verteilten Messingzimbeln und Silberglöckchen. Von der Decke hingen zwei gewaltige Trommeln, und den Altar schmückten Statuen aus *tsampa*: bunte Dämonen, Gottheiten und eine ungewöhnliche Darstellung von Buddha.

Vor einigen Tagen hatte sich einer der Dorfältesten in Neu Delhi einer Magenoperation unterziehen müssen, und nun sollte eine Puja die Genesung des Mannes segnen. Nachdem man den astrologischen Kalender zu Rate gezogen hatte, hielt man den heutigen Tag für den verheißungsvollsten.

Ich blickte mich um und sah, dass alle anwesend waren: Lamas, Novizen, Köche. Sogar die nepalesischen Arbeiter, die alle weiße Kathas um ihren Mund gebunden hatten. Am Ende der Zeremonie würden diese Männer die *tsampa*-Statuen nach draußen tragen, und die Schals sollten verhindern, dass jemand Buddha aus Versehen mit seinem Atem traf.

Wang Chuk stritt sich sanft mit einem fülligen Lama, sie waren uneins, ob die Zimbeln waagerecht oder senkrecht gehalten werden sollten. Mein Blick traf sich mit dem Norgays, dem Trülku, und er winkte. Buttertee wurde ausgeschenkt. Die Trommler probierten ihre Schlägel. Ich atmete tief ein und konzentrierte mich auf die Luft, die durch meine Nase ging – ein und aus, ein und aus. Ta'han schwang einen silbernen Behälter, aus dem Wacholderrauch aufstieg. Neben einem offenen Fenster flatterte eine gelbe Fahne.

Dann stimmte der Gesangsmeister an.

Schiefe Schlägel wurden auf Trommelhäute geschlagen, Zimbeln krachten aufeinander. Gesang erfüllte den Raum. Als der erstaunliche Kehlgesang Lama Sundups über unseren Köpfen schwang, verschmolzen die Instrumente und Stimmen zu einem einzigen, wundersamen Pulsieren, so ewig wie die Berge.

Plötzlich wurde der schwere Stoff, der über der Tür hing, beiseitegeschoben, Licht flutete den Raum. Eine Gruppe Touristen stolperte herein. „Wir haben nichts verpasst, oder?“, fragte eine Frau mit lockigem Haar und übergroßer Sonnenbrille.

Während unseren Monaten im Karsha Gompa hatten wir auf den Klosterpfaden hin und wieder Touristen getroffen, doch meist kamen sie mit dem Bus, sahen sich eilig um und verschwanden dann wieder.

Da es nirgendwo einen Sitzplatz gab, drängte sich die Gruppe in den Hauptgang. Ein junger Deutscher zog eine Kamera aus seinem Rucksack und fing an, Nahaufnahmen zu machen. Lama Sundup reagierte mit einer ablehnenden Geste, doch zu meinem Erstaunen ignorierte ihn der Mann. Eine andere Frau hielt ein iPad nahe an das Gesicht von Lama Ishay, ohne den ehrwürdigen *lazur* dabei wirklich wahrzunehmen.

Ich spürte Ärger in mir hochsteigen.

Ein Teil von mir wünschte sich, dass wir die Zeremonie in Ruhe hätten genießen können, doch ich wusste auch, dass wir hier im Kloster keine Sonderrechte genossen. Nein, was mich wirklich irritierte, war dieser unsensible Umgang mit der Kamera.

Das Fotografieren stellt den modernen Reisenden vor viele Probleme. Ist es meinem Objekt unangenehm, wenn ich meine Kamera zücke? Verpasse ich etwas, wenn ich warte? Brauche ich wirklich ein Foto davon? Oder wäre es vielleicht besser, einfach nur dazusitzen und zuzuschauen? Verändert meine Linse das Geschehen, schließt sie mich von der Erfahrung aus?

Natürlich beantwortet sich jeder diese Fragen anders, aber bis vor einigen Jahren – wenigstens nach meinem Empfinden – waren solch aufdringliche Fotografen eher die Ausnahme gewesen. Mit dem Boom der sozialen Medien scheint sich das jedoch verändert zu haben. Sie haben den Drang geschaffen, jedes Detail einer Reise zu dokumentieren.

Offenbar kommt Bildern oft eine größere Bedeutung zu als der Erfahrung selbst, und dieser Hunger ruft ein immer respektloseres Verhalten hervor.

Niemand in dieser Gruppe wäre in seiner Heimat zu einem älteren Fremden auf der Straße gegangen – noch viel weniger in einer Kirche – und hätte ihm eine Kamera vor das Gesicht gehalten, ohne vorher um Erlaubnis zu fragen. Warum war das für sie hier in Ordnung?

Oder übertrieb ich es vielleicht ein bisschen? Lama Sundup lachte schon wieder, und keiner der anderen Lamas schien gestört zu sein. Stand es mir überhaupt zu, darüber zu urteilen?

Die zu einem Crescendo anschwellenden Trommelschläge zerschlugen meine Grübelei. Die Lamas mit ihren gelben Hüten sprangen auf die Füße und liefen die Gänge hinunter. Auf ihrem Weg nach draußen sammelten sie alle anderen wie Strandgut auf und nahmen sie mit.

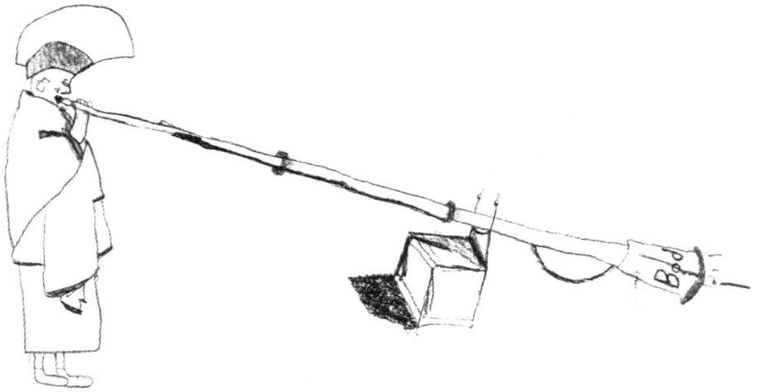

Das dung-chen *ist ein riesiges Blechhorn, das oft bei tibetisch-buddhistischen Zeremonien zum Einsatz kommt und einen tiefen, nachhallenden Klang erzeugt, der oft mit dem Trompeten von Elefanten verglichen wird.*

Draußen hielt Ta'han ein Banner hoch über seinen Kopf und führte eine Prozession in Richtung der Felshänge an. Die Nepalesen folgten, vorsichtig hielt jeder eine *tsampa*-Statue im Arm. Dann kam Lama Sundup, er trug eine Trommel. Norphal spielte auf einem *gyaling*, einem sehr alten, mit Korallen und Türkisen besetzten Instrument, das einer Oboe ähnelte. Changchup blies in ein *dung-chen*, ein riesiges Blechhorn, das ein eindringliches Raunen erzeugte.

Hinter der Versammlungshalle drängten sich alle um den obersten Lama, der die *tsampa*-Statuen ein letztes Mal segnete. Dann wurden sie den Hang hinuntergeworfen und zerschellten an den Steinen – das sollte an die Vergänglichkeit aller Dinge erinnern. Sofort stürzten sich die Dohlen auf die kostenlose Mahlzeit.

Einige Stunden später, wir spielten gerade Fangen mit den Novizen, tauchte Lama Wangyal auf und schleppte uns alle wieder in die Versammlungshalle. Nur eine Handvoll hochrangiger Lamas und der junge deutsche Fotograf waren noch dort, wir setzten uns auf einen Teppich neben ihn. Tee wurde serviert, der Gesang wieder aufgenommen.

Ich konnte nicht umhin, die Gore-Tex-Jacke und die teure Uhr mit Höhenmesser zu bemerken, die der junge Deutsche trug. Als er aufbrechen wollte, lehnte ich mich zu ihm und erinnerte ihn daran, dass bei der Tür eine Spendenbox stand. Vielleicht war das unnötig gewesen.

„Verzieh dich“, zischte er. „Ich hab schon gespendet.“

Später, als sich die Zeremonie dem Ende zuneigte, hielt der klösterliche Buchhalter eine Handvoll verknitterter Scheine hoch, die heute gespendet worden waren. Es waren insgesamt hundertzwanzig Rupien (zwei US-Dollar).

Später erzählte mir Lama Wangyal, dass die Puja – die von der Familie des kranken Bauern bezahlt wurde – 54 000 Rupien (920 US-Dollar) gekostet hatte.

Bodi und ich hatten uns vorgenommen, den Bergrücken zu erklimmen, der oberhalb des Frauenklosters aufragte. Die umgebenden Hügel sprenkelten wilde Rosen, und als ich erwähnte, dass die rote Hagebutte sehr viel Vitamin C enthalte, blieb Bodi stehen, um die glänzende Frucht zu inspizieren.

„Die kann man essen?“, fragte er ungläubig.

„Ja, sicher. Willst du mal probieren?“

„Ja! Sehr gern.“

Hagebutten zu sammeln, habe ich immer als große Zeitverschwendung empfunden, da es viel Mühe macht und man am Ende nur wenige

Bissen davon hat. Aber Bodis Begeisterung steckte mich an. Ich pflückte ein paar reife Früchte, brach sie mit den Fingern auf und kratzte behutsam die Samen heraus. Vor langer Zeit bin ich einmal davor gewarnt worden, dass der innere Flaum einen schrecklichen Husten auslösen könne – da ich es jedoch nie probiert hatte, konnte ich das nicht bestätigen. Jetzt reichte ich Bodi einen Bissen Fruchtfleisch, nicht größer als ein Reiskorn.

„Oh, die schmecken lecker", sagte er begeistert und stopfte seine Taschen voll. „Ein Snack für später."

Dann hüpfte er den Pfad hoch. Über unseren Köpfen flatterten Schmetterlinge im Wind hin und her, ihre hauchzarten Flügel schimmerten in der Farbe des Sommerhimmels. Als wir uns dem Nonnenkloster näherten, hörten wir Ani Garkyids Stimme: „*Jullay,* Norbu! *Jullay,* Mortub!"

Sie jätete gerade in einem Gemüsegarten Unkraut und beschwor uns, auf eine Tasse Tee zu bleiben. Ich wollte schon ablehnen, da ich befürchtete, Bodi könnte das nicht gut mitmachen – wir hatten nicht geplant, das Nonnenkloster zu besuchen –, als er fröhlich sagte: „Oh, sehr gern."

Also saßen wir zusammen im Schatten eines Weidenbaums, nippten an dem Milchtee und naschten aus einer Schale Aprikosen, Mandeln und Rohzuckerkristalle. Eine zahnlose Alte setzte sich zu uns. Bodi hielt ihr die Schale hin, doch sie zeigte auf ihr nacktes Zahnfleisch.

Mit jeder Begegnung wuchsen mir diese warmherzigen Frauen mehr und mehr ans Herz. Mich beeindruckte ihr Einfallsreichtum und die Lebensfreude, die sie beständig an den Tag legten, obwohl sie, verglichen mit ihren männlichen Kollegen, nur ein Bruchteil des Prestiges – und der Unterstützung – genossen.

Was die Gleichberechtigung zwischen Männern und Frauen angeht, muss der himalajische Buddhismus eine klägliche Bilanz ziehen. Angefangen mit Buddha selbst, der nur widerwillig einräumte, dass auch Frauen die Erleuchtung erlangen können, und später erklärte, dass „eine Nonne, die seit hundert Jahren ordiniert ist, sich vor einem Mönch verbeugen muss, der erst seit einem Tag ordiniert ist".

Die Nonnen schienen mir von absolut lauteren Absichten geleitet zu sein – sie widmeten ihr Leben nur aus Glaubensgründen dem Buddhismus –, doch in dem komplexen Verdienstsystem, das in den Dörfern des Himalaja herrscht, wird ein Lama als ungleich tugendhafter erachtet als eine Nonne. Die Folge ist, dass Mönche großzügig dafür bezahlt werden, Pujas durchzuführen, Nonnen hingegen müssen den ganzen Tag über Feldarbeit verrichten, um sich auch nur mit den Nötigsten zu versorgen. Im Dunkeln stehen sie für die morgendliche Puja auf und beten erst wieder nach Sonnenuntergang.

Das ist auch der Grund, warum viele Frauenklöster am Rande des Existenzminimums wirtschaften und benachbarte Männerklöster riesige Vermögen anhäufen und genießen können. Dieser Wohlstand generiert natürlich die üblichen Laster: Gier, Korruption und Trägheit.

„Männer bleiben immer Männer", erklärte mir Sonam Dawa dieses sündige Verhalten später.

„So läuft es auf der ganzen Welt", fügte Christine seufzend hinzu. „Warum sollte es bei den Lamas anders sein?"

Als Bodi und ich uns von den Nonnen verabschiedet hatten und weiter aufstiegen, wanderten meine Gedanken zum Dalai Lama. Wenn dieser außergewöhnliche Mann, der den tibetischen Buddhismus durch unvorstellbar schwere Zeiten geführt hat, die Welt mit einem letzten revolutionären Akt verlassen wollte, könnte dieser in der Absichtserklärung bestehen, in weiblicher Form wiedergeboren zu werden – denn wenn irgendjemand die Flamme des Buddhismus im Himalaja in der kommenden turbulenten Zeit am Leben erhalten kann, dann sicherlich die Nonnen.

Das Ansehen buddhistischer Nonnen hat sich unter dem aktuellen Dalai Lama tatsächlich schon verbessert. Im Jahr 2016 – zwei Jahre nach unserem Besuch in Zanskar – war einer Gruppe von Nonnen zum ersten Mal ein *geshma* verliehen worden: der höchste Gelehrtengrad im Buddhismus, gleichzusetzen mit einem *geshe* für Mönche oder einem Doktor im Westen.

Den Viehpfaden folgend, stiegen wir die schroffen Geröllhänge hinauf. Unter unseren Füßen zerstoben Wolken aus Heuschrecken mit flatternden Flügeln wie aus Papier. Hier wuchsen nur noch vereinzelt Sträucher, die Herden waren schon vor langer Zeit auf höhergelegene Ebenen ausgewichen.

Wir passierten einen einzelnen glattgewaschenen Fels, der größer war als ein Wohnwagen, und ich fragte mich, wie in aller Welt er auf diesen Berghang gelangt sein konnte. Vielleicht war er von Gletschern hierhergebracht worden? Oder vom Schmelzwasser der Eisfelder dort oben mit herabgespült worden? Wie dem auch sei, er erinnerte mich daran, dass diese Berge noch jung waren und zerstörerische Kräfte auf sie einwirkten.

Eine Stunde später erreichten wir die Spitze des Bergrückens – um dort jedoch realisieren zu müssen, dass es gar nicht die Spitze war. Denn dahinter taten sich noch höhere Kämme auf, die sich wie Cordsamt gen Horizont erstreckten. Für heute war es allerdings hoch genug. Ein kleiner Steinwall – knöchelhoch und sargförmig – zeugte davon, dass hier jemand während einer stürmischen Nacht Schutz gesucht hatte. Bodi und ich setzten uns daneben und naschten die Hagebutten, die er eingesteckt hatte. Spinnen huschten über die Kieselsteine. Eine aggressive männliche Heuschrecke legte eine spektakuläre Paarungsbereitschaft an den Tag, indem sie erfolglos versuchte, jedes vorbeispringende Weibchen zu begatten.

Der Himmel war wolkenverhangen, das weite Tal schien verstummt und in Pastelltönen gemalt. Dort unten jagten Staubteufel über die Ebene. In den beiden großen Flüssen, dem Stod und dem Tsarap, spiegelte sich der Himmel in mattem Silber wider.

Inmitten dieser Einöde verrieten vereinzelte grüne Flecken, wo sich Dörfer befanden. Und jenseits von ihnen marschierten triste Spitzen aus Eis und Stein auf den Horizont zu. Von diesem hohen Aussichtspunkt konnte ich zum ersten Mal sehen, was Zanskar wirklich war: ein fragiles Rettungsboot, das in einer der unwirtlichsten Gegenden der Erde wild hin und her schwankte.

Ich atmete tief ein. Und noch einmal. Bodi saß neben mir, er rührte sich nicht. Mit der Zeit legten sich meine Gedanken. Und ohne es eigentlich versucht zu haben, wusste ich irgendwie, dass ich gerade meditierte.

Jahrelang hatte ich, ohne viel darüber nachzudenken, behauptet, dass ich meine Form der „Meditation“ in körperlicher Betätigung fände, beim Radfahren, Paddeln oder Skifahren. Und obwohl die Intensität solcher Erfahrungen sicherlich den Fokus auf den Moment legt, war das kein Geisteszustand, in den ich mich absichtlich und an anderen Orten versetzen konnte.

Doch das änderte sich allmählich.

Als eine Gruppe französischer Wohltäter ins Kloster kam, wurden sie im Klassenzimmer untergebracht, und unser Unterricht musste in einem Lagerraum über der Küche stattfinden. An der einen Wand waren eingestaubte Möbel aufgestapelt, die andere war voller kleiner Schränke. Die Jungen saßen auf Teppichen, die Wang Chuk und ich aus der Versammlungshalle geschleppt hatten. Ich fragte, wie lange wir in diesem Raum bleiben müssten, aber Wang Chuk wusste es nicht. Vielleicht einen Tag? Vielleicht einen Monat? Was für einen Unterschied machte das schon?

Eines sonnigen Nachmittags bat Lama Wangyal Christine und Bodi, zu Hause zu bleiben und die Statuen auf seinem Altar zu polieren. Als Taj und ich zum Unterricht gingen, fanden wir das provisorische Klassenzimmer leer vor. Hand in Hand standen wir im Eingang und fragten uns, warum alle zu spät waren. Dann hörte ich es von einem der Schränke kichern. Die Türen waren verschlossen, aber irgendwie riss ich eine gewaltsam auf und fand darin acht kleine Jungen. Die anderen versteckten sich unter Stühlen und hinter Kisten. Es kostete mich unglaublich viel Mühe, die Klasse zum Hinsetzen zu bewegen.

Als ich endlich unterrichten konnte, entdeckte ich, dass die Tafel verschwunden war. Gott sei Dank hatte ich in einem Rucksack ein Blatt laminiertes Papier, das ich als kleines Whiteboard benutzen konnte.

Mein Plan für heute war, die fünf Ws zu besprechen (Wer? Was? Wann? Wo? Warum?), doch keiner der Jungen schien die Wörter zu verstehen. Ich sah mich wegen einer Übersetzungshilfe nach Norphal um, aber er war verschwunden. Changchup, der Zweitbeste in Englisch, war mit einem Telefon beschäftigt, das ein Tourist im Hof hatte liegen lassen. Als fünf der Jüngsten anfingen, miteinander zu ringen, ging ich dazwischen und verteilte sie unter den älteren Jungen, aber es half nicht. Chaos herrschte. Ich verlor die Geduld und warf das Whiteboard auf den Boden.

Alle erstarrten.

Das Ganze war mir sehr unangenehm. Hatte ich nun mit einem Mal den Respekt verspielt, den ich mir so mühsam erarbeitet hatte? Was war nur mit meinem sorgfältig gepflegten inneren Frieden passiert? In Zanskar zählt *schon chan*, „jemand, der leicht erzürnt", zu den schlimmsten Beschimpfungen. Und wenn man seine Beherrschung verliert, bleibt das noch lange in Erinnerung.

Doch das war mir in diesem Augenblick egal. Meine Bemühungen, irgendeine Form der Kontrolle über die Klasse auszuüben, waren erfolglos geblieben, und da ich jede Lust auf Unterricht verloren hatte, wies ich die Jungen nur kühl an, ihre Arbeitsbücher herauszuholen. Schon bald saßen sie mit gebeugten Köpfen da und schrieben Sätze ab, die sie nicht verstanden.

Nach fünf Minuten hatte ich mich wieder beruhigt. Da ich noch nicht aufgeben wollte, probierte ich es noch einmal.

„*Was* ist das?", fragte ich und hielt einen Stift hoch. „Was? Was?"

Zögernd antworteten ein paar. „Stift?"

„*Wo* ist der Stift?", fragte ich und legte ihn auf den Boden. „Wo?"

„Boden", rief jemand, und zum ersten Mal hatte ich das Gefühl, etwas erreicht zu haben.

Ich steckte den Stift hinter mein Ohr und fragte: „*Wo*?"

Dann auf den Tisch. „*Wo*?"

Langsam wurde die Klasse munter, und mich erfüllte Hoffnung.

„*Wer* hat den Stift?", fragte ich aufgeregt, und ließ ihn in die Schöße verschiedener Kinder fallen.

„Skarma hat den Stift! Sonam! Phuntsok!"

Ich flitzte durch die Sitzreihen und versuchte, diese Grundwörter in ihrem Gedächtnis zu verankern. Die Älteren ließen sich kaum zügeln. Selbst wenn ich einen Jüngeren fragte, platzten sie mit den Antworten heraus.

Nach einer Stunde gingen wir zum Rechnen über, und ich kritzelte unterschiedliche Aufgaben in das Heft jedes Jungen. Das gefiel ihnen sehr, und sie verstreuten sich in ruhige Ecken, wo sie, mit dem Stift im Mund, dasaßen und auf ihre Aufgabe starrten, als enthielte sie eine besondere Magie – nur für sie. Ich schrieb noch immer Aufgaben für die letzten Jungen, als die ersten schon zurückkamen und sich um mich drängten. Sie legten ihre Hefte auf den Stapel und wollten, dass ich ihre Arbeit benotete.

„Nicht vordrängeln", erinnerte ich sie sanft, und schob ihre Hefte nach unten. Manche drängelten sich trotzdem vor, aber ein paar verloren das Interesse und fingen an, Fangen zu spielen.

Ich sah nicht, wie Wang Chuk den Raum betrat, aber ich hörte ihn. Der schroffe Mann schrie, doch die Kinder bemerkten es in ihrer Ausgelassenheit gar nicht. Oder sie ignorierten ihn mit Absicht. Wang Chuk stürzte sich ins Getümmel, packte Purbu am Ohr und warf ihn zu Boden. Dann griff er zu den Dachsparren und zog einen langen, dünnen Stock heraus. Er holte aus und schlug Changchup damit auf die Beine. Der große Junge, der noch mit seinem Telefon spielte, rannte lachend davon. Als Nächstes versuchte Wang Chuk, ein Spielzeugauto aus Nimas Händen zu reißen, aber der Siebenjährige ließ nicht los, auch nicht unter Schlägen.

Irgendwann legte sich der Staub wieder. Der Schulverwalter hatte sich durchgesetzt. Die Jungen saßen still auf ihren Teppichen. Leise steckte Wang Chuk den Stock wieder zurück in die Sparren und ging ohne ein weiteres Wort. Während der Unterricht weiterging, fragte ich mich, ob Wang Chuk mich für einen schlechten Lehrer hielt. Hatte sein Ausbruch vielleicht eine Demonstration angemessener Disziplin sein sollen? War das seine Art, mir zu sagen: „Schau her, Captain Canada, so macht man das!"

Obwohl ich mir redlich Mühe gab, brach bald wieder das totale Chaos aus, und als es endlich vier Uhr schlug, zerschlug sich die Hoffnung, die zwischendurch aufgeflammt war, ganz. Ich packte meine Sachen, nahm Taj an die Hand und stapfte niedergeschlagen hinaus.

Draußen saß Wang Chuk in der Hocke und warf den wartenden Dohlen *tsampa*-Kugeln hin. Ich hockte mich neben ihn. Ich schämte mich für meine Unfähigkeit, die Klasse zu kontrollieren. Aber er schüttelte mir eifrig die Hand, als träfen wir uns gerade zum ersten Mal, und zog dann Taj in seinen Schoß. Anscheinend war der Trubel des heutigen Tages spurlos an ihm vorübergegangen.

An mir allerdings nicht.

Ganz deprimiert ging ich zu Lama Wangyals Haus zurück. Ich wusste nicht weiter, und unsere Bemühungen, im Leben dieser Novizen etwas zu bewirken, waren nichts als ein eitler Wahn – der gut gemeinte, aber schlecht durchdachte Wunsch eines Ausländers.

Christine war anderer Meinung. Sie fand, dass es bereits ein Erfolg sei, wenn wir nur das Leben eines einzigen Jungen positiv beeinflussten. „Schau doch mal, was für Fortschritte ihr beim Einmaleins gemacht habt. Und wie viel Englisch sie jetzt sprechen. Manche konnten kaum ein Wort, als wir ankamen."

Zerknirscht gab ich zu, dass sie recht hatte. Das verhinderte jedoch nicht, dass ich kurz darauf Trübsal blasend in unserem Zimmer lag. Wir hatten Kanada vor fünf Monaten verlassen, und zum ersten Mal hatte ich Heimweh. Ich war es müde, mir den Kopf an der Decke anzustoßen. Ich war es müde, immer und überall beobachtet zu werden. Ich war es müde, dreckig zu sein. Ich war es müde, mehr Zeit damit zu verbringen, die Novizen zu disziplinieren, als damit, sie zu unterrichten.

Ich erwischte mich dabei, wie ich von den einfachen Freuden zu Hause träumte: eine warme Dusche, saubere Bettlaken, ein Cheeseburger, Hockey am Samstagabend. Mein Hirn war hungrig, und ich sehnte mich danach, eine Zeitschrift zu lesen, Nachrichten zu hören oder einfach nur ziellos im Internet zu surfen.

„Du bist jetzt ganz unten", sagte Christine mitfühlend. „Hab Geduld. Das geht vorbei."

Ihr Heimweh hatte sich schon vor Wochen gelegt, inzwischen hatte sie ihren Frieden wiedergefunden. „Uns bleibt nur noch ein Monat. Du solltest ihn genießen."

Als ich Taj gerade unter sternenklarem Himmel die Zähne putzte, wurde die Hobbittür aufgestoßen, Lama Wangyal stürmte aus dem Haus und brüllte wie ein Esel.

Zwei Novizen hatten in der Nähe in einer dunklen Ecke herumgelungert. Lama Wangyal begann, einem der beiden mit einem Stock wütend über das Gesicht zu schlagen.

Was zum Teufel …? Ich war entsetzt und erstarrte, ich wollte zwar nicht hinschauen, konnte mich aber auch nicht abwenden.

Er schlug weiter auf ihn ein, doch der Junge wich nicht zurück. Er schrie auch nicht auf. Stattdessen zog er sich sein Gewand über das Gesicht und blieb standhaft, so als würde er gegen den Wind ankämpfen. Die Dunkelheit machte es unmöglich zu sagen, wer es war, der derart Prügel bezog. (Später erfuhr ich, dass es der schüchterne Paljor gewesen war, der anscheinend die Puja geschwänzt hatte, um seine Familie unten im Dorf zu besuchen.) Irgendwann flitzten beide Mönchsjungen ins Haus. Lama Wangyal folgte, er brüllte noch immer.

Keiner von ihnen hatte Taj und mich hier stehen sehen.

Mir war schlecht. Glücklicherweise schien Taj unbeeindruckt von diesem Drama. Er rannte hinein und gab Christine einen Gutenachtkuss, bevor er in seinen Schlafsack krabbelte. Schon bald war er eingeschlafen.

Nachdem wir das Licht ausgeschaltet hatten, erzählte ich Christine, was ich gesehen hatte. Sie hatte während der Puja schon eine ähnliche Auseinandersetzung beobachtet, nachdem junge Novizen den Tee zu spät serviert hatten.

„Ich versuche, keine unrealistischen Erwartungen an die Mönche zu haben“, gab sie zu. „Letzten Endes sind sie auch nur Menschen. Aber trotzdem, ein Kind mit einem Stock ins Gesicht zu schlagen, das finde ich nicht richtig.“

Ich für meinen Teil fand es verdammt unbuddhistisch.

Im Grunde hatte ich körperliche Züchtigung schon immer skeptisch betrachtet. Und die Erziehung von Bodi – mit seinen Empfindlichkeiten, extremen Reaktionen und gelegentlichen Ausrastern in der Öffentlichkeit – hatte mich noch mehr gelehrt, die Einfühlsamkeit der eisernen Disziplin vorzuziehen.

Während ich wach im Bett lag und dabei zusah, wie sich ein Flecken Mondlicht an der Decke ausbreitete, fühlte ich, wie etwas in mir zerbrach. Ein Satz aus Peter Matthiessens „Auf der Spur des Schneeleoparden“ ging mir nicht mehr aus dem Kopf: „Die großen Sünden begeht man, so sagen die Sherpas, wenn man Wildblumen pflückt und Kinder bedroht.“

Nichts ist für immer, nur Himmel und Erde

Zustände wie Autismus, Legasthenie und ADHS [sollten] als natürlich auftretende kognitive Variationen mit spezifischen Stärken angesehen werden, die zur Entwicklung von Technologie und Kultur beigetragen haben, und nicht als Anhäufung von Defiziten und Fehlfunktionen.

STEVE SILBERMAN,
„Geniale Störung“

DAS GÖTTLICHE IN UNS

Ich lag im Schein der Sonne, die durch unser Fenster fiel, und las gemütlich ein Buch, als Lama Wangyal durch die Hobbittür gerauscht kam. Wortlos schritt er an unserem Zimmer vorbei und verschwand über die knarzende Leiter.

Seitdem ich vor einer Woche Zeuge geworden war, wie er Paljor geschlagen hatte, schien der alte Mönch ungewöhnlich kurz angebunden. Er kam Christine und mich abends nicht mehr besuchen. Er steckte auch morgens seinen Kopf nicht mehr in unser Zimmer, um *jullay* zu sagen. Während ich meinen Frieden mit dem Zwischenfall gemacht hatte und ihm gegenüber keinen Groll hegte, fragte ich mich, ob er mich da draußen wohl doch bemerkt hatte. War es ihm unangenehm? Vielleicht hatte er aber auch einfach genug von unserer lauten Anwesenheit. Immerhin quetschten wir uns seit zwei Monaten in sein winziges Zuhause, wir lebten hier praktisch aufeinandergestapelt.

Genau in diesem Augenblick rief mich Lama Wangyal zu sich: „Oh, Mortub! Oh, Mortub!"

Ich flitzte die Leiter hoch, besorgt, dass wir nicht länger willkommen sein könnten. Würde er uns bitten zu gehen? Vielleicht würde er uns vorschlagen, nach unten ins Gästehaus zu ziehen?

Stattdessen hielt mir Lama Wangyal, als ich die Tür zu seinem kleinen Zimmer öffnete, ein traditionelles zanskarisches Gewand entgegen. „Für dich", sagte er strahlend. „Von toter Person."

Es war schon erstaunlich, wie sehr mich mein Gefühl bezüglich der Geschehnisse und Launen im Karsha Gompa noch immer trog.

Das Gewand war aus handgekämmter, violetter Wolle gefertigt, es roch muffig und sah abgetragen aus – und war, wie ich fand, wunderschön. Lama Wangyal erklärte, dass er es am Morgen erstanden hatte, als das Hab und Gut eines verstorbenen Dorfbewohners bei einer Auktion zugunsten des Klosters versteigert worden war.

Erstaunlicherweise sah es so aus, als würde es mir mit meiner großen Statur sogar passen. Ich schlüpfte in die Ärmel, es saß ausgezeichnet. Der schwere Stoff hing bis zum Boden. In den Tiefen einer kleinen Tasche erfühlten meine Fingerspitzen ein paar Gerstenkörner. Lama Wangyal schnürte eine fuchsienfarbene Schärpe um meine Taille und ging dann einen Schritt zurück, um mich zu betrachten.

„Gut, Mortub", sagte er. „Sehr gut."

Ich liebte das Gewand, und in diesem Moment, von meinen Gefühlen übermannt, war ich mir sicher, dass ich es für den Rest meines Lebens in Ehren halten würde.

„Kälte kommt bald", sagte er und verzog das Gesicht.

Dann gab er mir mit einer Geste zu verstehen, dass er allein gelassen werden wolle, setzte sich auf seine Matratze und begann zu singen.

Am nächsten Morgen zog ich das schwere Gewand über und genoss die Wärme, als ich Tee kochte und dann aus dem Haus schlüpfte. Draußen schaufelten die Nepalesen Kies durch ein Gittersieb. Sie lehnten sich auf ihre Werkzeuge und grüßten mich einstimmig: *„Namaste daju bhai!"*

„Namaste daju bhais", rief ich zurück.

Es ging kein einziger Luftzug. Weit unten im Tal floss eine Herde Schafe wie Milch einen schmalen Dorfweg hinunter, zwei Jungen trieben sie fröhlich hüpfend an. In den Feldern verbrannten Bauern den Schnitt, und neben dem Wasserlauf konnte man die Silhouetten von Frauen ausmachen, die Wäsche wuschen. Hin und wieder drang ein Lachen nach oben. Auf der anderen Seite des Tals hing eine zarte Schicht frischen Schnees über den schroffen Gebirgsausläufern. Dahinter glühten die Riesen des Himalaja purpurfarben im Licht der ersten Sonne.

Konnte man dieses Ausblicks jemals überdrüssig werden?

Uns kam zu Ohren, dass die Mönche an einem Ernte-Mandala arbeiteten – einem fantastischen, hochkomplexen Bild aus eingefärbtem Sand. Also machte ich mich nach dem Unterricht mit Bodi und Taj auf, um der Sache auf den Grund zu gehen.

Karshas erster und ältester Tempel war Labrang, ein festungsähnlicher Bau, der sich direkt hinter den unteren Toren befand. Der Tempel barg die Lagerräume des Klosters, in denen neben Butter und Feuerholz auch die Gerste aufgehäuft war, die man von den hiesigen Bauern als Abgabe einforderte. In einem verliesähnlichen Gewölbe wurden Reliquien aufbewahrt, darunter auch ein Zahn, der angeblich von Buddhas Elefanten stammte, und die Gewänder des Panchen Lama aus dem 17. Jahrhundert.

Durch eine von schiefen Pfosten umrahmte Tür und eine dicke Yakhaardecke ging es in den Tempelraum, einen kargen Saal, der ungefähr so groß wie eine Schulturnhalle war. Von der niedrigen Decke hingen rote, gelbe und orangefarbene Seidenbanner, und hinter dem Altar ragte eine gigantische Buddhastatue auf. Da sie für die Halle zu groß war, hatte man ein Loch in die Decke geschnitten, sodass der Kopf ins Freie schaute. Fresken aus dem 15. Jahrhundert schmückten die Lehmwände. Leider hatten die Regengüsse der letzten Zeit viele Darstellungen beschädigt, die Farben waren zerlaufen, wie geschmolzenes Wachs.

„Oh, Norbu! Oh, Tashi!"

In einer hinteren Ecke lümmelten die verlorenen Jungs auf dem Boden. Lama Mortub, der klösterliche Buchhalter, lag auch bei ihnen. Ta'han erhob sich schwerfällig, schenkte uns süßen Milchtee ein und bot uns Röstbrot an.

Irgendwann winkte uns Lama Mortub zu sich, und wir folgten ihm zu einer großen Sperrholzplatte, die in Hüfthöhe auf Kisten lag. Auf die Oberfläche des Sperrholzes war mit Kreide ein komplexes Muster gezeichnet worden, und darum herum lagen Kupferschüsseln mit Sand in allen möglichen Farbschattierungen. Ein paar Sandstreifen verliefen in Wirbeln nach außen, wie Wurmspuren im Strand. Das war der Anfang des Mandalas.

Lama Mortub kletterte vorsichtig auf die Platte. Drei junge Schützlinge taten es ihm nach, zu viert setzten sie sich im Schneidersitz an die

Ränder. Das Mandala war absolut symmetrisch und in vier gleichgroße Quadranten eingeteilt. Jeder Mönch war für eines zuständig.

Wortlos machten sie sich an die Arbeit.

Nachdem sie die Skizze studiert hatten, suchten sich die Künstler die Farben, die sie benötigten. War die exakte Farbe nicht zu finden, wurde sie geschaffen, indem sie den Sand – wie Farben miteinander – mischten. Dann wurde er in einen langen, dünnen Metalltrichter, einen *chakpur*, gefüllt. Wenn man mit einem Stäbchen an der geriffelten Oberfläche des Trichters rieb, floss der feinkörnige Sand heraus und die Mönche „malten".

Die Arbeit war äußerst anstrengend, denn es war unmöglich, etwas auszubessern. Schon der Versuch, ein paar aus der Reihe tanzende Körner zu verschieben, konnte alles zunichtemachen. Also nahmen sich die Mönche Zeit. Sie lagerten ihre Unterarme auf Kissen und probten jeden Strich. Als sie endlich soweit waren, atmeten die Künstler tief ein und versetzten sich in einen Zustand der Reglosigkeit, der an Meditation erinnerte.

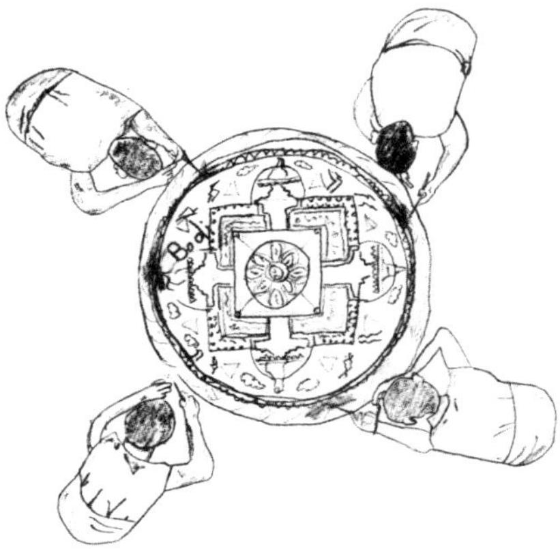

Vier Mönche arbeiten an einem Mandala. Das fantasievolle Sandgemälde soll das physische Universum darstellen und seine anschließende Zerstörung an das buddhistische Grundprinzip der Vergänglichkeit erinnern.

Jeder arbeitete in seinem eigenen Tempo und Rhythmus, und langsam erblühten die prächtigen Motive: Zepter, Flammen, Blumen, Schlösser und Blitze. Hin und wieder, nach einem besonders anstrengenden Stück des Mandalas, schüttelte einer der Mönche seine Arme aus – oder schloss die Augen und legte den Kopf in den Nacken. Doch keiner kam sehr viel schneller voran als die anderen, der Fortschritt entwickelte sich einheitlich.

Die übrigen Mönche warteten am Rande und besorgten alles, was von den Künstlern gebraucht wurde: ein weiteres Kissen, mehr Sand, eine Tasse Tee. Nach und nach breitete sich das Mandala nach außen aus.

Taj und Bodi sahen eine Weile zu, und ich betete, dass sie nicht niesen mussten. Irgendwann verloren die beiden jedoch das Interesse und gingen den Altar begutachten. Da überall Rupienscheine verstreut lagen, fragte Bodi, ob er nach Hause rennen und Buddha etwas von seinem Geld geben könne.

„Natürlich“, sagte ich, und er rannte davon.

Kurz darauf war er wieder da und hielt schnaufend einen 100-Rupien-Schein (zwei Dollar) in der Hand. Vorsichtig legte er den Schein auf einen Silberteller. Dann drehte er sich um sich selbst, wieder und wieder.

Der medizinische Begriff für so etwas lautet *Stimming*, eine Abkürzung von Selfstimulation, selbststimulierendes Verhalten – ein unbewusstes Verhalten, mit dem man sich selbst beruhigt und besser mit Ängsten umgeht. Das tun wir alle bis zu einem gewissen Maß, bewusst oder unbewusst: Wir klopfen mit einem Stift gegen den Tisch, zwirbeln Haarsträhnen oder laufen beim Telefonieren umher. Bei Menschen im Autismus-Spektrum ist dieses Verhalten jedoch ausgeprägter, es kann auch Auswirkungen auf ihr Leben haben.

Ich beobachtete meinen Sohn, wie er lachte, herumwirbelte und kicherte – und dann versehentlich eine riesige Kerze umwarf, was den Tempel in Dunkelheit versetzte. Nur durch das Loch in der Decke, am Kopf des Buddhas, drang etwas Tageslicht herein.

„Kein Problem, kein Problem“, kam es sanft von Lama Mortub.

Eine Taschenlampe wurde angeknipst. Ta'han warf mir ein Feuerzeug zu. Kurz darauf war es wieder hell im Raum. Nachdem ich die Kerze auf eine Holzkiste gestellt hatte, kratzte ich das verschüttete Wachs vom Boden ab.

Bevor ich die Kinder nach draußen jagte, ertappte ich mich selbst dabei, wie ich mich ganz leicht vor der goldenen Statue verbeugte. Die Geste kam gänzlich unvermittelt, aber in diesem Augenblick fühlte sie sich genau richtig an.

Am nächsten Morgen drängten sich dunkle Wolken in das Tal, sie verschlangen die Bergspitzen. Da wir von Bergen umringt waren, fühlte es sich so an, als lebten wir in einer Kiste – mit verschlossenem Deckel.

Als es zu tröpfeln begann, zog man unten hastig blaue, gelbe, weiße und orangefarbene Planen über die Heuschober in den Feldern, die daraufhin wie bunte Pilze in einem Märchen aussahen. Gegen Abend verschwand Karsha Gompa im Nebel, und ich wandelte auf den Pfaden dieser schemenhaften Welt, gegen meine violette Jacke peitschte der Wind.

In jener Nacht suchten starke Böen die Hänge heim, und Regentropfen prasselten gegen das Fenster neben meinem Gesicht. Ich lag wach und hoffte, dass Lama Wangyals Dach dieser Sintflut standhalten würde. Ein Gewitter zog beängstigend nah an uns vorbei, und Bodi schrie auf. Als ich ihn tröstete, wir lagen Kopf an Kopf, konnte ich Lama Wangyal oben singen hören.

Nach drei Tagen war der Sturm weitergezogen. Zurück blieben zarte Wolken, die sich wie Kathas um die Berge legten.

Da wir uns unbedingt die Beine vertreten wollten, brachen wir nach der Puja zu viert zu einem Spaziergang auf. Im Dorf herrschte großes Gedränge – die Einwohner schienen wie aus einem tiefen Schlaf erwacht. Die Planen wurden von den Heuschobern gerissen. An den Zäunen trocknete Wäsche. Kleinkinder hüpften in Pfützen herum. Ein Zwergfalke jagte in den gepflügten Feldern. Sogar die Schwalben feierten und labten sich an einem Bankett aus frisch geschlüpften Insekten.

Die von Steinmauern gesäumten Wege standen voller blökender Schafe und Ziegen, die von ihren *doksa* kamen, wo sie den Sommer verbracht hatten. In Zanskar unterscheidet man nicht zwischen Schafen und Ziegen, man hält sie in einer Herde und nennt sie im Tibetischen *ra luk*, was wörtlich übersetzt „Ziegenschaf" bedeutet.

Besonders aufmerksam beobachteten wir die Yaks, die die Stoppel von Gerste und Alfalfa abgrasten, die von der Ernte übrig geblieben waren. Da die Brunst bevorstand, wurden sie zunehmend aggressiver. Sie rammten einander schnaubend mit gesenkten Köpfen, sodass die Erde unter ihren Zusammenstößen bebte.

Wir hatten bei unserem Spaziergang kein bestimmtes Ziel vor Augen. Als Taj eine Raupe von der Größe einer kleinen Banane entdeckte, blieben wir alle stehen und staunten. In der Nähe stampften barfüßige Frauen fallschirmgroße Flächen in einer schlammigen Wiese ein. Nachdem die Sonne diese kreisförmigen Mulden getrocknet hätte, würden sie jeweils eine Gruppe Yaks an einen Pfosten in der Mitte der Mulden binden und sie dazu antreiben, im Kreis zu gehen. So würden ihre Hufen die Spreu von den auf dem Boden liegenden Gerstenkörnern dreschen.

Auf dem Rückweg gingen wir noch am Labrang-Tempel vorbei, damit Bodi und Taj Christine das Mandala zeigen konnten. Die Mönche waren erstaunlich gut vorangekommen, der Sand erreichte nun fast schon die Ränder des Sperrholzes. Nachdem sie sechs Tage lang durchgearbeitet hatten, waren die Künstler erschöpft und in einem tranceähnlichen Zustand. Sie blickten nur kurz auf und machten dann weiter. Glücklicherweise war das Ende schon in Sicht.

„Vielleicht heute Abend fertig", sagte Ta'han undeutlich.

Dann kehrten wir nach Hause zurück, wo Lama Wangyal Christine ebenfalls ein traditionelles Gewand schenkte, das er bei einer anderen Nachlassauktion erworben hatte. Auch sie war tief gerührt – doch da sie weniger sentimental veranlagt war, deutete sie mir gegenüber an, dass das Gewand die Rückreise nach Kanada womöglich nicht mit antreten würde.

„Ich kann mir nicht vorstellen, es in Kimberley zu tragen", sagte sie lachend. „Im Ernst, Kirkby, warum willst du deins mitnehmen? Es wird doch nur in der hintersten Ecke eines Schranks landen."

Norgay, der junge Trülku, von dem man glaubt, er sei die Reinkarnation eines bedeutenden Lamas, schaut von einem verlassenen Klosterdach hinunter.

Ein gemeinschaftliches Mahl im Innenhof.

Mönche erschaffen ein aufwendiges Mandala, ein Sandgemälde.

Lama Wangyal steht mit einer Stirnlampe auf dem Dach seines Hauses.

Nach dem Unterricht spielen die Novizen im Innenhof, Taj reitet auf Wang Chuks Rücken, und Bodi zeigt seine Skizzen.

Bodi legt eine Opfergabe auf einen Chörten außerhalb von Karsha.

Christine behandelt Tsephals Warzen.

Christine unterrichtet die jüngeren Schüler in Mathematik.

Der Blick von der Hobbittür des Hauses Lama Wangyals auf das Tal von Zanskar.

Dorjey, Lamo und Lama Wangyal in Tungri während der Erntezeit, im Vordergrund drehen sich Gebetsmühlen.

Bodi, Christine und Taj im Familienschlafzimmer.

Yaks dreschen Gerste in den Feldern von Karsha, im Hintergrund das Kloster.

Lamo zeigt Christine, wie man Gerste zieht.

Eine Prozession von hochrangigen Lamas, erkennbar an ihren gelben Zeremoniehüten, trägt die Reste des Mandalas den Winterpfad in die Schlucht hinunter, wo sie in das Flüsschen geworfen werden.

Eine Nonne bereitet in der Küche des Nonnenklosters Chai und Chapati zu.

Puja, das rituelle Gebet, in Karsha Gompas altehrwürdigem Labrang-Tempel.

Bodi, Norgay, Thurchin, Taj und Joray.

Christine gibt Skarma und Joray ein Stück Wollfaden, während die anderen Novizen ihre Schnüre über die Brüstung des Dachs auswerfen und begeistert „Himmelfischen".

Lama Wangyal näht an einer Nähmaschine mit Handkurbel zwei traditionelle Mäntel für Bodi und Taj.

Vor der langen Wanderung überreicht Lama Wangyal die zanskarischen Mäntel und bindet den Jungen farbige Schärpen um.

Bodi und Christine hängen einen Khata zu den Gaben am Scheitel des Sisar-La-Passes.

Beim Aufstieg über einen der vierzehn Pässe während der langen Wanderung in Richtung Heimat.

Bodi und Christine klettern durch die tiefe Shilla-Schlucht.

Die Kirkbys am letzten Tag ihrer Wanderung.

Lama Wangyal und Taj in Delhi, während alle auf das Visum warten, das es dem Lama erlauben soll, Bruce, Taj, Christine und Bodi nach Kanada zu begleiten.

Doch ich konnte mir nicht vorstellen, Lama Wangyals Geschenk zurückzulassen. Ich glaube, für mich stand es stellvertretend für all die unsichtbaren Geschenke, die Zanskar mir gemacht hatte: einen Frieden, den ich nicht ganz verstand, aber auch nicht wieder verlieren wollte.

Im Hier und Jetzt fühlten sich die Gewänder genau richtig für uns beide an. Später am Abend trugen wir sie – eng aneinander gekuschelt betrachteten wir das mondbeschienene Tal –, als es plötzlich disharmonisch über den Berg schallte.

Hörner! Sie hörten gar nicht mehr auf zu heulen.

Da wir befürchteten, dass der Lärm die Kinder aufgeweckt hatte, eilten wir ins Haus, doch sie schliefen tief und fest. Auch Christine wollte schlafen gehen, also machte ich mich allein auf, der Ursache des Krachs auf den Grund zu gehen.

Ich folgte ihm die dunklen Pfade hinab und entdeckte vier Silhouetten, die auf dem Dach des Labrang standen. Tsephal und Paljor flöteten in *gyaling* aus Messing, ihre Finger sprangen willkürlich auf den juwelenbesetzten Instrumenten herum. Neben ihnen bliesen Norphal und Changchup in zwei riesige *dung-chen*, die ausladenden Schalltrichter lagen auf der Brüstung. Das Mandala war fertig, und die Jungen riefen Guhyasamaja an, den großen Beschützer der Gelugpa. Sein zwischenzeitliches Zuhause in den Sandkörnern erwartete ihn.

Die konfuse Musik war ein Signal an das Dorf, das Tal und das gesamte Universum, dass morgen bei Sonnenaufgang die uralten Rituale beginnen würden.

Bei Tagesanbruch ertönten die Hörner erneut. Wir weckten die Jungen auf, zogen uns dicke Jacken an, nahmen unsere Teeschalen und rannten nach draußen. Die Mönchsjungen standen auf dem Dach des Labrang und bliesen fröhlich in ihre altertümlichen Instrumente.

Wir fanden die Gebetshalle im Tempel leer vor. Auf dem Altar stand eine kunstvolle Yakbutterstatue. Sie war einen Meter hoch und so fein gearbeitet wie Spitze. Der oberste Lama hatte eine Woche gebraucht, um sie zu erschaffen. Das Mandala wurde von vier *thang ka* vor neugierigen Blicken geschützt. Ich rollte im hinteren Teil des Saales einen Teppich aus, auf den wir uns dicht an dicht kauerten, die Kinder zwischen Christine und mir.

Der zweiundachtzigjährige Lama Ishay kam als Erster, er ging schlurfend den Mittelgang herunter, sein Gewand schleifte auf dem Boden. Andere hochrangige Lamas folgten, sie alle trugen die gelben Zeremonienhüte. Unter ihnen befanden sich auch die Novizen, die in ihren Strümpfen über den Holzboden schlitterten wie auf Eis. Der Disziplinarmeister schlich durch die Gänge, er trug eine Robe mit orangefarbener Kapuze und in der Hand einen Holzstab. Lama Norbu, der „Joker", blieb vor uns stehen und tat spaßhaft so, als trete er Bodi und Taj. Dann drehte er sich zum großen goldenen Buddha um, dessen Kopf in der Decke verschwand, ließ sich auf Hände und Knie fallen und verbeugte sich dreimal.

Als der erste Strahl Sonnenlicht durch die Halle drang und den Buddha wie ein Scheinwerfer beleuchtete, ertönte die Stimme des Gesangmeisters. Der Singsang schwoll an, erreichte einen Höhepunkt, wurde schwächer, um dann erneut anzuschwellen. Buttertee wurde ausgeschenkt. Paljor verteilte glänzende Kekspackungen, Röstbrot und süßen Zimtreis. Ta'han lief durch den Mittelgang, rezitierte dabei aus den Schriften und warf Reis in die Luft. Doch offenbar versprach er sich mehrmals, denn Wang Chuk verbesserte ihn die ganze Zeit über. Irgendwann schlich er zu seinem Sitzplatz und ließ den Kopf hängen. Es folgte noch mehr Buttertee. Und mehr Gesang.

Ich versuchte gerade, diese erstaunliche Szene in meinem Gedächtnis zu verankern, als ich merkte, wie es auf meinem Kopf leicht kitzelte. Es hörte auf, kam dann aber wieder. Was konnte es sein? Ich vermutete eine Spinne und wischte mir mit der Hand über den Kopf. Statt auf ein Krabbeltier stießen meine Finger aber auf eine warme Hand.

Über mir stand Changchup, und vor lauter Lachen liefen ihm die Tränen über die Wangen. Während er darauf wartete, eine weitere Runde Tee zu servieren, hatte er sanft an meinen Haaren gezogen.

Als ich mich umschaute, bemerkte ich, dass die gesamte Gemeinde belustigt zusah. Sogar der oberste Lama wand sich vor Lachen.

Ganze sechs Tage lang fand die feierliche Puja im Labrang-Tempel statt. Am siebten Tag wurde das Mandala zerstört.

Dafür versammelten sich alle Lamas in der sengenden Sonne im Hof. Sie zogen sich ihre Gewänder über die kahlen Köpfe. Für die Kinder fanden wir einen Platz im Schatten eines Rosenbuschs. Der Klosterhund, ein bedrohlich aussehender, schwarzer Mastiff – den man für die Reinkarnation eines äußert unheiligen Mönches hielt –, war in der Nähe an einen Reifen gekettet und verging auf dem Betonboden vor Hitze.

In einer Feuerschale stapelte man Mist auf, goss Butter darüber und zündete alles an. Der oberste Lama warf Reis, Gerste und Erbsen in die Flammen. Während ihm Lama Sundup eine endlose Reihe an Gabentellern brachte, versenkte er seinen Finger in den Tiefen seiner Nase. In der Nase zu bohren ist in Zanskar völlig normal: Bauern, Geschäftsleute und Großmütter zögern genauso wenig wie Kinder, mitten im Gespräch den Finger in die Nase zu stecken. Das ist auch verständlich, da Staub und trockene Luft zu schrecklichen Verkrustungen in der Nase führen können. Auch ich wachte häufig mit dem Gefühl auf, eine Haselnuss stecke in meiner Nase.

Die Zeremonie zog sich hin. Taj döste ein. Tashi Tsering, der krummbeinige Koch, verteilte Reis. Wang Chuk gruppierte die Novizen um sich und führte sie mit schmetternden Trompeten, Muschelhörnern und Zimbeln um das Feuer. Der kräftige Disziplinarmeister schlief mit weit geöffnetem Mund ein.

Meine Gedanken konzentrierten sich auf die Atmung. Und als ich über das karge Tal blickte – eine Landschaft, in der nichts ablenkte und die unter einer Kuppel aus endlosem Blau ruhte –, kam mir Zanskar wie die physische Manifestation eines meditierenden Geistes vor.

Einatmen. Ausatmen.

In der Meditation verwendet man oft das Bild eines blauen Himmels. Wenn es in unserem Leben stürmisch zugeht, was unweigerlich passiert, neigen wir dazu, uns auf die Wolken zu konzentrieren – Probleme, Konflikte, Ängste, Nöte, Traurigkeit –, und vergessen dabei, dass der Himmel über den Wolken immer blau ist, man sieht es nur nicht. Und genau so, wie ein Flugzeug die Wolken durchbricht, soll die Meditation uns zu diesem Frieden bringen, der jedem zu jeder Zeit zugänglich ist.

Einatmen. Ausatmen.

Vielleicht ist das der Grund, warum diese Kultur des Friedens und der Meditation in der tibetischen Hochebene so gedeihen konnte – die Landschaft erinnert ständig daran, wo der Geist sein könnte. Auf jeden Fall überkam mich in diesem Augenblick eine innere Ruhe, wie ich sie selten erlebt habe. Es war, als flössen meine Gedanken in das große Tal. Ich wurde selbst zu einem Teil des Tals. Und das Tal zu einem Teil von mir. Die Grenzen zwischen dem Körperlichen und dem Geistlichen verschwammen. Das Land, die Mönche, die Gipfel, alles war eins.

Ich habe keine Ahnung, wie lange dieser Zustand höchster Entspannung andauerte. Es können Minuten oder Stunden gewesen sein. Allerdings wurde er unterbrochen, als alle aufsprangen und zum Labrang rannten. Orientierungslos lief ich ihnen nach.

Im Tempel wurden die seidenen Rollbilder, die das Mandala verbargen, beiseitegezogen. Der oberste Lama segnete das Werk ein letztes Mal – und damit im weiteren Sinn das gesamte Tal. Dann hob er einen *dorje* aus Messing in die Höhe und zerstörte das wunderschöne Kunstwerk mit einem einzigen Hieb.

Mir wurde das Herz ganz schwer, die umstehenden Mönche schienen jedoch unbeeindruckt. Manche hatten nicht einmal wirklich hingesehen.

Mit einem Besen fegte Ta'han den Sand schnell zusammen, die zuvor noch leuchtenden Farben verkamen zu einem gräulichen Violett-Braun. Der Sand wurde in eine Kupferurne gefüllt. Die Hörner schmetterten erneut, und die Gemeinde strömte nach draußen. Ta'han bog auf den Winterpfad ein, die Kupferurne hielt er über seinen Kopf.

Fast alle anderen – vierzig Mönche oder mehr sowie Christine und die Kinder – gingen ins Dorf hinunter, wo ein Lastwagen mit großen Lautsprechern stand und eine Hindi-Tanzparty unter freiem Himmel begonnen hatte.

Ich dagegen folgte einer Handvoll hochrangiger Lamas in die Tiefen der Schlucht. Neben einem dunklen Wasserbecken zündete Lama Norbu, der hochrangigste *lopon*, ein Bündel Räucherwerk, so dick wie ein Unterarm, an, und reinigte mit dem Rauch die Umgebung und jeden der Anwesenden. Während der oberste Lama in das sprudelnde Wasser watete und die Urne leerte, wurden Sutras gesungen.

Der bunte Sand breitete sich im Wasserbecken aus, violette Finger flossen langsam flussabwärts. Die Lamas knieten sich ans Ufer, nahmen das eingetrübte Wasser mit der hohlen Hand auf und spritzen es über ihre geschorenen Köpfe. Wang Chuk berührte mit einem nassen Finger meine Stirn und führte dann seine zu einer Schale geformten Hände an meine Lippen – in diesem Wasser schmeckte ich die Berge.

Ein vorbeiziehender Hirte holte eilig eine leere Plastikflasche aus seinem Rucksack und füllte sie schnell mit dem Wasser des symbolischen Universums – im Laufe einer kräftezehrenden Woche erschaffen und nun fortgespült.

DAS LEBEN IST DIE ZEREMONIE

Wir lebten bereits seit zwei Monaten im Kloster, als Lama Wangyal eines Abends in unser Zimmer gestürmt kam. Christine und ich lasen gerade mithilfe unserer Stirnlampen.

„Packen! Packen!"

Im Morgengrauen werde ein Jeep kommen, erklärte er, und ihn und uns zum Haus seiner Schwester in das Dorf Tungri bringen. Wie lange wir denn dort blieben, fragte ich. Und was war mit dem Unterricht? Doch ich bekam keine Antwort, Lama Wangyals Schritte verhallten bereits im Gang.

Es war noch rabenschwarze Nacht, als er am nächsten Morgen an unsere Tür hämmerte.

„Oh, Mortub! Jetzt gehen!"

Ich warf einen Blick auf die Uhr. Viertel vor sechs. Der Jeep war zu früh. Wir sprangen auf, weckten die Kinder und stopften unsere Schlafsäcke in die Seesäcke. Taj weigerte sich, seinen Pyjama auszuziehen. Bodi suchte weinend ein verschwundenes Legoteil.

„Beeilen!", rief uns Lama Wangyal aus dem Gang zu. Dann wurde die Hobbittür zugeschmissen. Wir stolperten hinter ihm her, Taj im Pyjama, Bodi schluchzend.

An den Klostertoren wartete ein heruntergekommener Toyota auf uns. Wir warfen unsere Seesäcke nach hinten und quetschten uns auf die Rückbank in der Fahrerkabine. Bodi auf meinem Schoß, Taj auf Christines. Lama Wangyal saß vorn. Der Jeep ruckelte in eine purpurrote Morgendämmerung hinein.

Anstatt der Hauptstraße in den Süden nach Padum zu folgen, drehte der Fahrer nach Westen ab und holperte über eine Schotterpiste in den Schatten der Zanskar-Gebirgskette. Schon bald verließen wir die Zentralebene und fuhren in ein sich verengendes Tal, das zum Oberlauf des Stod führte. Die Landschaft wurde zunehmend schroff, und die steilen Berghänge waren von zerborstenen, autogroßen Felsen übersät. Inmitten dieses Trümmerfeldes beobachtete ich einen Adler bei der Jagd.

Eine Stunde später tauchten die grünen Felder eines Dorfes auf. Neben einem weiß getünchten Chörten kam der Pick-up ruckartig zum Stehen. Lama Wangyal sprang hinaus, nahm sich seine Tasche und lief davon, sein kastanienbraunes Gewand verschwand auf einem schmalen Pfad. Ich zuckte fragend mit den Achseln, und der Fahrer zuckte zurück. Wir zogen unseren Seesack von der Ladefläche, nahmen die Jungen an die Hand und liefen auf den schlammigen Pfaden am Rande eines Bewässerungskanals hinter dem Mönch her.

An einem zweistöckigen, weiß getünchten Haus mit traditionellen ockerfarbenen Fensterrahmen und Flachdach stießen wir wieder auf Lama Wangyal. Eine Fahnenstange mit verblichenen Gebetsfahnen und einem Yakschwanz an der Spitze signalisierte, dass dieses Haus über alle sechzehn Bände des „Kangyur" verfügte. In einem bescheidenen Garten wuchsen Karotten, Radieschen, Zwiebeln, Kardamom, Kartoffeln und Erbsen. Lama Wangyal klopfte an die Tür, doch niemand öffnete. Nachdem er sein Ohr an das Holz gedrückt und nichts gehört hatte, zauberte er einen Schlüssel unter einem Waschbecken hervor.

Hinter einem Stall, aus dem es streng roch, führte eine Betontreppe zu den Wohnräumen der Familie hinauf: vier leere Schlafzimmer, ein kalter Lagerraum (voller Kornsäcke, Gerstenbierfässer und Joghurteimer) und eine fensterlose Küche, in der Kannen und Kessel über einem Ofen hingen, in dem Dung schwelte.

Lama Wangyal begann unverzüglich damit, in einem Schnellkochtopf Dal zu kochen, und unsere Jungen vertrieben sich die Zeit damit, an zwei flachen, neonfarbenen Gebetsmühlen zu drehen, die so groß wie Plattenteller waren. Als das Essen fertig war, packte der Mönch es in einen Weidenkorb. Dann brachen wir gemeinsam auf, um seine Schwester zu suchen.

Es war viel los auf den Wegen, und jeder verbeugte sich vor Lama Wangyal. Er befragte ein paar Passanten, und alle zeigten gen Norden, zu den äußeren Feldern des Dorfes. Zwanzig Minuten später erreichten wir einen kleinen Acker mit goldener Gerste, nicht größer als ein Vorstadtgarten. Darin hockten Lama Wangyals Schwester Lamo und ihr Ehemann Dorjey und ernteten das Getreide mit der Hand.

Lamo quietschte vor Freude, als sie unsere Jungen sah. Ihre Stirn war dreckverschmiert. Sie trug einen lilafarbenen Pullover und Baggy Pants, und unter einer Strickmütze schauten zwei ergrauende Zöpfe hervor. Sie jagte den kichernden Jungen mit ausgestreckter Zunge hinterher.

Dorjey, ihr Ehemann, erhob sich etwas schwerfälliger. Er trug schmutzige Jeans und ein rotes Poloshirt. Er war ein schlanker Mann, und über seinem strammen Bizeps schlängelten sich die Venen. Sein kurzer Oberlippenbart verriet, dass er ein *havildar* war, ein Oberst in der indischen Armee – zurzeit beurlaubt, um bei der Ernte zu helfen.

Zwei ältere Frauen tauchten aus dem Gerstenfeld auf, beide trugen sie selbstgesponnene Gewänder und Türkisketten. Eine der beiden war Dorjeys Mutter. (Dorjeys Vater, so erfuhren wir, befand sich in einem Feld nebenan und entrindete gerade Baumstämme). Die andere Frau, die uns als Doda vorgestellt wurde, starrte uns aus leeren Augen an, sie hatte keine Zähne und war stumm. An der Krempe ihres orangefarbenen Schlapphuts waren ein Silberanhänger, ein Bild des Dalai Lama und ein kindlicher Plastikseestern aufgenäht. Offensichtlich litt sie an einer geistigen Behinderung, arbeitete aber trotzdem hier in den Feldern neben allen anderen und trug so etwas zum Gemeinwohl bei.

Sie alle – Lamo, Dorjey, seine Eltern und Doda – waren Mitglieder desselben *paspun*, einer miteinander verbundenen Gruppe von Haushalten, die sich bei Geburten, Ehen und Todesfällen gegenseitig unterstützten und sich auch während der geschäftigen Erntezeit und bei der Aussaat unter die Arme griffen. Ein *paspun* ist eine auf der Welt einzigartige soziale Institution, und jede Familie in jedem Dorf überall im Tal gehört einem an.

Nun wurde klar, warum uns Lama Wangyal hierhergeschleppt hatte. Wir waren für Lamos *paspun* rekrutiert worden, zumindest für eine gewisse Zeit – was für mich und Christine absolut in Ordnung war.

Wir machten eine Pause und breiteten im Schatten von Sanddornbüschen den Inhalt des Weidenkorbs aus. Schnell wurden Schalen mit dampfendem Dal und Reis verteilt. Das Fladenbrot wurde mit einem Krug *chang* heruntergespült.

Chang, fermentiertes Gerstenbier, ist ein wohlschmeckendes Getränk, das man in der Regel gemeinsam trinkt und das ich noch aus meiner Zeit unter den Sherpas kannte. Es schmeckt milchig und leicht alkoholisch und versetzt einen in eine so glücklich-fröhliche Stimmung wie kaum ein anderer Trunk. Das Beste ist, dass man aufgrund des hohen Vitamin-B-Gehalts nur selten einen Kater bekommt, was gut ist, da man *chang* unmöglich ablehnen kann und es meist in großen Mengen konsumiert wird. Dorjey braute sein Bier mit Schafgarbe, was dem Getränk einen angenehm frischen Geschmack verlieh, ähnlich wie der Hopfen dem Ale. In der warmen Sonne schenkte uns Lamo immer wieder nach. Schon bald wurde mir schwindelig. Ich legte mich ins Gras und kaute träge auf aufgequollenen Gerstenstückchen herum, die auf der trüben Flüssigkeit schwammen.

Irgendwann stand Dorje auf und streckte die Arme gen Himmel: Es war Zeit, sich wieder an die Ernte zu machen. Lamo nahm unsere Hilfe nur widerwillig an – zunächst drängte sie uns, zu ihrem Haus zurückzugehen und zu entspannen –, aber Lama Wangyal bestand darauf, dass sie uns zeigte, wie man Gerste erntete. Am Rande des goldenen Feldes ging sie in die Hocke, nahm eine Handvoll Halme zusammen – ungefähr so dick wie der Griff einer Schaufel – und riss sie mit einem Ruck aus dem Boden. Nachdem sie den kostbaren Humus von den spinnenartigen Wurzeln abgeschüttelt hatte, stapelte sie die Büschel unter einer Strohauflage, die die reifenden Ähren vor hungrigen Vögeln beschützen sollten.

Christine und ich machten uns neben ihr an die Arbeit. Im Schneckentempo arbeiteten wir uns voran und zogen eine Handvoll Gerste nach der anderen aus dem Boden. Innerhalb weniger Minuten pulsierten meine Knie, also setzte ich mich direkt auf den Boden und rutschte auf dem Hintern vorwärts. Nach kurzer Zeit taten mir die Hände weh. Christine sang leise zur Arbeit – *Om mani padme hum, om mani padme hum* –, was Lamo begeisterte.

„Gut, Angmo! Gut!“, sagte sie und klatschte Beifall.

Bodi und Taj ließen Zweige auf den Bewässerungsgräben treiben, später jagten sie zwei Lämmer. Als Taj einen toten Vogel fand, trug er ihn stolz zu uns – noch fürchtete er sich nicht wie Erwachsene davor, Totes anzufassen.

Eine ganze Stunde verging ohne wahrnehmbaren Fortschritt. Und das war erst eines der siebzehn Felder, die Lamo und Dorjey bewirtschafteten.

Nach einer weiteren Runde Fladenbrot und *chang* brachte Christine die Kinder zurück zum Haus, während ich mich an eine Arbeit machte, die mich noch eine Weile beschäftigen würde: eine Ladung stechend riechender Alfalfa nach der anderen auf Lamos Dach zu hieven – genau die gleiche Arbeit, bei der ich auch schon der alten Frau in Karsha geholfen hatte.

Alfalfa, die man als Nebenkultur an den Rändern der Gerstenfelder anbaut, wird meist als Winterfutter verwendet. Die grüne, blattreiche Pflanze war vor einigen Tagen mit einer Sense geschnitten und zu primitiven, einen Meter langen und halb so breiten Ballen gerollt worden. Jetzt waren die Ballen in der Sonne getrocknet und konnten hochgehoben und transportiert werden, ohne dass sie auseinanderfielen. Möglich war das durch eine geniale Wickeltechnik, dank der man keinen Zwirn benötigte.

Mit zwei Seillassos band Dorjey sechs solcher Ballen zusammen. Ich legte mich auf den Haufen, schlüpfte mit jeweils einem Arm durch eines der Seile und kämpfte mich dann auf die Füße. Obwohl die Last auf meinem Rücken nicht erdrückend schwer war, vielleicht dreißig Kilo, hatte sie enorme Ausmaße. Sie war fast so groß wie ein Kühlschrank. Das untere Ende des Bündels drückte auf meine Waden, das obere schwankte über meinem Kopf. Dorjey machte ein Daumen-hoch-Zeichen, und ich ging los zu seinem Haus.

Auf den schmalen Wegen drängte sich das Vieh: Esel, Kühe, Yaks, Schafe und *dzo*, alle grasten sie auf der dort liegenden dünnen Schicht aus Spelze und Spreu. Im Himalaja ist es üblich, Yaks mit Hausrindern zu kreuzen. Die Hybriden sind größer, stärker und geben mehr Milch und Fleisch. Die männlichen Nachkommen dieser Kreuzung nennt man *dzo*, die weiblichen *dzomo*. Als ich mich an den Tieren vorbeizwängte, drückten sich ihre warmen Flanken gegen meine Hüften. Viele versuchten, an meinem Bündel zu knabbern, sodass ich gezwungen war, mich hin und her zu drehen, um meine Fracht zu schützen.

Bis zu Lamos Haus brauchte ich fünfzehn Minuten. Dort führte eine wackelige Leiter zu einem nackten, tennisfeldgroßen Lehmdach. Nachdem ich die Alfalfa in einer Ecke des Daches neben einem Gebilde in Klohäuschen-Format abgeladen hatte – das war die Familienkappelle –, ging es wieder zurück zu den Feldern.

Dorjey war nirgendwo zu sehen, also bereitete ich die zweite Ladung selbst vor und band sieben Bündel zusammen. Beim nächsten Mal waren es acht. Und dann neun, was sich als meine Grenze herausstellte, da die Ladung nahezu fünfzig Kilo gewogen haben musste und bei jedem Schritt auseinanderzufallen drohte.

Eine Stunde körperlicher Schwerstarbeit ging unmerklich in die nächste über. Distelpollen schwebten in der nachmittäglichen Luft, und mit jedem Schritt stieben Wolken aus Heuschrecken nach oben. Es kamen auch welche aus der Ladung auf meinem Rücken gekrochen, sie kitzelten mich am Rücken. Ein Schwarm kleiner Vögel erhob sich mit hektischen Flügelschlägen in die Luft, synchron flogen sie wie verschüttete Tinte über die Felder.

Ich verfiel in eine Art von Trance und erfreute mich an den einfachsten Details: dem verwitterten Gesicht eines Alten, schiefen Zäunen, einem kleinen Jungen, der die Flanke eines Pferdes streichelte, und an dem glitzerndem Sonnenlicht auf einem Bewässerungsgraben.

Ein paar Mäher schwangen ihre Sichel und sangen dazu, die frischgeschnittene Alfalfa zu ihren Füßen war so grün wie eine Dschungelschlange. Ein Mann in einer Tweedjacke trieb zwei Yaks an, ein primitiver Pflug lockerte den reichen Boden auf. Dann tauchte die zahnlose Doda unter einer Last Erbsen auf, sie zog ein dürres Pferd hinter sich her.

Anscheinend murmelte jede Person, der ich begegnete, entweder Mantras oder ließ Gebetsperlen durch ihre Finger gleiten. Ein paar Ältere drehten an Gebetsmühlen, die sie auf ihren Hüften trugen. In der Mittagspause hatte ich sogar gemerkt, dass Dorjey während Gesprächspausen Stellen aus dem Kanon zitierte. Jede Tätigkeit bot Gelegenheit für eine Andacht. Und all diese Handlungen – die Mantras, die Gebetsperlen und das Drehen von Gebetsmühlen – waren in Wirklichkeit ein Anker an dem gegenwärtigen Moment, eine kleine Erinnerung: Ich bin genau hier, genau jetzt, und mache das. In diesen Feldern schien es keine Trennung zwischen Leben und Religion zu geben. Das Leben selbst war die Zeremonie.

Vor Lamos Haus trugen Bodi und Taj gerade einen Schwertkampf mit Stöcken aus. Als ich das nächste Mal vorbeikam, sah ich sie neben einer gemeinschaftlichen Wasserpumpe, wo sie einer älteren Frau dabei halfen, Wasser zu holen. Ich winkte ihnen unter meiner Last zu, und sie winkten zurück.

Als im Westen die letzten Lichtstrahlen vom Himmel sickerten, kam Dorjey zu mir auf das Dach. Müde hob er die Hand – für heute waren wir fertig. Ich war völlig kaputt und von oben bis unten dreckig, mein Körper von Staub und Gras bedeckt.

In der schummrigen Küche bereitete Lamo im Kerzenlicht *momos* zu. Neben ihr drehten Bodi und Taj an den bunten Gebetsmühlen. Dorjey zeigte ihnen, wie man die Mühlen unglaublich schnell drehen lassen konnte, indem man einen Finger in ihre Mitte legte. Die Kinder waren begeistert und ließen die neonfarbenen Platten stundenlang kreisen. Wenn sie einmal nicht aufpassten, was unweigerlich geschah, erhob sich, trotz großer Erschöpfung, jemand anderes von seinem Teppich und setzte die Gebetsmühlen wieder in Bewegung.

Lama Wangyal studierte ein abgewetztes Flugblatt, das er während einer Kalachakra-Einführung erhalten hatte, es war voller Kommentare und Markierungen. Lamo lugte ihrem Bruder über die Schulter. Als sie meinen Blick bemerkte, klopfte sie ihm auf die Schulter. „Mein Lehrer für Buddha."

Dorjey lehnte mit einem Glas, in dem Tee zu sein schien, an der Wand und hörte aus einem Transistorradio Nachrichten aus Delhi. In der Nähe saß seine Mutter im Schneidersitz und wickelte Wolle auf eine Spule. Dorjeys Vater, der einen Tarnanzug und einen violetten Filzhut trug, lag neben ihr, an seinem Gürtel hing eine Entrindungsmachete. Doda schlief auf einem Teppich in der Nähe des Ofens.

In Zanskar bringt man alten Menschen großen Respekt entgegen. Sie werden von nichts ausgeschlossen und nehmen bis zu ihrem Tod am Familienleben teil. Wenn sie nicht mehr in der Lage sind, körperliche Arbeit zu verrichten, tragen sie doch noch immer Bedeutendes bei, indem sie auf die Enkel aufpassen, Geschichten erzählen und ihren großen Schatz an Wissen teilen.

„*Zo! Zo!*“, befahl Lamo, als das Essen fertig war.

Dann fing sie an, uns zu mästen, als brächen wir jeden Moment auf eine lange Reise über hohe Bergpässe auf und bekämen möglicherweise tagelang nichts mehr zu essen. Vielleicht war das ein Impuls, der sich in das kollektive Unbewusste der Menschen in Zanskar eingebrannt hatte.

„*Thukpa! Thukpa!*“

Dorjey ermutigte die Jungen, die Suppe gierig herunterzuschlürfen, und sie waren so eifrig dabei, diese neuen geräuschvollen Tischmanieren auszuprobieren, dass sie den penetranten Yakgeschmack gar nicht wahrnahmen. Danach bereitete Lamo Buttertee in einem traditionellen *gurgur* zu, in dem sie Tee, Butter und Salz zu einer leicht violetten Brühe von der Konsistenz einer Pilzsuppe verrührte.

„*Cha! Cha!*“

Sehr viel später stellte Dorjey ein Glas mit klarem Schwarztee vor mich hin. Da ich durstig war, nahm ich einen großen Schluck, um dann zu merken, dass es Rum war.

„Armeewasser!“, strahlte er und freute sich, dass er seinen starken Drink mit jemandem teilen konnte.

Zanskari umschreiben die Größe ihrer Äcker mit der Anzahl von Tagen, die sie zum Pflügen brauchen. Ein großes Feld ist dann vielleicht ein „Zweitagesfeld“ und ein kleines ein „Halbtagsfeld“.

Folglich waren Lamo und Dorje die Besitzer – genauer gesagt die Hüter – eines Zehntagelandes, das nach westlichem Maßstab etwa zwei Hektar groß war. Das war die Regel: Etwa 0,4 Hektar Land fielen auf ein arbeitendes Haushaltsmitglied. Ein darüber hinausgehender Einsatz von Arbeitskraft sorgte nicht für höhere Erträge.

Lange hatten Lamos und Dorjeys Kinder zu der arbeitsintensiven Aussaat und Ernte einen wichtigen Beitrag geleistet. Doch vor zwei Jahren hatte ihre älteste Tochter geheiratet und war in das etwa dreißig Kilometer entfernte Dorf Stongde gezogen, wo sie nun alle Hände voll damit zu tun hatte, ihren eigenen Sohn großzuziehen. Außerdem hatten Anfang Herbst drei weitere Kinder das Haus verlassen – zwei mittlere Töchter ließen sich im entfernten Jammu zu Krankenpflegerinnen ausbilden, der zwölfjährige Sohn besuchte eine Privatschule bei Padum. Das waren zwar gute Nachrichten für die Familie, doch es stellte Lamo und Dorje vor die große Frage: Konnten sie die Ernte bewältigen?

Ihre Nachbarn – ein Ehepaar mittleren Alters, deren Kinder ebenfalls vor Kurzem weggegangen waren – hatten ihre Felder an einen indischen Großkonzern verkauft, was vor zehn Jahren noch undenkbar gewesen wäre. Diese Felder wurden nun von Wanderarbeitern bewirtschaftet, die keinem *paspun* angehörten. Inzwischen hatten die Eltern eine Straßenbude errichtet und versuchten mit dem Verkauf von Softgetränken und frittierten Snacks an Lastwagenfahrer aus Srinagar über die Runden zu kommen.

Das passierte überall in Zanskar, da mehr und mehr Kinder das ländliche Leben hinter sich ließen. So war eine Gesellschaft, die über Tausende von Jahren hinweg existiert hatte, innerhalb einer Generation im Begriff, sich aufzulösen.

Für den Moment hielten Lamo und Dorjey noch an Vergangenem fest, was der Grund dafür war, dass Lama Wangyal uns hierhergebracht hatte – unsere Hilfe wurde nämlich dringend benötigt. Die beiden arbeiteten bereits seit drei Wochen ohne jede Pause, und es gab nach wie vor unglaublich viel zu tun. Sechs Gerstenfelder mussten noch abgeerntet werden. Zehn Tonnen Gerste und Erbsen mussten zu den Dreschkreisen gebracht werden. (Erbsenmehl wird häufig verwendet, um das *tsampa* zu strecken.) Ungefähr genauso viel Alfalfa musste noch auf ihr Dach. Karotten, Kartoffeln und Radieschen mussten aus der Erde geholt und Yakmist gesammelt werden.

Obwohl noch so viel vor ihnen lag, wirkten weder Lamo noch Dorjey gehetzt oder gestresst. Sie arbeiteten in einem angenehmen Tempo, machten regelmäßig Pausen, um mit Nachbarn zu reden, und genossen ihre gemeinsamen Mahlzeiten.

Wie schliefen gegenüber der Küche in einem kleinen Raum mit Teppichboden, neben Regalen voller Kupfertöpfe, Messingkessel und Schnellkochtöpfe. Ein gerahmtes Bild zeigte Dorjeys Vater in vollem Militärornat, wie er als Mitglied der berühmten „Ladakh Scouts" seine Teilnahme an drei Kriegen feierte. Die „Ladakh Scouts" sind auch unter dem Spitznamen „Schneetiger" bekannt und gehören zu den höchstdekorierten Einheiten in der indischen Armee. Sie sind speziell für den Hochgebirgskampf ausgebildet, zu ihren Aufgaben zählt auch das Patrouillieren an den sensiblen Grenzen zu Pakistan und China. Das Regiment war seit dem Zweiten Indisch-Pakistanischen Krieg von 1965 an jeder größeren Kriegshandlung beteiligt.

Nachdem ich den Jungs etwas vorgelesen hatte, krabbelte ich hundemüde in meinen Schlafsack. Ein abnehmender Mond warf ein gespenstisches Licht in das Zimmer, unter uns raschelten Viehhufe im Stroh. Ich döste gerade ein, als Christine sagte, sie habe Kopfschmerzen.

Einige Stunden später wachte ich auf, weil ich sie heftig würgen hörte. In der Dunkelheit konnte ich erkennen, wie sich Christine über einen Topf beugte, den sie vom Regal genommen hatte.

Bei Sonnenaufgang erbrach sie sich wieder. Danach lagen wir nebeneinander und berieten, was zu tun war.

Ich schlug vor, auf die Kinder aufzupassen, damit Christine sich erholen konnte. Aber das bedeutete auch, dass ich nicht bei der Ernte helfen konnte. Und wir wussten beide, dass Lama Wangyal tief enttäuscht sein würde, hatten wir doch schon beobachtet, dass Mönche in Zanskar kein besonders großes Mitleid mit Kranken hatten und von Kindern erwartet wurde, dass sie sich um sich selbst kümmerten. Christine drängte mich, weiter mitzuhelfen und die Kinder bei ihr zu lassen. Ich sagte, dass ich ein paar Ladungen tragen und dann wieder nach ihr sehen würde.

Draußen im Gang wässerte Dorjey gerade den Lehmboden, um die Staubbildung zu verringern. Hinter ihm lief Lamo, die ein Weihrauchgefäß aus Zinn schwenkte, um das Haus spirituell zu reinigen. Kurz darauf eilten beide wortlos nach draußen. Ich lief ihnen hinterher, doch zuvor schnappte ich mir noch ein Stück Röstbrot, da ich befürchtete, mit leerem Magen nicht lange durchzuhalten.

Ich hätte mir keine Sorgen machen müssen. Denn gerade als ich mich mit meiner Arbeit als Träger angefreundet hatte, erklomm die Sonne die Gipfel und die geschäftigen Pfade leerten sich. Die Menschen in Zanskar erledigen körperliche Schwerstarbeit gern in den kühleren Stunden um Sonnenaufgang und Sonnenuntergang herum. Danach essen sie.

In Lamos Küche wurde ein Frühstücksbankett vorbereitet: Currygemüse, dampfende Chapatis, ein großer Kessel mit *thukpa*, *tuktuks* (in einem modernen Sandwichtoaster gebackener Gerstenteig) und *chemik*, eine landestypische Soße aus Paprika, Salz, Koriander, Karotten, Zwiebeln und Tomaten.

Christine fühlte sich besser, doch Lamo schleppte mich trotzdem zum Dorfarzt, auf der Suche nach „Kopfmedizin". Dort trafen wir auf eine schlanke junge Frau mit Brille in Katzenaugenform und blauem Kopftuch, die vor einem maroden Steinhaus Unkraut in einem Kartoffelbeet jätete. Über den offenen Fenstern hing Stacheldraht, und auf einem rostigen, handbemalten Schild stand auf Englisch: *MEDIZINISCHES ZENTRUM TUNGRI.* An der Mauer hingen die Impfbescheinigungen jedes einzelnen Kindes im Dorf, neben einem Aushang der indischen Regierung, der darauf hinwies, dass nicht übertragbare Krankheiten durch einen gesunden Lebensstil vermieden werden können. Dieser Hinweis schien mir hier unnötig. Die Frau mit dem blauen Tuch durchwühlte ihren Schreibtisch, dann hielt sie mir einen Pappkarton voller Tablettenpackungen hin. „Du brauchen?", fragte sie.

Ich ging das Sortiment schnell durch, nahm mir zehn Paracetamol-Tabletten und zog dann ein Bündel Rupien aus meiner Tasche. Die Ärztin schüttelte den Kopf. „Von der Regierung. Kein Preis."

Als wir zurückkamen, war Dorjey gerade dabei, sein Vieh auf die Weide zu treiben. Der Familie gehörte eine riesige *garmo*, drei *dzo*, zwei *dzomo*, eine Milchkuh und zwei Kälber – die Dorjey so liebevoll streichelte wie einen Hund. Die männlichen Nachkommen einer Kuh-Yak-

Kreuzung, die *dzo*, sind steril. Die weiblichen Nachkommen, die *dzomo*, sind es nicht. Auf diese Weise entsteht eine komplexe Erblinie, und jede Variante bringt für den Bauern andere Vorteile mit sich. Eine Dzomo-Yak-Kreuzung ergibt ein *gar* (männlich) und eine *garmo* (weiblich). Eine Garmo-Yak-Kreuzung ergibt ein *gir* (männlich) und eine *girmo* (weiblich). Aus einer Girmo-Yak-Kreuzung entsteht ein *lok* (männlich) und eine *lokmo* (weiblich). Diese Reihe lässt sich noch lange weiterführen.

Und während Dorjey die widerspenstige *garmo* an den Anfang der Prozession zog, trabte ich hinten mit und verpasste jedem Tier, das zum Grasen stehen blieb, einen Klaps auf das Hinterteil.

Wir manövrierten uns durch ein Netz aus schmalen Wegen, und jeder, dem wir auf diesen geschäftigen Pfaden begegneten, starrte mich verwirrt an. Ein paar lachten sogar, und ich versuchte mir vorzustellen, was sie zu Dorjey sagten. *Pass auf, du wirst von einem Ausländer verfolgt. Kann ich ihn für einen Tag mieten, wenn ihr fertig seid?*

Als wir zu den zuvor abgeernteten Feldern kamen, schlugen wir Holzpfähle in die Erde und banden die Tiere an ihrem Nasenring daran, sodass sie die restlichen Halme fressen konnten. Dann machte ich mich wieder daran, Alfalfa zu tragen.

Auf meinem Weg zwischen Feld und Haus traf ich immer wieder auf dieselben Dorfbewohner, die ebenfalls in Richtung ihrer Häuser gingen und unter riesigen Ladungen stolperten: junge Mütter, buckelige Alte, Schulmädchen in Uniform, ein Regierungsbeamter in Anzug und Krawatte, ein leutseliger Trekkingguide in dicker Jacke. Viele lachten, wenn sie mich sahen, aber es war immer ein freundliches, wohlwollendes Lachen. Manche grüßten mich sogar mit meinem Namen, Mortub, obwohl wir uns nie vorgestellt worden waren. Andere brüllten mir seltsame Fragen zu: *Hast du dich verlaufen? Warum trägst du Alfalfa? Bist du verrückt?*

„Lama Wangyal", das war meine Antwort auf solche Nachfragen, und es schien alles zu erklären.

Die Frauen trugen alle einen Schal um ihr Gesicht, nur ihre Augen waren durch einen dünnen Schlitz zu sehen, obwohl keiner im Dorf Muslim war. Sie schützten sich auf diese Weise vor der Sonne. In ganz

Asien gilt dunkle Haut als unattraktiv und trägt das Stigma von körperlicher Arbeit. In der Apotheke in Padum hatte ich hautaufhellende Cremes gesehen, was traurig war und gleichzeitig einer gewissen Ironie nicht entbehrte, wenn man bedachte, wie viele hellhäutige Nordamerikaner stundenlang in der Sonne lagen, um brauner zu werden. Es muss in der Natur des Menschen liegen, sich nach einer anderen Version seiner selbst zu sehnen.

Am frühen Nachmittag war ich mit der Alfalfa fertig und machte mich daran, frisch geschnittene Erbsenranken zu Ballen zu rollen. Es war eine schweißtreibende Arbeit, doch ich war nicht allein, denn mich verfolgte eine Gruppe Bachstelzen: schlanke Vögel mit schwarz-weißem Gefieder, welche die Insekten auffraßen, die die aufgewühlte Erde preisgab.

Christine lief an dem Feld vorbei, auf dem ich gerade arbeitete. Sie fühle sich besser, sagte sie mir, und sei auf dem Weg ins Gerstenfeld.

Als die Sonne unterging, drangen die Stimmen der Kinder an mein Ohr. Sie kamen, um mich abzuholen. Bodi lief an Dorjeys Hand, Taj an Lamos. Das Geräusch von losgetretenen Steinen ließ mich aufblicken – am Felshang hüpften Ziegen herum. Am Himmel konnte man bereits die ersten Sterne sehen.

Und so ging es weiter, ein warmer Herbsttag ging fließend in den nächsten über, Erschöpfung und Freude kamen und gingen.

Am Morgen des dritten Tages bedeckte eine frische Schneeschicht die umliegenden Berge. Ich hockte mich neben einen Bewässerungsgraben, spritzte eisiges Wasser in mein Gesicht und hörte in einiger Entfernung das hysterische Geschrei eines Esels. Hinter einer Gruppe von Pappeln sah ich Rauchschwaden aufsteigen. Ich vermutete, dass dort ein Feld abgebrannt wurde, und ging mit Bodi und Taj auf Erkundungstour.

Stattdessen stießen wir auf einen Trupp südindischer Straßenarbeiter, die ihre Gesichter mit Fetzen bedeckt hatten und Teer über einem Lagerfeuer schmolzen. Sie pflasterten die Schotterpiste, die ins Dorf führte.

Am nächsten Morgen waren sie verschwunden, das verrostete Fass mit verkrustetem Teer hatten sie jedoch zurückgelassen. Lamo schleppte es hastig zu sich nach Hause. Sie werde es beim Melken der *dzo* verwenden, erklärte sie.

„Ich kann mir nicht vorstellen, dass das für die Familie gesund ist", flüsterte Christine. Doch zu Lamo sagte sie nichts.

In Zanskar wird grundsätzlich nichts verschwendet, und in den Haushalten gibt es so etwas wie Mülleimer überhaupt nicht. Das, was nicht gegessen werden kann, wird an die Tiere verfüttert. Oder als Dünger benutzt. Mit dem Spülwasser tränkt man entweder das Vieh oder wässert den Garten. Dosen, Gläser, Shampooflaschen und sogar Saftkartons werden zu Behältern, in denen man alles aufbewahrt, von Zahnbürsten bis zu Samen und Gewürzen. Aprikosenkerne werden zerstoßen, das heraustretende Öl wird als Schmiere für Gebetsmühlen verwendet. Die aufgequollenen Gerstenkörner, die auf dem *chang* schwimmen, werden getrocknet und als Snack aufbewahrt. Sogar alte T-Shirts, die für einen weiteren Flicken zu abgetragen sind, werden mit Erde gefüllt, um einfallende Bewässerungskanäle zu stützen.

Und obwohl es natürlich ein Leichtes ist, das traditionelle Dorfleben zu romantisieren, schien es mir sehr wohl so, als ob die Menschen in Tungri im Großen und Ganzen zufrieden waren. Auf jeden Fall wirkten sie glücklicher als jene, die in dem nur zwanzig Kilometer entfernten Padum lebten – einem Ort der Geschäfte und der Geschäftigkeit, wo weniger gelächelt und mehr gearbeitet wurde und wo zum ersten Mal in der Geschichte Zanskars Arbeitslose in den Straßen herumlungerten, längst abgehängt von einer modernen Welt, in der es keinen Platz für sie gab.

An jenem Abend, die Kinder schnarchten bereits neben uns, diskutierten Christine und ich mit gedämpften Stimmen. Vielleicht war es die Erschöpfung, die aus uns sprach. Oder die bevorstehende Rückkehr nach Kanada – nun in weniger als einem Monat. Auf jeden Fall wussten wir beide, dass es Zeit war, mit Bodi über Autismus zu sprechen.

Irgendwo auf der anderen Seite der Welt ging ein Team aus Cuttern und Redakteuren gerade durch Tausende Stunden Filmmaterial zu unserer Reise. Und welche Story sie auch zusammenschusterten, Bodis Diagnose würde darin unweigerlich ein Thema sein. Und keiner von uns wollte, dass er zum ersten Mal von Autismus hörte, wenn er sich die Fernsehserie ansah.

„Was sagen wir ihm? Wie sagen wir es ihm?“, stöhnte Christine. „Ich fühle mich so schlecht vorbereitet.“

Wir wollten beide, dass Bodis erste Konfrontation mit dem Thema positiv verlief. Immerhin hatten wir Jahre gebraucht, um all das, was damit zusammenhing, zu verdauen. Wie würde unser geliebter siebenjähriger Sohn eine solche Nachricht aufnehmen? Wie konnten wir dafür sorgen, dass sich die Waage nicht in Richtung Scham und Verlegenheit, sondern hin zu Akzeptanz und Stolz senkte?

Unsere Familienberaterin hatte uns von dem klassischen „Wir-müssen-mal-reden“-Gespräch abgeraten. Kein gekünsteltes Gerede, so wie damals, als mich mein Vater unbeholfen über den Gebrauch von Kondomen aufgeklärt hatte, bevor ich zum Studium ging. Stattdessen riet sie uns, das Thema Autismus einfach in unsere Gespräche einzuflechten, behutsam und regelmäßig, so als sei es das Natürlichste von der Welt.

„Am besten halten wir es am Anfang ganz einfach“, sagte ich zu Christine, da ich annahm, dass ihr Kopf bereits voll von wissenschaftlichen Erklärungen war.

„Leichter gesagt als getan.“

„Ich kann es probieren“, bot ich an und fügte hinzu: „Du solltest natürlich dabei sein.“

Eine Zeit lang lagen wir schweigend da. Christines Atmung wurden langsamer, und ich dachte schon, dass sie am Einschlafen war, als sie plötzlich sagte: „Ich möchte nicht mehr warten. Lass es uns ansprechen, sobald wir wieder im Kloster sind.“

Am Morgen des fünften Tages stieß ich in der Küche auf Lamo, sie backte gerade Teig in einer Pfanne mit brutzelndem *ghee*, einer Art Butterschmalz, aus. Sie reichte mir ein Glas heißes Wasser. Wie in vielen asiatischen Kulturen ist man auch in Zanskar davon überzeugt, dass heißes Wasser äußerst regenerierend wirkt. Wenn die Menschen hier sahen, wie unsere Jungen aus ihren Flaschen kühles Wasser tranken, schüttelte es sie.

Was würde dieser Tag bringen? Würden wir mehr Erbsen schleppen? Mehr Gerste ziehen?

Nachdem wir an etwas Röstbrot geknabbert hatten, reichte mir Dorjey ein Lasso. Wir waren gerade im Begriff, nach draußen zu gehen, als Lama Wangyal in der Tür auftauchte, über einer seiner Schultern hing ein Rucksack.

„Jetzt *bye-bye*", erklärte er.

Ich spürte, wie mich die Enttäuschung überkam. Jetzt schon?

Das einfache Leben, an dem wir kurz hatten teilnehmen dürfen, fühlte sich so seltsam vertraut an, als hätte ich es schon einmal gelebt. Und etwas in mir fragte sich, ob ich damit zufrieden gewesen wäre, für immer hierzubleiben. Doch der Wagen wartete auf uns. Also stopften Christine und ich eilig unsere Klamotten und Schlafsäcke in den Seesack. Dorjey hob beide Jungen gleichzeitig hoch und hielt einen auf jedem Arm. Lamo legte uns Kathas um die Hälse.

„*Tujay-chey, tujay-chey*", flüsterte sie wieder und wieder. „Danke, danke."

Es war so abrupt zu Ende gegangen – die Arbeit unfertig, der Abschied überstürzt. Als ich mich durch die niedrige Tür beugte, warf ich einen letzten Blick zurück. Über Lamos Wangen liefen leise Tränen.

DIE VERWISCHTEN LINIEN DER NATUR

Die Mönchsjungen entdeckten uns, als wir den steilen Pfad in Richtung Kloster erklommen, und kamen heruntergerannt, um uns schreiend zu begrüßen. Nachdem wir ihre weichen Köpfe gestreichelt hatten, kletterten wir Hand in Hand hoch und tauschten Neuigkeiten aus. Beim Mittagessen zwinkerte uns Tashi Tsering zu und schöpfte eine Extraportion Reis in unsere Schalen. Im Unterricht tätschelte mich Wang Chuk grinsend an der Schulter. Es war wunderbar, wieder hier zu sein.

Durch das Klassenzimmerfenster drangen aus der Ferne Trommelschläge. Nach dem Unterricht machte ich mich also auf den Weg ins Dorf, um nachzusehen, was los war.

In den Feldern wimmelte es von Menschen. Die Frauen, viele mit Babys auf dem Arm, saßen auf Yakhaardecken und teilten mit anderen ihr Essen. Die Männer lehnten gegen die Steinmauern und tranken *chang*, während die Kinder auf dem Boden herumtollten. Mehrere Gruppen von jeweils sieben, nebeneinander eingespannten Yaks waren an zentrale Pfosten in den flachen Schlammpfannen gebunden und warteten geduldig, während die schwitzenden Mitglieder eines *paspun* – Alte, Kinder, Männer, Frauen, Jugendliche – Gerstenbündel um sie herum verteilten.

Schließlich, nach einem Pfiff und einem Stockhieb des Viehtreibers, setzten sich die riesigen Tiere in Bewegung. Während sie im Kreis um den Pfosten donnerten, lief ihnen der Speichel aus den Mäulern. Der

Treiber trabte hinterher, er sang Erntelieder und hielt einen kleinen Weidenkorb, in dem er den Yakmist auffing, damit er nicht auf das Getreide fiel.

Hin und wieder verhedderten sich die Seile, die die Nasenringe miteinander verbanden, und die Yaks wurden zum Stehen gebracht, damit das Durcheinander geordnet werden konnte. Dann, mit einem weiteren Stockhieb, ging es wieder los, Runde um Runde. Immer mehr Gerste wurde unter die Hufe geworfen, bis sie den Tieren bis an den Bauch reichte. In regelmäßigen Abständen wurden die Yakgruppen zur Seite geführt, und die zertrampelten Halme wurden entfernt, zurück blieb das wertvolle Korn.

Nachdem man es auf hüfthohe Haufen geschaufelt hatte, schleuderten die Frauen das goldene Korn mit Holzrechen in die Höhe, und ein warmer Wind trennte die Spreu vom Korn, in kleinen Wolken trug er sie davon.

Am nächsten Morgen, als die Puja-Hörner bliesen, erklärte Lama Wangyal, dass er im Auftrag des Klosters nach Leh fahren müsse. Er sei etwa eine Woche fort, vielleicht mehr. Und dann war er weg.

Kurz darauf rannte Jigmet an unserer Tür vorbei und verkündete fröhlich: „Heute ihr nicht unterrichten!"

„Warum?", rief ich ihm hinterher.

„Dame in Karsha tot", rief er zurück. „Heute Verbrennung."

Dann fiel die Hobbittür zu und ich hörte ihn davonsprengen, den Pfad hinunter.

Wir beschlossen, hinter ihm herzugehen. Zögernd folgten wir dem Gesang den Berg hinunter und betraten das Dorf, wo ein purpurroter Fleck inmitten des Staubs ins Auge sprang – ein Dach voller Mönche. Wir wollten nicht stören, doch Wang Chuk entdeckte uns und fing an, hektisch zu winken. Wir stiegen eine wackelige Leiter empor und fanden uns mitten in einer Zeremonie wieder.

Auf der einen Seite des Lehmdaches saßen mehr als fünfzig Mönche, Novizen und Nonnen, auf der anderen Seite eine Gruppe Bauern, kleine Männer mit gebräunter Haut und schwieligen Händen – Mitglieder des *paspun* der Verstorbenen. Alle lasen sie gleichzeitig verschiedene Stellen aus dem „Bardo Thödröl“ vor, dem Tibetischen Totenbuch. Diese Worte sollten der verstorbenen Seele Orientierung geben und sie daran erinnern, die Dämonen, auf die sie im Jenseits treffen würde, nicht zu fürchten, sondern sich stattdessen dem reinen weißen Licht zuzuwenden.

Wir versuchten, uns ganz nach hinten zu schleichen, doch Wang Chuk wollte nichts davon wissen und wies uns einen Platz in vorderster Reihe zu. In Zanskar spiegelt der Sitzplatz bei öffentlichen Versammlungen den Status einer Person wider, und Gäste werden regelmäßig dazu ermutigt, übermäßig prestigeträchtige Platzierungen zu akzeptieren. Ich zeigte wieder nach hinten. Wang Chuk sah mich entsetzt an und machte deutlich, dass wir nach vorn gehörten. Alle schienen unsere heitere Diskussion zu genießen. Irgendwann fanden wir einen Kompromiss, und wir setzten uns zu den Novizen.

Sofort eilte ein junger Mann zu uns, er trug Jeans und ein neonfarbenes T-Shirt, auf dem auf Englisch stand: „Du siehst heute gut aus“. Er servierte uns Milchtee und in Fett ausgebackenes Brot. Die Novizen, die schon zuvor bedient worden waren, hatten längst aufgegessen, also riss ich das Brot in Stücke und reichte es an sie weiter. Natürlich lehnten sie ab. Zwei konnten jedoch nicht widerstehen, und schon bald mampften wir gemeinsam fröhlich das Brot.

Die Mittagssonne war heiß, und irgendwann schlich sich Christine mit Bodi und Taj davon, um im Wasserlauf unten zu baden. Ich konnte es verstehen, entschied mich aber zu bleiben, da ich es seltsamerweise genoss, im Schneidersitz zu bleiben und nichts zu tun.

Neben mir wickelte der junge Nawang eine Ecke seines Gewandes um meinen Kopf, um mich vor der Sonne zu schützen. Gebetsmühlen wurden gedreht. Malas glitten durch die Finger. Bunte Flaggen flatterten im Wind.

Eine Stunde später kletterten vier stämmige Männer in abgewetzten Jacken die Leiter hinauf, in den Händen hielten sie dicke Geldbündel. Zügig wurde die Bezahlung für die Bestattungsrituale mithilfe der Gebetsperlen-Methode unter den Mönchen und Nonnen verteilt. Nach vielem Gefeilsche, lauten Änderungswünschen und dem steten Rascheln von Scheinen schienen alle zufrieden zu sein.

Teller mit Reis, Dal und Currygemüse wurden verteilt. „Du-siehst-heute-gut-aus“ ging mit einer brennend scharfen Chilisoße herum, die er auf jeder Schale verteilte, ob man wollte oder nicht. Der junge Norgay, der Trülku, löste Begeisterungsstürme aus, als er einen Nachschlag verlangte. Der Gesang wurde wieder aufgenommen. Ich konzentrierte mich auf meinen Atem und ließ Gebetsperlen durch die Finger gleiten.

Einige Zeit später berührte mich Lama Sundup an der Schulter. „Gehen wir.“

Die Mönche strömten die Leiter herunter. Unten, in einer engen Gasse, lag die Verstorbene in ein Leinentuch gewickelt auf einer Holzbahre. Nach ihrem Tod war der Körper drei Tage lang im Haus der Familie geblieben, in dieser Zeit hatten ihn die Frauen des *paspun* gewaschen und sorgfältig auf die Feuerbestattung vorbereitet.

Jetzt, unter dem Gesang der Lamas, sprenkelte der oberste Lama Safranwasser auf das Leichentuch, während weinende Nonnen Kathas darüber ausbreiteten. Fünf Frauen, die Töchter der Verstorbenen, kamen aus dem Haus, warfen sich vor dem verhüllten Leichnam auf den Boden und berührten dessen Schultern und auch den Kopf. *„Tussi loma, tussi loma“*, stießen sie weinend aus. („Wie fallende Herbstblätter, die Blätter der Zeit.“)

Der Disziplinarmeister schob sie sanft in Richtung Haus. *„Tserka macha.“* („Nicht traurig sein.“) Doch sie schlüpften an ihm vorbei und legten noch mehr Kathas über den Leichnam, bevor sie sich schließlich selbst losrissen und weggingen, Hände streckten sich nach ihnen aus.

Dann schulterte eine Gruppe von Männern die Bahre und schlug einen Feldweg ein, der aus dem Dorf und zu den felsigen Ebenen im Osten führte. Eine lange Prozession aus Mönchen und Nonnen folgte ihnen, sie bildeten einen purpurfarbenen Fluss, der sich durch das karge Land schlängelte. Ganz hinten fuhr ein weißer Pick-up, auf dessen Ladefläche Holz gestapelt worden war.

Vom flachen Land wehten Wellen heißer Luft zu uns, Staub wirbelte umher. Christine und die Kinder waren jetzt bestimmt schon wieder im Kloster, und ich überlegte kurz, sie zu holen, entschied mich dann aber dagegen, da die Sonne noch immer sengend heiß war.

Eine halbe Stunde später kam die Prozession vor einem kargen Hügel fernab vom Dorf zum Stehen, auf dem sich vereinzelt schwarze Feuerstellen befanden. Ich nahm einen Armvoll Feuerholz vom Laster und folgte den Mönchen und Dorfbewohnern den Hügel hinauf. Der Pfad war übersät von Kohle und ausgebleichten Knochen.

Beerdigungen sind in der trockenen himalajischen Landschaft unter erschwerten Bedingungen möglich, da die Gräber nur schwer ausgehoben werden können und nichts verwest. Also vertrauen die tibetischen Buddhisten schon seit Langem auf andere Totenrituale – und sie alle symbolisieren die Rückkehr des Körpers zu den vier Elementen Feuer, Wasser, Erde oder Wind. Die Himmelsbestattung – die Zerteilung einer Leiche auf einem Berggipfel, die Reste lässt man den Aasgeiern – ist in den Medien zwar häufiger Thema, allerdings wird sie selten und nur in abgelegenen Regionen praktiziert. Unter außergewöhnlichen Umständen wird ein Leichnam möglicherweise in ein Leinentuch gewickelt, mit Steinen beschwert und in einen Fluss geworfen. Allerdings bleibt die Feuerbestattung beziehungsweise das „Verbrennen", wie die Mönche es nannten, die im Himalaja üblichste Art der Beisetzung – selbst in Zanskar, wo es kaum Holz gibt.

Während die Bahre auf einen Scheiterhaufen gehoben wurde, sangen die Mönche. Muschelhörner ertönten. Ein Sturm aus Reis wurde gen Himmel geworfen. Dann drehten sich alle ohne ein weiteres Wort um und gingen zum Dorf zurück, damit die Männer des *paspun* die Feuerbestattung im privaten Kreis vollziehen konnten.

Eine Stunde später, ich stieg gerade die steilen Stufen zu Lama Wangyals Haus hinauf, sah ich im Osten eine Säule aus blauem Rauch aufsteigen. Sie löste sich im endlosen Blau auf.

Zu viert saßen wir in unserem kleinen Zimmer, Sonnenlicht flutete durch die Fenster. Immer wieder legte ich mir die Worte in Gedanken neu zurecht. Was sollte ich sagen? Wie sollte ich anfangen? Schließlich brach es einfach aus mir heraus.

„Bodi, hast du mich oder Mom schon mal das Wort *Autismus* benutzen hören?"

„Nee", antwortete er, ohne von seinem Lego aufzuschauen.

„Jeder ist anders. Manche Menschen haben dunkles Haar. Andere haben rotes Haar. Oder blondes. Manche Menschen, so wie du, haben blaue Augen. Andere grüne. Eines ist nicht besser als das andere. Es ist einfach nur anders."

Oh Gott, das fühlte sich schon so gekünstelt an.

„Wir existieren also alle auf einem Spektrum, so wie die verschiedenen Farben eines Regenbogens. Und Autismus bezieht sich auf eine Gruppe von Menschen, die die Welt etwas anders sehen als die meisten."

Jetzt sah mich Bodi an. Hatte er mich und Christine doch schon einmal von ASS sprechen hören? Er war immer noch ein kluger Junge.

„Wenn wir zum Beispiel sagen, dass jemand im Autismus-Spektrum ist, dann heißt das vielleicht, dass er laute Geräusche nicht mag. Oder dass ihn die Schilder in der Kleidung stören. Viele mögen es nicht, wenn ein Plan sich ändert. Für manche ist schwer, mit anderen Kindern zu spielen. Oder in ihre Augen zu sehen. Manche tragen nicht gern kurze Hosen. Andere drehen sich um sich selbst, um sich zu beruhigen."

Ich stockte. Ich war nicht sicher, was ich als Nächstes sagen sollte. Schließlich fragte ich: „Erinnert dich das an jemanden, den du kennst?"

„Ja", sagte Bodi, sah dabei nach unten und fummelte an seinem Lego herum. „An mich!"

Mein Herz schlug wie wild.

„Autismus kann vieles bedeuten. Manche haben Probleme mit der Sprache. Andere flattern mit ihren Armen, wie ein Vogel. Du hast es bloß leicht, und wir haben das früher Asperger genannt. Oder kurz Aspie. Jetzt sagen wir dazu nur, dass jemand im Spektrum ist."

Obwohl man seit Kurzem meist nicht mehr vom Asperger-Syndrom spricht, hatte unsere Familienberaterin geraten, den Ausdruck „Aspie" mit Bodi zu verwenden, und zwar auf eine leichte, möglichst spielerische Art. So wollten wir vermeiden, dass sich seine Diagnose wie ein Stigma oder eine Last anfühlte.

In der fünften, im Mai 2013 erschienenen Ausgabe des „Diagnostischen und Statistischen Manuals Psychischer Störungen DSM-5" (das führende Klassifikationssystem in der psychiatrischen Diagnose) ist das Asperger Syndrom (AS) als eigenständige Diagnose gestrichen worden, die Symptome fasst man nun unter den allgemeineren Autismus-Spektrum-Störungen zusammen. Diese Entscheidung wurde allerdings kontrovers diskutiert, und die Weltgesundheitsorganisation erkennt AS noch immer an.

Bodi starrte mich an, und ich spürte, wie die Gefühle mich überwältigten.

„Wie lieben dich so sehr, Bodi. Autismus ist nur ein kleiner Teil von dir, und den lieben wir natürlich auch. Es heißt allerdings auch, dass für dich manches schwieriger ist als für deine Freunde – kleine Sachen, zum Beispiel, wenn Menschen nicht genau sind. Wenn jemand sagt, dass es drei Uhr zwanzig ist, es eigentlich aber drei Uhr dreiundzwanzig ist, dann nervt dich das vielleicht. Und es könnte schwieriger für dich sein, mit anderen Jungen und Mädchen zu spielen. Es ist aber wichtig, dir immer wieder in Erinnerung zu rufen, dass es auch Vorteile hat, ein Aspie zu sein. Du bist ziemlich schlau. Dir fallen Details auf, die andere übersehen, und du verstehst Dinge auf eine Weise, die viele nicht verstehen. Du bist auch sehr ehrlich. Und dir liegen andere am Herzen. Du bist ein guter Freund."

Ich warf einen Blick auf Christine, sie nickte. Das war erstmal genug.

Ich fragte Bodi, ob er irgendwelche Fragen habe, aber er schüttelte den Kopf und widmete sich wieder seinem Lego.

Stille legte sich über den Raum.

Obwohl heutzutage ein stärkerer Fokus auf dieser Störung liegt und trotz Hinweisen darauf, dass es Autismus schon seit Langem und in vielen Teilen der Welt gibt, steht man gerade erst am Anfang, Spektrums-Störungen zu verstehen. Auch wenn eine retrospektive Diagnose unmöglich ist, meint man bei vielen großen Persönlichkeiten der Geschichte posthum klassische ASS-Symptome zu erkennen, darunter auch bei Einstein, Tesla, Jefferson und Michelangelo. Und doch: Im Bewusstsein der Öffentlichkeit ist Autismus noch lange nicht angekommen.

Die Geschichte des Autismus geht in die späten 1930er-Jahre zurück, als einem jungen Wiener Arzt namens Hans Asperger eine Gruppe unnahbarer, unbeholfener und sozial zurückgezogener Patienten auffiel, die sich alle durch ein erstaunliches Verständnis für Mathematik und

Sprache und ein außergewöhnlich gutes Gedächtnis auszeichneten. Er nannte diese Jungen seine „kleinen Professoren" und identifizierte eine Reihe von zusammenhängenden Verhaltensweisen, die er als „autistische Psychopathie" beschreibt – „autistisch" leitete er von dem griechischen Wort für „selbst" (*autos*) ab, da diese Kinder am glücklichsten wirkten, wenn sie allein waren.

Asperger betrachtete die autistische Psychopathie wohlgemerkt als Teil eines Spektrums, auf dem wir uns alle befinden, und ging sogar so weit, diese Symptome als eine extreme Form von Intelligenz zu beschreiben. Er beschwor seine Kollegen, solche Fälle niemals aufzugeben, denn er glaubte, dass diese Kinder zu Unglaublichem in der Lage sein könnten, wenn man ihnen nur beibrächte, ihre Fähigkeiten auch zu nutzen.

Doch als der Nationalsozialismus durch Europa fegte, wurde Aspergers Forschungsarbeit abgetan und zugunsten von Vernichtungs- und Sterilisationsprogrammen verworfen, mit denen man „abnormale" Kinder auslöschen wollte. Dazu zählten auch jene mit Autismus, Gaumenspalten, Gehirnlähmungen, Schizophrenie und körperlichen Behinderungen.

Asperger wurde in der Autismus-Community lange Zeit als Held gefeiert. Allerdings gibt es seit neuestem Beweise dafür, dass der österreichische Kinderarzt Patienten an das Euthanasieprogramm des Dritten Reichs überwies, eine Enthüllung, die einen großen Schatten auf sein Werk geworfen und eine hitzige Debatte über die zukünftige Verwendung des Wortes „Asperger" ausgelöst hat.

Unterdessen begann sich in Nordamerika noch eine andere Interpretationsart dieser Symptomatik durchzusetzen – eine deutlich ungemütlichere. Dem Kinderpsychologen Leo Kanner fielen zwei junge Patienten auf, die in ihrer eigenen Welt zu leben schienen. Sie konnten sich stundenlang mit ritualisierten Handlungen selbst beschäftigen, indem sie zum Beispiel Spielzeugautos aufreihten oder auf den Boden schlugen. Am glücklichsten wirkten diese Kinder, wenn sie allein waren, und bei der geringsten Veränderung ihrer Umgebung konnten sie heftige Wutausbrüche bekommen. Interessanterweise nannte Kanner diese Symptomatik ebenfalls *Autismus*.

Doch anders als Asperger verstand Kanner Autismus als eine unheilbare und gravierende Geistesstörung und setzte sich dafür ein, dass autistische Kinder in Anstalten untergebracht und zwangssterilisiert wurden.

Kanner richtete sogar noch größeren Schaden an, indem er den Eltern die Schuld für den Autismus ihrer Kinder gab. Er behauptete nämlich, dass ein derartiges Verhalten durch einen Mangel an häuslicher Wärme hervorgerufen werde, und prägte so den Begriff „Kühlschrankmutter". In seinem Bestsellerbuch „Die Geburt des Selbst" (1989) ging der Psychoanalytiker und Kinderpsychologe Bruno Bettelheim, der Kanners Theorien fortführte, sogar so weit zu behaupten, dass kindlicher Autismus dadurch ausgelöst werde, dass die Mutter oder der Vater sich wünschen, es gebe das Kind nicht. Die „New York Times" zeichnete ein ebenso düsteres Bild und beschrieb Autismus als eine Krankheit, als „Selbstmord der Seele". Psychologen verschrieben strenge Therapien mit körperlicher Züchtigung, die darauf abzielten, den ungewöhnlichen Verhaltensweisen Einhalt zu gebieten – mithilfe von Techniken, die mich an das Abrichten eines Hundes erinnerten.

Diese erschreckenden Ansichten hielten sich über viele Jahrzehnte.

Noch im Jahr 1989 (ich war einundzwanzig und studierte Ingenieurswesen an der Queen's University) beschrieb die Zeitung meiner Heimatstadt, die „Toronto Star", autistische Kinder als Nerds, die keine Freundschaften pflegen könnten und grundlos in Tränen ausbrächen, „wie Schlaganfallpatienten, die Gehirnschäden davongetragen haben". Im Jahr 2001 bezeichnete der angesehene Epidemiologie Walter Spitzer Autismus als „tödliche Krankheit ... eine tote Seele in einem lebendigen Körper".

Wenn man bedenkt, dass das nur sechs Jahre vor Bodis Geburt die professionelle Meinung zu Autismus-Spektrum-Störungen war, macht mich das ganz benommen.

Doch Gott sei Dank findet zurzeit ein revolutionäres Umdenken statt.

Es begann in kleinen Schritten, in den späten 1970ern, als die britische Psychologin Lorna Wing anfing, die lang gehegte Annahme Kanners, Autismus sei selten und mache sich bereits nach der Geburt bemerkbar, in Frage zu stellen. Sie baute ein Londoner Bahnhofhostel in eine Schule um und machte sich mit ihren Kollegen auf die Suche nach Kindern, die zwar Verhaltensweisen im Sinne von Kanners Autismus aufwiesen, allerdings in unterschiedlicheren Ausprägungen. Innerhalb weniger Monate rannten ihnen die Patienten die Tür ein. Fast die Hälfte von ihnen war ohne Symptome geboren worden und hatte in den ersten Lebensjahren Entwicklungsrückschritte gemacht.

Ganz im Sinne von Winston Churchills Konzept, dass die Natur niemals eine Linie zieht, ohne sie zu verwischen, postulierte Wing nun, dass Autismus keine singuläre Symptomatik aufweise, sondern in einem Spektrum existiere. Alle Merkmale, die ein Asperger-Syndrom charakterisieren, so schrieb sie, seien in unterschiedlicher Ausprägung auch in der normalen Bevölkerung zu finden.

Mit anderen Worten haben wir alle im geringen Maße etwas Autistisches an uns.

Wing startete eine große Kampagne, um die medizinische Auffassung von Autismus zu verändern, und versuchte ihre Kollegen davon zu überzeugen, dass Diagnostik nicht *kategorial* sei (ja oder nein), sondern *dimensional* (welche Ausprägung?). Da ihr bewusst war, wie negativ Kanners Autismusbegriff belegt war, schlug sie ein neues Diagnosemodell vor, das eine große Bandbreite an Verhaltensweisen unter einem weiten Schirm vereinte, dem Autismus-Spektrum.

Doch schließlich war es der 2001 im Magazin „Wired“ erschienene Artikel „The Geek Syndrome“ von Steve Silberman, der einen Quantensprung in der öffentlichen Wahrnehmung von Autismus bewirkte. Silberman beschrieb detailreich, wie sich Superhirne und ehemalige Klassenaußenseiter, die früher „Dungeons & Dragons“ im Keller ihres Elternhauses gespielt hatten, nun in Silicon Valley zusammenscharten, Unternehmen wie Facebook, Apple und Google übernahmen und die moderne Welt nach ihrem Ebenbild gestalteten. Sein wegweisendes, 2016 erschienenes Buch „Geniale Störung“ ist ein Plädoyer für die breitere Akzeptanz all jener Menschen mit kognitiven Abweichungen – es ist ein Buch, dass mein Verständnis von Autismus stark beeinflusst hat.

Mit einem Mal wurde Autismus sichtbarer und in Filmen, Fernsehserien und Büchern thematisiert. Positive Vorbilder erschienen auf der

Bildfläche – die Wissenschaftlerin und Aktivistin Temple Grandin, die Schauspieler Dan Aykroyd und Daryl Hannah, der Profisurfer Clay Marzo –, autistische Personen, die ein erfolgreiches, kreatives und engagiertes Leben führten.

Trotz dieser Fortschritte muss man der Wahrheit jedoch ins Auge blicken: Menschen im Spektrum haben tagtäglich noch immer mit so vielen Problemen zu kämpfen, deren Ausmaße meine Vorstellungskraft übersteigen.

„Bruce!“, schrie Christine. „Komm her!“

Sie stand draußen vor der Hobbittür, und der Ton in ihrer Stimme verriet mir, dass entweder etwas unglaublich Gutes oder etwas unfassbar Schlimmes passiert war.

„Komm, komm, komm!“, schrie sie, und ich eilte den dunklen Gang hinunter. Sie und die Jungen standen draußen und starrten in den Himmel.

„Vögel!“, schwärmte sie. „Große Vögel. Da oben. Hunderte von ihnen!“

Vermutlich Dohlen, die nun vor dem Winter große Schwärme bilden, ging es mir im ersten Augenblick durch den Kopf. Aber dann sah ich sofort, dass es keine Dohlen waren. Nur ... welche Vögel mochten es sein? Ich strengte meine Augen an, um die Silhouetten zu erkennen.

Steinadler!

In schier unglaublicher Zahl ließen sich die Raubvögel auf dem Klostergelände nieder, absolvierten Sturzflüge entlang der Felswände und schnellten über dem offenen Tal wieder in die Höhe. Nie zuvor hatte ich auch nur etwas annähernd Vergleichbares gesehen, ich zählte über einhundert, bevor ich den Überblick verlor. Immer mehr tauchten auf. Sie ließen sich über die Gipfel treiben. Waren sie die Vorboten des näherkommenden Winters?

Die Jungs waren ganz außer sich, sprangen in die Luft und zeigten nach oben.

„Ich wünschte, Lama Wangyal könnte das sehen“, rief Bodi.

Der alte Mönch war seit sechs Tagen fort, und wir wussten nicht, wann er wiederkommen würde.

„Vielleicht sieht er die Adler ja von dort, wo er ist?", überlegte Taj. „Er hat gute Augen."

Bodi schnaubte verächtlich.

Eine Gruppe japanischer Touristen kam den steilen Pfad von der Versammlungshalle heruntergestolpert. Doch anstatt die Adler zu bewundern, richteten sie ihre Kameras auf uns. Und um ehrlich zu sein, wir müssen tatsächlich ein seltsames Bild abgegeben haben – vier dreckige, blonde Ausländer, die kichernd in den Himmel deuteten.

Wir blieben draußen – Christine und ich schlangen einträchtig die Arme umeinander –, bis die Versammlung über der Zentralebene zu Punkten verschwamm und hinter den Bergrücken im Süden verschwand.

Noch Stunden danach erfüllte mich ein Gefühl ehrfürchtiger Verwunderung.

Zwei Tage später tauchte Lama Wangyal wieder auf – seine eindrucksvolle Gestalt schritt die Wege hoch.

Die Klasse hatte gerade still an ihren Rechenaufgaben gearbeitet, als Changchup aufsprang und hektisch nach draußen zeigte. Es war ein glücklicher Zufall, dass er den alten Mönch entdeckte, ich hatte das Haus nämlich verriegelt. Und Christine war zum Einkaufen nach Padum gegangen.

Lama Wangyal bestand darauf, dass wir die Hobbittür immer abschlossen, selbst wenn wir nur für ein paar Minuten weggingen. „Vielleicht kommen schlechte Menschen."

„Welche schlechten Menschen?", fragte ich einmal. Ein schlechter Lama? Die nepalesischen Arbeiter? Dorfbewohner?

„Ja", sagte Lama Wangyal und schnalzte mit den Lippen. „Schlechte Menschen."

Ich schickte Bodi sofort mit dem Schlüssel los. Er hatte dem alten Mönch in der Zwischenzeit ein Geschenk gekauft (einen Schokoladenriegel) und ein Bild für ihn gemalt (von Buddha), beides wollte er ihm unbedingt überreichen. Vom Fenster aus beobachtete ich, wie Taj ihm hinterherrannte, seine kurzen Beine wirbelten den staubigen Pfad hinunter.

Als der Unterricht zu Ende war, machte ich mich eilig davon. Ich konnte es selbst kaum erwarten, Lama Wangyal zu begrüßen. Als ich mich gebückt durch den dunklen Gang tastete, lief ich in Christine hinein, die gerade erst mit einem Rucksack voller Vorräte aus Padum zurückkehrt war. Lama Wangyal hielt sie eng umschlungen, und als er mich entdeckte, zog er mich zu sich und küsste mich ins Gesicht. Seine rauen Bartstoppeln ließen eine Flut von Erinnerungen über mir hereinbrechen – er war der erste Mann, der mich seit dem Tod meines Vaters vor zwanzig Jahren küsste.

Lama Wangyal war mit vielen Schätzen aus Leh zurückgekehrt: Leinensäcke voll mit Zwiebeln, Äpfeln, getrockneten Aprikosen, Cashewnüssen und chinesischen Nudeln. Er hatte uns auch einen Schnellkochtopf gekauft, von der gleichen Art, die er besaß.

„Jetzt machen ihr Zanskar-Essen in Kanada, und viel *brrr, brrr*", sagte er, in die Hände klatschend.

Sein Lachen ging in einen Hustenanfall über, er krümmte sich und rang nach Luft. Christine fragte ihn, ob er krank sei, und er zeigte auf eine verblichene Fotografie an der Wand. Das Bild zeigte ihn, wie er als oberster Lama eine Puja unter freiem Himmel leitete. Als ich genauer hinschaute, sah ich, dass er fast zum Skelett abgemagert gewesen war.

„Als ich oberster Lama war, zu viel Krankheiten", keuchte Lama Wangyal.

Damals war er nach Leh in ein Krankenhaus gebracht worden. Die Behandlung war so teuer gewesen, dass sich Lama Wangyal gezwungen gesehen hatte, zwei seiner Yaks zu verkaufen, was ihm, für hiesige Verhältnisse, ein Vermögen eingebracht hatte. Seither war es zu mehreren Rückfällen gekommen, jedes Mal wurde er mit einer Reihe von Spritzen behandelt.

Als ich herauszufinden versuchte, an was er erkrankt war, blieb er mir eine klare Antwort schuldig. Lama Wangyal ging in den Puja-Raum und kam mit einer Pappschachtel zurück, die vor Spritzen und Fläschchen nur so überquoll.

„Du mich spritzen, okay?"

„Sicher", stimmte ich leicht widerwillig zu.

Vor vielen Jahren hatte ich einmal während eines Erste-Hilfe-Kurses in der Wildnis Kochsalz in die Schulter eines Klassenkameraden gespritzt, doch ich war kein Experte. Lama Wangyal schien keineswegs beunruhigt. Er mischte weißes Pulver aus einem kleinen Beutel in die gelbe Flüssigkeit eines Fläschchens, zog damit die Spritze auf und reichte sie mir. Dann schälte er sich wie eine Zwiebel aus seinen Klamotten: zuerst die senfgelbe Weste, dann der orangefarbene Fleecepullover und schließlich das T-Shirt mit dem roten Kragen. Er ging in die Knie, hob sein Gewand und entblößte seinen unbehaarten Hintern.

„Langsam, Mortub", mahnte er, da es eine große Injektion war, die bei zu schneller Verabreichung schmerzen konnte.

Die Spritze wie einen Pfeil haltend, legte ich mein Handgelenk an seine Pobacke und versenkte die Nadel schnell in seiner Gesäßmuskulatur. Behutsam drückte ich dann den Kolben nach unten. Lama Wangyal tastete sein Hinterteil nach einem Hubbel ab, nach einem Zeichen, dass die Injektion zu schnell verabreicht worden war, und als er keinen fand, erklärte er: „Mortub sehr guter Spritzenmann."

Wir saßen gerade beim Tee, als Lama Wangyal ein in Zeitungspapier gewickeltes Päckchen aus seinem Rucksack holte. „In Leh, ich euch kaufen *thang ka*."

Vor einigen Wochen hatte ich ihn gefragt, ob es möglich sei, ein *thang ka* zu erwerben, eines dieser kunstvollen buddhistischen Bilder, die, von Seide umrandet, auch in der Versammlungshalle hingen. Anstatt zu antworten, hatte er mich gefragt, wann und wo genau jeder von uns geboren worden sei. Ich nahm an, dies sei seine Art, höflich Nein zu sagen.

Was ich allerdings nicht wusste, war, dass er, nachdem er die Schriften konsultiert und komplexe astrologische Berechnungen durchgeführt hatte, einen angesehenen Künstler in Leh mit der Anfertigung von vier *thang ka* beauftragt hatte, auf denen Buddha in verschiedenen, für unsere jeweiligen Geburten als verheißungsvoll geltenden Posen zu sehen war.

Jetzt rollte er die Bilder auf und hängte sie über unsere jeweiligen Schlafplätze. „Das ist für Tashi. Das Norbu. Das Angmo. Und Mortub."

Die *thang ka* waren atemberaubend schön. Christine und ich waren beide sehr gerührt.

„Ihr kaufen *thang ka*, zu viel Geld", erklärte er. „Touristengeld. Aber ich, kein Problem. Wenig Geld. Lama-Geld."

Die vier Gemälde hatten insgesamt achttausend Rupien gekostet (zweihundert US-Dollar). Sofort gab ich dem alten Mönch das Geld zurück. Bevor er aus dem Zimmer ging, erklärte er noch, dass er in den kommenden Tagen eine segnende Puja veranstalten würde.

„*Sehr* wichtig", sagte Lama Wangyal, und es klang so, als wäre ein ungesegnetes *thang ka* absolut nutzlos.

Am nächsten Tag nach dem Abendessen ordnete Lama Wangyal acht Silberschalen auf dem niedrigen Tisch in unserem Zimmer an. Eine *damaru* wurde ausgepackt. (Diese kleine, traditionelle Trommel mit granatenbesetztem Griff und zwei Korallenstückchen an Schnüren macht einen ähnlichen Lärm wie im Topf aufplatzendes Popcorn.) Eine Schriftensammlung, eine Silberglocke und ein *dorje* folgten.

Lama Wangyal begann zu singen, und unsere Jungen kuschelten sich auf seinen Schoß, jeder auf einem Bein. Safran wurde in Wasser aufgelöst. Der *dorje* und die Glocke schwangen umher. Eine Stunde verging. Vier *tsampa*-Statuen – ungefähr so groß wie Matroschkapuppen und uns auf unheimliche Weise ähnelnd – wurden am Fels zerschmettert, um an die Vergänglichkeit aller Dinge zu erinnern.

Die Puja erreichte ihren Höhepunkt, als Lama Wangyal begann, mehrere Handvoll Reis gegen die *thang ka* zu werfen, die Körner prasselten an den Bildern ab wie Regen am Fenster.

„Wie sollen wir das nur jemals wieder sauberkriegen?", flüsterte Bodi vergnügt in mein Ohr.

Christine deutete auf Taj, der neben ihr eingeschlafen war. „Ein Korn ist auf seiner Stirn gelandet. Und ein anderes auf seinem Herzen. Das muss ein Zeichen sein."

Dann war es vorbei. Die Schriften wurden wieder zwischen ihre Holzplatten geschichtet, die *damaru* zurück in ihr samtausgeschlagenes Kästchen gelegt, die Silberschalen poliert. Und Lama Wangyal verschwand.

Nachdem wir die Jungen ins Bett gebracht hatten, krochen Christine und ich auf Händen und Knien über den Teppich und sammelten im Licht unserer Stirnlampen die Reiskörner auf.

„Du hast so schockiert geguckt, als er anfing, mit dem Reis zu werfen", sagte Christine lachend. „Ich bin mir fast sicher, dass er als Reaktion auf dein Gesicht noch mehr geworfen hat."

Obwohl der alte Mönch uns beiden sehr ans Herz gewachsen war, konnte sich Christine immer weniger für den geplanten Besuch Lama Wangyals in Kanada begeistern. Während der Puja-Zeremonie erklärte er, dass alle vier *thang ka* in unserem Haus in Kanada nebeneinander und in einem einzigen Raum hängen müssten, in dem sonst keine Möbel stünden. Natürlich war Christine (und auch ich) nicht gerade scharf darauf, die Einrichtung derart zu verändern. Doch Lama Wangyal konnte sehr stur sein, und ich befürchtete eine Pattsituation.

„Ich bin erschöpft", seufzte Christine. „Und das Letzte, was ich machen will, wenn wir nach Hause kommen, ist, meine Tage damit zu verbringen, mich um Lama Wangyal zu kümmern."

Ich verstand, worauf sie hinauswollte. Lama Wangyals Anwesenheit in Kanada wäre eine Belastung für uns beide. Ich sah schon, wie es mich vom Schreiben, Holzsammeln, dem Haushalt, dem Skitraining und all den anderen Dingen abhalten würde, die ich seit unsere Reise vernachlässigt hatte.

Aber war es auf der anderen Seite nicht genau dieser stressige Alltag, den wir nach unserer Rückkehr zu vermeiden hofften?

Ich malte mir aus, dass der Besuch des Mönches eine Brücke schlagen würde, dass mit ihm ein Hauch von Zankars Ruhe mit zu uns nach Hause käme. Aber vor allen Dingen hatte ich den schroffen Lama sehr gern, und ihn nach Kanada mitzunehmen – wenn es das war, was er sich wünschte –, fühlte sich einfach richtig an.

Doch egal, wie jeder von uns dazu stand, für einen Kurswechsel war es ohnehin zu spät.

An diesem Nachmittag führte ich ein schwieriges Gespräch mit Lama Wangyal, bei dem ich ihm erklärte, dass wir Karsha Gompa in drei Wochen verlassen würden. Wenn er also mit uns nach Kanada kommen wolle, müsse er sein Visum beim kanadischen Konsulat in Neu Delhi beantragen – persönlich und innerhalb der nächsten Woche.

Für den darauffolgenden Tag planten wir einen gemeinsamen Ausflug nach Padum, um ein letztes Mal den Versuch zu machen, das Antragsformular auszufüllen. Sollte es nicht gelingen, würde ich einen Filmemacher in Delhi bitten, das Formular mit dem alten Mönch handschriftlich auszufüllen.

In jedem Fall musste er sich in wenigen Tagen auf die lange Reise in den Süden begeben.

Lama Wangyal brüllte in sein Klapptelefon, während wir in der Morgendämmerung die steilen Pfade hinab zum Dorf eilten. Ein weißer Jeep wartete neben einer Gebetsmühle auf uns. Fünf Mädchen im Teenageralter quetschten sich neben mich auf die Rückbank. Ihre blauen Schuluniformen rochen nach Blumenseife. Nachdem ich sechs Monate lang dasselbe Oberteil und dieselben Hosen getragen hatte, rückte ich verlegen von ihnen ab.

In den geschäftigen Straßen von Padum riefen die Passanten Lama Wangyal Grüße zu. Viele eilten zu ihm und streckten ihre Hand nach seiner aus, er begrüßte sie alle herzlich. Ein Teenager allerdings wurde von ihm angebellt, und der Junge richtete sofort seine seitlich aufgesetzte Baseballmütze. Später kam ein älterer Muslim zu ihm, die beiden standen nah beieinander und drückten sich fest die Hände, ihre Nasen berührten sich fast.

In der „Jammu & Kashmir Bank" drückten sich viele Menschen gegen die Schalterfenster und wedelten mit weißen Zetteln in der Luft, doch Lama Wangyal schlüpfte an ihnen vorbei in das Büro des Filialleiters. Dort hatte sich ebenfalls eine Menschenmenge versammelt. Alle drängten sich um den Schreibtisch des armen Mannes und wedelten ebenso mit weißen Zetteln vor seinem Gesicht. Der Direktor schickte manche weg, und einige Kunden stürmten frustriert hinaus. Andere stopften dicke Geldbündel in ausgeblichene Rucksäcke.

Als Lama Wangyal nach vorn gerufen wurde, erklärte ich, dass wir einen Bankwechsel von fünftausend Rupien (hundert US-Dollar) benötigten, zahlbar an den kanadischen Generalschatzmeister. Viel Geflüster und Am-Kopf-Gekratze folgte. Irgendwann sagte man uns, dass das möglich sei, aber Stunden dauern würde.

Um uns die Zeit zu vertreiben, besuchten wir ein Schreibwarengeschäft und druckten Empfehlungsschreiben für das Visum aus. Eines kam von mir persönlich. Darin garantierte ich dem Lama meine finanzielle Unterstützung, dazu zählten Kost, Logis und die Bezahlung der Flugtickets. Im zweiten Schreiben, das ich aufgesetzt hatte, bestätigte der oberste Lama, dass Lama Wangyal ein hochrangiger und äußerst geschätzter Mönch im Karsha Gompa sei und nach seiner Rückkehr aus Kanada die prestigereiche Stellung des Verwalters von Labrang bekleiden würde. Ich unterzeichnete meinen Brief, dann nahm sich Lama Wangyal den Stift und setzte an, um den Brief des obersten Lamas zu unterschreiben. Ich hielt ihn davon ab.

„Er ist doch vom obersten Lama. Ist es nicht besser, wenn er ihn unterschreibt?"

„Das Gleiche", wischte Lama Wangyal meine Bedenken zur Seite. „Buddhist."

Ob er damit sagen wollte, dass Buddhisten für andere unterschreiben konnten oder dass niemand in der kanadischen Botschaft den Unterschied in der tibetischen Schrift erkennen würde, blieb ein Rätsel. Jedenfalls stieg in mir der Verdacht auf, dass niemand im Kloster von Lama Wangyals Reiseplänen wusste.

Wir fanden das „Mont Blanc Cyber Cafe" geschlossen vor. Somit verpuffte meine Hoffnung, das Antragsformular ausfüllen zu können. Nach einer Schale Hühnchencurry von einem Straßenstand kehrten wir zur Bank zurück. Die Menschenansammlung um den Tisch des Managers hatte sich aufgelöst, stattdessen stand dort nun eine Horde Schalterbeamter. Ein junger Mann, der sich ein Stofftaschentuch um das Gesicht gebunden hatte, sah lustigerweise wie ein Bankräuber aus einem Comic aus. Ein Blankowechsel war gefunden worden, doch die Männer kämpften noch mit dem Drucker. Irgendwann füllten sie das verdammte Ding per Hand aus.

Auf unserem Weg aus der Stadt legte ich einen Stopp bei einer Bäckerei ein, um fünfundzwanzig Hörnchen mit Cremefüllung zu kaufen – eine Leckerei für die Novizen am letzten Unterrichtstag. Als ich mein

Internetproblem erwähnte, empfahl mir der Bäcker, der „Lamdon Private School“ einen Besuch abzustatten, die von französischen Wohltätern gegründet worden war und in der Steinwüste vor den Toren der Stadt lag.

Lama Wangyal ließ sich zurück nach Karsha Gompa fahren, ich stapfte in Richtung der Gebäude, die in der Ferne weiß aufleuchteten. Vor der Schule rannten Horden von Kindern umher, sie trugen grün-weiße Uniformen. Manche tanzten zu amerikanischem Hip-Hop. Andere spielten Cricket. Ein paar kamen aus Karsha und riefen mir zu: „*Jullay,* Mortub!“

Der Schuldirektor begrüßte mich herzlich. Er schloss eine massive Holztür zum Lehrerzimmer auf und schaltete den einzigen Computer der Schule an. Nach ein paar Tastenanschlägen leuchtete die Webseite des kanadischen Außenministeriums auf. Fünfzehn Minuten später hatte ich den fünfseitigen Visaantrag ausgefüllt. Für Lama Wangyals bevorstehende Reise war nun alles vorbereitet.

Im Morgengrauen kochte ich gerade Tee in der dunklen Küche, als mich ein ungewöhnliches Knirschen aufhorchen ließ. Tausende von winzigen Krallen? Mäuse? Fledermäuse? Das Geräusch verschwand, dann war es wieder da, und zur gleichen Zeit sah ich, wie sich oben an dem milchigen Dachfenster der Küche etwas bewegte.

Ich kletterte die Leiter hoch und entdeckte Lama Wangyal im Schneidersitz auf dem Dach, umgeben von einem Haufen cremefarbenen Stoffs. Seine mit einer Handkurbel angetriebene Nähmaschine machte beim Drehen des Schwungrads ein Geräusch, das erstaunlicherweise genauso klang, wie wenn jemand mit den Zähnen knirschte.

„Kälte kommen bald, Mortub“, sagte der alte Mönch, ohne aufzublicken. „Ich mache Tashi und Norbu Zanskarmantel.“

Am Abend zuvor war er hinunter zum Dorf gelaufen und hatte eine Rolle schweren Wollstoffs gekauft. Die Nacht durcharbeitend, hatte er verschiedenste Stoffteile zugeschnitten –Ärmel, Kragen, Brust, Rücken – für zwei unterschiedlich große Jungen, alles mit der Hilfe eines Musters. Nun entstanden, während die Schere aufblitzte und die Nähmaschine vor sich hin knirschte, nach und nach zwei Gewänder.

Der Winter stand bevor, und mit sich brachte er möglicherweise Schnee und eisige Kälte. In den vergangenen Wochen hatten viele Mönche ihre Sorge angesichts unserer bevorstehenden Trekkingtour über die Berge zum Ausdruck gebracht. Lama Wangyal war so beunruhigt, dass er sich weigerte, nach Delhi aufzubrechen, ohne vorher diese traditionellen, warmen Gewänder für unsere Kinder angefertigt zu haben.

Als die Sonne den Horizont durchbrach, färbten sich die Gipfel des Himalaja weinrot und orange. Lama Wangyal grunzte und bedeutete mir, dass er eine Tasse Tee wünschte. Ich brachte ihm eine Thermoskanne, zusammen mit einem Teller Fladenbrot. Dann ließ ich ihn in Ruhe, und der alte Mann nähte den ganzen Tag, ohne eine Pause einzulegen.

Mehr als zwölf Stunden später, Christine und ich beobachteten gerade die Milchstraße am Himmel, kletterte Lama Wangyal endlich vom Dach herab und auf den Stein, auf dem wir saßen. Erschöpft sackte er auf meinem Schoß zusammen.

Eine Zeit lang sagten wir nichts, und ich beobachtete ihn, wie er in die Sterne starrte. Geriet er dabei auch in grenzenloses Staunen?

Nach einer langen Zeit des Schweigens fragte er schließlich: „Gibt es in Kanada einen Mond?"

„Ja", antwortete Christine.

„Denselben Mond?"

„Ja."

„Und Berge?"

„Ja."

Dann fügte sie hinzu, dass die Berge in Kanada nicht so groß seien wie hier. „Die größten, die wir von unserem Haus sehen können, sind nur dreihundert Meter hoch."

Lama Wangyal schaute sie verwirrt an. Ich vermutete, dass ihm das Konzept von Höhenlagen fremd war. Ich streckte ihm meine Uhr hin, die Höhenmeter maß, und zeigte Lama Wangyal, dass wir uns aktuell 3747 Meter über dem Meeresspiegel befanden. Und Zanskars schneebedeckte Gipfel seien bis zu 5800 Meter hoch, erzählte ich ihm.

Er konnte es kaum glauben und wollte die Höhenmeter von allem Möglichen wissen: der Versammlungshalle, dem Gästehaus, dem Pipiting-Kloster. Einer spontanen Eingebung folgend reichte ich ihm die

Uhr, die mich auf vielen Expeditionen zuverlässig begleitet hatte. Das solarbetriebene Gerät war perfekt für Zanskar, da es nie neue Batterien brauchen würde.

Lama Wangyal schien ehrlich erfreut und ging gemächlich zurück zum Haus. Die Uhr hielt er nah an sein Gesicht, sie piepte laut, während er auf den Knöpfen herumdrückte. Vielleicht würde er sie aus Versehen umprogrammieren, die Zeitzonen ändern oder alle Alarme anschalten, doch halten würde sie bestimmt mehrere Jahrzehnte.

Am nächsten Morgen erschien Lama Wangyal mit zwei cremefarbenen Gewändern in den Händen an unserer Tür. Beide Jungen sprangen aus ihren Schlafsäcken und schlüpften in die dicken Mäntel, die mit schokoladenbraunen Paspeln und goldenen Kugeln verziert waren. Der alte Mönch wickelte ihnen Schärpen um die Hüften – blau für Taj, rot für Bodi – und wies sie darauf hin, dass der Stoff niemals den Boden berühren sollte, da sich heilige buddhistische Schrift darauf befand, die niemals unter die Füße geraten dürfte. Dann traten wir ein paar Schritte zurück, um sie zu betrachten. Sie sahen prachtvoll aus.

Kurz darauf brach Lama Wangyal auf.

Vor ihm lag eine anstrengende Reise: mit dem Nachtbus nach Jammu, dann eine achtundvierzigstündige Zugfahrt. In Delhi würde er in einem tibetischen Flüchtlingscamp übernachten und drei Wochen später, wenn alles nach Plan verlief, mit uns ein Flugzeug nach Kanada besteigen.

Ich sah ihm nach, wie er auf dem Pfad bergab schritt, der vom Karsha Gompa wegführte, von seinen Füßen stieg Staub auf. Alles, was er trug, war eine kleine rote Tasche, nicht größer als eine Einkaufstüte.

HIMMELFISCHEN

Ein Stupser weckte mich. Eine dampfende Tasse Instantkaffee schwebte unter meiner Nase.

„Alles Gute zum Hochzeitstag", sagte Christine und küsste mich sanft.

Mist! Es war der dreiundzwanzigste September. Hier, fernab von Zeitungen, Handys und Kalender, hatte ich unseren Hochzeitstag völlig vergessen. Sofort bekam ich ein schlechtes Gewissen.

„Du brauchst dich nicht umzuziehen", lachte Christine gelassen, ihre Wangen waren gerötet und ihr goldenes Haar verwuschelt.

Diese Reise hatte uns zusammengeschweißt, wie es auf jeder Reise passierte. Anstatt unterwegs Gebietskämpfe auszufechten, funktionieren wir irgendwie als Einheit. Wir brauchen uns und sind unbestreitbar ein Team – oder ein *paspun*. Und genau das hoffte ich, mit nach Hause nehmen zu können.

Einen Finger auf ihre Lippen legend, holte mich Christine aus dem Schlafsack und wir schlüpften unbemerkt nach draußen, die Kinder schliefen noch. Eng aneinander gekuschelt saßen wir am Berghang und schauten auf das langsam erwachende Tal, das zu unserem Zuhause geworden war – und nun würden wir es in nur einer Woche verlassen.

Das war's. *Finito*. Dieses wunderbar einfache Leben würde bald verpuffen, und mit ihm all die Menschen, zu denen wir eine Bindung aufgebaut hatten. Vielleicht würden wir eines Tages zurückkehren – ich hoffte es auf jeden Fall –, aber es würde nie wieder das Gleiche sein. Die

Novizen wären fort. Die Gesichter in der Puja-Halle wären andere. Und das große Tal selbst, schon bald von einer Landstraße durchschnitten, würde sich bis zur Unkenntlichkeit verändert haben.

Es war Sonntag, und da wir nicht unterrichten mussten, gingen wir mit den Jungen für ein letztes richtiges Bad zum Gästehaus. Christine packte eine kleine Geschenktasche für Tsomo: Haarklammern, Haargummis, Stifte, Radiergummis und ein Paar warme Socken für ihren kleinen Bruder. Doch das junge Mädchen war nirgendwo zu sehen. Erst als wir die Tür des Gästehauses abschlossen, tauchte sie auf. Christine überreicht ihr die Tasche, und während sie die Geschenke betrachtete, wirkte es so, als würde sie gleich weinen.

„Danke, *Aba*. Danke, *Ama*", flüsterte sie. „*Bye bye.*"

Ich hatte das Bedürfnis, sie in den Arm nehmen, war mir aber nicht sicher, ob diese Art von Körperkontakt bei einem Mädchen ihres Alters so willkommen war. Also schüttelte ich ihr stattdessen die Hand, es fühlte sich lächerlich an.

„Hey, großer Lego-Mann", rief Taj durch den Raum zu Bodi. „Kann ich zu dir ins Bett kommen und spielen?"

„Klar, kleiner Lego-Mann."

Bodi machte auf seiner Palette Platz, und Taj purzelte durch das Zimmer.

„Ich bin einer von den Guten", erklärte Taj. „Ich bekämpfe die Bösen. So wie Meditation."

Christine kam zu meiner Palette herüber und setzte sich neben mich. „Das ist ein Wendepunkt", sagte sie leise. „Wären wir nicht auf diese Reise gegangen, hätten sie, glaube ich, nie so miteinander gespielt."

Taj hatte seinem älteren Bruder schon immer eine große Zuneigung entgegengebracht, allerdings war Bodi vor unserer Abreise selten darauf eingegangen. Die zwei hatten sich zwar nicht gestritten oder geschlagen, aber sie schienen auf verschiedenen Ebenen existiert zu haben. Da er Taj als Störfaktor betrachtete, zog es Bodi meist vor, die Tage allein in seinem Zimmer zu verbringen, wo er die Vorhänge zuzog (er mag helles Licht nicht) und immer die Fenster öffnete (auch im tiefsten Winter ist ihm warm).

Doch die Reise nach Zanskar hatte Bodi auf unerwartete Weise reifen lassen. Beim Anziehen fragte er Christine nicht mehr um Hilfe. Seine sozialen Fähigkeiten blühten auf, und ich sah ihn oft auf den Klosterpfaden mit Lamas plaudern. Wenn er sich während der Puja langweilte, ging er gern allein nach Hause, etwas, was er früher nicht einmal in Betracht gezogen hätte. Doch das Erstaunlichste war, wie er nun mit Taj spielte – und dessen Gesellschaft wirklich genoss.

Während Christine und ich zusahen, begann Bodi, Taj ein „Superheldenoutfit“ zu basteln: Papierfetzen, die er mit groben Bleistiftzeichnungen versah. Kurz darauf klebte ein Spiderman-Logo auf Tajs Brust, eine magische Uhr zierte sein Handgelenk, und an seinen winzigen Handflächen waren Iron Mans Repulsoren befestigt. Während Taj im Kreis rannte und freudestrahlend von Bett zu Bett hüpfte, badete Bodi in unserem Lob.

„Du wirst zu einem so liebenswürdigen und gutaussehenden jungen Mann“, schwärmte Christine. „Mädchen werden dich mal richtig heiß finden.“

„Mom! Gestern hast du noch gesagt, ich bin cool. Entscheide dich!“

„Na ja, das heißt so ziemlich das Gleiche.“

„Nein, das stimmt nicht! Das sind Gegensätze.“

Bevor Christine das genauer erklären konnte, rannten die beiden aus der Hobbittür und riefen einstimmig: „Wir halten bei jedem Wetter zusammen.“

„Woher haben sie das denn bitte?“, fragte ich.

„Keine Ahnung“, sagte Christine schulterzuckend. „Aber das ist ihr neues Motto. Ich kann nur sagen, dass ich verdammt froh darüber bin, dass die Batterie des iPads leer ist.“

An diesem Nachmittag gingen wir zusammen spazieren. Wir folgten der Schotterpiste, die in den Berg gekerbt worden war und schon bald Busreisenden den Zugang zu den oberen Tempeln ermöglichen würde. Moderne Touristen, so schien es, waren entweder unfähig oder unwillig, die steilen Pfade emporzusteigen.

Bodi hüpfte im goldenen Licht voraus, groß und schlaksig. Taj rannte hinterher, sein flachsblondes Haar flog in der Sonne. Ständig sah er so aus, als würde er gleich stürzen. Allerdings war er noch so klein, dass sein

Hinfallen normalerweise eher einer Rolle als einem Sturz glich. Christine und ich liefen Hand in Hand hinterher.

Wir näherten uns gerade dem Dorf, als ein Pick-up auf der weiten Ebene auftauchte. Er kam auf uns zugerast und wirbelte Staubwolken hinter sich auf. Als er sich näherte, sahen wir, dass sich die Novizen unserer Klasse darin quetschten. Es sah aus wie eine Szene aus „Mad Max“: Manche Jungen lehnten sich aus den offenen Fenstern, andere saßen gefährlich instabil auf Trittbrettern. Eine Horde stand hinten auf der Ladefläche, in ihrer Mitte Wang Chuk. Als der Pick-up an uns vorbeihüpfte, streckten Bodi und ich unsere Hände aus, und ein Wirrwarr an winzigen Händen klatschte uns ab.

Später sahen wir die Novizen wieder vor dem Labrang-Tempel. Wang Chuk erklärte uns, dass *yarne*, die Zeit der Abgeschiedenheit, zu Ende war und dass die Bewohner Padums ein Mittagessen für die Novizen veranstaltet hatten, um dies zu feiern. Aufgeregt erzählten uns die Mönchsjungen, was der Tag für sie bereitgehalten hatte: ein Büfett aus Erbsen, Kartoffeln und Lammfleisch, gefolgt von Eis in der Waffel und abgerundet durch etwas ganz Besonderes – einen Besuch auf den Märkten von Padum.

Sie waren mit einer Menge Billigplastik zurückgekommen: Spielzeugflugzeugen, Modellautos, Flummibällen und Wasserpistolen. Purbu hatte ein Paar glänzender Fußballschuhe gekauft – doch auf den Klosterpfaden fand er damit keinen Halt, sondern rutschte herum wie ein Reh auf einem gefrorenen Teich.

Sonam, das Mathe-Genie, hielt eine Posterrolle umklammert, von der ich zunächst befürchtete, dass sich darauf das Bild einer Frau im Bikini befand. Stattdessen breitete er stolz ein idyllisches Schweizer Bergpanorama aus, mit kleiner Hütte und schneebedeckten Gipfeln. Es hätte Zanskar sein können – und vielleicht hatte er es deswegen auch gekauft.

Norphal zeigte mir ein Che-Guevara-Feuerzeug, und ich fragte mich, ob er wohl mit dem Rauchen angefangen habe, doch da sagte er: „Für Weihrauch“.

„Weißt du, wer das ist?“, fragte ich und zeigte auf Che.

„Bob Marley“, sagte er stolz.

Als Bodi in unser Zimmer zurückkam, trug er eine senfgelbe Garnrolle, die er auf den felsigen Hängen unterhalb der Versammlungshalle gefunden hatte. Jetzt wollte er seinen Schatz zu dem verlassenen Dach mitnehmen. Um damit zu spielen. Ob Taj auch mitkommen könne? Bitte!

Christine nickte, und die beiden rannten nach draußen. Nach dem Abwasch folgten wir ihnen. Als wir ankamen, ließen die Jungen gerade eine Legofigur an einem improvisierten Kletterseil über die Brüstung herab.

Von unten rief jemand nach uns. Es war Purbu, er stand auf einem anderen, entfernten Dach. Wir winkten. Er winkte zurück. Kurz darauf flitzte er, über verstreute Felsen kletternd, den Hügel zu uns hoch. Seine fröhlichen Rufe erregten die Aufmerksamkeit von Joray, Lichten und Nawang, die in der Nähe arbeiteten, und auch sie kamen zu uns. Nur wenige Minuten später tauchte Tashi Topden auf. Von hohem Fieber geplagt, war er allein auf den Klosterpfaden unterwegs gewesen. Dann stolperte eine Gruppe von mit Wäschebergen beladenen Novizen den Winterpfad hinauf. Als sie uns entdeckten, ließen sie die Wäsche fallen und rannten ebenfalls auf das verlassene Dach. Innerhalb von fünfzehn Minuten hatten sich uns alle einundzwanzig Jungen aus unserer Klasse angeschlossen.

Während die Novizen sich atemlos bei uns einfanden, riss Christine einzelne Wollfäden von Bodis wirrer Garnrolle – er bestand darauf, dass jeder etwas davon bekam –, und sie nahmen sie mit gesenkten Köpfen entgegen. Sie reihten sich an der Brüstung auf, rollten ihre Schnur auf und warfen sie dann wie Jo-Jos in die Luft. Im Aufwind entwirrte sich die Wolle spiralenartig, und in Schlangen und Fahnen trieben die Fäden in den flammenblauen Himmel.

Alle wollten, dass wir hinsahen. „Schau, Angmo! Schau, Mr. Bruce!"

Es war unvermeidlich, dass sich einige der Schnüre ineinander verfingen, also versuchten wir, sie zu entwirren, an manchen mussten wir allerdings reißen. Ein paar Jungen verloren ihre Fäden, und die senfgelben Schnüre schwebten wie Spinnfäden nach oben und verschwanden im indigoblauen Meer. Doch irgendjemand war immer bereit zu teilen, was er noch in der Hand hatte.

Dann wurden die Jungen auf einmal alle zu Spiderman. Sie hielten das Ende des Fadens mit zwei an der Handfläche aufgelegten Fingern fest – die universale Netz-Auswerf-Haltung –, und die senfgelben Wollschnüre schossen, von der Brise getragen, aus ihren Händen heraus. Springend, schreiend, rennend und in dünnen Sandalen über Lehmziegel hopsend, jagten sie sich gegenseitig mit ausgestreckten Händen.

Alle außer dem kleinen Norgay, dem Trülku, der etwas abseits stand, die Hände in die Taschen seines braunen Gewandes gestopft. War ihm diese Art von Spiel fremd? Hatte auch er Probleme mit dem Sozialverhalten? Da rempelte Nawang die junge Reinkarnation aus Versehen an, und es war, als wäre ein Schalter umgelegt worden. Norgay warf sich auf seinen Klassenkameraden und die beiden purzelten lachend und raufend über das staubige Dach, Schnüre wickelten sich um sie.

Auch Bodi verlor sich in diesem Rausch, er kicherte, tanzte und nahm seltsame Posen ein. Er genoss dieses wirre Spiel, bei dem Sprache keine Rolle spielte.

Eine Stunde später löste sich die Gruppe nach und nach auf.

Nur Sonam und Skarma blieben und bauten improvisierte Drachen aus dem Garn und einem Blatt Papier, das sie am Hang gefunden hatten. Zu meiner Verwunderung flogen die Drachen außergewöhnlich gut.

Als die Hörner zum Abendessen bliesen, blieben wir vier auf dem staubigen Dach allein zurück. Es wurde still, und das Purpurrot der Gipfel ging langsam in Schwarz über.

Und noch immer hatte das senfgelbe Garn seinen Reiz nicht verloren. Am nächsten Morgen sah ich, wie Bodi und Taj die Reste als Tauchseil verwendeten, an dem sie ihre Legofiguren tief in das kristallklare Wasser des rostigen Fasses herabließen, das draußen vor dem Haus stand.

ZERSPLITTERUNG

Ohne großes Tamtam begannen die Mönche, Karsha Gompa zu verlassen. In Gruppen machten sie sich auf, um in den umliegenden Dörfern Haus-Pujas abzuhalten. Dieses Ritual vollzog sich jedes Jahr, die Mönche würden erst nach Wochen zurückkehren. Die meisten würden wir also nicht wiedersehen.

Lama Dorjey Tundup, der fröhliche Mönch, den wir den „Mandschuren" nannten, stattete uns bei Sonnenaufgang einen Besuch in unserem Zimmer ab, um sich zu verabschieden. Ich hatte ihn sehr lieb gewonnen, denn er ging einfühlsam mit den Novizen um und zeigte ein genauso ehrliches Interesse an unseren Jungen.

Da er kein Wort Englisch sprach, legte er uns eine Katha um den Hals und reichte Christine einen traditionellen Frauenhut aus orangefarbener Streichwolle mit sieben, an die Krempe genähten Türkiskugeln. Wir standen eine Zeit lang zusammen, hielten uns zu dritt an den Händen, die Kinder zwischen uns, und sagten: *„Jullay, jullay, jullay, jullay"*. Schließlich riss sich Lama Tundup los und verschwand im Lehmgang. Christines Augen waren feucht, als sie sich auf ihre Palette fallen ließ.

Taj heiterte uns alle auf, indem er sich den Hut schnappte, ihn aufsetzte und salutierte. „Melde mich zum Einsatz, General!"

Gegen Mittag waren an Erwachsenen – außer Christine und mir – nur noch die Köche, Wang Chuk und ein *geshe* übrig, der tibetische Debattierkunst lehrte (und dem „Kojak"-Darsteller Telly Savalas erstaunlich ähnlich sah). Sogar die Nepalesen waren fort. Die Versammlungshalle war verriegelt, sodass der *geshe* am nächsten Morgen eine informelle Puja im Klassenzimmer abhielt. Nach vorn gebeugt, saß er mit geschlossenen Augen da, auf seinem zerfurchten Gesicht lagen Schatten. Die Mönchsjungen, die in zwei Reihen saßen, machten sich einen Spaß daraus, lauter zu singen als die jeweils andere Reihe. Das Resultat war ohrenbetäubend, doch der *geshe* lächelte nur und wiegte sich hin und her.

Danach versammelten wir uns auf einem Dach. Buttertee wurde aus der Küche gebracht. Kupferschüsseln mit *tsampa* wurden herumgereicht. Die Jungen alberten herum und lachten.

Ganz überraschend fragte Wang Chuk: „Wann ihr gehen?"

Die Kinder verstummten. Traurigkeit überkam mich. Ich wollte sagen: *Niemals. Wir gehen nicht. Wir bleiben hier bei euch, essen* tsampa *und trinken Tee und schauen den Dohlen beim Abtauchen und Aufsteigen zu, während die Wolken über den blauen Himmel ziehen.*

„Freitag", gestand ich. Das war schon in fünf Tagen.

„Yippie!", rief Bodi, und die Mönchsjungen drehten sich verwundert um.

„Du wirst Karsha Gompa vermissen, wenn wir weg sind", deutete Christine vorsichtig an.

„Nein, wird er nicht", behauptete Taj. „Denn Lama Wangyal hat uns einen Schnellkochtopf gekauft, und der wird uns daran erinnern."

Christine und ich hatten zwar den Unterricht für die letzte Woche sorgfältig vorbereitet, doch an jenem Nachmittag, als wir vor den Novizen standen, die wir inzwischen richtig lieb hatten, beschlich mich das Gefühl, dass wir ihnen den größten Gefallen damit taten, wenn wir sie dazu ermutigten, weiter Englisch zu sprechen. Der Fortschritt, den sie seit unserer Ankunft gemacht hatten, war phänomenal, doch wenn sie jetzt aufhörten, würde diese Vertrautheit mit der fremden Sprache schnell verfliegen.

„Mr. Bruce, Angmo, Norbu und Tashi werden Karsha Gompa verlassen", begann ich, und sie starrten mich alle mit Augen an, die so tief und so still waren wie ein Bergsee bei Sonnenaufgang. „Doch ihr könnt weiterhin zusammen Englisch lernen."

„Nicht möglich." Norphal schüttelte den Kopf, und die Endgültigkeit seiner Worte schnürte mir die Kehle zu.

„Was ist mit Touristen?", fragte ich. „Sprecht ihr jemals mit Touristen?"

Die gesamte Klasse fing an zu lachen und schüttelte den Kopf. Nein. Nie.

„Wenn ihr Englisch lernen wollt, ist es das Wichtigste, nicht mit dem Reden aufzuhören. Also solltet ihr von nun an mit jedem Touristen sprechen, den ihr seht."

Sie sahen mich verwirrt an. Ich wusste, dass keiner der Novizen einen Ausländer ohne Anleitung ansprechen würde, also kritzelte ich eine Liste mit Einstiegsfragen auf die Tafel. Pflichtbewusst schrieben sie diese Fragen in ihre Hefte ab: *Wie heißen Sie? Woher kommen Sie? Wie lange bleiben Sie in Zanskar? Haben Sie an der Puja teilgenommen? Hat Ihnen der Buttertee geschmeckt?*

Die letzte Frage amüsierte die Klasse sehr. Keinem Tourist schmecke Buttertee, behaupteten sie. Das amüsierte auch Wang Chuk, der etwas früher gekommen war und nun in einer hinteren Ecke Tee kochte und zuhörte.

Christine schlüpfte aus dem Zimmer und lief schnell zu Lama Wangyals Haus, sie kam mit der Schachtel Gebäck zurück, die ich in Padum gekauft hatte. Die Mönchsjungen eilten in freudiger Erwartung an ihre Plätze auf dem Teppich. Bodi verteilte die Nascherei an jeden Einzelnen, dann aßen wir schweigend. Das Einzige, was man hörte, war das Schlürfen des Tees und das Eintauchen des Gebäcks.

Christine hatte für alle Novizen Abschiedsgeschenke gekauft, die sie nun hervorholte: ein Paar Plastiksandalen und ein T-Shirt für jeden – jeweils in der Lieblingsfarbe und mit dem Lieblingszeichentrickhelden. Die Novizen waren außer sich vor Freude und verglichen ihre Geschenke.

„Ich konnte nicht anders", flüsterte Christine, als sie sich neben mich setzte. „Sie haben so wenig. Nicht mal eine Mutter, die sich um sie kümmert."

Als sie das Gebäck verputzt hatten, fragte Norphal: „Mr. Bruce, Angmo, wann kommt ihr wieder?"

„Ich weiß es nicht“, stotterte ich, und meine Ungewissheit fühlte sich wie Verrat an.

Benommen stolperte ich aus dem Klassenzimmer. Die Luft war atemberaubend klar, und vor mir breiteten sich das große Tal, die eisbedeckten Gipfel und der flammend blaue Himmel aus. Ich blieb stehen und versuchte, dieses Bild in mein Gedächtnis einzubrennen -- ich wusste, bei dem, was vor uns lag, würde ich diese geistige Nahrung noch brauchen.

Christine und ich saßen gerade in unserem Zimmer und bereiteten die Abschiedsfeier für die Klasse vor, da merkte ich, dass jemand in den Raum getreten war. Ich schaute auf und erkannte den kleinen Jigmet – nicht Jigmet mit den Mandelaugen, der über uns schlief, sondern den eher schüchternen Zwölfjährigen, der meist für sich blieb.

„*Jullay*, Jigmet! Wie geht es dir?“

Keine Antwort.

Ich schaute wieder auf und sah, dass er ganz bleich im Gesicht war. Ein kastanienbrauner Stoffstreifen – von einem Gewand abgerissen und wie bei Rambo um seinen Kopf gewickelt – war von Blut durchtränkt. Jigmet brach in meinen Armen zusammen.

Christine sprang auf, und zusammen legten wir den Jungen auf eine Palette. Unter dem blutigen Fetzen entdeckte ich eine klaffende Wunde, die von einer Augenbraue zum Haaransatz reichte. Vorsichtig untersuchte ich die Wunde, und sie öffnete sich so weit, dass ich den Schädelknochen des Jungen sehen konnte.

Eine Schar Mönchsjungen tauchte an unsere Tür auf, sie schienen sich unbehaglich zu fühlen.

„Was ist passiert?“, fragte ich. „Ist er hingefallen?“

Niemand antwortete.

„Großer Stein“, sagte Norphal schließlich, und die Gruppe zappelte nervös. Ich vermutete, dass jemand einen Stein gekickt und Jigmet getroffen hatte.

Christine holte unser Erste-Hilfe-Set. Ich kramte eilig Verbandmull, Betäubungsmittel, antibiotische Creme, Nadel und Faden heraus. Diese Beschäftigung half mir, klarer zu denken. Jigmet musste genäht werden, aber es könnte ewig dauern, ihn nach Padum zu bringen. Und wie gut war die Klinik dort ausgerüstet? Vielleicht sollten wir versuchen, die Wunde selbst zu nähen? Ich hatte so etwas noch nie gemacht, nur einmal hatte ich im Everest-Basislager dabei zugesehen, wie mit neunundsiebzig Stichen das eingeschlagene Gesicht eines gestürzten Sherpas zusammengeflickt worden war, und von irgendwo, aus der hintersten Ecke meines Gedächtnisses, kramte ich noch den doppelt umschlungenen Knoten hervor, mit dem der Faden festgemacht worden war.

Jigmet stöhnte. Christine hatte Mühe, die Blutung zu stoppen. Es wäre besser, es jetzt an Ort und Stelle zu tun, beschloss ich.

Wir säuberten Jigmets Stirn mit Alkohol, und der kleine Junge krümmte sich vor Schmerz. Es fehlte nicht mehr viel, und er würde das Bewusstsein verlieren. Nachdem wir die antibiotische Creme und das Mittel für die örtliche Betäubung auf die Wunde gegeben hatten, blieb nichts anderes, als damit anzufangen.

Ich packte Nadel und Faden aus, und die Mönchsjungen an der Tür schnappten nach Luft. Ich hätte es vorgezogen, kein Publikum zu haben, da ich nicht vom Erfolg meines Unterfangens überzeugt war, doch ich ignorierte das Geflüster und konzentrierte mich auf Jigmet.

Christine drückte die Ränder der Wunde zusammen. „Du schaffst das, Bruce."

Die chirurgische Nadel ähnelte in Größe und Form einem abgerissenen Fingernagel. Die Nadel mit einer chirurgischen Pinzette haltend, setzte ich die Spitze am Rand der Wunde an und drückte. Ich erwartete, dass sie so leicht hineingleiten würde wie eine Injektionsnadel, doch die Haut leistete Widerstand. Ich trieb sie fester hinein, bis ich Jigmets Stirn wie eine mit Wasser gefüllte Plane verformte. Nichts. Mit mehr Kraft. Blut floss aus der Wunde. Jigmet schrie auf. Mir wurde schlecht.

Ich atmete tief ein und versuchte es noch einmal.

Dieses Mal durchstach die Nadel die Haut, und ich führte sie durch die Wunde und auf der anderen Seite wieder heraus. Mein Versuch mit einem doppelt umschlungenen Knoten scheiterte, also sicherte ich den Faden dürftig mit einem Altweiberknoten. Doch der Stich hielt, und die Ränder der Wunde blieben zusammen. Erleichtert atmete ich aus.

Dann versuchte ich, den zweiten Stich zu setzen, doch gleichgültig, wie fest ich drückte, die Nadel wollte einfach nicht in die Haut eindringen.

„Bringen wir ihn in die Klinik“, flüsterte Christine schließlich.

Ich war frustriert, da ich Jigmet selbst helfen wollte, doch ich wusste, dass sie recht hatte.

Norphal flitze los, um Wang Chuk zu suchen, und der Mönch kam kurz darauf in unser Zimmer geeilt. Er bellte Jigmet an, nicht überzeugt davon, dass der arme Junge medizinische Versorgung benötigte, aber ich bestand darauf. Also ging Wang Chuk ins Dorf voran, um ein Auto ausfindig zu machen. Nachdem Jigmet einen Schluck Saft getrunken hatte, humpelten wir – der Junge hatte seinen Arm um meine Schulter geschlungen – den Pfad hinunter. Wang Chuk stand neben einem winzigen blauen Suzuki und wartete auf uns.

Fünfundvierzig Minuten später setzte uns der Fahrer am Rand von Padum bei einer Quonsetbaracke aus Stahl ab, auf deren Dach ein riesiges rot-weißes Kreuz gemalt war. Zwei ältere Frauen saßen im Schatten eines Weidenbaums und spannen Wolle. Nachdem sie eine Fremdpatienten-Gebühr von zwei Rupien (drei US-Cent) eingestrichen hatten, riefen sie einen spindeldünnen indischen Arzt in kurzen Hosen und T-Shirt herbei. Er führte uns an Räumen mit den Aufschriften *THEATER*, *APOTHEKE* und *WC* vorbei zu einer gefliesten Wandnische, in der ein kleines Bett und ein Waschbecken aus Stahl voll schmutziger Instrumente stand.

Der junge Arzt riss Jigmets Verband herunter und brach in Lachen aus, als er meinen Stich in Augenschein nahm. Er lachte noch, während er seine Hände schon schrubbte, Wasser über Jigmets Stirn laufen ließ und ihm eine gewaltige Menge eines lokalen Anästhetikums spritzte. Schließlich, als der zitternde Junge auf seiner Haut keine Nadel mehr kratzen fühlte, nähte der Arzt, noch immer prustend, die Wunde.

Es war ein erstaunlich grober Vorgang. Er benutzte eine Nadel, die auch durch die Haut eines Elchs gegangen wäre, und drückte und zog so kräftig, als würde er ein Paar Mokassins vernähen. Jigmet musste eine wirklich widerstandsfähige Stirnhaut haben. Als es schließlich vollbracht war, wurde ihm ein Streifen Verbandmull um den Kopf gewickelt, wieder und wieder, bis er wie ein verwundeter Soldat aussah – oder eine Mumie.

Zurück in Karsha wurde unser Wagen von Dorfkindern umringt, die Jigmet mit Fragen überhäuften. Er lächelte, sagte aber nichts. Zusammen stiegen wir wieder zum Kloster hoch.

Später sah ich, wie Jigmet mit einem Rudel Novizen einen Pfad heruntersprang. Eine Strickmütze aus kastanienbrauner Wolle – genau der gleiche Farbton wie der der buddhistischen Gewänder – bedeckte seinen Verband.

Über den lavendelfarbenen Himmel zogen Schieferwolken. Die eisigen Gipfel, die hinter Padum aufragten, flammten orange auf wie Fackeln. Es war unser letzter Tag im Kloster. Ich saß draußen vor dem Haus und versuchte, den Moment festzuhalten. Ich wusste, dass er nie wieder kommen würde.

Drei Monate lang hatte ich beobachtet, wie die großen Flüsse, die durch Zanskars Zentralebene rauschten – der Stod und der Tsarap – ihre Farbe wechselten: von Schildkrötengrün zu Schiefergrau, von Türkis und zu Mokkabraun. Nun schimmerten sie dort, wo sie sich gen Osten schlängelten, silberfarben.

Parallel zu ihren Ufern verlief ein Pfad, der durch die wellige Schotterebene wirbelte wie ein Stück Garn, das zunächst gespannt und dann losgelassen worden wird. Diesem Weg würden wir morgen folgen, hinein in eine andere Welt.

Eine Gruppe Novizen rauschte in unser Zimmer herein und lud uns ein, sie um zehn Uhr im Klassenzimmer zu treffen – zum endgültigen Abschied.

Als wir ankamen, war das Klassenzimmer leer, und ich fragte mich einen kurzen Moment, ob sie uns wohl vergessen hatten. Dann marschierte Wang Chuk herein, in den Armen trug er glänzende Kekspackungen. Nach und nach tröpfelten die Novizen hinter ihm in den Raum, einer nach dem anderen.

Während wir warteten, schrieb ich unsere „echten" Namen auf die Tafel: Bruce, Bodi, Taj und Christine Kirkby. Ich schrieb auch unsere

Adresse und meinen E-Mail-Kontakt dazu und versprach, dass, wenn einer der Novizen einmal unsere Hilfe bräuchte, wir ihm helfen würden, wo wir nur konnten. Vielleicht war das vergeblich. Keiner der Jungen hatte jemals zuvor einen Brief verschickt. Und niemand wusste, was eine E-Mail war.

Doch die Mönchsjungen waren begeistert und bestanden darauf, dass wir unsere Kontaktdaten selbst in jedes ihrer Hefte schrieben, um sicherzustellen, dass sich keine Fehler einschlichen. Dieser Vorgang erinnerte mich an das Signieren von Highschool-Jahrbüchern – ein flüchtiges Andenken an eine Freundschaft, die sich in jenem Moment so bedeutsam anfühlt und doch bald in Vergessenheit geraten wird.

Als Jigmet hereinkam, ließ er sich in meinen Schoß fallen, seine dunklen Augen tanzten. Ich warf einen Blick unter seinen Verband und sah, dass die Wunde gut verheilte. Ich drückte ihm eine Tube antibiotischer Creme in die Hand und bat ihn inständig, sie in den nächsten Tagen aufzutragen.

Als der *geshe* eintrat, der Debattierkunst lehrte, setzten sich alle auf ihre Kissen. Der *geshe* sagte ein paar Worte im zanskarischen Dialekt (Wang Chuk übersetzte ins Englische): „Wir danken euch, dass ihr ins Karsha Gompa gekommen seid und hier unterrichtet habt. Es beschämt uns, dass unsere Schüler und unsere Ausrüstung so weit hinter dem zurückliegen, was ihr aus Kanada kennt, und wir wissen jedes Opfer, das ihr gebracht habt, zu schätzen. Wir bitten euch, erinnert euch immer an uns. Und wisst, dass ihr oder eure Gefährten hier jederzeit willkommen seid, bei uns, im Karsha Gompa."

Wang Chuk überreichte jedem von uns eine Schultasche, auf die ein Emblem aufgestickt war. Meine war für „Mr. Brush". Dann legte er Kathas um unsere Hälse. Christine und ich nahmen uns an der Hand und verbeugten uns. Bodi und Taj folgten unserem Beispiel.

Ich ging davon aus, dass die Zeremonie vorbei war, doch aus dem Augenwinkel sah ich, wie die Mönchsjungen Kathas aus ihren Schultaschen holten. Der kleine Nima kam zuerst nach vorne und streckte seine Arme weit nach oben, um einen Schal um meinen Hals zu legen. Danach legte er einen um Christine, und schließlich waren Bodi und Taj an der Reihe. Dann kam der große Jigmet. Und der kleine Jigmet. Dann

Thurchin. Sonam. Purbu. Es war wie eine Lawine. Weiße Schals flogen in die Luft und landeten so schnell auf unseren Schultern, dass ich nicht mehr mitkam.

„Jullay! Jullay! Jullay! Jullay!"

Und das waren keine gewöhnlichen Kathas. Nein, die Jungen beschenkten uns mit prächtig bestickten Seidenschals, die sie wahrscheinlich selbst zu besonderen Anlässen bekommen hatten. Taj verschwand unter einem Berg aus Seide. Unter all dem Tuch erhaschte ich einen Blick auf Christine. Ihr liefen die Tränen über die Wangen.

Zum Schluss stellten wir uns auf – Schüler, Lehrerschaft, wir – und machten ein Klassenfoto – das einzige, das es aus diesen drei Monaten im Karsha Gompa gibt.

Als wir das Klassenzimmer zum letzten Mal verließen, rannte der kleine Nima uns nach, zupfte an meinem Hemd und fragte hoffnungsvoll: „Bis morgen, Mr. Bruce?" Doch schon beim Formulieren der Worte wirkte er unsicher.

„Vielleicht bis nächstes Jahr", krächzte ich.

Purbus Singsang-Stimme folgte uns noch den sonnigen Pfad hinunter: „Bis bald."

Und Norgay, der Trülku: „Bis morgen!"

Sonam Dawa war nach Zanskar zurückgekehrt, um unsere Trekkingtour aus dem Tal anzuführen. Er sollte uns gegen Mittag abholen, also verbrachten wir den Rest des Vormittags mit Packen. Wieder einmal mussten wir uns von allem trennen, auf das wir verzichten konnten.

Als der schüchterne Tsephal vorbeikam, um sich ein letztes Mal zu verabschieden, reichte ich ihm eine Wasserflasche, eines dieser billigen Plastikdinger, wie sie bei Radrennen ausgegeben werden. Er freute sich darüber, als hätte ich ihm die Schlüssel zu einem neuen Auto überreicht. Als ich ihm zeigte, wie sich das Mundstück nach oben schieben ließ, klatschte er.

Christine gestand mir, dass sie an diesem Morgen Skarma ihre Designerarmbanduhr geschenkt hatte. „Ich konnte einfach nicht anders."

Danach putzten wir das Zimmer: Wir klaubten Krümel von den Teppichen auf, schrubbten die Wände und wischten Tische und Fenster ab. Währenddessen dachte ich an Tashi Topden, Paljor und Jigmet, die vielleicht bis zum Ende des Winters in diesem heruntergekommenen Haus auf sich allein gestellt sein würden. Ich hatte ein schlechtes Gewissen, dass ich ihnen ihren Lehrmeister wegnahm. Würde es ihr Leben vereinfachen oder erschweren? Ich vermutete, ein bisschen von beidem. Sie würden ohne Zweifel in dieses Zimmer ziehen, wenn wir gingen – es würde also nicht mehr so aussehen, wenn Lama Wangyal zurückkam.

„Gebt euch doch mal ein bisschen Mühe", schimpfte Christine mit den Jungen. Irgendwann scheuchte sie mich und die Jungen hinaus, anscheinend machten wir mehr Chaos als Ordnung.

Zu dritt warteten wir draußen auf Sonam, im Schatten der Rosenbüsche. Die Uhr schlug zwölf. Dann eins. Dann zwei. Weit und breit war kein Pick-up zu sehen. In Gedanken war ich noch immer bei den Mönchsjungen, die irgendwo dort oben in einem stillen Klassenzimmer saßen und mit Wang Chuk Englisch lernten. Ich fragte mich, ob ihnen auch so schwer ums Herz war.

Um drei Uhr nachmittags kletterten Bodi und ich auf das verlassene Dach und suchten mit den Augen die Zentralebene ab, doch es war kein Wagen in Sicht.

Um vier Uhr ließ uns Christine wieder ins Haus und wir faulenzten auf den Paletten.

Um fünf Uhr kramten Bodi und ich unsere Tagebücher heraus und skizzierten, Seite an Seite auf einem Stein sitzend, das große Tal.

Als es sechs Uhr wurde, gingen wir wieder ins Kloster hoch, zum Abendessen. Mir widerstrebte es zwar, den schmerzhaften Abschied damit in die Länge zu ziehen, aber wir hatten keine andere Wahl. In Lama Wangyals Haus gab es nichts zu essen.

Die Mönchsjungen aßen allein, kein Erwachsener weit und breit. Ein Willkommensgeschrei aus *Jullays* schlug uns entgegen, als wir aus dem steinernen Durchgang traten. Skarma zog uns an der Hand in die dunkle Küche, wo Chagar unsere Schüsseln mit Brühe aus einem rußgeschwärzten Kessel füllte. Während wir die Suppe aßen, rannten die Novizen im Kreis herum, sie schrien, sprangen von der Mauer und warfen sich auf ihre Kameraden.

„Bis einer weint", bemerkte Christine.

Nawang wickelte sich sein Gewand wie ein Superheld um den Hals. Tsephal präsentierte stolz seine neue Wasserflasche, und schon bald entstand damit ein Fangspiel – die Flasche wurde wie ein Football in der Meute der sich raufenden Jungen hin und her geworfen. Christine schulterte den Trülku Norgay, und er lachte hysterisch, als sie sich in das Getümmel stürzten.

Dann wurde es plötzlich still.

Norphal stand an der Tür zum Innenhof. „Sonam Dawa da", verkündete er monoton.

So schnell, wie das Spiel begonnen hatte, war es auch wieder vorbei. Die Mönchsjungen folgten uns den Pfad hinunter, ihre kleinen Füße patschten hinter uns her. Zusammen trugen wir die schweren Seesäcke zu dem wartenden Pick-up. Nach noch mehr Abschiedsgrüßen, mehr Umarmungen und mehr Abgeklatsche kletterten wir in Sonams Wagen.

Der siebenjährige Nawang, der zähe kleine Junge, der es einfach weggesteckt hatte, von einem gekochten Ei getroffen zu werden, fragte ein letztes Mal: „Sehen wir uns morgen bei Puja?"

Ich bewegte meine Lippen, brachte aber keinen Ton heraus.

Ein großer Chor aus *„Jullay, jullay!"* folgte dem Pick-up, als wir auf der Schotterpiste nach unten holperten. Taj schlief kurz darauf ein, sein Gesicht war rot, und er schwitzte. Bodis spitze Hüfte rieb gegen meine. Von der anderen Seite der Fahrerkabine legte Christine eine Hand auf meinen Arm.

Ich schnappte nach Luft, jeder Atemzug war mühsam. Mein Herz fühlte sich schwerer an als ein Anker auf dem Boden des Ozeans, und durch tränenfeuchte Augen blickte ich gen Osten auf den gelben Mond, der hinter uns aufging.

4

Vergänglichkeit

Ein Land am Scheideweg zwischen einer Modernisierung, die Zerstörung mit sich bringt, und einer Isolation, die seine Identität bewahren würde, hat keine wirkliche Wahl: Andere haben bereits in seinem Namen entschieden. Geschäftsleute, Banker, Experten von internationalen Organisationen, Amtsträger der UN und die Hälfte der Regierungen auf der Welt sind leidenschaftliche Propheten der „Entwicklung" um jeden Preis. Sie alle glauben ausnahmslos an eine Form von Mission, die von der des amerikanischen Generals in Vietnam nicht allzu sehr abweicht, der, nachdem er ein vom Vietcong besetztes Dorf dem Erdboden gleichgemacht hatte, stolz sagte: „Wir mussten es zerstören, um es zu retten."

TIZIANO TERZANI,
„FLIEGEN OHNE FLÜGEL"

ÜBER DEN SCHUTZWALL

Sonams Wagen fuhr auf einer Schotterpiste in die hohen Berge hinein. Wir hätten natürlich direkt nach Leh fahren können – eine zweitägige, ruckelige Reise –, doch zu laufen schien die angemessenere Weise, diese Stille hier loszulassen.

Vor drei Monaten waren wir über die große Himalaja-Bergkette gekommen und hatten Zanskar vom Süden her betreten. Nun würden wir über den Norden zurückreisen, ein zweiwöchiger Fußmarsch über spärlich besiedelte Bergketten und vierzehn himmelhohe Bergpässe, mit einem Zwischenstopp in dem altehrwürdigen Kloster Lamayuru an der Leh-Srinagar-Schnellstraße.

Bodi fiel auf, dass der Tacho in Sonams Pick-up defekt war, was ihn sehr aufregte. „Ich will wissen, wie schnell wir fahren!"

Ich erklärte, wichtig sei vor allem, dass Sonam vorsichtig fahre, und mutmaßte, dass wir etwa fünfzig Kilometer pro Stunde führen.

„Woher weißt du, dass es nicht einundfünfzig sind?", fragte Bodi. „Oder neunundfünfzig?"

„Wer will schon die genaue Geschwindigkeit seines Autos wissen?", witzelte ich.

„Ich. Ich will das wissen. Okay?" Ein breites Grinsen lief über Bodis Gesicht.

Das Tal wurde enger, und die Hänge aus rostfarbenen, schwarzen und schwefelgelben Felsen ragten über uns auf. Windstöße ließen Staubteufel auf der Ebene aufsteigen. Die Hitze flimmerte am Horizont. Viele der Gletscher an den umliegenden Bergen waren in den letzten Jahren verschwunden, erklärte Sonam, und ohne das Gletscherwasser starb sogar das Buschland ab.

Am Straßenrand bei Pishu – einer tristen Häuseransammlung auf sonnenverbranntem Terrain – stand eine zahnlose Alte. Ich winkte, als wir vorbeifuhren, doch sie starrte ausdruckslos durch mich hindurch. Kurz darauf kam der Pick-up ruckartig zum Stehen, wir befanden uns am grasgrünen Ufer des Flusses Zanskar.

In einem blauen Küchenzelt trafen wir auf die drei Männer, die Sonam und uns über die Berge begleiten würden. Der Koch, Sundup, saß im Schneidersitz hinter einem Kerosinkocher und panierte gerade Zwiebelringe. Ein Küchenjunge, der vierzehnjährige Tsewang, stand bei ihm. Er trug eine braune Mütze, einen abgewetzten Fleecepullover, Kniehosen und kniehohe Socken. Auf dem Boden lag ein athletisch wirkender Typ in enganliegender schwarzer Hose und einer Goretexjacke: Tundup. Alle stammten aus Sonams Dorf Shegar.

Nachdem wir Sonam dabei geholfen hatten, den Wagen auszuladen, ruhten Christine und ich uns am Flussufer aus, während Bodi und Taj Stöcke flussabwärts schickten. Bachstelzen flatterten zwischen unseren Füßen herum, und in der Nähe führte eine außergewöhnliche Brücke aus gewundenen Zweigen – mehr als einhundert Meter breit – über das tosende Gewässer zum Dorf Zangla.

Sonams weißer Pick-up stotterte los und setzte sich in Bewegung. Ich spürte, dass etwas nicht stimmte, sprintete hinter dem Wagen her und schlug gegen die Ladeklappe. Sonam blieb stehen und kurbelte sein Fenster herunter.

„Wohin fährst du?“, fragte ich.

„Ich nicht mitgehen“, gestand er verlegen.

Ich war sprachlos.

Sonam erklärte, dass sich der Plan geändert habe und er stattdessen eine Gruppe Geschäftsleute aus Zanskar auf wirtschaftlicher Mission nach Südindien begleiten werde. Ganz offensichtlich wusste er das schon seit Tagen, und es ärgerte mich, dass er uns nichts davon erzählt hatte – offenbar hatte er uns nicht enttäuschen wollen. Doch mich bedrückte vor allem, dass unsere Tour ohne ihn nicht das Gleiche sein würde. Der stille Mann war ein guter Freund, und ich schätzte seine Einsichten.

Bevor Christine und die Jungen sich verabschieden konnten, ließ er den Motor aufheulen und war verschwunden.

Als die Sonne hinter den hohen Gipfeln abtauchte, zog ich den Jungen Lama Wangyals Mäntel über. Die kalten Schatten wurden immer größer, und die Sterne winkten uns zu.

Am nächsten Morgen tauchten sechs Pferde auf dem staubigen Flachland auf, sie wurden von zwei erschöpften Bauern getrieben. Die beiden waren die ganze Nacht einer entwischten Stute hinterhergejagt. Nun ließen sie sich auf den Boden des Küchenzelts fallen und tauchten hungrig Brotstücke in den Milchtee. Als ich fragte, welches Pferd Bodi reiten würde – Sonam hatte uns zugesichert, dass er eines organisieren werde –, wurde Tundup ganz unruhig.

„Ponymänner sagen, Reiten nicht möglich."

Die Pferde seien von der Ernte ausgelaugt, erklärte er, und mit den wenigen Futtermöglichkeiten in den Bergen in dieser Jahreszeit würden sie nur noch schwächer werden. Alle sechs müssten Ausrüstung tragen. Das gefiel mir gar nicht, und offensichtlich war es auch Tundup nicht recht, schließlich bedeutete das, dass er Taj tragen musste, weil Bodi auf meinem Rücken mitkommen würde.

Christine warf mir einen Blick zu und fing dann an zu lachen. „Ach komm. Sieht ganz so aus, als sei deine Zeit gekommen, eine Dose Spinat zu öffnen."

Als Bodi und Taj ins Lager zurückkamen, zogen sie Pappeläste hinter sich her. Sie erklärten, dass das ihre Wanderstöcke seien. Ich versuchte zwar, ihnen die Idee auszureden, doch ein scharfer Blick von Christine ließ mich verstummen. Stattdessen brach ich die Äste an meinem Knie in angemessene Längen.

„Bereit?", fragte Tundup, aus seinen Ohrstöpseln tönte es blechern. Ich hielt den Daumen hoch, und unsere Jungen rannten los, das Ufer des Zanskar-Flusses entlang – Staub, Fersen und schwingende Stöcke verschwammen ineinander.

Wir folgten einem gut ausgetretenen Pfad, der früher einmal zu den beliebtesten Trekkingrouten der Welt gezählt hatte. Doch nachdem vor zwanzig Jahren auf der anderen Uferseite eine Straße entstanden war –

ein Teil des gigantischen, bis heute jedoch unvollendeten Straßenbauprojekts in Zanskar –, blieben die Backpacker aus.

Auf der gegenüberliegenden Uferseite brausten hin und wieder weiße Pick-ups vorbei, sie wollten tiefer in die Berge. Und ich sah einen gelben Bagger, der im Wasser stand und sich mit seiner eigenen Schaufel mit Wasser übergoss, wie ein Elefant. Außer ein paar Gruppen sich gelb färbender Espen und etwas Sanddorngestrüpp voll orangefarbener Beeren war das Land unbarmherzig braun. Über uns schwebte die Sonne in dem wolkenfreien Himmel wie ein Diamant.

Erst bei Anbruch der Dunkelheit schlugen wir unser Lager auf einer Lichtung am Rande des Dorfes Hanumal auf, wo von der Sonne verblichene Stühle und eine mit Werbeplakaten für „Godfather Beer" zugepflasterte Bretterbude an die Horden erinnerten, die hier einst vorbeigekommen waren.

„Gespenstischer Ort", flüsterte Sundup, der Koch.

Auf dieser Lichtung hatte vor einem Jahr ein Schneeleopard ihre Pferde angegriffen, erzählte er uns. Die große Katze hatte es geschafft, einer Stute den Bauch aufzureißen, bevor die Männer sie verjagten. Später riss sie fünfzehn Schafe in einem Stall in der Nähe. „Überall Blut."

Nachdem wir die Zelte aufgeschlagen hatten, setzten Bodi und ich uns in verblichene Stühle. Während ich Notizen in mein Tagebuch machte, malte er die ladakhische Flagge, inspiriert von den Plastikversionen, die über unseren Köpfen flatterten. Nach kurzer Zeit strampelte er aber frustriert mit den Füßen, Tränen liefen über seine Wangen. Einer der Streifen war ihm zu schmal geraten.

„Sieht doch toll aus", versicherte ich ihm. Und ich das dachte auch wirklich.

„Vielleicht sieht es für dich okay aus, Dad. Aber zufällig bin ich ein *Ass-Burger*. Und das bedeutet, dass bei mir die Dinge richtig sein müssen."

Als er das Wort „Asperger" falsch aussprach, zog sich mein Magen zusammen. Was, wenn dieser Begriff auf dem Schulhof über ihm hängen würde? Doch mein Unwohlsein verflog schnell, da ich es gleichzeitig kaum glauben konnte, dass sich sein Selbstbild offenbar in wenigen Wochen so verändert hatte.

In dieser Nacht tauchte kein Schneeleopard auf. Wohl aber eine Hauskatze. Sie schlich in das Küchenzelt und stahl unseren Vorrat an Hammelfleisch.

„Sehr schlaue Katze“, sagte Tundup, der das Raubtier im Gebüsch hatte herumschleichen sehen, bevor er ins Bett gegangen war. „Sie kommt langsam, langsam und dann ...“ Ruckartig riss Tundup eine imaginäre Tasche an sich. Also würde dies eine vegetarische Trekkingtour werden.

Gerade schulterten wir unser Gepäck, als ein kleiner Mann in einer dicken blauen Jacke und mit dunkler Sonnenbrille herbeigeflitzt kam. Er verneigte sich tief, stellte sich als Tenzin vor und bot seine Dienste als Träger an. Sein ungepflegter Bart war wie bei einem amischen Bauern um die Oberlippe herum wegrasiert, und sein Lächeln gab den Blick auf Zähne frei, die so makellos weiß und groß waren, dass sie an Klaviertasten erinnerten. Tundup zeigte auf Bodi. Tenzin nickte. Und schon waren wir einer mehr.

Wir liefen einer hinter dem anderen los und tasteten uns auf einem schmalen Pfad vorwärts, der in die Kante einer Schlucht gehauen war. Die senkrechten Schichten des schwarzen Gesteins, die über uns aufragten, erinnerten mich an aufeinandergestapelte Schallplatten.

„Dad! Schau dir das an“, rief Bodi plötzlich. „Bärenabdrücke!“

Und er hatte recht. Zwei Bären mussten vor uns auf dem Pfad gewesen sein: eine Mutter und ihr Junges. Und viel Zeit konnte seitdem nicht vergangen sein, wahrscheinlich wenige Stunden, da ihre Abdrücke noch nicht vom Wind verwischt worden waren. Die Spuren sahen denen eines barfüßigen Menschen erstaunlich ähnlich, bemerkte Taj, abgesehen von den Klauen. Wir passierten einige Kothaufen, die voll orangefarbener Sanddornbeeren waren.

Ich war erstaunt, denn der Himalaya-Braunbär ist vom Aussterben bedroht, da sein Lebensraum schrumpft, seine Artgenossen sich zu sehr zerstreuen und er außerdem Wilderern zum Opfer fällt. Und trotzdem waren sie noch immer hier, in Zanskar.

Unsere Jungen wollten die beiden unbedingt sehen und suchten die Berghänge mit den Augen ab, doch irgendwann verschwanden die Abdrücke einfach, die Bären waren uns entwischt.

Während wir uns gerade unseren ersten Pass hochkämpften – ein relativ sanfter Aufstieg zum Parfi La –, erhaschten wir einen Blick auf den Fluss Zanskar: Träge und grün schlängelte er sich gen Osten davon, ins Land der Schluchten. Dort drüben befand sich der Eingang zur legendären Chadar-Schlucht – steile Wände und reißendes Wildwasser, ein natürlicher Schutzwall für Zanskar.

Ursprünglich war die Chadar-Schlucht nur im tiefsten Winter passierbar, wenn die mutigen Butterhändler Zanskars über instabiles Eis tänzelten. Dabei trugen sie *jato* (lederbesohlte, mit Stroh ausgestopfte Wollstiefel mit nach oben gebogener Spitze) und benutzten Stöcke, um die Eisdicke zu prüfen. Wenn Wasser über dem Eis lief, was oft der Fall war, gingen die Männer barfuß. Andernorts hangelten sie sich wagemutig an Felsvorsprüngen an der Schluchtwand entlang. Nachts schliefen sie in Höhlen, eng aneinandergeschmiegt und auf Knien liegend.

Diese besondere Schlafstellung – kniend, Arme nach hinten gelegt, die Hände umfassen die Knöchel – war in Zanskar früher sehr verbreitet gewesen, Kindern brachte man sie bereits ganz früh bei. Diese Gewohnheit war aus der Not heraus geboren worden, denn so traten nur Schienbeine und Stirn in Kontakt mit dem Boden. Liegt der Körper nämlich ausgestreckt auf einer kalten Fläche, ist der Wärmeverlust zu groß. Diese Schlafposition zeugt von einer Zähigkeit, die es so auf der Welt kaum mehr gibt.

Heute ist die Chadar-Schlucht das letzte und schwierigste Verbindungsstück innerhalb des zanskarischen Straßenbauprojekts. Die Vermessungsarbeiten begannen hier bereits 1971, gesprengt wurde kurz darauf. Doch es ging nur mühsam voran, der Fortschritt konnte pro Jahr lediglich in Metern gemessen werden, und viele ließen dabei ihr Leben. Trotz ganzer Legionen von Gastarbeitern und Unmengen schweren Geräts verschiebt sich die geplante Fertigstellung immer weiter nach hinten, und noch ist kein Ende in Sicht.

Doch irgendwann wird der Verkehr fließen.

Während ich nach unten auf die winzige, in die Schluchtwand gehauene Straße starrte, erkannte ich darin einen Riss im natürlichen Schutzwall Zanskars. Wenn die Straße einmal fertiggestellt ist, wird dieser jahrtausendealte Damm brechen und die Moderne das versteckte Tal überfluten. Damit werden zwar unleugbar auch Vorzüge einhergehen – eine bessere Bildung und medizinische Versorgung –, es werden sich allerdings auch andere, heimtückischere Neuerungen einschleichen, wie Immobilienspekulation, billige Arbeitskräfte, ausländische Massentierhaltungsbetriebe, Armut und Obdachlosigkeit. Innerhalb einer Generation wird Zanskars kooperativer, autonomer Lebensstil ausgelöscht sein.

Die Buddhisten akzeptieren die Vergänglichkeit, ohne mit der Wimper zu zucken. Warum nur fiel es mir so schwer? War es bloß Nostalgie? Und hatte ich – selbst nur ein Besucher – überhaupt ein Recht, diesen Verlust zu betrauern?

Mit diesen Fragen hatte ich schon den ganzen Sommer über gekämpft.

An diesem Abend stießen wir am Ufer eines türkisfarbenen Wasserlaufs auf eine verlassene Lehmziegelhütte. Auf einem schiefen Schild stand: *WILLKOMMEN T-STAND, TRINK HIER ALLE.*

Tsewang, der Küchenjunge, brach das Schloss auf. Sundup breitete seine Küchenutensilien aus und machte Chapatis. Hindi-Musik plärrte aus seinem Handy. Tundup und unser neuer Träger Tenzin dösten auf den Stufen.

Auf der Suche nach etwas Ruhe sprangen Bodi und ich nackt in das kristallklare Wasser des kleinen Flusses, die Strömung trieb uns durch eine wunderschöne Schlitzschlucht. Wir kletterten auf einen großen Stein in der Mitte des Flüsschens. Ich legte einen Arm um die mit Gänsehaut überzogene Schulter meines Sohnes, und wir genossen die Wärme der Sonne über uns und des Steins unter uns.

Später leistete ich den Ponymännern Gesellschaft, die Halfter und Seile sortierten. Der dreiundsechzigjährige Phuntsok, der ältere der beiden, war für zanskarische Verhältnisse ein Riese: Er hatte breite Schultern und war einen Meter zweiundachtzig groß. Über seiner schmuddeligen roten Fleecejacke hing eine glänzend polierte Mala. Der vierfache Vater arbeitete seit fünfzehn Jahren als Ponymann, erzählte er mir, um seine kläglichen Einkünfte als Bauer aufzubessern.

Geyatso – Phuntsoks jüngerer Gefährte – erinnerte mich mit seinem spitzen Kinn, dem dünnem Bart, den langen Haaren und den goldenen

Reifen in beiden Ohren an Johnny Depp in „Fluch der Karibik". In Zanskar war er unter dem Namen TongTong bekannt, was sich auf den abgewetzten Zylinderhut mit Ohrenklappen bezog, den er nie absetzte.

„TongTong tragen Hut sogar im Bett", lachte Phuntsok.

„Sehr guter Hut", erwiderte TongTong und erklärte, er habe den Hut vor zwanzig Jahren in Leh gekauft. „Gut für Kälte. Gut für Regen. Gut für Sonne. Gut für Wind."

Während wir noch witzelten, trennte Phuntsok einen Leinensack auf, nicht größer als eine Handtasche, in dem sich Gerste befand. Er siebte das Getreide durch, entfernte so Steinchen und Zweige und teilte das kostbare Futter dann in sechs gleiche Teile auf, die TongTong in Futterspender für die hungrigen Pferde legte.

Später krabbelten die beiden unter eine rauchgeschwärzte Plastikplane und schliefen ein. Als Kissen dienten ihnen Sattel, Pferdedecken hielten sie warm. Sie waren Männer von der Sorte, die früher auf Knien und Stirn geschlafen hatten.

Der Mond warf Schatten auf das Lager. Christine und ich lagen in unserem Zelt und besprachen die Reise, die vor uns lag.

So wie wir es zurzeit mit dem Tragen der Jungen hielten, funktionierte es nicht. Tenzin und Tundup kämpften sich ab: Ihre Gesichter waren aschfahl, ihre Beine zitterten, meist kamen wir nur im Schneckentempo voran. Morgen würden wir den zermürbenden Hanuma La (4720 Meter) in Angriff nehmen, und danach folgten noch anspruchsvollere Pässe. Ich befürchtete, die Träger könnten sich vor lauter Erschöpfung verletzen – oder unsere Kinder.

Die naheliegendste Lösung war, dass ich Bodi trug, damit sich Tenzin und Tundup mit Taj abwechseln konnten. Doch ich fragte mich, ob die beiden auf diesen Vorschlag nicht gereizt reagieren würden.

„Lass mich mit ihnen reden", sagte Christine. „Ich glaube, es ist einfacher, wenn es von einer Mutter kommt."

Also beobachtete ich am nächsten Morgen, kurz bevor wir aufbrachen, wie sie sich neben Tundup setzte und kurz mit ihm sprach. Plötzlich sprang Tundup auf, hievte Taj auf seinen Rücken und lief in halsbrecherischem Tempo los.

Christine sah mich an und zuckte mit den Achseln. „Er dachte, ich stelle seine Belastbarkeit in Frage.“

Zehn Minuten später liefen wir ihm mit beladenen Pferden hinterher. Ich griff, ohne mir große Hoffnungen zu machen, nach Bodis Tragerucksack, doch Tenzin lachte nur und wedelte mit dem Finger. Doch schon bald ging er stark gebückt und keuchte.

Als wir Tundup endlich einholten, lag er neben einem Wasserlauf, eine handgerollte Zigarette hing zwischen seinen Lippen. Taj kniete neben ihm im Gras und pflückte Butterblumen. Nachdem ich aus der hohlen Hand Wasser getrunken und etwas Schokolade gegessen hatte, schnappte ich mir Bodi und ging einfach los. Indem ich keine große Sache daraus machte, konnten alle ihr Gesicht wahren. Und es funktionierte.

Der Berg war voller Wolfsspuren. Mindestens fünf Tiere mussten das sein, darunter zwei winzige Welpen und ein riesiges Männchen. Wie liefen an verblichenen Knochen vorbei, die von kräftigen Kiefern zerbissen worden waren, und mehreren Haufen weißen Kots. Ich vermutete, dass das Rudel irgendwo in der Nähe seine Höhle hatte, doch ich konnte an den Hängen nirgendwo einen Eingang ausmachen.

Es dauerte sieben qualvolle Stunden, den Hanuma-La-Pass zu erklimmen. Den höchsten Punkt markierten Gebetsfahnen, die zwischen Felstürme gespannt waren. In der außergewöhnlich trockenen Luft schien es, als könnte man unendlich weit sehen. Hinter uns brüteten die von Schnee und Eis bedeckten Berge des Himalaja. Vor uns lag ein Meer aus zerborstenen, ockerfarbenen Gipfeln, die sich mit der der Erdkrümmung zu biegen schienen. In diesem unendlich weiten Land konnte ich nicht einen Flecken Vegetation entdecken.

Es sollte noch zwei weitere Tage dauern, bis wir auf ein Anzeichen dafür stießen, dass inmitten dieser Einöde auch Menschen lebten: *Nyalo*, eine einheimische Futterpflanze, aufgrund des Frosts orange eingefärbt, war geschnitten und zu Bündeln gerollt worden. Neben dem Pfad aufgestapelt und mit Steinen beschwert, würden diese Ladungen irgendwann von Einheimischen, deren Dorf noch zehn Kilometer entfernt lag, als Vorrat für den Winter nach Hause getragen werden.

Eine Stunde später sahen wir in der Ferne eine Siedlung. Es war das Dorf Lingshet, das sich in einer hochgelegenen Bergmulde befand. Steile Felswände, in der Farbe von Kirschen und Rauch, ragten über dem Dorf auf.

Wir passierten eine tiefe Grube am Rande des Dorfes. „Wolffalle", erklärte Tundup, und man konnte sich gut vorstellen, wie dort unten in der Tiefe ein solches wildes Wesen auf und ab lief, nachdem ihm mit den Eingeweiden von Schafen eine Falle gestellt worden war. Sein Heulen würde die Dorfbewohner aufwecken und zu seinem unentrinnbaren Tod führen, entweder durch einen Stein oder eine Kugel.

Kaum hatten wir im Schatten des kleinen Klosters von Lingshet unser Lager aufgeschlagen, verkündete Tenzin mit den Klaviertasten-Zähnen, dass er uns verlassen wolle. In seinem Dorf begännen die Arbeiten an einer neuen Schule, und er brauche das Geld. Bereits wenige Minuten später trat er den Rückweg an.

Es stimmte mich traurig, den fröhlichen Mann gehen zu sehen. Und ich war besorgt, denn sein Abschied ließ uns geschwächt zurück. Als Tundup sah, wie ich die Karten studierte, gab er mir zu verstehen, dass wir die Route abkürzen könnten, wenn wir nach Norden in Richtung einer neuen Straße gingen.

„Schnee kommen bald. Vielleicht Jungen müde. Vielleicht Straße gut?"

Ich hatte allerdings keine Lust, unsere Abgeschiedenheit gegen einen seelenlosen Betonbelag einzutauschen. Es war eine Zwickmühle.

Ein herrlicher Herbsttag folgte dem anderen. Der Himmel blieb klar und elektrisch blau, tagsüber war es angenehm warm, nachts beißend kalt.

Unsere Route verlief durch ein von orangefarbenem *nyalo* gesprenkeltes Hochland, in der Ferne funkelten vergletscherte Riesen. Immer mehr Zugvögel kreuzten unseren Weg. Wir scheuchten eine Schar Weidenlaubsänger auf, und die kleinen braunen Vögel flossen den Hang wie Wasser hinunter, Hunderte von Flügeln flatterten im Gleichklang.

Als der Schatten einer Seeschwalbe an meinen Füßen vorbeiflog – ein Vertrauter aus meinen Tagen als Raftingführer auf dem Yukon –, fragte ich mich, welche innere Kraft dieses erstaunliche Geschöpf wohl dazu antrieb, von der Arktis zur Antarktis und dann wieder zurück zu fliegen, und das Jahr für Jahr. Natürlich war es Instinkt, aber als solcher war er schwer in Worte zu fassen. Das erinnerte mich an die Frage, die Christine und ich uns so oft stellen: *Warum nimmt man seine Kinder auf eine solche Reise mit?*

Auch aus einem Instinkt heraus, nehme ich an.

Ich beobachtete Bodi, wie er voraushüpfte, den Kopf geneigt, Windböen peitschten durch sein Haar. Er starrte über die zerborstenen Gipfel, hinter denen Tibet lag. Wie wundervoll, als Kind eine solche Wildnis und Freiheit kennenzulernen.

Ich werde oft gefragt, ob ich mir wünsche, dass Bodi und Taj in unsere Fußstapfen treten und zu Abenteurern werden, doch das ist für mich nicht von Bedeutung. Ich wünsche mir nur, dass sie frei sind: frei, um das Leben zu leben, das ihnen bestimmt ist – egal, ob als Schreiner oder Konzertpianist, als Stubenhocker oder Nomade, als Großstädter oder Landei.

Und ich kann Freiheit nur vermitteln, indem ich sie vorlebe.

Als ich Bodis Sommersprossen und seine klaren Augen betrachtete, empfand ich ein solches Ausmaß an Liebe, wie es vermutlich nur Eltern erleben.

Doch über dieses Gefühl legte sich auch ein Schatten. Ich kannte das schon: die schreckliche Furcht, dass meinen kostbaren Söhnen eines Tages etwas Schlechtes, vielleicht sogar Tragisches geschehen könnte – wie sehr ich mich auch um das Gegenteil bemühte.

Zu lieben heißt, Verlust zu riskieren. Das eine gibt es nicht ohne das andere.

Am Fuße des berühmten Sengge La (des Löwenpasses) trugen die Jungen einen Fechtkampf mit Wanderstöcken aus, während Christine im Zelt döste. Unter der Plastikplane der Ponymänner saß Phuntsok, er kniete über einem Kerosinkocher und garte Erbsen. Seine grauen Barthaare waren lang geworden, er sah müde aus. TongTong reichte mir eine Schale mit *tsampa*, auf das er Tee goss. Da sie sich Butter nicht leisten konnten, befand sich in ihrem Aufguss lediglich Salz. Ich verrührte die brühend heiße Mischung mit einem Finger, und dann aßen wir schweigend.

„Pferde sehr schwach“, sagte TongTong schließlich.

Es gab nur wenig Futter in diesen Bergen, und er war besorgt, dass wir demnächst noch weniger finden würden.

Phuntsok verlangte nach mehr Tee, doch der Wasserkrug war leer. Ich sprang auf, um ihn aufzufüllen, doch TongTong hielt mich am Handgelenk fest. Das sei nicht meine Aufgabe, insistierte er. Wir stritten uns etwas, und er gab nach.

Dünnes Eis überzog das schwarze Wasser einer nahen Quelle. Ich tauchte den Krug ein, füllte ihn randvoll mit Wasser und stellte ihn dann unter die Plane der Ponymänner. Da ich nichts hörte, warf ich einen Blick hinein. Beide Männer schliefen auf dem felsigen Boden tief und fest, die Münder weit geöffnet.

Über Nacht sprossen fantastisch wirkende Eisformationen aus dem Geröll. Mit ihren zarten Blütenblättern aus Eis sahen sie wie Tulpen aus, ich hatte noch nie etwas Vergleichbares gesehen. Ich tippte darauf, dass warmer Dampf aus den Gletscherablagerungen ausgetreten und gefroren war, was diese entzückenden Formen hatte entstehen lassen.

Das sei ein Zeichen, dass der Winter nahe sei, sagte Tundup. Während unseres Aufstiegs liefen wir an Hunderten solcher Eisblumen vorbei. Als das Sonnenlicht endlich den Berghang erreichte, schmolzen diese wundersamen Kreationen nicht etwa, stattdessen gingen sie direkt in ihren gasförmigen Zustand über und, wie ein letzter magischer Akt, verpufften vor unseren Augen.

Auf dem Scheitelpunkt des Sengge La war es beißend kalt. Wir befanden uns an der geografischen Grenze Zanskars: Das Regenwasser, das auf die Hänge vor uns niederging, würde zum Fluss Indus fließen, und nicht in das verzauberte Tal hinter uns.

Ich blickte ein letztes Mal nach Süden. Irgendwo dort, versteckt zwischen den zerfurchten Gipfeln, lag Karsha Gompa. Während unserer Monate dort hatte ich keinen Lehrmeister gefunden. Genauso wenig hatte ich etwas Theoretisches über die buddhistische Lehre gelernt. Und meine Meditationsbemühungen waren nur in Einzelfällen von Erfolg gekrönt gewesen. Trotz alledem fühlte sich der Einblick, den wir in diese alte Lebensweise bekommen hatten, bedeutsam an.

Konnte etwas von dem, was ich in diesen kostbaren Monaten gelernt hatte, auf unser Leben in dickerer Luft übertragen werden?

Am sechsten Tag begann es zu schneien.

Die ganze Nacht über fiel der Schnee von unserem Zeltvordach herab. Der Morgen gab den Blick auf eine weiß gemalte Landschaft frei. Christine zog den Jungen ihre zanskarischen Mäntel über. Dann flitzen die Kinder aus dem Zelt, um Schneebälle in sich hineinzustopfen. Tong-Tong und Tundup drängten sich um ein kleines Feuer, hielten ihre bleifarbenen Finger über die orangene Glut und lauschten, während Phuntsok aus dem tibetischen Kanon vorlas. Schnell packten wir unsere Sachen.

„Taj, du wirst zu müde, wenn du so den ganzen Tag herumrennst", warnte Christine, kurz bevor wir aufbrachen.

„Ja, aber dann formiere ich mich neu, und dann gibt es zwei von mir", lachte er. Und nun trugen ihn seine kurzen Beine davon, Bodi hinterher. Wir blieben zurück und fragten uns, woher er solche Ideen hatte.

Zwei Dohlen verfolgten uns fast während des ganzen Morgens, Murmeltiere pfiffen uns aus ihren sandigen Höhlen zu. Die blutroten Steine unter unseren Füßen – nass durch schmelzenden Schnee und von Quarzvenen durchzogen – erinnerten mich so sehr an Steakfleisch, dass ich mich in einem kulinarischen Tagtraum verlor. Als wir Wolfskot auf dem Pfad entdeckten, erklärte ich Bodi, dass man die Ausscheidungen eines Fleischfressers an seiner weißen, kreideartigen Farbe erkennen könne.

„Warum ist dann unser Kacka nicht weiß?", fragte er. Darauf wusste ich keine Antwort.

Die Wolken wirbelten wild umher, und der Schnee fiel in dichteren Flocken.

„Schaut mal, schaut da!", rief Bodi. „Orangene Elefanten!"

Und tatsächlich stapften seltsame Kreaturen durch den Sturm. Schließlich mutmaßte ich, dass es Esel waren, die, unter einer riesigen Last *nyalo* begraben, zum Dorf Photaksar liefen.

In dieser Nacht gab es einen Temperatursturz, und ein starker Wind umtoste die Gipfel. Christine warnte: „Ab jetzt wird nichts mehr gewaschen, Jungs. Die Zeit ist gekommen, eure Unterwäsche auf links und verkehrt herum zu tragen."

Am nächsten Morgen war die Quelle bei unseren Zelten festgefroren, und die Kinder spielten mit ihren Wanderstöcken vergnügt Hockey auf der glitzernden Oberfläche, Eisklumpen waren ihre Pucks.

Gott sei Dank hatte ich auf Christine gehört und ihnen nicht verboten, die schweren Stöcke mitzunehmen, denn sie sorgten für unendlich viel Ablenkung und Freude. Die beiden benutzten sie zum Golfspielen, für Hockey, als Wurfspieße und Lanzen. Sie steckten Stiefel auf das Stockende und taten so, als höben sie Hanteln. Sie hatten auch schon Schnüre daran befestigt und waren Fischen gegangen. Mehr als einmal war ich ein Stück Weg zurückgerannt, um einen bei einer Rast zurückgelassenen Stock wieder einzusammeln.

Während wir das Lager auflösten, beschwor Tundup die Ponymänner erneut, eines ihrer Pferde für Bodi herzugeben.

Widerwillig schleppte Phuntsok eine magere graue Stute heran. Am Bauch des Pferdes trat eine Geschwulst von der Größe einer Grapefruit hervor, und Phuntsok erklärte, dass sie als Fohlen von einem Yak aufgespießt worden sei. Er hatte ihre Gedärme wieder in den Bauch gestopft und die Wunde grob genäht. Da sie die Verletzung überlebt hatte, bekam sie den Namen Toe-Luke, was „Yakangriff" bedeutete.

Bodi sprang auf sie, und Tundup zog am Halfter. Als sie davontrappelten, eilte ich ihnen hinterher, um in der Nähe zu bleiben. Doch meine Sorgen waren unbegründet, denn Bodi war ein begnadeter Reiter. Wenn das Pferd auf steilen Hängen strauchelte, was regelmäßig vorkam, zuckte er nicht ein einziges Mal mit den Wimpern, sondern lehnte sich stattdessen lässig nach vorn. Christine erinnerte ihn daran, den Bauch der Stute mit seinen Knien zu umschließen, doch er ging nur mit einem „Ja, Mom, alles gut" darüber hinweg und plapperte wieder vor sich hin.

Eine beträchtliche Sammlung von Gebetsfahnen und Kathas schmückte den Scheitelpunkt des Sisir La (4760 Meter). Auf der anderen Seite erstreckte sich die trostloseste Mondlandschaft, die ich jemals gesehen hatte: ein karges Land voller ockerfarbener Spitzen, von einem Schimmel aus Sand, Eisen, Fels und Ton überzogen. Der Moment der Entscheidung war gekommen. Ich erwartete, dass Tundup uns zur nördlichen Route drängen würde, in Richtung der neuen Straße, doch er war durch seine Ohrstöpsel abgelenkt. Also liefen die Ponymänner weiter geradeaus.

Der Schnee kam nun in Böen auf uns herab, die Wolken purzelten durch den azurblauen Himmel, leicht ramponiert – so wie wir – von ihrer Reise über die hohen Gipfel.

„Wie weit müssen wir noch gehen, Dada?“, fragte Taj an meinem Rücken.

„Drei Tage“, gab ich zu.

„Oh, gut. Nicht mehr weit“, sagte er und klatschte in die Hände.

Stunden später ging TongTong auf einem ausgetrockneten Flussbett in die Knie. Er legte ein Ohr auf den Boden und prüfte, ob er es irgendwo unter dem Geröll gluckern hörte. Wir räumten Plätze für unsere Zelte frei und schlugen das Lager auf. Die hungrigen Pferde knabberten am Schotter. Mit der Dunkelheit wurde es brutal kalt.

Bei Sonnenaufgang kletterten wir wieder. Bewegung war die einzige Möglichkeit, warm zu bleiben. Die Pferde bahnten uns den Weg durch den frischen Schnee, sie schlängelten sich durch Rippen aus orangefarbenem Fels bergauf. Der Wind zerrte an unserer Kleidung. Auf dem Scheitel des Nigutse La (5130 Meter) war nur halb so viel Sauerstoff in der Luft wie auf Meereshöhe. Hastig machten wir ein Foto. Jetzt waren wir am höchsten Punkt unserer Tour angelangt. Von hier aus würde es nur noch bergab gehen.

Ich lief den Berg vorsichtig hinunter und trat kräftig in die Eiskruste ein, da ich Taj auf dem Rücken und den Abgrund neben mir hatte. Als Bodis Füße vor lauter Kälte anfingen zu schmerzen, zog ihm Christine die Stiefel aus und rieb seine nackten Füße in ihren wachsbleichen Händen. Wir passierten die mumifizierten Überreste eines Pferdes, seine

Beine waren durch einen Sturz gebrochen, seine Lippen in einem ewigen Schrei verzogen.

Nach drei weiteren Stunden erreichten wir den Eingang der Shilla-Schlucht.

Als ich aufwachte, war es stockduster. Im Schlafsack neben mir kuschelte sich Taj an mich.

„Dada", flüsterte er. „Es gibt ein Problem mit meiner Wasserflasche."

Das Wasser war zu einem festen Klumpen gefroren, was Taj ziemlich belustigte. Er schüttelte die Flache wie eine Rassel. Nach kürzester Zeit war Bodi wach und schüttelte ebenfalls seine gefrorene Flasche. Als wir die Zelte abgebrochen hatten, zitterten wir alle vor Kälte. Mit klappernden Zähnen absolvierte jeder von uns fünfzig Hampelmänner. Dann betraten wir die Schlucht.

Vor Kurzem musste sie stark überflutet worden sein, und nun lagen überall lose Steine verstreut. Entsprechend vorsichtig bewegten wir uns vorwärts, sprangen von Stein zu Stein und überquerten das eiskalte Flüsschen immer und immer wieder. Es dauerte nicht lange, bis wir alle nasse Füße hatten. Unter uns breitete sich ein Regenbogen aus Kieselsteinen aus.

„Ich könnte einen ganzen Koffer voll sammeln", seufzte Christine.

Doch wir hatten beschlossen, dass jeder nur fünf Steine mit ins Flugzeug nehmen durfte, ansonsten würden uns die zusätzlichen Gebühren für das Übergewicht ruinieren.

Nichts ließ darauf schließen, dass andere Menschen vor uns hier gewesen waren: keine Fußspuren, kein Müll, keine Feuerstellen oder Zeltabdrücke. Allerdings waren Wölfe am schlickigen Ufer entlanggelaufen. Und eine Wieselfamilie.

Als die Felswände näher kamen, verblasste der Himmel über uns zu einer bloßen Erinnerung. Es gebe Stellen in der Schlucht, auf die nie direktes Sonnenlicht scheine, erklärte Tundup. An diesen Stellen hingen gefrorene Wasserfälle wie Kerzenleuchter von den Felsvorsprüngen. Bodi hatte viel Spaß daran, die zarten Gebilde mit seinem Wanderstock zu zerschlagen. Taj steckte seinen Stock hinten in seine Hose, rannte im Kreis und schrie: „Schaut! Ich bin ein Skorpion!"

Nach acht Stunden näherten wir uns dem Ende der Schlucht. Tundup eilte voraus. Und sogar der faule Toe-Luke kam in Trab. Nach einer weiteren Biegung bot sich uns ein ungewohnter Anblick – eine gerade Linie. Eine Betonmauer.

Wir hatten die heißen Quellen erreicht, die bei muslimischen Familien aus Kargil so beliebt waren. Eine Gruppe verschleierter Frauen wusch im Ausfluss per Hand ihre Wäsche. Als wir näher kamen, nahmen sie Reißaus, verkrochen sich hinter Steinen und warfen neugierige Blicke auf unsere Jungen. Das schwefelhaltige Wasser nährte einen breiten Streifen mit Löwenzahn, und ich war ganz ergriffen von der einfachen Schönheit dieser blühenden Blumen.

Dahinter erstreckte sich ein Parkplatz voller Autos. Und eine asphaltierte Straße.

Ein neunzigminütiger Fußmarsch führte uns zu dem Dorf Wanla, an dessen Rand wir campieren würden. Die Berge hatten uns freigegeben. Der Zauber war verflogen. Und schon schrie Tundup in sein Telefon.

WEITER, IMMER WEITER …

Vor Sonnenaufgang wachte ich auf und fand keine Ruhe mehr. In unserem Zelt war es stockduster. Ich schlich leise hinaus, um Christine und die Kinder nicht zu wecken. Die Ponymänner waren schon fort, sie waren mit ihren Pferden in der Dunkelheit aufgebrochen, zurück nach Zanskar. Kalte Windstöße rissen die restlichen Blätter von den hohen Pappeln.

Wie können wir die Dinge bewahren, die uns am liebsten sind, da wir doch wissen, dass die Zeiten sich immer ändern?

Ein silbriger Schatten lag auf dem Himmel im Osten. Ich lief an Betonbauten vorbei durch die menschenleeren Straßen, hinter stählernen Garagentoren versteckten sich Läden. Rote Coca-Cola-Flaggen flatterten von den Zäunen, eine Plastiktüte purzelte wie eine Steppenhexe die Straße hinunter.

Auf einem Bergkamm oberhalb des Dorfes machte ich die Silhouette eines Klosters aus, ich kletterte hinauf. Oben angekommen trat ich durch eine niedrige Tür, die so schmal war, dass meine Schultern selbst seitlich kaum hindurchpassten, und stand vor einer goldenen, mindestens neun Meter hohen Statue des Avalokiteshvara.

Zu seinen Füßen saß ein älterer Mönch neben einer Kerze und betete singend. Ich ließ mich neben ihm nieder.

Von allen Gottheiten in dem verwirrenden Pantheon des tibetischen Buddhismus ist es Avalokiteshvara, der Bodhisattva des Mitgefühls, den ich am beeindruckendsten finde: Er ist es gewesen, der dem Nirwana in der Hoffnung entsagt hat, anderen auf ihrem Weg zur Erleuchtung helfen zu können. Eine Zeit lang dachte ich nur an meinen Atem, ich wiegte mich im Gesang des Mönchs und bewunderte die goldene Statue vor mir – seine friedlichen Augen blickten ins Unendliche. Irgendwann stand ich auf, um zu gehen. Vorher durchwühlte ich allerdings noch meine Taschen und legte eine Handvoll Rupien zu den anderen Geldstapeln zu Füßen des Avalokiteshvara.

Dann verneigte ich mich, ganz leicht.

Ich verneigte mich vor dem Mönch, der allein im flackernden Licht einer Yakbutterkerze sang. Ich verneigte mich vor den zahlreichen Männern und Frauen, die in all den muffigen Tempeln sangen, die den Himalaja noch immer sprenkelten und zugleich nur einen Schritt weit von der Auslöschung entfernt waren. Ich verneigte mich auch vor den Lehrmeistern, den Lamas und den Mystikern, die diesen lebendigen Ausdruck von Menschlichkeit geschaffen hatten. Ich verneigte mich vor dem Mitgefühl an sich – als vor etwas, von dem die Welt so viel mehr gebrauchen könnte. Ich verneigte mich vor der Statue, die vor mir aufragte, der Inkarnation des Mitgefühls, der ersten einer traditionsreichen Linie, die bis zum heutigen Dalai Lama reicht. Ich verneigte mich vor meinem Sohn, der selbst ein Bodhisattva zu sein schien und geschickt worden war, um mich von meinem Ego und meinen Illusionen zu befreien. Und ich verneigte mich vor dem Avalokiteshvara, der in uns allen steckt.

Dann schlüpfte ich hinaus, in das heller werdende Tageslicht.

Drei nach Seife riechende Männer waren während meiner Abwesenheit im Lager aufgetaucht, sie trugen Jeans und dicke Jacken. Ihre glänzenden Minivans würden uns und die gesamte Trekkingausrüstung in das ungefähr hundert Kilometer entfernte Leh bringen. Alle drei stammten aus Zanskar. Und alle drei waren Nachbarn von Sonam Dawa. Das zeitlose System des *paspun* überdauerte also, sogar hier.

Während wir im Küchenzelt auf das Frühstück warteten, quetschte ich mich auf eine Kiste neben einem von ihnen. Der fünfundzwanzigjährige Norbu sprach ausgezeichnet Englisch und wäre mit seiner Nerdbrille und dem sorgfältig frisierten Haar in den Straßen von New York auch nicht aufgefallen. Der Programmierer beim indischen Verteidigungsministerium hatte sich einen Tag freigenommen, um seinen Freunden Tundup, Sundup und Tsewang zu helfen.

Das Trio war nun fast nicht mehr wiederzuerkennen, da sie sich in einem Bewässerungsgraben gewaschen, Gel in ihrem Haar verteilt, Hemden angezogen und sich mit Aftershave bespritzt hatten. (Ich vermutete, dass in den nächsten Stunden junge Frauen auf der Bildfläche auftauchen würden.) Dagegen glich ich – noch immer in Lama Wangyals zanskarischem Gewand, ungepflegt und unrasiert, mein Haar war verwuschelt – einem Fahndungsfoto von Nick Nolte.

„Ist das nicht komisch?" Norbu lachte, als wir Chapatis und in Chilisoße getränkte Eier herunterschlangen. „Wir sind alle wie Amerikaner gekleidet. Und ihr seid wie Menschen aus Zanskar gekleidet."

Als ich ihn fragte, was er von dem Wandel hielt, der sein Heimatland ergriffen hatte, blieb er lange stumm.

„Wir haben eine neue ‚Tradition' in Zanskar", begann er schließlich. „Wenn Kinder vierzehn oder fünfzehn Jahre alt werden, verlassen sie ihre Dörfer, meist ohne es den Eltern zu sagen. Sie reisen nach Leh, wo sie ein paar Monate arbeiten, in einem Laden oder auf der Baustelle. Es ist schnelles Geld, und es ist ein einfaches Leben. Vielleicht machen sie zwischen den Jobs ein paar Wochen Pause. Natürlich kommen sie irgendwann nach Zanskar zurück, um ihre Familien zu besuchen, aber dann haben sie sich verändert. Sie kleiden sich anders. Sie reden anders. Sie denken anders. Und diese Veränderungen finden andere Dorfkinder sehr anziehend. Schon bald verlassen auch sie ihren Hof und reisen in die Stadt. Jedes Jahr werden es mehr. Ich weiß das, weil es auch bei mir so war."

Ich fragte ihn nach dem Straßenbauprojekt.

„Wenn die Straße Zanskar erreicht, wird sie Geld bringen. Und Medizin. Und mehr Bildung. Alle diese Dinge sind wichtig. Aber sie wird auch schlechte Sachen mit sich bringen. Und vielleicht auch sehr schlechte. Aber ich glaube nicht, dass die Menschen in Zanskar das sehen, denn sie hungern alle nach schnellem Geld."

„Welche schlechten Dinge?", fragte ich ihn.

„Heute gibt es keine reichen Leute in Zanskar. Aber es gibt auch keine armen. Es ist ein Konzept, was wir nicht verstehen. Jeder ist gleich, mehr oder weniger. Die Familien, die das beste Land haben, leben direkt neben denen mit dem schlechtesten. Sie sind eine Gemeinde. Sie helfen sich gegenseitig. Sie ernten zusammen. Sie gehen zusammen auf Hochzeiten. Und Beerdigungen. Doch in Leh ist das Leben anders. Die Reichen gründen Klubs. Sie fahren schicke Autos. Sie essen zusammen. Sie gehen auf die Hochzeiten der anderen. Aber sie wohnen nicht beieinander. Und die Armen? Sie haben nichts. Man sieht sie, wie sie auf der Straße schlafen. Sie betteln. Niemand hilft ihnen. So etwas könnte in Zanskar niemals passieren. Zumindest nicht jetzt. Aber es kommt."

Wir redeten über die traditionelle Lebensweise in Zanskar, und Norbu beklagte, dass dieses Wissen verloren gehe.

„Ein gutes Beispiel ist Tundups Vater", sagte er und zeigte auf den jungen Mann, der mit uns über die Berge gegangen war. Jetzt trug er eine dunkle Sonnenbrille und hörte aufmerksam zu. „Ich habe ihn letzten Monat in Zanskar besucht. Ich kenne ihn, seitdem ich geboren bin, denn er ist mein Nachbar. Manche in der Stadt würden vielleicht sagen, er sei *nur* ein Bauer. Aber überleg mal, wie viel er weiß. Er kann die Hufe eines Pferdes beschlagen und ein Yak zur Welt bringen, er könnte also ein Tierarzt sein. Wann er seine Gerste aussäht, erkennt er den richtigen Zeitpunkt an der Ankunft eines Vogels oder an der Länge der Sonnenschatten. Also ist er ein Biologe und auch ein Astronom. Er hat sein Haus selbst entworfen und mit eigenen Händen gebaut. Er ist ein Architekt und ein Zimmerer. Er schmiedet Eisen, repariert Pflüge und baut Bewässerungsgräben, also ist er auch ein Ingenieur. Und das ist noch nicht alles. Er kennt seine Familiengeschichte, die viele Generationen zurückreicht. Und er kennt die Legenden seines Dorfes, er ist also ein Historiker. Er kann auf Tibetisch lesen und schreiben, also ist er auch ein Gelehrter. Und er kann singen. Nicht nur ein Lied, sondern Hunderte. Auf einer Feier im letzten Monat sang er den ganzen Abend. Er ist ein Entertainer. Er ist ein unglaublicher Mann. Aber der Punkt ist, dass er hier, in Zanskar, nichts Besonderes ist."

Lange Zeit sagte niemand etwas. Alle im Zelt hörten zu.

„Und wir? Die nächste Generation?“ Er zeigte auf den Kreis Männer, die sich um den Kerosinkocher drängten und in ihren glänzend polierten Schuhen und den Bundfaltenhosen nach Rasierwasser dufteten. „Wir sprechen Englisch und können einen Computer benutzen. Na und? Es macht mich so traurig, all das innerhalb einer Generation verloren gehen zu sehen. Aber was sollen wir tun? Nichts. Also schauen wir nur tatenlos zu.“

Bei dem berühmten Lamayuru-Kloster – einem Gewirr aus weißen und ockerfarbenen Tempeln auf einem großen Hügel neben dem Srinagar-Leh-Highway – legten wir einen Zwischenstopp ein. Der asphaltierte Parkplatz stand rappelvoll mit Reisebussen. Im Kloster versteckten sich die Altare und Schätze hinter Plexiglas. Auf großen Tafeln wurde auf Englisch, Französisch und Deutsch die Geschichte der Sehenswürdigkeit erläutert. Früher einmal war es das Zuhause von vierhundert Mönchen gewesen, nun sahen wir nur einen davonhuschen.

„Irgendetwas an diesem Ort fühlt sich so unauthentisch an“, stöhnte Christine. „Es wirkt, als wollten sie mit den Touristen nur Geld machen.“

Lamayuru war kein Kloster mehr, es war ein Museum. So sah also Karsha Gompas Zukunft aus.

An einem Straßenstand kauften wir Wasserflaschen und Hühnercurry. Nach vier Monaten in Isolation hatten Bodi und Taj vergessen, wie gefährlich Verkehr sein konnte, und wir mussten ständig auf die schweren Laster hinweisen, die an uns vorbeidröhnten. Dann kletterten wir zurück in den Minivan und brausten nach Leh weiter.

Christine und die Kinder schliefen ein, doch ich fand keine Ruhe und beobachtete aufmerksam, wie das steinige Flachland in Industriebrachen überging, die von Metallmüll, Reifen, rostenden Fahrzeugen und verlassenen Betonrohbauten übersät waren. Eine endlose Schlange von Lastwagen parkte auf dem Seitenstreifen der Schnellstraße, daneben standen viele Männer in Unterhemden und Trainingsanzügen aus Nickistoff. Dann kamen die Militärstützpunkte mit ihren Treibstofflagern, Schießständen, Lazaretten, Flugplätzen, Hangars sowie getarnten Baracken.

Als sich die sagenumwobene Stadt endlich unter uns ausbreitete, war ich nicht mehr aufnahmefähig.

Der Winter stand bevor, und die Touristen waren geflohen.

Unser Minivan fuhr Straßen entlang, die von verrammelten Läden gesäumt wurden: Darunter das „Dreamland Cyber Café", die deutsche Bäckerei „Apple Tree", das Teppichgeschäft „Himalayan Magic Carpets", das Hotel „Yak Tail" und das Restaurant „Shangri-La". Ein paar ehrgeizige Verkäufer waren geblieben, sie verkauften die gleichen Souvenirs, die auch in Varanasi und Kathmandu verkauft wurden: falsche Türkisketten und kleine, rußige, in den Feuerstellen von Manali gebrannte Buddhastatuen.

Wir waren die einzigen Gäste im Gästehaus „Padma". Das von hohen Pappeln und Gemüsegärten umgebene Haus gehörte einem jungen Paar aus Zanskar – Freunde von Sonam, natürlich. Als wir das Vorhängeschloss an der Tür zu unserem kleinen Zimmer öffneten, fanden wir darin zwei Betten und einen Stapel muffig riechender Heizdecken vor. Christine sprang sofort unter die Dusche. Die Kinder ließen sich vor den Fernseher plumpsen, und ich steckte das iPad an den Strom an, ein längst vergessenes Gefühl freudiger Erwartung kam in mir hoch.

Ich hatte seit sechs Monaten keine E-Mails mehr gelesen, in meinem Postfach waren 3800 neue Nachrichten. Der Großteil war Spam. Ein paar kamen von Freunden und Kollegen. Und plötzlich sprang mir die Schroffheit dieser Interaktionen ins Auge, der Mangel an Menschlichkeit darin. Die meisten Nachrichten bestanden nur aus ein paar Sätzen – alles rein beruflich. Selten verabschiedete sich jemand mit „Bis bald" oder „Danke", geschweige denn mit „Viele(n) Grüße(n)". Unter den meisten Nachrichten stand nicht einmal der Name des Absenders. Normalerweise schätze ich es, wenn man sich knapp fasst, doch jetzt erkannte ich das als Ausdruck eines atemlosen Daseins.

Als ich ins Badezimmer ging, lief ich an einem Spiegel vorbei. Die Person, die meinen Blick erwiderte, war kaum wiederzuerkennen: tiefliegende Augen, ungekämmtes Haar, hervorspringende Wangenknochen, Bartstoppeln.

„Wir gehen nach draußen zum Spielen, Dada", rief Taj.

Obwohl ihnen die Satellitenschüssel zahllose Kanäle anbot, hatten sie so schnell das Interesse verloren. Durch das Fenster sah ich, wie die beiden gelben Blättern nachjagten, die der kühle Wind davontrug.

In den darauffolgenden Jahren ist das Band zwischen Bodi und Taj immer fester geworden. Trotz eines Altersunterschieds von drei Jahren spielen die beiden noch heute zusammen: Sie bauen Legoszenarien, hüpfen auf unserem Trampolin, warten geduldig, bis der andere von der Schule kommt, bevor sie Seite an Seite in einer gemeinsamen „Minecraft“-Welt ihre halbe Stunde „Bildschirmzeit“ genießen.

„Das wäre niemals so gekommen, wenn wir nicht weggegangen wären“, meinte Christine kürzlich. Dann, in dem Wissen, dass auch Eltern eines Tages nicht mehr leben, fügte sie hinzu: „Ich hoffe nur, dass sie immer füreinander da sein werden.“

Einige Monate, nachdem wir nach Kimberley zurückgekehrt waren, gingen wir in ein örtliches Schwimmbad, und ich sah, wie Bodi auf dem glitschigen Beckenrand von einem Rudel Siebtklässler umringt wurde. Die älteren Jungen schienen ihn zu schubsen, und ich fragte mich, was zum Teufel da los war. Erst als ich hinlief, um dazwischenzugehen, wurde mir klar, dass die Jungen den zögernd grinsenden Bodi abklatschten.

„Hab dich im Fernsehen gesehen“, schwärmte ein Teenager mit ausgeprägtem Gebiss. „Das war so cool.“

Die Fernsehserie an sich war kläglich gescheitert, nach nur drei Wochen hatte sie ihren Sendeplatz zur Primetime verloren und war durch eine Show mit Quotengarantie ersetzt worden: „Bikinis & Boardwalks“.

In den Jahren, die seitdem vergangen sind, habe ich Wes (nun dreifacher Vater) in Los Angeles besucht, zu den anderen Mitgliedern der Fernsehcrew halte ich auch noch locker Kontakt, vor allem über soziale Medien. Bisweilen erreichen uns herzliche E-Mails von Zuschauern, die „Big Crazy Family Adventure“ auf irgendeinem obskuren Sender gefunden haben – meist sind es Eltern oder Kinder, die bereits mit ASS in Berührung gekommen sind. Ich bin dankbar, dass wir für diese Menschen unsere Reise dokumentiert haben.

Doch für uns hat sich dieses Fernsehprojekt am meisten gelohnt, wenn wir Bodi und Taj zusehen, wie sie die Serie zusammen anschauen – was sie sehr gern tun. Ich vermute, dass sich unsere Erlebnisse durch diese Aufnahmen in ihr Gedächtnis eingebrannt haben, häufig parodieren sie auch ihre Lieblingssätze. Taj: „Ich mag keine Fleischklöße." Bodi: „Pekingente schmeckt irgendwie, naja, wie Pekingente."

Die wenigen Male, die Christine und ich uns wirklich hinsetzen, um die Serie mit ihnen zu schauen – sich selbst im Fernsehen zu sehen ist genau so komisch, wie die eigene Stimme auf dem Anrufbeantworter zu hören –, zucken wir beide immer zusammen, wenn ich über Bodis Diagnose spreche. Wir fühlen uns dann so unwohl, dass wir dazu neigen, in solchen Momenten abzulenken. Doch unsere Kinder scheinen von dem Ganzen völlig unbeeindruckt zu bleiben. Warum ist es dann ein Problem für uns?

Obwohl wir es zwar nicht bereuen, Bodis Diagnose öffentlich gemacht zu haben, wird ein Teil von uns vermutlich immer damit hadern.

Glücklicherweise scheint ihm diese Entscheidung bisher nicht geschadet zu haben. Ganz im Gegenteil, es scheint, als hätte das Wissen um Bodis Schwierigkeiten bei vielen in unserer kleinen Gemeinde dazu geführt, ihn unterstützen und ermutigen zu wollen. Das ist selbst bei denen so, die seine Wege selten kreuzen.

Tatsächlich markierte unsere Reise einen Gezeitenwechsel in Bodis Leben.

Bevor wir damals aufbrachen, waren die meisten Tage ein Kampf gewesen – für ihn wie für uns. Doch in den letzten Jahren blühte er ganz unerwartet auf: Er schloss mehr und mehr Freundschaften, lernte zu malen und Flöte zu spielen, er macht jetzt Eisschnelllauf und ist auch bei einer Theatergruppe, und er genießt den bilingualen Schulunterricht. Und nun, da seine Abwehrhaltung bezüglich Veränderungen und sozialer Interaktionen abnimmt, machen sich sein scharfer Geist und eine Lebensfreude bemerkbar, die wir so nicht erwartet hätten. Er hat Selbstvertrauen gewonnen und scheint sich nun ganz genau zu kennen.

Vielleicht wären diese Entwicklungssprünge so oder so passiert, vielleicht fallen sie nur zufällig mit unserer Reise zusammen, doch das glaube ich nicht. Vielmehr vermute ich, dass unser Eintauchen in die traditionsreiche Gesellschaft Zanskars – mit ihrer Fülle an Zeit, Stille und Aufmerksamkeit – diese Fortschritte irgendwie angestoßen hat.

Und ich vermute vor allem, dass diese Zeit auch mich als Vater positiv beeinflusst hat.

Ein Kind im Spektrum großzuziehen, hat sich für mich immer wie ein Balanceakt angefühlt, denn man ist ständig auf der Suche nach der richtigen Mischung aus Akzeptanz und Unterstützung. Obwohl es nie unser Ziel war, Bodi von seiner einzigartigen Denkweise und seinen wunderbaren Eigenheiten zu „heilen", die ihn schließlich zu dem Menschen machen, der er ist, wollten wir ihm natürlich alle Werkzeuge an die Hand geben, damit er sich voll entfalten kann.

Ich glaube, wir sind nicht die Einzigen, die durch das Wirrwarr an Herausforderungen navigieren, vor das eine Autismus-Störung uns Eltern stellt. Und doch ist es nach meiner Erfahrung recht einfach, ein Lippenbekenntnis für „Akzeptanz" abzulegen, während man sich gleichzeitig stark auf Interventionen, Therapien und Training – die „Heilung" – konzentriert. Vor unserer Reise habe ich innerlich wahrscheinlich eher zu diesem Ansatz tendiert.

Es scheint pure Ironie zu sein, dass man Kindern im Spektrum meist *mangelnde Empathiefähigkeit* nachsagt, obwohl es vielleicht wir Neurotypischen sind, denen es eher an Empathie fehlt.

Selbst Jahre nach unserem Besuch im Karsha Gompa ist mir etwas geblieben, was ich dort gelernt habe: die Fähigkeit herunterzukommen, ruhig zuzuschauen und zuzuhören, und Bodi tatsächlich da abzuholen, wo er ist – anstatt zu versuchen, ihn dorthin zu biegen, wo er meiner Meinung nach sein müsste.

Wenn es ein Geheimrezept für mich *gibt*, dann ist es das.

Am Morgen nach unserer Ankunft in Leh genossen wir im Innenhof des Gästehauses ein Frühstück aus Toast und Milchtee und machten uns dann auf, um den historischen Basar der Stadt zu erkunden. Nach einem Schritt vor die Tür fühlten wir uns wie unter Beschuss: Gehupe, blinkende Werbetafeln, drängelnde Menschenmassen und leere Augen. Mir war, als würde mir bei lebendigem Leibe die Haut abgezogen.

Die Straßen selbst befanden sich in einem chaotischen Zustand, überall klafften Baggerwunden. In tiefen Gräben bauten Männer mit nackten Oberkörpern von Hand Viadukte, während Frauen in Saris Zement mischten und auf Holzschultertragen Kiestrommeln transportierten. Christine und ich griffen ängstlich nach den Händen der Jungen, damit sie nicht in einem Augenblick der Unaufmerksamkeit in einen dieser Gräben fielen. Über unseren Köpfen verkündete eine Tafel: *LEHS VERSCHÖNERUNGSPROJEKT IST IN VOLLEM GANGE.*

Die Gerstenfelder, die sich früher einmal über diese Hänge erstreckt hatten, waren zugepflastert worden, doch die Bewässerungskanäle gab es noch. Entlang der Straßen verlaufend, waren sie nun durch Blätter, Kartonage, Plastik und Papierabfälle verstopft. Mehrere Gruppen von Männern säuberten diese Aquädukte mit Rechen, sie kehrten den Dreck am Straßenrand zu Haufen und ließen sie trocknen, um sie später zu verbrennen.

In einer menschenleeren Pizzeria stocherte Christine in ihrem Essen herum. „Ich möchte nicht scheinheilig klingen, aber ich hätte jetzt lieber eine Schale Dal."

Was sie auch ärgerte – zumindest ein wenig –, war der Preis. Nachdem wir drei Monate lang fast gar nichts ausgegeben hatten, floss uns nun das Geld aus der Tasche. Touristenkarten mussten gekauft und Souvenirs aufgestöbert werden. Bodi wollte seine Sammlung Edelsteine erweitern. Taj hatte im Schaufenster eines Antiquariats eine Ausgabe von „Tim und Struppi" entdeckt. Christine selbst hatte sich gefragt, ob sie nicht versuchen solle, einen handgewebten Teppich nach Hause schiffen zu lassen. An einem einzigen Tag waren wir drauf und dran, mehr auszugeben, als eine einheimische Familie im ganzen Jahr verdiente.

Wie alle Touristen aus dem Westen wirkten wir auf die Einwohner Lehs wahrscheinlich erfolgreich und glücklich. Und ich vermute, dass es für Ladakher schwer ist – besonders für jene aus den ländlichen Regionen –, die versteckten Kosten abzuschätzen, die mit solch einem materiellen Wohlstand einhergehen: die vielen Stunden am Schreibtisch, Nachbarn, die man kaum kennt, Eltern, die keine Zeit für ihre Kinder haben, Fast-Food-Ernährung, E-Mails und Einsamkeit.

Gleichzeitig gehen wir als Besucher aus dem Westen davon aus, dass Geld hier eine ähnliche Rolle spielt wie in der Heimat. Folglich sind wir von den mageren Löhnen und den primitiven Lebensbedingungen entsetzt. Was wir jedoch nicht sehen, ist der Seelenfrieden, in dem viele Dorfbewohner noch immer leben: das Leben in der Gemeinschaft, der *paspun*, die Fülle an Zeit, die Genügsamkeit – das sind alles Dinge, die eine moderne Wirtschaft nicht messen kann und denen sie daher keinen Wert zuspricht.

Helena Norberg-Hodge, eine bekannte Kritikerin der Globalisierung und eine der ersten Fremden, die Ladakh besuchten, zeichnete die Reaktion eines Bauern vom Lande auf, nachdem er das erste Mal nach Leh gereist war: „Ich verstehe es nicht. Meine Schwester in der Hauptstadt, sie hat jetzt all diese Dinge, die die Arbeit schneller erledigen. Sie kauft ihre Kleidung in einem Laden, sie fährt einen Jeep, hat ein Telefon, einen Gasherd. All diese Dinge sparen so viel Zeit, aber wenn ich sie besuche, hat sie keine Zeit, um mit mir zu sprechen."

Aus dem Fenster des Restaurants beobachtete ich, wie Bauern und ausgemergelte Arbeiter langsam vorbeischlurften. Wahrscheinlich würde keiner von ihnen jemals auf den Plätzen sitzen, die wir gerade belegten. Stattdessen wurden sie zu einer Art Treibgut. Treibgut in einer modernen Flut, die schon bald über die hohen Gipfel schwappen und Zanskar überschwemmen würde.

FORT

Dann flogen wir in den Süden, in das dampfende, von Menschen nur so wimmelnde Flachland.

In einem schicken Viertel Delhis salutierten uniformierte Wächter unserem Taxi, als es vor dem schmiedeeisernen Tor eines Hotels im Kolonialstil stehen blieb. Nachdem sie mit Spiegeln um das Auto gelaufen waren und kontrolliert hatten, dass keine Bomben am Untergestell angebracht waren, winkten sie uns durch.

Hinter dem Tor erstreckte sich ein gepflegter Rasen, auf den Tempelbäume, Palmen und Eukalypten ihre Schatten warfen. Brunnen plätscherten, Pfauen stolzierten umher und Sittiche schwirrten von einer Baumkrone zur nächsten. Ein livrierter Page hieß uns in dem opulenten „Maidens Hotel" willkommen, das zur luxuriösen „Oberoi Group" gehört.

Sonam hatte unsere Zimmer im Voraus gebucht und niemals erwähnt, womit wir es da zu tun hatten. Jetzt, nachdem wir das Hotel gesehen hatten, fühlte sich Christine unwohl. „Das ist übertrieben, Bruce. Er sollte uns doch besser kennen!"

Doch die Feuchtigkeit raubte uns die Energie, um nach etwas anderem zu suchen. Also reichte ich der murmelnden, mit einem Sari bekleideten Frau hinter einem Mahagonischreibtisch meine Kreditkarte.

Die Marmorgänge, der türkisfarbene Pool, die Terrassen und Balustraden – all das war wunderschön. Was mir jedoch auffiel, war die allgegenwärtige schlechte Stimmung. Niemand lächelte. Weder die, die in der Lobby herumschwirrten, noch die, die auf den Liegestühlen am Pool lagen und an Cocktails nippten. Und zum ersten Mal seit Monaten nahm niemand unsere Kinder wahr – es sei denn sie störten die Ruhe, was düstere Blicke auf uns zog.

In jedem anderen Hotel, zu jedem anderen Zeitpunkt, wäre mir das wahrscheinlich nicht aufgefallen. Am Ende einer Reise gibt es jedoch diesen einen flüchtigen Moment, in dem man einen ungewöhnlich klaren Blick auf die Welt hat. Normalerweise unsichtbare Verhaltensweisen und Einstellungen – die einfache Schönheit der Dinge, misstönende Ungerechtigkeiten – rücken stärker in den Fokus. Dinge, die wahrscheinlich geradezu offensichtlich sind. Aber als ich mich in der verglasten Lobby umsah, überwältigte mich dieser Eindruck.

Wir hatten gerade erst unsere schweren Seesäcke in die tennisplatzgroße Suite geschleppt – die Jungen sprangen bereits wie auf Trampolinen von einem Kingsizebett zum nächsten –, als das Telefon brummte. Es war Lama Wangyal. Er wartete unten.

Ich hatte vorgehabt, ihn auf seinem Handy anzurufen, sobald wir richtig angekommen wären. Aber nein: Das gutverzweigte zanskarische Netz hatte ihm bereits unseren Standort mitgeteilt.

„Komm doch hoch!“, sagte ich zu ihm und nannte ihm unsere Zimmernummer.

Aber er konnte nicht. Man lasse ihn nicht hinein, erklärte er, bevor ich nicht herunterkäme und für ihn bürgte.

In ganz Zanskar waren buddhistische Mönche hoch angesehen, ihre geschorenen Köpfe und die kastanienbraunen Gewänder symbolisierten die Opfer, die sie im Namen aller erbrachten. Und als ehemaliges Oberhaupt des größten Klosters im Tal war Lama Wangyals Ansehen und Einfluss noch immer ausgesprochen groß. Doch hier im modernen Delhi war all das bedeutungslos. Ich wiederum besaß helle Haut und eine Kreditkarte, was mir fast jede Tür öffnete.

Ich eilte nach unten. Da war er, seine Silhouette zeichnete sich gegen das Fenster ab.

Seine vertraute, väterliche Gestalt erblickend, durchströmte mich ganz unerwartet eine tiefe Freude. Ich hatte den ernsten Mann tatsächlich vermisst. Der Page grüßte mich theatralisch und winkte Lama Wangyal herein. Ich schlang meine Arme um ihn.

„Das sehr glücklicher Tag", sagte der Lama sanft, und küsste meine Wangen wieder und wieder.

Er trug dieselbe rote Segeltuchtasche, mit der er das Kloster verlassen hatte. Er musste natürlich bei uns übernachten, was kein Problem darstellte, da unsere Suite lächerlich groß war und es genügend freie Sofas gab.

„Das *sehr* großes Hotel", flüsterte er mir zu, als wir durch den mit Teppichen ausgelegten Flur gingen. Dann zeigte er auf die Gewölbedecke. „Mortub, warum so hoch?"

Ich konnte ihm keine sinnvolle Antwort geben.

„Sehr schwer zu heizen im Winter", erklärte er, pragmatisch wie immer.

Als ich ihm zu erklären versuchte, dass es hier keinen Winter gebe, zumindest nicht so einen, wie er ihn kannte, und dass das Hotel mit von Lkws geliefertem Öl geheizt werde und nicht mit Feuerholz, schüttelte Lama Wangyal nur den Kopf, als wollte er es lieber nicht wissen. Ich sagte ihm nicht, dass die Menschen, die hier zu Gast waren, sich nicht weniger dafür interessieren könnten, was es kostete, einen solchen Palast zu heizen; dass wir die Welt, in der uns Wärme körperlich etwas abverlangte, hinter uns gelassen hatten.

Nach einem freudigen Wiedersehen mit Christine und den Jungen saßen wir zusammen auf einem der Sofas, aßen Obst und Käse von einer Platte, sprachen von unserer Trekkingtour, den letzten Tagen im Kloster und von Lama Wangyals Reise nach Delhi. Er war in einem tibetischen Flüchtlingslager untergekommen, in dem er zunächst für fünf Dollar pro Nacht einen Platz in einem Schlafsaal gemietet hatte. Doch als sich die Kosten dann summiert hatten, war er in ein Kloster umgezogen und hatte auf dem Boden neben einem schnarchenden Mönch geschlafen.

Dann kam Lama Wangyal zum Punkt.

„Kein Visum", sagte er und bestätigte damit, was ich von Sonam gehört hatte. „Aber Mortub, kannst du was machen?"

Er zeigte mir den Brief, den er von der kanadischen Botschaft erhalten hatte. Er war im Bürokratenjargon geschrieben, fast unlesbar, selbst für einen Muttersprachler. Nachdem seitenlang aus Parlamentsgesetzen zitiert worden war, endete das Schreiben mit einer Liste möglicher

Gründe, warum ein Antrag abgelehnt werden konnte. In Lama Wangyals Fall war nur eines der Kästchen angekreuzt: *Unzureichende Geldmittel.*

Der Brief war nicht unterschrieben und trug keine Absenderadresse. Das war die universelle administrative Vernebelungstaktik: gesichtslos und feige.

Die Entscheidung erschien mir grundsätzlich fehlerhaft, da Lama Wangyals Antrag ein von mir unterzeichnetes Schreiben beigelegen hatte, in dem ich erklärt hatte, all seine Ausgaben zu tragen, zusammen mit Bankauszügen und Steuerbescheiden, die meine Zahlungsfähigkeit belegten. Erneut einen Antrag zu stellen, kam zu diesem Zeitpunkt nicht mehr in Frage. Also machte ich mich mit Lama Wangyal auf den Weg zum Visazentrum, trotz des ausdrücklichen Hinweises im Brief, dies nicht zu tun.

In den geschäftigen Straßen winkten wir uns ein Tuk-Tuk heran und ließen die grelle Ungleichheit des modernen Indiens an uns vorbeiziehen. An jeder Kreuzung tauchten Kinder mit zerzaustem Haar und übelriechender Kleidung aus Pappkartons auf, die an den getönten Scheiben von BMWs und Jaguaren bettelten. Spindeldürre Männer schoben Fahrräder, auf denen sich Senföldosen stapelten, die sie aus den Müllcontainern von Restaurants gesammelt hatten und irgendwann als Kochtöpfe an die Armen verkaufen würden. Andere wiederum trugen zusammengelegte Pappkartons, die sie als Betten verscherbelten.

Für viele Menschen in Zanskar stellte Delhi das gelobte Land dar, nur wessen Traum konnte das hier tatsächlich sein?

Der Mittagsverkehr zwängte sich durch die Straßen. Hektisch wurde gehupt. Die Autos fuhren beängstigend knapp an uns vorbei, es kam aber nie zu einem Zusammenstoß. Der Himmel über uns war voller Gewitterwolken, und mein Oberteil war durch die feuchte Luft ganz nass. Zusammengequetscht saßen wir auf der Rückbank des Tuk-Tuk, unsere Hüftknochen rieben aneinander.

„Visazentrum schließen“, orakelte Lama Wangyal, nachdem wir eine Stunde lang gefahren waren.

Zweieinhalb Stunden später kam das Tuk-Tuk vor einem Wolkenkratzer aus Glas zum Stehen. Auf meiner Uhr war es 15:52 Uhr. Das

Visazentrum schloss um 16:00 Uhr. Wir sprinteten die Treppen hoch und stießen auf Sicherheitsleute, die den Eingang versperrten.

„Kommen Sie morgen wieder“, wiesen sie uns an. Ich zeigte auf meine Uhr, auf der 15:57 Uhr stand, aber sie schüttelten nur den Kopf.

Frustriert setzte ich mich auf den Marmorboden und beobachtete, wie Männer in Anzügen weiterhin ein und aus gingen, die Arme voller Reisepässe. Das seien Reiseberater, erklärte die Security. Dann pfiff einer der uniformierten Männer und winkte mich unerklärlicherweise doch hinein.

Ich stellte mich in eine lange Schlange. Irgendwann stand ich vor einer kugelsicheren Glasscheibe, hinter der ein junger Mann in einem makellosen blauen Anzug saß, dem ich unseren Fall vorbrachte.

„Dieser Antrag wurde aufgrund unzureichender Geldmittel abgelehnt, aber das kann nicht stimmen, da ich für Rückflugticket, Kost und Logis gebürgt habe.“

„Wir entscheiden das hier nicht“, erklärte der Mann, seine Stimme kam durch einen nicht sichtbaren Lautsprecher.

„Kann ich mit der Person sprechen, die das entschieden hat?“

„Nein.“

„Wie kann ich das anfechten?“

„Gar nicht.“

„Haben Sie eine Telefonnummer der Botschaft?“

„Nein.“

Nachdem ich ihn noch eine Weile bedrängt hatte, schob er schließlich einen luftschlangenartigen Streifen Papier unter dem Glas hindurch. „Kontakt“, sagte er und bedeutete mir zu gehen.

Ich schöpfte Hoffnung – bis ich draußen war und auf den Streifen blickte, auf dem lediglich die E-Mail-Adresse des kanadischen Konsulatsdienstes in Ottawa stand.

An jenem Abend setzte ich eine ausführliche E-Mail auf, in der ich die Situation zusammenfasste und auf die Dringlichkeit hinwies. Wenige Minuten, nachdem ich auf „Senden“ geklickt hatte, kam eine E-Mail herein. Und wieder war ich voller Hoffnung. Jemand hatte geantwortet. Vielleicht interessierte sich doch jemand da draußen für uns.

Aber es war nur eine automatische Antwort, ein seitenlanges Kauderwelsch, das im Grunde sagte: *Sie armer Pechvogel, wir beantworten niemals irgendwelche Anfragen.*

Besonders frustrierend war, dass Lama Wangyal alle Anforderungen erfüllte. Alles war rechtmäßig. Und trotzdem musste er in irgendeine unsichtbare Falle getappt sein. Er würde niemals die einfachen Freiheiten genießen, die für mich selbstverständlich waren.

Lama Wangyal saß neben mir und sah mir beim Tippen zu. „Bringst du in Ordnung, Mortub? Du sehr guter Ordnungsmann!"

Ich versprach ihm, dass ich nicht aufgeben würde.

Als ich aufwachte, war ich mir nicht sicher, wie spät es war. Dicke Vorhänge versperrten die Sicht nach draußen. Nur das Summen der Klimaanlage und das Knacken der Kaffeemaschine unterbrachen die unnatürliche Stille. Das Hotelzimmer war so uniform, es hätte sonstwo sein können: In Vancouver, Toronto oder New York. Das war die Welt, die ich kannte, die Welt, in die ich jetzt zurückkehrte.

Bodi wollte auf Delhis geschäftigen Märkten einkaufen, für diese Gelegenheit hatte er sorgfältig Rupien gespart. Christine begleitete ihn gern. Sie wollte neue Kissenbezüge für unser Zuhause. Aber ich konnte den Gedanken an Shopping nicht ertragen.

Also besuchte ich stattdessen mit Lama Wangyal und Taj das Humayun-Mausoleum, den prachtvollen Grabbau des zweiten Herrschers des indischen Großmogulreiches – vergleichbar mit dem Taj Mahal. Als wir über die Marmorhöfe huschten, Hitze und Menschenmassen in unseren Nacken, zog der kleine Taj an meiner Hand.

„Dad, ich hab Hunger. Hast du etwas *tsampa*?"

Leider musste ich ihm sagen, dass ich keines in meinen Hosentaschen hatte. Der Himalaja schien in allzu weiter Ferne.

Just in diesem Augenblick blies ein Nebelhorn: das tiefe, grollende Geräusch eines Seeschiffs oder Leuchtturms. Doch es gab keinen Hafen in der Nähe, und ich fragte mich laut, was das wohl für ein Geräusch war.

„Dad!" Taj schaute mich an, als ob ich verrückt sei. „Das war das Puja-Horn."

Wir sind keine Buddhisten, und wir wollen auch keine sein, doch selbst Jahre nach unserer Rückkehr aus Zanskar meditiere ich noch immer – oder ich versuche es zumindest.

Und wenn es anstrengend wird im Leben, was es häufig wird – beim Anstehen, im Stau, wenn der Computer abstürzt, wenn das Gepäck im Flugzeug einfach nicht ins obere Gepäckfach passen will –, erwische ich mich dabei, wie ich mich instinktiv auf meinen Atem konzentriere. Einatmen. Ausatmen. Es ist erstaunlich effektiv.

Bodi meditiert auch, es ist Teil seiner abendlichen Routine. Jeden Abend lauschen wir einer angeführten Meditation auf dem gesprungenen und veralteten iPad, und obwohl ich nicht überzeugt bin, dass Bodi immer zuhört, beruhigt ihn dieses ritualisierte Atmen ohne Zweifel. Und da ihm Statistiken so viel geben, ist er höchst motiviert, dranzubleiben. Seit einem Jahr hat er seine abendliche Meditation kein einziges Mal ausgelassen.

Hin und wieder erwische ich Taj dabei, wie er „*Om mani padme heung*“ murmelt, während er in seinem Zimmer mit Lego spielt. Doch noch viel mehr berührt es mich – als sein Vater –, wenn ich sehe, wie er sich während seiner kostbaren Bildschirmzeit Dokumentarfilme über gefährdete Tierarten oder bedrohte Ökosysteme anschaut. Das buddhistische Mitgefühl für alle empfindungsfähigen Wesen existiert ganz offensichtlich in ihm – ob das etwas mit unserer Reise zu tun hat, lässt sich schwer sagen.

Christine sieht Spiritualität nun durch eine weichere Linse. „Die formale Praxis fühlt sich weniger wichtig an“, gestand sie kürzlich ein. „Viel wichtiger ist es jetzt für mich, diese Ideale in den Alltag zu integrieren.“

Lama Wangyals vier *thang ka* hängen in einer Reihe über unserem Küchentisch. Darunter brennen häufig Teelichter und Weihrauchstäbchen. Hin und wieder essen wir Gerste, aber an *tsampa* kommt man in Kanada nur schwer heran. Ich würze meinen Tee immer noch mit einer Mischung aus Kardamom, Zimt und Nelken. Und meine alternde Mutter hat, nachdem sie ihr ganzes Leben in Toronto verbracht hat, vor Kurzem ein Haus in unserem winzigen Bergstädtchen gekauft und ist unserem *paspun* (wieder) beigetreten.

Meine Beziehung zur Zeit hat sich grundlegend verändert. Ich halte häufiger inne, einfach nur um zu atmen oder das Licht in den Wolken zu beobachten, und ich komme mehr mit Freunden, Nachbarn und Fremden in Verbindung, anstatt an ihnen vorbeizuhasten. Christine und ich scheinen auch mehr Raum füreinander gefunden zu haben. Jeden Morgen sitzen wir mit einer Tasse Kaffee in der Hand zusammen und beobachten den Sonnenaufgang – über den Rocky Mountains statt über dem Himalaja. Und wir spazieren regelmäßig durch unser Viertel, einfach nur so: Das hätte ich früher niemals in Betracht gezogen.

Beide legen wir unsere Arbeit zur Seite, sobald die Jungs von der Schule kommen, nicht, weil wir uns dazu verpflichtet fühlen, sondern weil wir so unsere Zeit verbringen wollen. Auf dem Abendessenstisch liegen keine Handys, und wir lesen den Kindern vor dem Schlafengehen immer eine Stunde lang vor.

Für sich genommen scheinen unsere Bemühungen rein symbolischer Natur zu sein, doch zusammengenommen glaube ich schon, dass sie etwas bewirken.

So wie Zanskar uns verändert hat, auf kleine, aber andauernde Art und Weise, verändert sich auch das Tal selbst. Es wurde von einem Strudel des Niedergangs ergriffen, der immer stärker wird. Tragischerweise ist vieles von dem, was wir gesehen haben, schon verschwunden. Der gelbe Bagger überquerte den Shingo La, kurz nachdem wir abgereist waren. Autos, Motorräder und Laster folgten im Jahr darauf. Schon bald wird die Chadar-Schlucht durchbrochen sein. Riesige Straßentunnel sind in Planung. Was wohl in zehn Jahren noch übrig sein wird? Oder in hundert?

Ganz ähnlich, wie wenn eine überforderte Gesellschaft unbewusst versucht, sich Menschen im Spektrum (oder grundsätzlich all die, die anders sind) zurechtzubiegen, wird dies auch mit entlegenen und alten Kulturen getan, und zwar seit Jahrhunderten schon. Wenn die Fortschritte der Moderne über eine Gesellschaft hereinbrechen, sind fast alle zu beschäftigt, um genauer hinzusehen, und alles, was sich davon abhebt, wird eingeebnet oder weichgespült. Durch diese Gleichmacherei verlieren wir alle: an Vielfalt, an Ideen, an Möglichkeiten.

Doch ein Hoffnungsschimmer bleibt.

Mit einer fast schon unheimlichen Weitsicht prophezeite der große buddhistische Reformer Guru Rinpoche vor tausend Jahren, dass „wenn die eisernen Vögel fliegen und Pferde auf Rädern laufen, sich das tibetische Volk wie Ameisen auf der ganzen Welt zerstreuen wird".

Ich stelle mir gern vor, dass wir nun Teil dieser Zersprengung sind, indem wir auf unsere eigene, bescheidene Art einen winzigen Splitter von Zanskars altem Wissen in uns tragen – einen Samen der Andersartigkeit.

Diwali, das große Lichterfest der Hindus, stand kurz bevor, und da uns noch fünf Tage bis zu unserem Flug nach Kanada blieben, entflohen wir dem Lärm und den Menschenmassen Delhis und fuhren nach Rajasthan, das südwestlich der Hauptstadt liegt und innerhalb eines Tages mit dem Auto erreicht werden konnte.

Die sechsspurige Autobahn war voller Urlaubsreisender. Tuk-Tuks dröhnten wie Rasenmäher an uns vorbei, sie quollen vor Fahrgästen über, manche saßen sogar auf den Stoßstangen. Ganze Familien verreisten per Moped: zwei oder drei Kinder auf dem Arm des Vaters, die Mutter hinten, im Damensattel. Knöchrige Kühe trotteten gemächlich in die entgegengesetzte Verkehrsrichtung. Riesige Laster folgten und spülten Autos in den Graben. Niemandem schien das etwas auszumachen.

In den Randbezirken von Jaipur, der Hauptstadt von Rajasthan, liefen Kamele und Elefanten durch die Zeltstädte. Kühe und Schweine – für die Festtage mit violetter Farbe bespritzt – wühlten sich durch schwelende Müllberge.

Wir hatten zwei Zimmer in dem neuen „Fortune Hotel" reserviert: eines für Christine und Bodi, das andere für Lama Wangyal, Taj und mich. Lama Wangyal schnappte nach Luft, als ich die Plastikkarte über den Türöffner zog.

„Schlüssel?", fragte er. Er probierte es selbst einige Male und staunte, als sich das Schloss öffnete.

In Hotelzimmer gab es unendlich viel zu entdecken. Die Vorhänge konnten per Fernbedienung auf- und zugezogen werden. Die Minibar war voller Alkohol. Die Lichtschalter reagierten auf leichte Berührung.

„Das mehr Geld als Hotel in Delhi?“, fragte Lama Wangyal, doch ich schüttelte den Kopf.

Der alte Mönch sprang auf eine digitale Waage im Badezimmer, die siebzig Kilogramm anzeigte – bemerkenswert leicht für seine Größe. Danach wog auch ich mich und starrte ungläubig auf das Ergebnis. Ich hatte in Karsha Gompa zehn Kilo abgenommen und wog damit weniger als zu Highschool-Zeiten.

Als ich eine Stofftasche in den Müll warf, die wir für Äpfel benutzt hatten, holte sie Lama Wangyal wieder heraus und schneiderte daraus flink einen seltsamen roten Hut. Nichts wurde verschwendet, auch hier nicht.

Die Jungs plantschten mit Christine und mir in einem Pool auf der Dachterrasse, dazu konnten wir Lama Wangyal allerdings nicht überreden. Er war noch nie zuvor geschwommen. Stattdessen saß er in einem Liegestuhl unter einem grün-weißen Sonnenschirm, in Mönchsrobe und mit neuem roten Hut.

Als eine Taube gegen eines der Fenster flog und mit schiefen Flügeln verzweifelt auf der Terrasse herumflatterte, nahm Lama Wangyal den Vogel hoch und trug ihn vorsichtig zu dem Stuhl neben sich, wo das Tier, trotz weiterer Pflege, starb.

Als die Sonne unterging, durchbrachen Feuerwerke den Abend.

„Jaipur sehr gute Stadt“, lächelte Lama Wangyal und lehnte sich gegen die Brüstung.

„Warum?“, fragte ich.

Er zeigte auf die Berge in der Ferne. „Delhi zu flach. Das erinnert mich an Zanskar.“

„Mortub, was ist das für ein Licht?“, fragte Lama Wangyal, als wir im Kingsizebett lagen. Es war der Rauchmelder, der über uns an der Decke blinkte, und ich erklärte ihm seinen Zweck.

Stille.

Dann sprach Lama Wangyal wieder. „Mortub, ich kein Glück.“

Ich hatte alles versucht, um die Sache mit seinem Visum zum Guten zu wenden. Ich hatte Freunde in Kanada um Empfehlungsschreiben gebeten. Ich hatte eine E-Mail nach der anderen an den Konsulatsdienst geschickt. Ich hatte dort auch mehrmals Nachrichten auf dem Anrufbeantworter hinterlassen. Ich hatte weitere Nachweise meiner finanziellen Situation vorgelegt. Allerdings war eine Antwort ausgeblieben. Und tief in mir wusste ich, dass sie niemals kommen würde.

In der Zwischenzeit hatte sich Lama Wangyal immer mehr zurückgezogen. Ich spürte, dass sich da etwas zusammenbraute.

Als ich eine Weile später aufwachte, hörte ich Gesang.

Lama Wangyals Silhouette zeichnete sich gegen das Hotelfenster ab, und ich wurde von einem Gefühl tiefer Trauer ergriffen. Ich wusste, dass er sich gerade in den strahlend blauen Himmel seiner Heimat flüchtete. Unser Abschied rückte näher.

Heute war ein nationaler Feiertag. Es war ausgeschlossen, dass jetzt noch rechtzeitig ein Visum ausgestellt werden würde, bevor unser Flieger am nächsten Tag startete. Stattdessen würde sein Flugticket nach Kanada verfallen, und ich würde ihm einen Platz in einem Flugzeug nach Leh buchen.

Was die Sache noch schlimmer machte, war, dass er erklärt hatte, dass er nicht mehr nach Kanada reisen wolle, wenn er nicht jetzt mitkommen könne. Allein zu verreisen, einmal um die halbe Welt, das war mehr, als ein alter Mönch bereit war, in Betracht zu ziehen.

Auf Zehenspitzen ging ich zum Fenster und setzte mich neben ihn. Lama Wangyal betete weiter und würdigte mich keines Blickes. Er unterbrach seinen Rhythmus nur, um meine Worte anzuzweifeln, und kehrte dann zum Kanon zurück.

Er war wütend. Wütend auf mich und andere ausländische Freunde, die wir es nicht genug versucht hatten. Ich stellte mir vor, wie machtlos er sich fühlen musste: ein Spiel spielend, das er nicht verstand, auf einem schiefen Spielfeld mit undurchsichtigen Regeln. Seine Pläne wurden von einem System durchkreuzt, das er nicht begriff.

Zum ersten Mal nannte er mich statt Mortub Bruce, und etwas in mir zerbrach. Ich stand auf und wollte gehen, aber er rief mich zurück, mit ausgebreiteten Armen. Stumm standen wir zusammen, beide in Tränen aufgelöst. Der alte Mann hielt mein Gesicht in seinen Händen.

Wir fuhren zurück ins Hotel nach Delhi und packten zum letzten Mal unsere Seesäcke.

Ich fühlte mich schuldig: weil ich es nicht geschafft hatte, Lama Wangyal ein Visum zu besorgen, weil ich mich auf unser Zuhause freute, und weil ich schon bald viele Annehmlichkeiten genießen würde.

Am Nachmittag hatte Lama Wangyal noch einen weißen Umschlag aufgehoben, den jemand unter der Tür hindurch geschoben hatte. Es war die Rechnung für unsere Übernachtung: mehr als das, was man in Zanskar in einem Jahr verdiente. Jetzt fragte der alte Mönch nach Geld, um dies und das zu bezahlen, und wir gaben es ihm. Er schlug vor, dass wir dem Labrang-Tempel Geld spendeten, und wir versprachen, mehr Geld zu überweisen. Er fragte, ob auch unsere Freunde zu Hause den Tempel unterstützen könnten. Ich wollte einfach nur wegfliegen.

Unser Flug ging nach Mitternacht, also steckten wir die Jungen nach dem Abendessen für ein paar Stunden ins Bett. Dann ließen Christine und ich uns in unser Kingsizebett fallen. Sie kuschelte sich eng an mich, legte einen Arm über meine Schultern und schlief ein. Ich lag wach und starrte den blinkenden Rauchmelder an.

Lama Wangyal saß auf einem Sofa in der Nähe und sang.

Vor ein paar Stunden hatte ich sein Ticket nach Hause gebucht. Er würde mit uns zum Flughafen fahren, wo wir ihn bei der Abflughalle für Inlandsflüge absetzen wollten, bevor wir für unseren internationalen Flug einchecken konnten. Christine hatte ein Sofa für ihn ausgezogen, stattdessen krabbelte er aber neben mich ins Bett.

„Wann verlassen wir Hotel, Mortub?“

„Um elf“, sagte ich ihm. Bedächtig stellte er einen Wecker auf seiner Uhr.

„*Om mani padme heung, om mani padme heung*“, flüsterte er immer wieder.

Dann wandte er sich zu mir. Wenn jemand in diesem Moment von weit oben auf uns herabgeblickt hätte, er hätte zwei Klammern gesehen – eine offene, eine geschlossene – mit einer Leere dazwischen. Seinen Arm quer über das große weiße Laken ausstreckend, griff Lama Wangyal nach meiner Hand.

Versuche nicht das, was du vom Buddhismus lernst, dazu zu nutzen, ein Buddhist zu werden. Nutze es, um eine bessere Version von dem zu werden, was du bereits bist.

SEINE HEILIGKEIT TENZIN GYATSO,
DER VIERZEHNTE DALAI LAMA

ANMERKUNGEN ZU SPRACHE UND SCHREIBWEISE

Zanskari ist ein Dialekt des Ladakhischen, eine Sprache, die sich aus dem Tibetischen entwickelt hat. Es existieren zwar Parallelen zwischen dem Ladakhischen, dem modernen Tibetisch (gesprochen) und dem klassischen Tibetisch (geschrieben), allerdings würden sich die Sprecher dieser drei Sprachen gegenseitig nicht verstehen, daher unterscheidet man zwischen ihnen.

In diesem Buch habe ich die Wörter auf Zanskari phonetisch übertragen und mittels Kursivschrift gekennzeichnet (*tsampa, paspun*), mit Ausnahme der vertrauteren Begriffe wie Lama oder Yak. Obwohl man mithilfe der Umschrift nach Wylie – einem standardisierten Schema, das der amerikanische Gelehrte Turrell V. Wylie 1959 für die tibetische Schrift schuf – eine akkuratere Übertragung der zanskarischen Wörter in das lateinische Schriftsystem vornehmen kann, hat dies den Nachteil, dass sie die Aussprache nicht berücksichtigt, was für Leser essenziell ist. Zum Beispiel würde der Männername *Tenzing* (phonetisch übertragen) mit der Wylie-Methode zu „bsTan.'Dzin" werden – für die meisten unlesbar.

Ein Nachteil der phonetischen Übertragung ist die signifikant hohe Zahl an verschiedenen Schreibweisen. Zum Beispiel kann die in Zanskar übliche Grußformel *Jullay* auch *Ju-Le*, *Juley* oder *Julley* geschrieben werden. In diesem Buch habe ich versucht, die phonetische Form zu verwenden, die in der Literatur am häufigsten verwendet wird, oder, falls nichts zu finden war, habe ich die Wörter so übertragen, wie sie für mich klangen. Seien Sie jedoch gewarnt: Reisende in den Himalaja können mit ganz anderen Schreibweisen vertraut sein.

Besonders die Namen können Kopfschmerzen bereiten. Den zuvor genannten Tenzing findet man phonetisch übertragen auch als *Tenzin*, *Stenzin* oder *Stenzing*. Und doch beziehen sich alle Übertragungen auf den tibetischen Namen *bsTan.'Dzin*.

Geografische Namen sind ebenso verwirrend. Für jedes Dorf, jeden Fluss, Berg und Pass, der in diesem Buch erwähnt wird, gibt es alternative phonetische Übertragungen. Das Dorf Karsha findet man in der Populärliteratur und in wissenschaftlichen Artikeln auch unter dem Namen *Kurscha* oder *Karscha*. Es gibt keine richtige oder falsche Antwort auf die Frage: *Pipiting* oder *Pibiting*? Der alte Shingo-La-Pass wurde vor Kurzem von der indischen Regierung als *Shinkola* ausgeschildert.

Sogar der Name Zanskar kann Unsicherheit auslösen, da das Tal im Laufe der Geschichte auch als *Zansgar* oder *Zaskar* bezeichnet wurde. John Crook, ein Verhaltensforscher an der Universität von Bristol, den viel mit der Region verbindet, behauptet, dass *Zangskar* die genaueste Übertragung sei. Doch da der Großteil der zeitgenössischen Karten und Schriftsteller die Schreibweise *Zanskar* verwendet, habe ich das Gleiche in diesem Buch getan.

Das Wort *Zanskar* wird meist mit „Land des glänzenden Kupfers" übersetzt, doch dazu gibt es keine wirklich überzeugende Etymologie. Andere Theorien spielen mit *zan* (Essen) und *mKhar* (Palast), oder *bZang* (gut) und *dKar* (weiß). „Gut" bezieht sich in letzterem Fall auf die glückverheißende Dreiecksform des Tals und „weiß" beschreibt die angeborene Religiosität der Einheimischen.

JULLAY

Zunächst möchte ich mich bei den Menschen in Zanskar bedanken, für ihre Großzügigkeit, ihre Wärme und ihre Unterstützung. Auf dass eure traditionelle Lebensweise uns allen einen Weg in Zukunft leuchte.

Besonders hervorheben möchte ich Lama Tsering Wangyal, dem dieses Buch gewidmet ist. Ohne ihn wäre nichts von all dem möglich gewesen. *Jullay, jullay meme.*

Die Novizen der „Karsha Jhamling Monastery School" werden in unseren Herzen immer einen besonderen Platz einnehmen. Wir grüßen ganz herzlich Stenzin Purbu aus Pidmo, Stenzin RamJam aus Rantasha, Skarma Eshay aus Phay, Stenzin Jigmet aus Zangla, Sonam Tsephal aus Hanamor, Stenzin Nima aus Abran, Stenzin Norgay aus Sendo, Stenzin Lakdan aus Tahan, Stenzin Joray aus Zangla, Lobsang Changchup aus Karsha, Sonam Chospel aus Pishu, Tashi Tundup aus Sang Pha Lay, Stenzin Thurchin aus Phay, Stenzin Phuntsok aus Pishu, Stenzin Nawang aus Lungmur, Stenzin Tsewang aus Tsazar, Jigmet Rinchen aus Shamuling, Tsering Paljor aus Tungri und Stenzin Norphal aus Taman.

Äußerst dankbar sind wir außerdem den Mönchen des Karsha Gompa, die vier kanadischen Fremden ihre Türen geöffnet und in ihrer Mitte willkommen geheißen haben. Hoffentlich ist klar, dass die liebevollen Spitznamen, die wir ihnen gegeben haben, aus unserer eigenen sprachlichen Begrenztheit heraus entstanden sind. Ein herzliches *Jullay* an alle, die im Sommer 2014 im Kloster waren, darunter Meme Khampo Purbu, Lama Tsering Wang Chuk, Lama Jimba Sonam, Lama Tsering Norbu, Lama Ishay Sundup, Lama Dorjey Tundup, Lama Lobsang Mortub, Lama Tham Chouy, Lama Yarsal Thakpa, Lama Tsering Sundup, Lama

Kachen Tenzin Chosang, Lama Stanzin Ta'han, Lama Stenzin Jamyoung, Lama Lobsang Strab, Lama Sonam Wangchuk, Lama Tashi Gyaltsen, Lama Lobsang Khedup und Lama Thukstan Chosphel. Ein riesiges Jullay geht auch an die Klosterköche, Tashi Tsering und Chagar, genauso wie an die wunderbare Truppe nepalesischer Arbeiter, die uns in ihrer Mitte willkommen geheißen haben.

Obwohl wir nur fünf Tage mit Jamyang Lamo und Ringzin Dorjey in Tungri verbracht haben, fühlten sich unsere Familien in dieser kurzen Zeit einander sehr verbunden. Ihren goldenen Herzen gilt ein großes *Jullay*. Ein großes Dankeschön geht auch an Sonam Dawa, der uns nach Zanskar geführt hat und während unseres Aufenthalts zu einem guten Freund geworden ist. Ein *Jullay* geht auch an seine wunderbare Frau Tolma aus Shegar.

Und zu guter Letzt ein Jullay an Lobsang Tsering, Lama Wangyals Neffen, der unsere Reise mit den folgenden prophetischen Worten in Gang brachte: *Sehr großzügigerweise. Probleme gibt es keine.* Nun studiert er in Frankreich, und während ich dieses Buch schrieb, hat er mir dabei geholfen, mein Verständnis von der zanskarischen Kultur und dem Buddhismus im Allgemeinen zu erweitern.

Ich werde oft gefragt, ob das Reisen mit der Fernsehcrew nervenaufreibend war. Viele vermuten, dass ich die Herausforderung herunterspiele. Aber ehrlich gesagt, es war nicht so schlimm. Natürlich ist es hin und wieder zu Spannungen gekommen, aber als wir Zanskar erreicht hatten, waren die Crewmitglieder eher Freunde als Kollegen, und dafür möchte ich allen, die an dieser wundersamen Reise teilgenommen haben, meinen Dank aussprechen. Ich kann unmöglich alle namentlich nennen – es sind meiner Schätzung nach mehr als achtzig – daher drücken wir diejenigen am festesten, die alles mit uns durchgestanden haben: Austin, Brock, Buzz, Dave, Shauna, Jeff, Jonathon, Caitlin, Gurmeet und Dustin.

Ein besonderes Dankeschön geht an Wes Dening, der dieses Projekt angestoßen und dessen harte Arbeit, über Kontinente und Ozeane hinweg, es schließlich auch über die Ziellinie gebracht hat. Wes war ein wunderbarer Weggefährte und ist nun zu einem noch besseren Freund geworden. *Cheers, mate.*

Auf dieser Reise, und auf vielen anderen, hatte ich das Glück, von „Mountain Equipment Co-op" unterstützt zu werden, deren stolzer Botschafter ich bin. *Jullay,* MEC, für all das, was ihr tut, um noch mehr Kanadier öfter nach draußen zu holen.

Ein besonderer Dank geht außerdem an „Speakers' Spotlight", meine Sprecheragentur. Ihre Mitarbeiter sind für mich wie Freunde, deren jahrzehntelanges Vertrauen in meine Arbeit mir die Freiheit gibt, Projekte wie dieses anzugehen.

Ein Buch zu schreiben kann eine einsame Reise sein – in diesem Fall eine von fünf Jahren –, doch in dieser Zeit hatte ich das Glück, von vielen literaturinteressierten Freunden unterstützt und ermutigt zu werden, indem sie mir zu ersten Fassungen wertvolles Feedback gaben, darunter Kate Harris, Nadine Sander-Green, Jordan Zinovich, Jeff Pew, Dave Quinn, Kelly Comishin, Ace Kvale, Mary McIntyre, Helen Sander, Don Gillmor, Barbara Pulling, Pegg Davidson, Nima Dorjee, Pat Morrow und meine wundervolle Mutter, Joan Kirkby, die jedes Buch Korrektur gelesen hat, das ich geschrieben habe – mehrmals!

Ich danke Scott Steedmans Lektoratskurs an der Simon Fraser Universität, der eine frühe Fassung meines Skripts zergliedert und analysiert hat.

Es war das unerschütterliche Vertrauen meiner Literaturagenten, John Pearce und Chris Casuccio von der Agentur „Westwood Creative Artists", das mich meine tiefen Zweifel hat überwinden lassen. So ist das Manuskript zu den perfekten Verlagspartnern gekommen.

Was mich zu dem Buch selbst bringt. Obwohl mein Name auf dem Cover steht, ist ein ganzes Team nötig, um ein Manuskript zum Leben zu erwecken. Und ich werde für immer in der Schuld der Menschen stehen, die sich hinter den Kulissen abgerackert haben. Zuallererst möchte ich dem dynamischen Duo danken, das für dieses Buch von dem Moment an gekämpft hat, in dem es auf seinem Schreibtisch gelandet ist. Anna Comfort O'Keeffe, Verlegerin bei Douglas & McIntyre (Kanada) und Jessica Case, stellvertretende Verlegerin bei Pegasus (USA). Ein besonderer Dank gebührt Derek Thornton für die Covergestaltung, Maria Fernandez für Layout und Satz, Nicola Goshulak für ihre unglaubliche Korrekturleistung, den unermüdlichen Mitarbeiterinnen aus der Presseabteilung Annie Boyer, Corina Eberle und Andrea Córdova dafür, dass sie diese Worte neuen Lesern präsentiert haben, und Rebecca Pruitt MacKenney, bei der alle Fäden zusammenliefen. Und schließlich geht eine besonders innige Umarmung an meine Lektoren – Anna, Jessica, Derek Fairbridge und Emma Skagen – deren Einfühlsamkeit und klare Instinkte die Geschichte viel weiterbrachten, als ich es allein jemals vermocht hätte.

Es war mir eine besondere Freude, Bodi zu den Korrekturlesern dieses Projekts zählen zu können. Während einer Kayakexpedition auf dem Meer saß er jeden Abend am Lagerfeuer, prüfte das Manuskript sorgfältig und korrigierte Sachfehler. Danach erklärte er es für „sehr gut, aber wahrscheinlich nie ein ‚New York Times'-Bestseller".

An meine unschätzbar wertvolle Kameradin auf dieser literarischen und so vielen vergangenen Reisen: Christine, deine unerschöpfliche Unterstützung und Ermutigung lassen sich nicht in Worte fassen. Dir und unseren wunderbaren Jungs gebührt das letzte und das größte aller *Jullays*.

ZITATNACHWEISE

S. 85
Aus: Ian Baker, Das Herz der Welt: Eine Reise zum letzten verborgenen Ort. Aus dem Englischen übersetzt von Angelica Bahlke © 2006 Pendo, S. 25

S. 281
Aus: Steve Silberman, Geniale Störung: Die geheime Geschichte des Autismus und warum wir Menschen brauchen, die anders denken. Aus dem Englischen von Harald Stadler und Barbara Schaden © 2016 DuMont Buchverlag, Köln, S. 27

S. 406
Aus: Robert Wright, Warum Buddhismus wirkt: Die Wissenschaft und Philosophie von Mediation und Erleuchtung. Aus dem Englischen von Angelica Bahlke © 2018 Lotus Verlag, Einleitung

IMPRESSUM

Die Originalausgabe ist 2020 unter dem Titel „Blue Sky Kingdom: An Epic Family Journey to the Heart of the Himalaya“ bei Douglas&McIntyre LtD. erschienen.
www.douglas-mcintyre.com

POLYGLOTT

POLYGLOTT ist eine eingetragene Marke der GRÄFE UND UNZER VERLAG GmbH

ISBN 978-3-8464-0856-8
1. Auflage 2021

GRÄFE UND UNZER

Ein Unternehmen der
GANSKE VERLAGSGRUPPE

Redaktion und Projektmanagement: Caro Kania, Anne-Katrin Scheiter
Lektorat: Carina Heer, Jörn Rauser
Korrektorat: Renate Nöldeke
Layout und Satz: Tim Schulz
Fotos: Bruce Kirkby
Zeichnungen: Bodi Kirkby
Kartografie: Stuart Daniel
Produktion: Gloria Schlayer
Umschlaggestaltung: Independent Medien Design, München, Horst Moser (Artdirection)
Repro: Repro Ludwig, Zell am See
Druck und Bindung: Livonia Print, Lettland

Ansprechpartner für den Anzeigenverkauf:
KV Kommunalverlag GmbH & Co. KG, MediaCenter München,
Tel. 089/928 09 60

Bei Interesse an maßgeschneiderten B2B-Produkten:
roswitha.riedel@graefe-und-unzer.de

Leserservice
GRÄFE UND UNZER Verlag
Grillparzerstraße 12
81675 München
www.graefe-und-unzer.de

Umwelthinweis
Dieses Buch ist auf PEFC-zertifiziertem Papier gedruckt. PEFC garantiert, dass Holz- und Papierprodukte aus nachhaltig bewirtschafteten Wäldern stammen.